सौन्दर्य तत्त्व विमर्श

(तेलुगु साहित्य सन्दर्भ)

सौन्दर्य तत्त्व विमर्श

(तेलुगु साहित्य सन्दर्भ)

एस. टी. नरसिम्हाचारी

वाणी प्रकाशन

वाणी प्रकाशन

ज्ञान के विविध आयामों के प्रकाशक

वाणी प्रकाशन का 'लोगो' विख्यात चित्रकार मक़बूल फ़िदा हुसेन की कूची से

वाणी प्रकाशन, 4695, 21-ए, दरियागंज, नयी दिल्ली-110002
वाणी प्रकाशन, अशोक राजपथ (पटना कॉलेज के सामने), पटना (बिहार)

SAUNDARYA TATV VIMARSH
(Telugu Sahitya Sandarbh)
by S.T. Narsimhachari

Criticism

ISBN : 978-93-5000-255-1

प्रथम संस्करण : 2010

मूल्य : 475/-

वाणी प्रकाशन

फोन : 0091#11#23273167, 23275710

फैक्स : 0091#11#23275710

वेबसाइट : www.vaniprakashan.in

ई-मेल : vaniprakashan@gmail.com

जी.एस. ऑफसेट प्रेस द्वारा दिल्ली-110032 में मुद्रित

भूमिका

ये निबन्ध मेरे पिताजी की अंशपूर्ण रचनाओं के भाग हैं, जिन्हें हम उनके मरणोपरान्त प्रकाशित करने का प्रयास कर रहे हैं। ये निबन्ध 2002-2004 के दौरान उनके द्वारा 'तेलुगु साहित्य का इतिहास' लिखने के उनके प्रयासों का फल है। सामान्यतः जब दूसरी भाषा के साहित्य का इतिहास लिखा जाता है तब नाम साहित्य, ऐतिहासिक सन्दर्भ और वर्गीकरण पर बल दिया जाता है। अधिकांशतः इतिहास लिखने वाला दूसरी भाषा के साहित्य की गहराइयों से परिचित नहीं होता। पिताजी हिन्दी में सौन्दर्य शास्त्र के अद्वितीय आलोचक होने के साथ-साथ तेलुगु साहित्य के भी आलोचक थे। उन्होंने बहुत से आलोचनात्मक निबन्ध लिखे और तेलुगु साहित्य अकादमी सहित अनेक मंचों से जुड़े रहे।

जब वाणी प्रकाशन ने पिताजी से तेलुगु साहित्य का इतिहास लिखने का आग्रह किया तो वे बहुत उत्साहित होकर दोबारा तेलुगु साहित्य पढ़ने लगे और सर्वप्रथम उन्होंने इन्हीं निबन्धों को तैयार किया। इन निबन्धों में चर्चित निबन्धकारों का चयन काफी रोचक है। इनमें से कई निबन्धकारों को तेलुगु साहित्य की महान हस्तियाँ नहीं माना जाता, न ही तेलुगु साहित्य के समग्र प्रतिनिधि। अधिकांश भारतीय भाषाओं की तरह तेलुगु आलोचना में भी प्रगतिवादी लेखकों की प्रशंसा और अन्य की उपेक्षा की जाती है। पिताजी का दृष्टिकोण हमेशा ही सौन्दर्यशास्त्रीय रहा है और इन लेखकों का चयन उनकी सौन्दर्यात्मकता का फल है। इन लेखकों की ज्यादातर रचनाएँ 1940 से 1970 के बीच की हैं, जब पिताजी इनके पठन में विशेष रुचि लेते थे। तेलुगु साहित्य की आलोचना में राचकोंड विश्वनाथ शास्त्री या काशीपटनम रामाराव को प्रगतिशील लेखक माना जाता है। हिन्दू पौराणिक कहानियों पर प्रहार के लिए गुडिपाटि वेंकटचलम को भी मान्यता दी जाती है। लेकिन तेलुगु साहित्य के प्रथम ज्ञानपीठ पुरस्कार से पुरस्कृत होने पर भी विश्वनाथ सत्यनारायण की आलोचना की जाती है। अडवि बापिराजू या मुनिमाणिक्यम नरसिंहराव को बहुत मामूली-सा साहित्यकार माना जाता है। लेकिन पिताजी ने, इनकी सौन्दर्यात्मकता से प्रभावित होकर, इनका चयन किया और इन विस्तृत एवं व्यापक निबन्धों में उनकी रचनाओं की सौन्दर्यात्मकता को दर्शाने की कोशिश की। जब 'तेलुगु साहित्य और सन्दर्भ' को वाणी प्रकाशन प्रकाशित करने

लगा, तो पिताजी को लगा कि पुस्तक बहुत लम्बी हो गयी है। प्रकाशित पुस्तक में काव्य साहित्य की ही ज्यादा चर्चा है। यूँ तो सारी भारतीय भाषाओं का साहित्य बीसवीं सदी से पहले ज्यादातर कविता के रूप में ही है। शायद पिताजी की सौन्दर्यात्मकता भी पुस्तक में काव्य साहित्य को इतना प्रामुख्य देने का कारण रहा है। आधुनिक साहित्य पर उनकी चर्चा भी कविता तक ही सीमित थी। अन्त में गद्य साहित्य को थोड़ी-सी जगह देने की दृष्टि से तीन पुस्तकों—अद्वितीय आधुनिक तेलुगु नाटक 'कन्याशुलकम', सामाजिक उपन्यास 'मालपल्ली' एवं राचकोंड विश्वनाथ शास्त्री की कुछ कहानियों पर चर्चा की गयी है।

पिताजी चाहते थे कि वे गद्य साहित्य पर (नाटक सहित) एक विस्तृत निबन्ध लिखकर, इन प्रस्तुत निबन्धों को जोड़कर एक दूसरी पुस्तक तैयार करें। देखा जा सकता है कि पहले प्रकाशित पुस्तकों में भी यही शैली अपनाई गयी थी। पिताजी की अनोखी सौन्दर्यशास्त्रीय दृष्टि के मद्देनजर हमने सोचा कि अब उनकी यह कामना पूरी नहीं की जा सकती। प्रस्तुत निबन्ध इन साहित्यकारों का व्यापक एवं मौलिक विश्लेषण है। शायद इनके तेलुगु में अनुवाद की भी जरूरत है। इसके बिना भी ये हिन्दी की तुलनात्मक आलोचना के लिए ही नहीं बल्कि लेखकों के सृजनात्मक कार्य की प्रेरणा बन सकते हैं।

—डॉ. एस टी लक्ष्मीकुमार

अनुक्रम

राचकोंड विश्वनाथ शास्त्री (रावि शास्त्री) : अल्पजीवि (अल्पजीवी-लघु प्राणी)

1. प्रस्तावना : रावि शास्त्री प्रगतिवादी (अभ्युंदयवादी) साहित्यकार हैं जो बाद को क्रान्तिकारी संस्था (विरसं) के सदस्य बने है। सामान्यतः उनकी रचनाएँ मार्क्सवाद से प्रभावित हैं, लेकिन उसके कुछ अपवाद भी मिल जाते हैं। 'अल्पजीवी' सामाजिक उपन्यास अवश्य है, पर उसका दृष्टिकोण किसी भी अर्थ में मार्क्सवादी नहीं है। वह सामाजिक जीवन में व्यक्ति की कहानी है; सामाजिक चेतना के प्रतिनिधि मानव की कथा नहीं है। वह सच्चे अर्थ में यथार्थवादी रचना है। उसके पहले की सारी परम्पराएँ आदर्शवादी हैं–चाहे वे सुधारवादी हों, पुनरुत्थानवादी हों, राष्ट्रीयतावादी हों, रोमांटिक भाववादी हों या हेतुवादी हों। उनके लक्ष्य भिन्न-भिन्न हो सकते हैं, पर वह लक्ष्य एक आदर्श की ओर अग्रसर होने या उसकी स्थापना का प्रयत्न है। इस दृष्टि से मार्क्सवादी साहित्य भी भौतिक और सामाजिक यथार्थ की अभिव्यक्ति के बाद समता के आदर्श से परिचालित है। ऐसी स्थिति में यथार्थवादी अभिव्यंजना की रचनाएँ बहुत कम रह जाती हैं। खींचातानी करके ही उनका किसी आदर्श से सम्बन्ध स्थापित किया जा सकता है। प्रतिवाद करने वाले कह सकते हैं कि यथार्थवादी रचना में भी व्यक्ति के सुख, शान्ति या आनन्द का अन्वेषण को भी आदर्शवादी कह सकते हैं। वास्तव में यथार्थवाद की कसौटी जीवन के दृश्यांकन में लेखक की साक्षीभूत तटस्थता है। जो परिस्थितियों और पात्रों के स्वभाव के अनुसार उसके जीवन की गतिविधि को विकसित होने देता है। इस तटस्थ यथार्थता में मात्रा का अन्तर अवश्य होता है। उपन्यासकार ने अल्पजीवी सुब्बय्या के जीवन को यथासम्भव यथार्थवादी परिधि में दिखाया है।

आधुनिकताबोध की चर्चा में उसके आधारभूत तत्त्वों में और धर्मों के साथ सामाजिकता, मनोविज्ञान और नवीन चिन्तन की ओर संकेत किया गया है। अल्पजीवी उपन्यास में सामाजिक परिस्थितियों की परिधि में सुब्बय्या के जीवन की गतिविधि, उसके मनोभाव तथा जीवन एवं मानसिकता के अनुरूप नवीन चिन्तन का प्रयत्न दिखाई देता है। इस तरह यह उपन्यास आधुनिकताबोध की ओर सफल प्रस्थान है। यह पहले की बहिर्मुखी आदर्शवादी दृष्टि से बिल्कुल भिन्न है जिनमें आधुनिकताबोध के कुछ संकेत मात्र

मिलते। चलं के समाज के विरुद्ध विद्रोह, स्त्री-स्वेच्छा के आग्रह और मुक्त यौन-सम्बन्धों के प्रचार को भी आधुनिकताबोध की सच्ची अभिव्यंजना नहीं माना जा सकता। यह नवीन आधुनिकताबोध पाँचवें दशक के अल्पजीवी उपन्यास और समसामयिक अन्य उपन्यासों में अभिव्यक्त हुआ है। तथा आगे चलकर उसका विकास एवं उत्कर्ष भी दिखाई देता है। आधुनिकताबोध के नाम पर, कुछ चलं के प्रभाव के साथ मानसिक विकृतियों की व्यंजना भी मिलती है।

नवीन भावबोध की अभिव्यंजना नये रूपात्मक प्रयोग और नई भाषिक संरचना में ही सम्भव है। 'अल्पजीवी' नवीन और औपन्यासिक रूप-संरचना की प्रथम सार्थक एवं सफल रचना ही नहीं, सामाजिक, मनोवैज्ञानिक तथा तात्विक साहित्य-रचना का दिशा-निर्देशक भी हो गयी है। उसकी रचना के समय तक पाश्चात्य देशों में सामाजिक, मनोवैज्ञानिक और चिन्तनशील नये प्रकार के नये उपन्यासों की अनेक प्रकार की रचनाएँ हो चुकी हैं। उनकी रचना-पद्धति को आत्मसात करके लेखक ने 'अल्पजीवी' की रचना की है। पाश्चात्य सामाजिक, मनोवैज्ञानिक, नैतिक तथा चिन्तनशील सन्दर्भ भारतीय परिस्थितियों और जीवन-निर्वहन से भिन्न हैं। अपनी सामाजिक एवं पारिवारिक परिधि में ही नया रूप-प्रयोग 'फिट' हो सकता है जिस कार्य में लेखक ने अपनी प्रतिभा दिखाई है। व्यक्ति और समाज के सम्बन्धों का निरूपण हो, व्यक्ति के मनोभावों का विश्लेषण हो या उसके चिन्तन की दिशाओं का संकेत हो—पाश्चात्य सिद्धान्तों के साथ भारतीय दृष्टि और दिशा का योग अवश्य हुआ है तथा उसी योग में से 'अल्पजीवी' के रूप का विकास हुआ है।

2. कथा का परिचय : 'अल्पजीवी' एक निम्न मध्यवर्गीय व्यक्ति के जीवन की गाथा है जिसमें वह आर्थिक, सामाजिक और पारिवारिक समस्याओं से व्यथित होकर अन्त में किसी तरह सुख-शान्ति प्राप्त करता है। कथा अत्यन्त साधारण और सीधी है जिसमें तथाकथित महत्त्वपूर्ण औपन्यासिक घटनाएँ घटित न होकर कथानक में नये मोड़ों के साथ आकर्षक बताते हैं। कथा के मुख्य मुद्दे हैं—(अ) सुब्बय्या के व्यक्तित्व का परिचय है जिसे विभिन्न पात्र अपनी-अपनी दृष्टि से देखते और समझते हैं। सुब्बय्या एक कार्यालय में काम करने वाला साधारण क्लर्क और स्वभाव से डरपोक है। (आ) अपनी पत्नी को प्रसन्न करने के लिए साले के माँगने पर कांट्रक्टर गरवय्या से 2,500 उधार लेकर उसे देता है। (इ) दूसरे कार्यालय में बदली होने पर गरवय्या के आदमी ज़बरदस्ती करके सुब्बय्या से रु. 1000 का 'प्रामिसरी नोट' लिखा लेते हैं। (ई) स्वभावतः मानसिक उधेड़बुन में डूबा रहने वाला सुब्बय्या चिन्ताग्रस्त और आत्म-मंथन में पीड़ित रहता है। (उ) गरवय्या रुपये वापस करने के लिए ज़ोर देता है और सुब्बय्या के साले के पास रुपये नहीं हैं। दूसरी ओर सुब्बय्या के मन में आशंका है कि गरवय्या से लिये गये धन को कार्यालय कहीं रिश्वत न मान लें। (ऊ) इस बीच उसका स्कूल

टीचर मनोरमा से परिचय होता है जो गरवय्या को बचपन से जानती है। औरों के विषय में अत्यन्त निर्दय और क्रूर गरवय्या के मन में मनोरमा के प्रति एक कोमल भावना रहती है। उसकी सिफ़ारिश से मामला शान्त हो जाता है। इस नाममात्र की कहानी में सुब्बय्या की वेदना, मनोभावों की व्यंजना, मानसिक संघर्ष, उसके अचेतन मन से भाव-विचारों का मुक्त प्रवाह तथा जीवन के सम्बन्ध में उसकी चिन्तनशीलता ही प्रधान अंश हैं जिनके कारण 'अल्पजीवी' तेलुगु के श्रेष्ठतम उपन्यासों में एक माना जाता है।

3. उपन्यास कला : (अ) पृष्ठभूमि और वातावरण : उपन्यासकार ने देशकाल की पृष्ठभूमि और कथानक के वातावरण का अलग स्वतन्त्र रूप में वर्णन नहीं किया है। कथानक के सन्दर्भ में उससे सम्बद्ध, अभिन्न रूप में उनके कुछ संकेत मिल जाते हैं या पाठक कथानक के आधार पर उनका अनुमान कर लेता है। पहले की औपन्यासिक परम्परा से यह नवीन रचना-विधान है, जिसका अनुसरण आगे के अनेक उपन्यासों में हुआ है। यह एक तरह की नाटकीय पद्धति भी है जिसमें पृष्ठभूमि का परदे पर चित्रांकन होता है और मंच पर नाटक की कथा का आरम्भ। उपन्यास का कथानक, जैसा कि ऊपर कहा गया है, जीवन में व्यक्ति का संघर्ष है। एक असमर्थ लघु प्राणी होने के कारण यह संघर्ष अत्यन्त करुण होता है। बहिर्जगत में सुब्बय्या के जीवन की यात्रा पाठकों के चित्त को, जितना ही आर्द्र करने वाला और आकर्षक क्यों न हो, उससे अधिक महत्त्वपूर्ण उसके अन्तर्जगत की कहानी है। यह कभी प्रत्यक्ष मानस-विश्लेषण के रूप में है, कभी प्रतीकों या संकेतों के द्वारा अभिव्यक्त है तो कभी जीवन के प्रत्यक्ष अनुभवों के द्वारा ही व्यंजित हुई है।

(आ) आरम्भ : उपन्यास का आरम्भ एक विलक्षण नाटकीय ढंग से सुब्बय्या के पात्र-परिचय के रूप में है। "सुब्बय्या सुन्दर नहीं है।" वह सुब्बय्या का विचार है। सुब्बय्या बिल्कुल दब्बू आदमी है।" वह भी सुब्बय्या का विचार है। सुब्बय्या की कोई जमींदारी नहीं है।" वह उसकी पत्नी सावित्री के गुस्से का कारण है। "सुब्बय्या अटपटा है।" इस तरह सावित्री का बड़ा भाई वेंकटराव कहता रहता है। "बाबा बहुत अच्छा है।" सुब्बय्या का पहला फूल, कमला उस तरह कहती है। "बाबा को माँ को देखकर डर लगता है।" सुब्बय्या का लड़का कृष्ण द्वारा पता लगाई बात है वह। सुब्बय्या 'इज़ वेरी इनयेफ़िशियेंट' बहुत असमर्थ है। सुब्बय्या के सम्बन्ध में हेड क्लर्क करने वाला रिमार्क (कथन) है वह। "सुब्बय्या बेचारा निरा डरपोक है।" वह कई लोगों की बात है। यह आरम्भ कल्पित कथा नहीं, यथार्थ जीवन की बात लगती है। इस आरम्भिक कथन में कई लोग अपनी-अपनी दृष्टि से सुब्बय्या के व्यक्तित्व और जीवन को देखकर उससे अपने भाव-विचारों को प्रकट करते हैं। समष्टि रूप में लेने पर प्रधान पात्र के व्यक्तित्व का परिचय ही नहीं मिलता, उसके द्वारा कथानक के भावी विकास की ओर संकेत भी प्राप्त हो जाता है। ये पंक्तियाँ कविता की तरह एक के बाद एक लिखी गयी हैं। इस

क्रम में व्यक्तिगत, पारिवारिक और सामाजिक भाव-विचारों के उत्तरोत्तर आरोह के साथ शब्दों के अर्थ से अधिक व्यंजकता है जिसका कथानक से सीधा सम्बन्ध भी है।

(इ) कथानक : कथानक में बाह्य संघर्ष की केवल दो घटनाएँ हैं—गरवय्या का ज़बरदस्ती करके सुब्बय्या से 'नोट' लिखवा लेने की और उसी तरह रुपये वसूल करने की। बाकी सन्निवेशों में पत्नी और साले के साथ भिन्न व्यक्तित्वों का भावात्मक संघर्ष हैं। सन्तान और मनोरमा के साथ व्यवहार में संघर्ष के स्थान पर आत्मीयता एवं रागात्मक सम्बन्ध है। बहिर्जगत में सुब्बय्या को घेरे हुए चार पात्र हैं—पत्नी सावित्री, साला वेंकटराव, कांट्राक्टर गरवय्या और स्कूल टीचर मनोरमा हैं जो उसके बाह्य जीवन की गतिविधि को निर्धारित करते हैं। इनके अतिरिक्त सुब्बय्या अपने परिसर के वातावरण को देखता रहता है जो उसकी व्यक्त मानसिक चेतना के अंग बन जाते हैं। यह बाह्य जगत से उसके सम्बन्ध का द्योतक है। कुछ अंश केवल उसकी मनःस्थिति के रूप में है तो दो-तीन जगहों पर विस्तृत वर्णनात्मक रूप में है। अचेतन मन की सुप्त स्थिति में ये बाह्य दृश्य घूमते चलचित्र की तरह हैं। रास्ते में चलते, चारों ओर देखते, सोचते हुए सुब्बय्या जा रहा है—विद्यार्थी समूहों में चल रहे हैं। जो विद्यार्थी नहीं हैं वे भी समूहों में जा रहे हैं। दूकानों में दीप जल रहे हैं; दूकानों के बाहर भी दीप जल रहे हैं। छोटे-बड़े अठारह लोग जुलूस में जाते हुए नारे लगा रहे हैं कि अमुक नम्बर की बीड़ी ही पीजिए। आँखों में कामवासना के साथ वेश्याओं की गली कहाँ है, यह न जानने के कारण और किसी से न पूछ सकने के कारण परेशान हो रहा है। एक गँवार तेलुगुवाला एक गँवार उड़िया के आदमी से पूछा है कि सरकारी मुफ्त अस्पताल का रास्ता कौन-सा है?..." इस तरह के लम्बे वर्णन उपन्यास में दो-तीन ही हैं। ये छोटे-बड़े वर्णन नायक की अस्तव्यस्त मानसिकता या विशेष मनःस्थिति से सम्बद्ध और सार्थक है। ऊपर के वैविध्यपूर्ण वर्णन को केलिडोस्कोपिक व्यू कहते हैं। घूमती आँखों के साथ दृश्य बदलते जाते हैं। अन्ततः नेत्र-संचालन मस्तिष्क या मन के संकेतों के द्वारा ही होता।

कथानक में सुब्बय्या के बाह्य जगत से सम्बन्ध और जीवन की गतिशीलता की मूल प्रेरणा अन्तर्जगत है। लेखक ने कथा-कथन में उन मूल प्रेरणा सूत्रों का विश्लेषण करते हुए चेतन मन की वाणी में उन्हें सजीव रूप प्रदान किया है। उसकी मानसिक चेतना का मूल उत्स एडलर द्वारा प्रतिपादित हीनताग्रन्थि है। इसके कारण व्यक्ति का आत्मविश्वास नष्ट हो जाता है, हर काम के पहले और पीछे संकोच के साथ आत्मावलोकन में डूब जाता है तथा दुविधा के कारण काम में असफल हो जाता है। सुब्बय्या अपनी पत्नी, साला और गरवय्या के व्यवहार से दब्बू और भयभीत रहता है। वह अपने आप को हीन मानता है। पत्नी सावित्री कहती है कि "पतिभर्ता (भार वहन करने वाला पति) नहीं होता तो स्त्री का जीवन ऐसा ही होता है।" गरवय्या का आदमी पोतन्ना कर्ज के

रुपये वसूल करने आने पर सुब्बय्या कहता है कि "कुछ अवधि दें तो दे देता हूँ।" मुँह से यह बात निकल जाने पर वह मन ही मन सोचने लगता है–निकल गयी है बात। न देने को कहता तो कितना अच्छा होता! न देने को कहता तो क्या कर सकता है गरवय्या? क्या कर सकता है, सब कुछ कर सकता है। वैसे आदमी से झगड़ा करके, कोई प्रयोजन नहीं है। साफ-सीधा जाना ही बेहतर है।" हीनताग्रंथि से पीड़ित व्यक्ति के असमंजस, आशंका, भय और अकर्मण्यता का सार्थक उदाहरण है। सुब्बय्या के बाह्य जीवन के सन्निवेशों और घटनाओं के साथ लेखक किसी न किसी रूप में प्रत्यक्ष या अप्रत्यक्ष उसकी मानसिक उलझन को व्यक्त करता जाता है। इस मानसिक स्थिति में अपने मन को समझाने और काम के समर्थन का प्रयत्न भी है। इस तरह कथानक के बाह्य और आन्तरिक रूपों का सामंजस्य स्थापित होता है।

सुब्बय्या के मानसिक जगत के अनावरण का दूसरा कारक फ्रायड के सिद्धान्त अहं और काम है। हीनताग्रन्थि से दबा हुआ अहं बीच-बीच में सर उठाकर वैचारिक धरातल पर अपनेपन के समर्थन (सेल्फ एस्सर्शन) का असफल प्रयत्न करता है। पत्नी के साथ व्यवहार में असंतृप्त कम प्रकट होता है। दोनों की अभिव्यक्ति अप्रत्यक्ष और प्रतीकात्मक है। वह रोज घर के सामने बैठकर देखने वालों–लाल साड़ी की स्त्री, मुनीश्वर जी और हिरण के बच्चों–के बारे में सोचता रहता है। ये क्रमशः नारी के प्रति प्रेम, शान्ति तथा बन्धनहीन मुक्त यौन अभिलाषा एवं आनन्द के प्रतीक हैं। मन की इस कल्पना के अतिरिक्त पत्नी सावित्री सुब्बय्या के मन में अतृप्त काम एवं प्रेम को, साला धन की लालसा को तथा गरवय्या स्वार्थ एवं अधिकार के अहं की भावना को उत्तेजित करते हैं। लेकिन अचेतन मन से चेतन मन में प्रतिवष्ट भाव–काम और अहं जीवन में चरितार्थ न होने के कारण सुब्बय्या की वेदना बढ़ जाती है। उस असह्य स्थिति में अपार वेदना और मृत्यु की एक गहरी अनुभूति प्राप्त करता है।" गरवय्या मज़बूर होकर प्रामिसरी नोट पर हस्ताक्षर कर देता है। घर वापस आकर पत्नी से झूठ बोलते हुए "मर रहा हूँ, व्यथित हो रहा हूँ। मरने, व्यथित होने का झूठ बोल रहा हूँ। मरते समय झूठ बोलता है। बोला है, झूठ बोलते बोलते मरूँगा। जो कहता हूँ, वह झूठ है, मरने की बात सत्य है। मौत ही नहीं, यह व्यथा भी सत्य है। सत्य से सत्य है, मौत से सत्य है, झूठ से सत्य है यह व्यथा। मनुष्य की बात झूठ है, मनुष्य की व्यथा सत्य है। मनुष्य की मौत सत्य है। झूठा जीवन जीते, सच्ची व्यथा का अनुभव करते। सचमुच सच्चा मरूँगा।" अचेतन मन से अनियन्त्रित रूप में प्रवाहित होने वाले व्यथा और मृत्यु के मिश्रित भाव हैं यह।

मनोवैज्ञानिक अन्तर्जगत में पहुँचकर तात्त्विक चिन्तन से ही शायद मानव-मन को शान्ति मिलती है। समुद्र के किनारे बैठकर सुब्बय्या अपने में इस तरह सोचता है–"घर जाऊँ? या यहीं रहूँ? मेरी ही तरह क्या सब व्यथित होते हैं? घर जाना है या यहीं रहना है? रहूँ तो एक तरह की व्यथा, न रहूँ तो दूसरी तरह की व्यथा है। व्यथाएँ आयेंगे

क्या? ऐसी व्यथा है। बाप रे बाप : इन विचारों से मेरा सर ख़राब होता जा रहा है। बुरे सन्देह, बुरी व्यथाएँ, बुरे विचार, बुरे भय। सबसे मेरा मन व्याकुल हो रहा है।...अपने को शान्तिरहित कर रहा हूँ। मुझे शान्ति नहीं है। मुझे विश्राम नहीं है।...भय, दुख, वेदना, संतोष—मन में इन सब के बिना, कैसे रहना है? कहाँ जाने पर वैसा रहता है? चाहे कहीं भी जाऊँ, तुम्हारे मन के लिए, मेरे मन के लिए, किसी के भी मन के लिए शान्ति चाहिए! शान्ति चाहिए! शान्ति!!" बाह्य सामाजिक जीवन में मनोरमा के प्रयत्नों के द्वारा सुब्बय्या को वह शान्ति मिलती है तो अन्तर्जगत में मानसिक उन्मुक्तता के द्वारा। कथानक के मनोवैज्ञानिक और तात्त्विक रूप में अभिव्यंजना के बावजूद मूल कथा के सामाजिक पहलू का विस्मरण नहीं होना चाहिए। सामाजिक परिस्थिति और मानसिक स्थिति दोनों में सुब्बय्या भयभीत एवं अपने को हीन समझने वाला एक साधारण लघु प्राणी है जो उनसे रक्षा मिलने पर निर्भीक काम कर सकता है। लेखक के शब्दों में "भय और अच्छाई एक साथ नहीं हो सकते। कोई भी डरपोक अच्छा नहीं हो सकता।"

(ई) **पात्र :** उपन्यास आद्यंयंत सुब्बय्या के व्यक्तित्व की ही कथा है। सावित्री, वेंकटराव, गरवय्या और अन्य पात्र अपने-अपने स्वभाव और दृष्टि के अनुरूप विशिष्ट व्यक्तित्व रखते हुए भी सुब्बय्या के व्यक्तित्व को विविध कोणों से उभारने वाले हैं। उसका काम, धन की लालसा, अधिकार की अभिलाषा, अहं, मानसिक संघर्ष, अशान्ति, अन्त में शान्ति तथा व्यक्ति में परिवर्तन आदि गुण-धर्मों के प्रकाशन के ये ही कारण हैं। सुब्बय्या को परम्परागत आदर्शवादी चरित्र के उत्थान-पतन की दृष्टि से आलोचना करना उचित नहीं है। उसका व्यक्तित्व इतना विकसित नहीं है कि चरित्र का निश्चित रूप धारण करें। लेखक की दृष्टि भी उसके चरित्र की अच्छाई-बुराई पर नहीं, व्यक्तित्व पर ही केन्द्रित है। सुब्बय्या के व्यक्तित्व की केन्द्रीय भावना हीनताग्रन्थि है। बचपन की घटनाओं से ही उसका विकास हुआ है, विशेषतः सौतेली माँ की क्रूरता और लोगों से पिता के मारने की घटना के कारण। इनकी स्मृतियों के साथ वर्तमान पारिवारिक एवं सामाजिक परिस्थितियों तथा भविष्य की आशंकाओं ने उसके व्यक्तित्व को दब्बू बना दिया है। भूत, वर्तमान और भविष्य के भाव-विचार ताने-बाने की तरह मिल-जुलकर उसके मन को डोलायमान कर देते हैं। बचपन से ही आत्मविश्वास, आत्मसमर्थन और उत्साह के साथ क्रियाशीलता का, व्यक्तित्व का जो स्वाभाविक विकास होना चाहिए या वह नहीं हो सका है। उसके स्थान पर भय, कायरता, संकोच और दुविधा उसके व्यक्तित्व के अंग बन गये हैं जो उसके जीवन के हर सन्निवेश और काम में प्रकट होते हैं। मनोवैज्ञानिक जुंग के अनुसार सुब्बय्या का व्यक्तित्व अन्तर्मुखी भावनाशील एवं चिन्तनशील प्रकार का है। इस तरह का व्यक्तित्व जीवन में आत्मावलोकन, स्वगत और आत्मसंघर्ष में तल्लीन रहता है। सुब्बय्या सोचने लगता है—"मेह छा गये हैं। मेह खुल

गये हैं? क्यों खुल गये हैं? कुछ भी मेरी समझ में नहीं आता।...इसके क्या कारण हैं? उसके क्या कारण हैं? कारण कहने में दादा-परदादा उतर आते हैं (कोई सूझ-बूझ नहीं काम करती) मेरे चलने और चल सकने का क्या कारण है? कारण बताने के लिए मेरा जन्म और पूर्व के संस्कारों को बताते जाना है। यह जन्म-जन्मान्तर की बातें तो मुझे ही मालूम नहीं है। यदि मालूम हो तो भी यह पूरा जन्म ही पर्याप्त नहीं है...।" यह एक साधारण व्यक्ति का सामान्य स्वगत हो सकता है तथा अन्तर्मन का गूढ़-गहरा तात्त्विक चिन्तन भी। दूसरे अर्थ में वह भारतीय धार्मिक चिन्तन और पाश्चात्य अन्तश्चेतना की अभिव्यक्ति है। सुब्बय्या के व्यक्तित्व में मानसिक संघर्ष और दुविधा का भी एक उदाहरण प्रस्तुत है जो उसकी दुर्बलता को प्रकट करता है। वह कर्ज के रुपये वसूल करने साला वेंकटराव के घर जाता है—"वेंकटराव से किसी तरह मिलना है। उचित मनुष्य के ढंग की तरह नहीं है वेंकटराव का व्यवहार। ओह! उचित मनुष्य के ढंग का नहीं है। घर में रहकर ही उससे (पत्नी से) झूठ बोलवाया है। (कितना श्राव्य कंहा है। बेचारी उसकी कोई गलती नहीं है।) चेतन मन के विचारों के साथ पत्नी के प्रति अचेतन की प्रतिक्रिया मिली हुई है। पूरे स्वगत को अचेतन मन से चेतन मन में भावों का प्रसाद भी कह सकते हैं। इन भाव-विचारों में डूबा हुआ सुब्बय्या कर्ज वसूल करने के लक्ष्य को भूल जाता है। उसकी निष्क्रियता और जीवन में असफलता का यही कारण है। मनोरमा का आत्मीय व्यवहार हीनताग्रन्थि-पीड़ित और दुर्बल सुब्बय्या के व्यक्तित्व को परिवर्तित करके क्रियाशीलता तथा सफलता प्राप्त करने की शक्ति प्रदान करता है।

(उ) संवाद और भाषा-शैली : संवाद व्यावहारिक रूप में हैं जो कथानक को जोड़ते और विकसित करते हैं। स्वाभाविकता ही उनका आकर्षण है। लेखक ने संवादों में पात्रों के व्यक्तित्व, स्वभाव और जीवन दृष्टि का भी ध्यान रखा है। शैली या भाषिक-संरचना छोटे-छोटे वाक्यों में है। उनमें भाव-विचारों का स्वच्छन्द प्रसार है। कभी कभी वाक्य-रूप में भाव-विचारों की आवृत्ति, अचेतन और चेतन मन से बन्धन रहित उन्मुक्तता का द्योतक है। छोटी-छोटी पंक्तियों का क्रम, पंक्तियों के समूह में भावों का आरोह-अवरोह, सामान्य लगने वाली पंक्तियों की अर्थवत्ता एवं गम्भीरता तथा साधारण बातों की पंक्तियों में जीवन के तान्त्रिक चिन्तन की सूचना—ये शैली की कुछ प्रभावपूर्ण विशेषता हैं। मध्यवर्गीय जीवन की कथा के अनुरूप शिष्ट व्यावहारिक भाषा का प्रयोग किया गया है। बीच-बीच में दो-चार विशाख-मण्डल के शब्द भी मिल जाते हैं।

(ऊ) लक्ष्य का उद्देश्य : रवि शास्त्री जी की रचनाओं में मार्क्सवादी विचारधारा प्रत्यक्ष-अप्रत्यक्ष स्पष्ट झलकता है। कुछ इनी-गिनी कहानियाँ और आरम्भकालीन 'अल्पजीवी' उपन्यास इसके अपवाद हैं। व्यक्ति के जीवन की कथा होने पर भी अल्पजीवी सामाजिक उपन्यास अवश्य है। व्यक्ति अपनी मानसिक दुर्बलताओं के कारण सामाजिक जीवन की विषम परिस्थितियों में फँसकर अन्त में आत्मविश्वास प्राप्त कर जीवन में शान्ति का

अनुभव करते हुए क्रियाशील और गतिशील बनता है। लौकिक दृष्टि से जीवन में शान्ति, परिवर्तन और गतिशीलता की अभिव्यंजना को उपन्यास के कथानक का लक्ष्य कह सकते हैं। तात्विक दृष्टि से देखने पर मानसिक वेदना में व्याकुलता से मुक्त शान्ति की उदात्त अनुभूति की व्यंजना रचना का उद्‌देश्य हो सकता है। एक साधारण व्यक्ति को मनोवैज्ञानिक तथा चिन्तनशील परिवेश में प्रस्तुत करने के कारण इस लक्ष्य-भेद की गुंजाइश हो गयी है।

4. कुछ विशेषताएँ : (क) अल्पजीवी उपन्यास पर तीन दृष्टियों से विचार किया जा सकता है। पहली सामाजिक है। मनोवैज्ञानिक उपन्यास कहकर उसके सामाजिक पहलू की उपेक्षा नहीं की जा सकती। शीर्षक से ही स्पष्ट है कि उपन्यास सामाजिक समस्याओं में उलझे हुए एक साधारण व्यक्ति की कहानी है। उसका कथ्य, उस उलझन को सुलझाने का, जीवन के प्रश्नों का समाधान है। कथा का मनोवैज्ञानिक रचना-विधान इतना आकर्षक है कि उसे केवल मनोवैज्ञानिक उपन्यास समझने की गलतफहमी हो सकती है। (ख) मनोवैज्ञानिक दृष्टि से उपन्यास का मूल प्रेरक तत्त्व (मोटिफ़) नायक के मन की हीनताग्रन्थि है। एडलर के अनुसार यह आत्महीनता का भाव बचपन में ही विकसित होता है। परिस्थितियाँ, विशेषतः पारिवारिक वातावरण मन में इस ग्रन्थि या भाव का मूल उत्स होता है। इसका गहरा प्रभाव, बचपन के बाद के जीवन पर बना रहता है। जीवन में किसी शक्तिशाली समस्या में फँसकर उससे मुक्त होने के प्रयत्न में व्यक्ति उस हीनता की भावना से निकलकर आत्मविश्वास के साथ मानव-सहज (नार्मल) जीवन बिताने लगता। सुब्बय्या के जीवन की यही स्थूल रूपरेखा है। फ्रायड के सिद्धान्त का भी बीच-बीच में उपन्यास पर कुछ प्रभाव लक्षित होता है। इसके दो रूप हैं—एक, अचेतन मन के गुप्त घावों का चेतन मन में प्रविष्ट होकर अभिव्यक्त होना है जो सुब्बय्या के लम्बे स्वगतों या आत्म कथनों में देखते हैं। दूसरा, अचेतन के काम और अहं का चेतन मन के माध्यम से प्रतीकात्मक रूप में या रूपान्तरित होकर अभिव्यंजित होना है। सुब्बय्या का अतृप्त काम पत्नी सावित्री के साथ व्यवहार में, वेंकटराव की पत्नी की कोमल वाणी की स्वीकृति में तथा मनोरमा के साथ आत्मीय सम्बन्ध में व्यक्त होता है। गरबय्या से घायल सुब्बय्या का अहं, प्रतिहिंसा के प्रयत्न में लगा रहता है। (ग) तीसरी दृष्टि तात्त्विक है। प्रसिद्ध साहित्यकार और समीक्षक आर. एस.सुदर्शन अल्पजीवी उपन्यास पर अस्तित्ववाद के प्रभाव की झलक देखते हैं उनके अनुसार सुब्बय्या के व्यक्तित्व के वैशिष्ट्य और अनुभवों के चित्रण से उसका स्फुरण होता है। गरवय्या के साथ व्यवहार में सुब्बय्या भय और मृत्यु की अनुभूति की चरम स्थिति पर पहुँचकर अपने अस्तित्व के सत्य का सामना करते हुए उसे पहचान लेता है। हैडेग्गर का कहना है कि व्यक्ति जीवन में अपने अस्तित्व की गहराइयों का स्पर्श करने वाले क्लिष्ट सन्निवेशों में मृत्यु के समान तीव्र अनुभूति के द्वारा नया जन्म पाकर

अपना निजी जीवन का विकास कर लेता है। सुब्बय्या की मृत्यु-चिन्ता में लौकिक अस्तित्व-भंग की सूचना है। सुदर्शन सुब्बय्या के जीवन को अपने अस्तित्व की पहचान के रूप में देखना चाहते हैं, लेकिन यह अस्तित्ववादी संकेत उपन्यास का एक अंशमात्र है। व्यापक तात्त्विक दृष्टि से यह कहना उचित होगा कि सुब्बय्या के स्वगतों का लक्ष्य जीवन में शान्ति पाना है, चाहे उसका लौकिक, मनोवैज्ञानिक या दार्शनिक अर्थ ग्रहण करें। सुब्बय्या के जीवन की गतिविधि और विकास में लौकिक, मनोवैज्ञानिक और तान्त्रिक पहलुओं को अलग करके देखना सम्भव नहीं है।

(ख) उपन्यास की दूसरी विशेषता मनोवैज्ञानिक शिल्प विधान है। जैसा कहा जा चुका है, सुब्बय्या की मानसिकता और क्रियाकलाप हीनताग्रन्थि से परिचालित हैं। उपन्यास के प्रत्येक सन्निवेश के मूल में इसकी अभिव्यंजना दिखाई देती है; विशेषतः सुब्बय्या के आन्तरिक मानसिक स्वगतों (इंटीरियर मोनोलाग्स) में। उनमें वह अपने मन में ही तर्क-वितर्क करता है, मन में ही प्रश्न कर उत्तर पाने का प्रयत्न करता है। इस तरह पात्र की चित्तवृत्ति के साथ कथानक गतिशील होता है। मनोवैज्ञानिक शिल्प का दूसरा पहलू फ्रायड के सिद्धान्तों से प्रभावित है। इसमें अचेतन मन के भाव-विचार चेतन मन में आकर प्रतीकात्मक, सांकेतिक या रूपान्तरित होकर प्रकट होते हैं। इस प्रक्रिया में अतीत, वर्तमान और भविष्य अलग-अलग नहीं, परस्पर मिले-जुले और एक-दूसरे को प्रभावित करते व्यक्त होते हैं। अभिव्यंजना या शिल्प-विचार स्वच्छन्द चेतना-प्रवाह-पद्धति में है। यह कभी स्वतन्त्र रूप में है तो कभी सुब्बय्या के स्वगतों (मोनोलाग्स) में मिल गया है। उपन्यास के शिल्प-विधान को और गहरा एवं जटिल बनाने वाला पहलू, स्वगतों में कभी-कभी तात्त्विक चिन्तन का योग है जिसकी ओर समीक्षक सुदर्शन ने ध्यान आकृष्ट किया है। इन सबके समन्वय और सामंजस्य में अल्पजीवी उपन्यास की शिल्प-संरचना ने जो अपूर्व रूप धारण किया है, वैसा अन्य मनोवैज्ञानिक उपन्यासों में नहीं। उपन्यास के क्षेत्र में मनोवैज्ञानिक प्रयोगों और तात्त्विक चिन्तन का अभाव नहीं है, लेकिन अल्पजीवी का रचना-विधान अपने ढंग का निराला है।

(ग) उपन्यास की तीसरी विशेषता काव्यात्मकता है। भारतीय भाषाओं में रोमांटिक प्रवृत्ति के युग में साहित्य की सभी विधाओं पर कल्पना, भावप्रवणता तथा अप्रस्तुत-योजना के साथ काव्य-शैली का प्रभाव दिखाई देता है। उसके बाद सामाजिक यथार्थवादी रचना में उसकी गुंजाइश नहीं है। कहीं कविता-का-सा प्रभाव लक्षित होता है तो वह भाषिक-संरचना पर आधारित होता है। कविता की भाषा-शैली में गागर में सागर भरने की शक्ति के कारण ही वह श्रेष्ठ बनती है। यह भाषा में शब्दों की संक्षिप्तता, चुस्ती और उक्ति-गठन की संश्लिष्टता को लेकर ही नहीं, उनके द्वारा अर्थ-स्फुरण की अनेक सम्भावनाओं, अर्थ की गहराई, गम्भीरता, उदात्तता तथा जीवन-दर्शन की व्यापकता व्यंजित करने में है।

सुब्बय्या के स्वगतों को पढ़ते समय छोटे-छोटे वाक्यों और उन वाक्यों के सामूहिक समष्टि रूप में एक व्यापक एवं गहरी अनुभूति होकर मानव-जीवन के जटिल प्रश्नों पर ले जाता है जो कविता का चरम उत्कर्ष रूप है। प्रतिभाशाली कवि या साहित्यकार जीवन के उन प्रश्नों का समाधान कर सकता है और पाठक के मन में शान्ति तथा आनन्द की अनुभूति दे पाता है तो रचनाधर्मिता का और क्या प्रयोजन है? अल्पजीवी उपन्यास में काव्य के रस और प्रयोजन की अनुभूति के कुछ अविस्मरणीय क्षण हैं। कभी-कभी छोटे-छोटे वाक्य ही शब्दचित्र न होने पर भी भाव-चित्र की तरह पाठक के मन पर अंकित हो जाते हैं।

लेखक ने वैयक्तिक, सामाजिक, मनोवैज्ञानिक तथा तात्त्विक दृष्टियों से जीवन का अनुशीलन करते हुए मानवतावादी स्वर में उपन्यास का समापन किया है। रवि शास्त्री जी ने मार्क्सवादी दृष्टिकोण से जीवन के व्यापक चित्रपट पर कई उपन्यासों की रचना की है, लेकिन कलात्मक चेतना और शिल्प-संरचना की कसौटी पर अल्पजीवी उपन्यास उनकी सर्वाधिक श्रेष्ठ कृति है।

कालीपट्नं रामाराव कथलु
(कालीपट्नं रामाराव की कहानियाँ)

1. प्रस्तावना : नई पीढ़ी के तेलुगु कहानीकारों में रामाराव जी का अपना विशिष्ट स्थान है। यह विशिष्टता कहानियों की व्याप्ति और गहराई के कारण है जो अन्य कहानीकारों में नहीं मिलती। व्याप्ति से मेरा तात्पर्य कथानक के विस्तार से नहीं, बल्कि जीवन के बड़े कैन्वास के फ्रेम में कथानक को फिट करने से है। मध्यवर्गीय दाम्पत्य-जीवन की समस्या का कथानक, पारिवारिक सम्बन्धों को मान-अभिमान की व्यापक परिधि के अभिन्न अंग के रूप में प्रस्तुत किया जाता है। किसी दलित की मौत और उसके शव-संस्कार की कथा पूरे ग्रामीण जीवन का जटिल प्रश्न हो जाती है। इस तरह कहानियाँ व्यक्ति-विशेष की होने पर भी उनकी अभिव्यंजना मध्यवर्गीय पारिवारिक जीवन या निम्नवर्गीय सामाजिक जीवन का चित्रण-सी लगती हैं। इस चित्रण में कथानक के आयाम और कोण बढ़ जाते हैं। इन कहानियों को एक विशेष 'व्यवस्था' के निरूपक भी कह सकते हैं। व्यक्ति से ही सम्बद्ध विशेषता गहराई है जिसका अर्थ गहराई में जाकर पात्रों की मानसिकता का निरूपण या व्यंजना। पात्र के मन में लेखक की जितनी गहरी पैठ होती है, रचना उतनी ही श्रेष्ठ होती है। दो-तीन पात्रों को लेकर लिखित कहानी के छोटे दायरे में उसकी गुंजाइश कम होती है, फिर भी श्रेष्ठ साहित्यकार एक बूँद में ही अनन्त मानस की गहराई दिखा सकता है। रामाराव ऐसे कलाकार हैं ही, कथानकी व्याप्ति में अनेक पात्रों के सम्बन्ध के सन्दर्भ में पात्रों की मानसिकता का विशद, सूक्ष्म और गहरा निरूपण हो सकता है।

लेखक के द्वारा कहानियों के रचनाकाल में बीच-बीच में कई वर्षों का अन्तराल दिखाई देता है। कहानियों की रचना में चार चरण हैं– एक-दो पृष्ठों की लघु कथाएँ, (मिनी स्टोरीज़-तेलुगु में पोस्ट कार्ड कथलु) मध्यवर्गीय पारिवारिक कहानियाँ, निम्नवर्गीय सामाजिक कहानियाँ तथा अन्त में एक समानान्तर मध्यवर्गीय पारिवारिक व्यवस्था की कहानी, इन अन्तरालों में सामाजिक जीवन की समस्याओं, सामाजिक व्यवस्था में शोषण, नये कहानीकारों को सुझाव, साम्यवादी दृष्टि से कहानी के रचना विधान आदि अनेक विषयों पर लेख प्रकाशित हुए। ये लेख वैचारिक या सैद्धान्तिक हो सकते हैं, पर

उनका कोई साहित्यिक मूल्य नहीं है। साम्यवादी समीक्षकों और स्वयं लेखक के कथन के अनुसार साम्यवाद और विज्ञान के विस्तृत परिचय एवं अध्ययन से उनके रचनाविधान में समाजोन्मुख परिवर्तन हुआ है। ज्ञान की परिधि व्यापक होने से कलात्मक चेतना में गहराई नहीं आती। बुद्धिजीवी मध्यवर्गीय साम्यवादी साहित्यकारों की रचनाओं से यह स्पष्ट हो जाता है। वैयक्तिक अनुभव, चारों ओर दिखाई पड़ने वाली सामाजिक व्यवस्था का बोध, उस बोध को आत्मसात करके अपनी अनुभूति का अंग बना लेना, अनुभव एवं बोध के द्वारा लेखक के व्यक्तित्व का प्रौढ़ विकास और प्रसार ही श्रेष्ठ कला-सृष्टि के लिए दोहदकारी होते हैं। रामाराव जी ने निजी अनुभव तथा सामाजिक व्यवस्था की भावात्मक एवं चिन्तनशील प्रतिक्रिया में दूसरे प्रकार की रचनाएँ की हैं, सिद्धान्तों के आधार पर नहीं। यहाँ यह भी ध्यातव्य है कि लेखों को छोड़कर लेखक ने कहानियों में साम्यवादी सिद्धान्त प्रतिपादन या प्रचार का प्रयत्न नहीं किया है। सामाजिक व्यवस्था के नग्न यथार्थ और उसके कारणभूत तत्त्वों का प्रतिपादन और विचार किया है। कुछ समय के बाद वे विरसं (विप्लव रचयिता संघ) की नियमबद्धता से असन्तुष्ट होकर उसकी सदस्यता से त्यागपत्र भी दे दिया है, यद्यपि उनकी दृष्टि में कोई परिवर्तन नहीं हुआ है। साहित्यकार व्यक्तिवादी हो या समाजवादी, अपनी स्वतन्त्रता और निजता को छोड़ देने का तात्पर्य साहित्य के प्रति ईमानदारी न बरतना है।

लेखक के जीवन, अनुभव और व्यक्तित्व के आलोक में देखने पर उनकी कहानियों की रचनात्मक प्रवृत्तियों में कोई अन्तर्विरोध नहीं लगता। उनके आरम्भिक निम्न मध्यवर्गीय जीवन में अनेक कठिनाइयों का सामना करना पड़ा है। उससे विकसित मानवीय संवेदना आरम्भिक कहानियों में ही नहीं साम्यवादी कहानियों में भी अन्तर्लीन लक्षित होती है। पारिवारिक जीवन में उनका शान्त मृदुल स्वभाव, मध्यवर्गीय संयुक्त पारिवारिक जीवन के रागात्मक सम्बन्धों की आधारभूमि है। यह अनुराग निम्नवर्गीय जीवन में अपनी अभिव्यंजना के लिए कहीं छटपटाती रहती है तो कहीं कठिन हो जाती है। माध्यमिक शिक्षा के बाद सरकारी नौकरी करते हुए उसके प्रतिबन्धों से मुक्त होने के लिए उन्होंने कम वेतन पर अध्यापन आरम्भ किया है। इससे उनकी साहित्य-साधना में स्वतन्त्र चिन्तन और अभिव्यंजना का विकास हो सका है तथा उन्होंने अपने भाव-विचारों के अनुरूप एक विशिष्ट रूप में रचना करने लगे हैं। परवर्ती जीवन में उन्हें सामाजिक जीवन की विषमता का जो बोध हुआ है वह निम्न-वर्गों के शोषण, दमन, आर्थिक लूट-पाट के यथार्थ चित्रण में सहायक हुआ है। यहाँ विरोध और क्रोध की व्यंजना तो है, पर कटुता, हिंसा और अमानवीय भावना नहीं है। इस तरह उनकी कहानियों में मानवीय संवेदना, रागात्मकता, सामाजिक जागृति और एक विशिष्ट एवं स्वतन्त्र रचनाधर्मिता की प्रवृत्तियाँ मिलती हैं। उग्रता के अभाव में कुछ साम्यवादी समीक्षकों को प्रगतिवादी कहानियों में भी त्रुटियाँ दिखाई पड़ी हों तो कोई आश्चर्य की

बात नहीं है। रामाराव के व्यक्तित्व में शान्त निश्चलता, भावात्मकता और ओजस्विता का अनोखा सामंजस्य है। निम्नवर्गीय जीवन में कुछ जुगुप्साजनक और बीभत्स दृश्यों का अंकन होने पर रौद्र रूप दिखाई नहीं देता। "यत्रं" कहानी में पुत्र का सर काटकर उसका प्रदर्शन करते हुए प्रतिज्ञा का पालन करना केवल क्रोध और तीव्र अन्तर्मंथन का ही द्योतक है। 'सेनापति वीरन्ना' कहानी लेखक के ये वाक्य जीवन के एक महान सत्य को ही प्रकट नहीं करते, बल्कि व्यक्तित्व और दृष्टिकोण को भी स्पष्ट करते हैं–"चरम अंक में, उसके जीवन के अन्तिम दिनों में अभिव्यक्त कटु कड़वेपन से क्या मैं सम्मोहित हुआ हूँ? नहीं। केवल कडुक्पन निगलना या निगलवाना जैसी रसदृष्टि का मैं व्रती नहीं हूँ।"

2. कहानियों का विश्लेषण और मूल्यांकन : (क) लघु कथाएँ : रामाराव जी की आरम्भिक लघु कथाओं में साहित्यिक दृष्टि से उल्लेखनीय हैं–फ्लाटफारं? (फ्लाटफारमो?), चली गई (वेक्कुयोपिंदि), सच होता!! (निजमे अयिने!!), पीछे की ओर दृष्टि (वेनक चूपु), अदृश्य (अदृश्यसु), दुर्बल (बलहीनुलु), तथा मालूम हुआ क्या मैं कौन हूँ? (तेलिसिंदा नेनेवरो?–एक पात्र का स्वगत रूप)। इन कहानियों में मन की एक कोमल भावना और जीवन के एक सत्य या तथ्य का प्रतिपादन हुआ है। रूप संक्षिप्त है। कथानक नाममात्र का है–कभी एक सन्निवेश है तो कुछ लम्बी कहानियों में दो-तीन के द्वारा केन्द्रीय भावना की व्यंजना है। ऊपर की प्रथम तीन कहानियों में मन की कोमल भावना की अभिव्यक्ति है तो शेष में जीवन की कटुता या सामाजिक गतिविधि की ओर संकेत हैं। इससे पता चलता है कि आरम्भ से ही लेखक की दृष्टि केवल व्यक्ति पर न होकर सामाजिक जीवन और उसकी व्यवस्था पर भी है। रेवलि के पत्र आदि कहानी न होकर सामाजिक अन्याय और अत्याचार पर वैचारिक लेखमात्र हैं। उदाहरण के लिए फ्लाटफारं कथा की कालावधि-प्रातःकाल से सायं तक है। ग्रामीण प्रकृति की सजीवता का फलक है। पड़ोसी नवयौवना सुन्दर युवती पर्व के अवसर पर उल्लासमयी होकर पति के ससुराल-आगमन की प्रतीक्षा कर रही है। सायंकाल को फ्लाटफारं की घंटी बजने के बाद निराश उसका भाई निराश लौट आता है। वह प्रियतम की शून्य दृष्टि के साथ प्रतीक्षा कर रही है। लेखक सोचता है कि मेरे जीवन के फ्लाटफारं की क्या हालत है। कहानी का आकर्षण उसकी प्रतिपादन शैली है। कथा का आरम्भ है–"गाँव की सारी चीजें निखरी हुई हैं। हवा, पानी, आहार, लड़कियाँ, संभाषण, प्रकृति–सभी में सौन्दर्य और सुकुमारता न होने पर भी, जीवन्तता छलकता हुआ, आकर्षक और निर्भर होते हैं।" आगे चलकर मानवीय रूप-सौन्दर्य, भावात्मक मानसिकता में वही सजीवता गोचर होती है। अन्त में व्यक्ति की कहानी अपने-पराये जीवन के सामने प्रश्नचिह्न बन जाती है। मनुष्य कालक्रम में पुरानी पीढ़ी के सनातन आचार-विचारों के छोड़कर अनजाने ही आधुनिक होता जाता है। पूजा-पाठ से मुक्त परिवर्तन के

सम्बन्ध में लेखक (पात्र—प्रथम पुरुष में) कहते हैं— "विश्वासों, हृदयों और मनुष्यों को काल बदल देता है। मैं बदल गया। उसमें भी गत वर्ष के बीच इतना बदल गया हूँ कि क्या मैं मैं ही हूँ। यह परिवर्तन इतने वेग से ढकेलता आ रहा है कि उस वेग में फिर पीछे मुड़कर देख नहीं पाता। आज कुछ पीछे की ओर देख पाया हूँ।" (पीछे की ओर दृष्टि) लेखक ने इन लघु कथाओं आरम्भ में जीवन के सत्य या तथ्य एक सामान्य कथन के रूप में प्रस्तुत करके दृष्टान्त के रूप में कथा का प्रतिपादन करते हैं। या कथा के बाद निष्कर्ष रूप में सामान्य कथन होता है। इस तरह आगम-निगम पद्धतियों को टेकनिक में कथा मार्मिक और आकर्षक बनती है। इस लघु रूप में कहानी के अन्य तत्त्वों को ढूँढ़ना व्यर्थ है। ये सामान्य कथन कथा से सम्बद्ध रूप में ही नहीं, अपने में भी जीवन-मूल्यों के नये उन्मेष में सौन्दर्यात्मक हैं। कुछ वैयक्तिक और सामाजिक कथन— 1. उस सफ़ेद, काली आँखों से शीतल, मृदुल और दयालु कटाक्ष के साथ आत्मीयतापूर्ण सदा बोलते रहना चाहिए! (अगर सच होता) 2. शरीरों के दूर रहने मात्र से क्या पवित्र होते? शारीरिक से मानसिक व्यभिचार ही अधिक निकृष्ट है। (अदृश्य) 3. मेरे इस दो वर्षों के उत्साहपूर्ण जीवन का कारक है। उसी ने मेरे उत्साह-भरे जीवन को—मेरे अज्ञात सौन्दर्य को प्रकाशित कर दिखाया है। (दुर्बल) 4. सारा देश मेरा निर्मित है; लेकिन मुझसे निर्मित इस समाज में मेरी स्थिति अधम से अति अधम है! नीच से अति नीच है! ('मालूम हुआ क्या मैं कौन हूँ' में शोषित का कथन) इन लघु कथाओं में सौन्दर्य के साथ नग्न सत्य और अशिव का निराला सम्मेलन है।

(ख) मध्यवर्गीय कहानियाँ : मध्यवर्गीय जीवन की कहानियों को दो वर्गों में बाँट सकते हैं—सामाजिक और पारिवारिक। निश्चित ही पहले से दूसरे वर्ग की कहानियाँ कलात्मक दृष्टि से श्रेष्ठ हैं। सामाजिक कहानियों के कथानक में कोई जटिलता, व्यापकता और गहराई नहीं है। लक्ष्य के अनुरूप सीधा कथा-कथन है। पात्रों का स्वभाव निरूपण भी उद्देश्य के अनुसार एकोन्मुख है। कहानी में लक्ष्य या उद्देश्य व्यंजित न होकर उसका स्पष्ट कथन होता है। कीर्तिकाम (कीर्तिकामुडु) में वेंकय्य नायुडु अपने पूर्वजों का अनुसरण करते हुए उन्हीं के समान यशस्वी कहलाने के लिए अपनी सारी सम्पत्ति दान-धर्म में खर्च करके कंगाल हो जाता है। लेखक का कथन है कि कीर्ति की कामना का यही परिणाम होता है तथा जीवन में कभी-कभी यश की लालसा काम से भी बलवती होती है। निर्वाह (निरवाकालु) कहानी में भी सुब्बाराव पंतुलु धार्मिक दान-धर्मों के निर्वाह में व्यावहारिक दृष्टि के अभाव के कारण दरिद्र होकर दार्शनिक भाग्यवाद को अपनाकर निष्क्रिय हो जाता है। बारूल विक रहस्य (असलु रहस्यं) और विजयी जीवन (जयप्रद जीवनं) में एक राजनीतिक पहलू भी जुड़ा है। बेरोजगारी के दिनों सुन्दरं-दम्पति क्लर्क की नौकरी छोड़ देते हैं तो अन्त में ही सहयोगियों को उसके रहस्य का पता चलता है। जमींदारी रद्द करने के बिल में से 'इनामों' को छोड़ देने का अफवाह

सुनकर सम्पन्न ईमानदार होने की भावी आशा में वर्तमान उपलब्धि को छोड़ देते हैं। जीवन में सफल होने के लिए कैसी अनीति और बेईमानी को अपनाना चाहिए; इस तरह सरकारी नौकरी पाकर किस तरह पदोन्नति पाई जा सकती है तथा महँगाई के अभाव के दिनों में भी सारी चीज़ें प्राप्त हो जाती हैं—इसका उदाहरण 'विजयी जीवन' का जोगाराव है। लेखक का कहना है—"संसार में जब तक कोई कुछ खो नहीं जाता, वह दूसरे को प्राप्त नहीं होता।...वास्तव में भारत की आम प्रजा अभी सो रही है। उसके जागने पर पता नहीं कब क्या हो जाता!!" पलायनवादी (पालायिलुडु), सेनापति वीरन्ना, अभिशप्त (अभिशप्तुलु) सामाजिक व्यवस्था में दीन-दुखियों के प्रति व्यक्त-अव्यक्त समवेदना प्रकट करने वाली कहानियाँ हैं। सभी में दरिद्रता ही के कारण जीवन का विषादान्त हो जाता है। राजशेखर जीवन के संघर्षों में असफल होकर पलायनवादी बन जाता है। जुलाहा वीरन्ना अपना पेशा छोड़कर लाठी चलाने में अपना कौशल दिखाकर गाँव में लोकप्रिय बनता है, लेकिन गाँव की बदलती परिस्थितियों में दरिद्र और विस्मृत हो जाता है। अपनी माँ के एक ब्राह्मण के साथ भाग आने के कारण जातिहीन सोमप्पा आर्थिक संकट में माँ के पालन-पोषण का दायित्व लेने से साफ़ इनकार कर देता है और उसकी मृत्यु के बाद परिवार के सभी लोग अभिशप्त हो जाते हैं। समाज की इस विषम स्थिति का कारण आर्थिक विधान है। 'अप्रज्ञातं' में नगर में उच्चशिक्षित साम्यवादी सुदर्शन अपने गाँव पहुँचकर सोदाहरण तार्किक रूप में अपने विचारों का प्रतिपादन करता है कि खेती के मज़दूरों को किसान और उन्हें साहूकार आर्थिक शोषण कर रहे हैं। सेठ सूरप्पा ईश्वर के नाम पर सौगन्ध खाकर कहता है कि मैंने किसी के साथ बेईमानी नहीं की है। यह सत्य नहीं है तो मेरा सर्वनाश होगा; अन्यथा अभियोगी का। उसके बाद सूरप्पा का अकेला लड़का बीमारी में मरणासन्न हो जाता है तो सुदर्शन अपने सिद्धान्तों के विरुद्ध, अन्तःकरण को मारकर उस बच्चे को बचाने के लिए भगवान से प्रार्थना करता है। इस सन्दर्भ में लेखक के तीन कथन विशेष ध्यान देने योग्य हैं—1. "लोकोपवाद के भय से कुछ प्राणत्याग भी करते हैं। सुदर्शन का विश्वास त्याग कोई अनोखी बात नहीं है।" 2. "किसी बात को समझना एक बात है और उस समझ के अनुसार जीना दूसरी बात है। फिर अपने समान ही सब की शक्ति और सामर्थ्य होती है तथा यह समझना कि सब का स्वभाव एक ही तरह होता है—यह सुदर्शन की गलती है।" 3. "सूरप्पा ने आर्थिक शोषण नहीं किया है पर उसके द्वारा (आर्थिक व्यवस्था और विधान के द्वारा) वह हुआ है। भौतिक दृष्टि से परिणाम एक ही होने पर भी नैतिक दृष्टि से दोनों में अन्तर है।" कथानक का यह साम्यवादी तार्किक आख्यान है!

मध्यवर्गीय पारिवारिक कहानियों के मूल में रवीन्द्र और शरत की रचनाओं की प्रेरणा है, लेकिन वह मानव-मन की रागात्मक वृत्ति को आलोकित करने तक सीमित

है। बंगाली पारिवारिक जीवन और सम्बन्धों तथा आन्ध्र के जीवन एवं सम्बन्धों में वातावरण और रस्म-रिवाजों का ही नहीं, तात्त्विक अन्तर भी है। भारतीय संस्कृति का मूल आधार परिवार है तथा उसकी सामान्य भूमि रागात्मक सम्बन्ध है। उसमें बाहरी परिवेश, मानव-प्रकृति एवं स्वभाव के अनुसार प्रादेशिक अन्तर है। रामाराव जी ने आन्ध्र के पारिवारिक जीवन का जीता-जागता चित्रण किया है, भले ही उसमें अनुराग की गहराइयों तक पहुँचने में रवीन्द्र और शरत का प्रभाव हो। लेखक ने अनुरागात्मक सम्बन्धों की अन्तर्मुखी और बहिर्मुखी अभिव्यक्ति—दोनों कि सूक्ष्म और रमणीय व्यंजना की है। लेखक का कैन्दास व्यापक है, इसीलिए कहानियाँ बहुत लम्बी हो गयी हैं। परिवार में राग-विराग के जितने प्रकार के सम्बन्ध हो सकते हैं और पात्रों के स्वभाव के अनुसार उनके जितने रूप हो सकते हैं—लेखक ने कहानी के छोटे दायरे में उन सबको समेट लेने का प्रयत्न किया है। कथानक में घटनाओं एवं सन्निवेशों की योजना में विस्तार और संघर्ष है। कथा-कथन में गतिशीलता तथा विकास के उतार-चढ़ाव के बाद चरमसीमा पर कहानी समाप्त होती है। कथानक की व्यापकता में पात्रों के स्वभाव, व्यक्तित्व और चरित्र का निरूपण सम्भव हो सका है और उस कार्य में पात्रों की मानसिकता एवं भावों की गहराई की व्यंजना हुई है। इन कहानियों का कोई स्पष्ट प्रयोजन या उद्‌देश्य परिलक्षित नहीं होता। पारिवारिक जीवन की, कुछ विशेष परिस्थितियों में गतिविधि का निरूपण ही कहानियों का लक्ष्य है।

तेलुगु में एक लोकोक्ति है कि जन्म देने वाली माँ से पालन-पोषण करने वाली माँ की ममता ज्यादा होती है। पालन की ममता (पेंपकपु ममकारं) कहानी में पालन-पोषण और अलग होने पर मानसिक संघर्ष का सूक्ष्म व्यंजनागर्भित निरूपण है। संयुक्त परिवार में फूट पड़ने के कारण पार्वतम्मा का मानसिक क्षोभ और संघर्ष अत्यन्त सजीव हो उठा है। उसने मातृहीन शिशु सरस्वती को गोद में लिया है, बड़ी होने पर विवाह करके नाते श्रीधर के प्रति विशेष प्रेम के साथ पूरे परिवार को अपने ही घर में स्थान दिया है। कहानी के बीच इस पूर्व वृत्तान्त का स्मृति रूप में कथन, पार्वतम्मा के क्षोभ को बढ़ाकर कहानी को सजीव बनाता है। उसके मानसिक संघर्ष का कारण संयुक्त परिवार के दायित्व और सन्तान श्रीधर की भी उपेक्षा करके सरस्वती की केवल पति-सेवा में संलग्न होना। सरस्वती का मानसिक अव्यक्त वेदना संयुक्त परिवार के प्रति कर्त्तव्य और प्रेम के बीच द्वन्द्व की स्थिति से उत्पन्न है। कहानी में सभी पात्रों का स्वभाव रागमय है, लेकिन व्यावहारिक दृष्टिकोण भिन्न-भिन्न है। पार्वतम्मा का पति व्यवहार-कुशल है और सरस्वती के लिए चुपके से अलग घर की व्यवस्था कर देता है। उसकी सन्तान, पुत्र एवं पुत्री पार्वतम्मा से आँख बचाकर दूसरे घर जाते रहते हैं तथा आकस्मिक भेंट के रूप में सिनेमाहॉल आदि स्थानों पर सबके मिलने की योजना बनाते हैं। जब पार्वतम्मा को वास्तविक परिस्थिति का बोध होता है, ज्ञाता श्री घर अपनी नानी के पास जाने के

लिए लालायित होता है तो माता पिता श्रीधर को नानी के घर के द्वार पर छोड़कर चुपके-से चल जाते हैं। कहानी में अनुराग, परिस्थितियों के कारण, मतभेद, क्षोभ, वेदना और पुनर्मिलन का यथार्थ चित्रण हुआ है। कहानीकार ने जीवन में बाह्य संघर्ष की ओर संकेत मात्र कर आन्तरिक मानसिक संघर्ष को उजागर किया है। पात्रों के चरित्र की अपेक्षा उनके प्रखर व्यक्तित्व और स्वभाव का निरूपण किया है। कहानी की केन्द्रीय भावना के सम्बन्ध में लेखक का कथन है—एक समय वह घर आनन्द का निलय है। कोई किसी के बारे में जैसी भी बातें कहें, जैसा परिहास करना चाहें, निर्भय और निश्चिन्त कहते थे। पता नहीं उस समय उनके प्रयुक्त शब्दों के नानार्थ और श्लेषार्थ होते थे या नहीं, या आयु के बढ़ने पर ज्ञान बढ़कर शब्दों में श्लेष एवं नानार्थ पहचानने की नई शक्ति प्राप्त हुई हो।...(अब) उस घर में कोई भी उल्लास के साथ अपने को भूलकर बातें कर रहे हैं या कम से कम खुली गहरी साँस ले रहे हैं—यह कह नहीं सकते।...इसके परिष्कार का तो कोई सोच नहीं रहा है, या कम से कम उसके परिष्कार का ज्ञान भी किसी में दिखाई नहीं देता।" अन्त में पार्वतम्मा का पति ही उस उलझन को सुलझा देता है। कहानी में संयुक्त परिवार के विघटन और एकल परिवार की ओर उन्मुखता दिखाई नहीं देती।

रागमयी मूलतः नगरीय जीवन, अंग्रेजी शिक्षा-दीक्षा और सभ्यता-संस्कृति में जानकी तथा ग्रामीण वातावरण, संस्कृत-तेलुगु की शिक्षा एवं भारतीय संस्कृति में दीक्षित सम्पन्न पति राजशेखर के संघर्ष और परिणाम की कहानी है। जानकी की दूसरी भाभी उमा अपनी मौसी के पुत्र के साथ विवाह कराती है। इस तरह दाम्पत्य कलह के साथ संयुक्त परिवार के सम्बन्धों की गाथा भी जुड़ जाती है। बाल्यावस्था से ही जानकी का अपनी भाभी उमा के साथ विशेष रागात्मक सम्बन्ध है और रागमयी उमा के हृदय में जानकी का विशिष्ट स्थान है। इस प्रकार कहानी के त्रिकोण हैं—दाम्पत्य संघर्ष, संयुक्त परिवार के सम्बन्धों में तनाव तथा आत्मीयतापूर्ण अनुराग। जब निस्तेज और दुबली होकर जानकी मायके पहुँचती है, उस बड़े संयुक्त परिवार में तीव्र वाद-विवाद पैदा होता है। उमा का सवाल है कि क्या संस्कारिता केवल अंग्रेजी शिक्षा और सभ्यता से प्राप्त होती है? केवल उमा के ससुर उसका समर्थन करते हैं। लेकिन उसका देवर व्यंग्य करता है कि उसके लिए वधू का अन्वेषण करते समय कुरूप एवं अशिक्षित न होने की चिन्ता न करें, सुसम्पन्नता का ध्यान रखें। दुखी उमा पहले मायके जाकर वहाँ से मौसी के यहाँ पहुँचकर अपने बुद्धि-कौशल, तर्क और अनुराग से जानकी एवं राजशेखर के दाम्पत्य-जीवन का जो पुनः अनुबन्धन करती है वह कलात्मक अभिव्यंजना का अपूर्व उदाहरण है। दाम्पत्य-जीवन के सम्बन्ध में उमा के तर्कजाल में एक उदाहरण देखिए—"हाँ, मौसी! उसने लाखों गलतियाँ की होगी, मैं इनकार नहीं करती। लेकिन उसे सँवारने का दायित्व किसका है? आप कहें कि उसने गलतियाँ ही क्यों की हैं, तो कोई गलतियाँ न

कर जीवन में बड़ा हो सका है? वास्तव में उसे आपके हाथों में क्यों सौंपा है? अपनी लड़की की तरह मानकर उसे सँवारने के उदार हैं, इसलिए न? क्या तुमने या उसने (पति) उसके गलती करने पर समझाया है? समझाने पर भी वह उचित व्यवहार न करती तो उसे चप्पल से मारते तो वह अनुचित था अन्याय नहीं है। असल में उसने क्या गलती की है, यह स्पष्ट नहीं करते।" रागमयी उमा के दूतकार्य में वह स्वयं असमंजस में पड़ जाती है कि सब से झगड़ा करके मौसी के यहाँ आकर क्या वह अपने सास-ससुर और पति के सम्बन्धों को विषम बनाकर उनके मनों को विरक्त तो नहीं बना रही है। यही कहानी के त्रिकोण को चतुरस्र बनाता है। अबोध जानकी रागात्मक सम्बन्धों की कोमलता को समझ नहीं पाती। इसलिए अपार ममता के वावजूद उमा जानकी को कृतघ्ना कहती है। रागमयी उमा उस राग में आत्मबलिदान के लिए भी तैयार हो जाती है। कृतघ्ना कहाकर कहानी का अन्त करने में रागात्मक और त्यागात्मक निगूढ़ मार्मिक व्यंजना है। कहानी बहुत लम्बी है। शीर्षक की सार्थकता, तीव्र विवाद से कथा का आरम्भ, ओजस्वी संवादों के द्वारा कथानक की गतिशीलता, संघर्ष एवं आत्ममंथन, अनेक पात्रों के वैविध्यपूर्ण स्वभाव एवं व्यक्तित्व, रागमयी भावना का ध्वनन, कथानक के विकास के अनुरूप भाषा-शैली की प्रवाहशीलता, कार्य की अन्विति एवं सफलता आदि विशेषताएँ कहानी की श्रेष्ठता को सिद्ध करती है। कहानी पारिवारिक जीवन के ऊपरी सतह का निरूपक न होकर उसकी गहराई में पैठकर भाव-विचारों का व्यंजक है।

'अभिमान' (अभिमानालु) कहानी भी बहुत लम्बी है। लेकिन उसमें मध्यवर्गीय जीवन का चित्र व्यापक नहीं है। दो भाइयों के—पद्मनाभ और भास्कर के आत्माभिमान के कारण उत्पन्न अलगाव की परिस्थितियों तथा उसके विषय परिणामों के बाद पुनर्मिलन की यह कहानी है। मध्यवर्गीय अहं मन में अन्तर्लीन रहता है; परिणामस्वरूप सन्निवेशों और घटनाओं का निरूपण बहिर्मुखी। अपने अभिमत के विरुद्ध, उनकी सम्मति से ही सही प्रेम-विवाह करके नगर में जीवन बिताना पद्मनाभ के मन में सरलता रहता है। पितृवत् पाला-पोसा भाई भास्कर उसके कष्टों में समभागी नहीं हो सका है, यह वेदना क्रोध के रूप में, फिर आत्मपीड़न का रूप लेती है। इस जटिल मानसिक ग्रन्थि का शिकार उसका पुत्र चलपति हो जाता है। एक प्राइवेट मास्टर के यहाँ दूर के शहर में रखकर •ाध्यमिक शिक्षा की व्यवस्था तो किसी तरह कर देता है; पर वहाँ उसके असह्य कष्टों और मानसिक वेदना को समझ नहीं पाता। पद्मनाभ के आत्मपीड़न का प्रभाव मार-पीट के रूप में चलपति पर ही नहीं पड़ता, बल्कि गाँव में, अभाव की परिस्थितियों में गर्भवती पत्नी लक्ष्मम्मा पर भी दिखाई देता है। उसके में अपने पाले-पोसे देवर भास्कर और उसके परिवार के प्रति प्रेम है। ऐसे ही सरल, अबोध और स्नेहमय मन की है भास्कर की पत्नी राघवी है। लेकिन परिस्थितियाँ दोनों को मिलने नहीं देतीं। राघवी के मन में भाइयों को अलग करने का संकोच भी है। अपने

भाई के समान आत्माभिमानी भास्कर, दूर रहना ही श्रेयस्कर समझता है। मरणासन्न स्थिति में लक्ष्मम्मा मृतशिशु को जन्म देती है और अत्यन्त गम्भीर रुग्ण स्थिति में चलपति को अस्पताल ले जाकर भास्कर उसे नया जीवन देता है। जब जाकर पद्मनाभ की आँखें खुल जाती हैं और भास्कर के प्रति पूर्ववत् वात्सल्य जाग उठता है। इस साधारण इतिवृत्त को कहानीकार ने एक ओर मनोवैज्ञानिक ग्रन्थियों एवं मानस-विश्लेषण के द्वारा, दूसरी ओर मध्यवर्गीय पारिवारिक जीवन की यथायता में संघर्ष के चित्रण से और तीसरी ओर मध्यवर्ग के पात्रों के मन में अव्यक्त स्नेह, प्रेम एवं सहानुभूति की व्यंजना से एक सजीव करुण रूप दिया है। इस कहानी को संयुक्त परिवार के विघटन, मानसिक दुराव-छिपाव, या उसमें अन्तर्लीन हिंसात्मक 'अक्कस' के रूप में देखना—कहानी के लक्ष्य को न समझ पाने की गलतफ़हमी होगी। इस मध्यवर्गीय पारिवारिक कहानी में आधुनिकता का एक नया आयाम अवश्य जुड़ा है। वह है प्रेम विवाह और भारतीय पारिवारिक जीवन पर उसका प्रभाव। अन्य पारिवारिक कहानियों की तरह इस कहानी में भी अनेक सन्निवेशों और घटनाओं के द्वारा कथानक का विस्तार एवं विकास, उसमें बहिर्मुखी संघर्ष एवं मानसिक द्वन्द्व, पात्रों के स्वभाव और व्यक्तित्व की सूक्ष्म अभिव्यंजना, प्रधान पात्र पद्मनाभ का उग्र स्वभाव, कोमल, करुण एवं कठोर भावों की प्रसंग के अनुसार सूक्ष्म एवं सशक्त अभिव्यक्ति तथा उन प्रसंगों को सजीव रूप देने वाले संवादों में अनुरूप एवं उचित भाषा-शैली आदि परिलक्षित होते हैं। इनके अभाव में कहानी इतनी प्रभावशाली नहीं होती।

'अशिक्षा-अविद्या' कहानी के निषेधात्मक शीर्षक से ही सूचित होता है कि मध्यवर्गीय संयुक्त परिवारों के जीवन में किस तरह की समस्याओं और विषमताओं का सामना करना पड़ता है। इसका कारण आर्थिक स्तरों में अन्तर है तो उस अन्तर से रागात्मक सम्बन्ध भी टूटने लगते हैं। बड़े परिवारों में यह विशेष रूप से लक्षित होता है। कहानी में आर्थिक स्थिति के कारण मनमुटाव और संयुक्त परिवारों के विघटन की नई पीढ़ी की मानसिकता की ओर स्पष्ट संकेत मिलता है। मूल कथा विधवा वेंकट नरसम्मा की बड़ी लड़की गरीब विशालाक्षी छोटे भाई के विवाह में अपनी भाभी श्रीदेवी का नेकलस चुराकर पकड़े जाने की स्थिति में कुएँ में कूदकर आत्महत्या करने की घटना है। कहानीकार ने विवाह के सन्दर्भ में एकत्रित और उस घटना एवं विशालाक्षी से सम्बद्ध अनेक पात्रों को लेकर उनके मानस-विश्लेषण तथा स्वभाव का निरूपण किया है। परिवार के स्वर्गीय स्वामी नरसिंगराव योगी और जुआरी होने पर भी उसमें अपार अपेक्षा और मानवता है। उसकी पत्नी वेंकट नरसम्मा लौकिक ज्ञान और संस्कारिता के अभाव में परिवार की समस्याओं का कारण नगर में अलग रहने वाले लेक्चरर रामाराव और उसकी पत्नी श्रीदेवी को मानती हैं। पति की मृत्यु के बाद पढ़ाई बीच में छोड़कर गाँव में रहते हुए सम्पत्ति की रक्षा करने वाले दूसरे पुत्र सूर्य के प्रति उसके मन में अपार ममता है।

रामाराव अपने परिवार के लोगों के प्रति भी किसी प्रकार की ममता रखने वाला व्यक्ति नहीं है। सामाजिक जीवन में दीखने वाली उसकी ममता एक कृत्रिम अभिनय मात्र है। वह समझ नहीं पाता कि ग्रन्थों से प्राप्त उसके नवीन संस्कार, मूल्य और औन्नन्य उसकी ग्रामीण माँ एवं बहनों में नहीं हो सकते। इसीलिए वह अपनी बहन की मृत्यु से उतना दुखी नहीं है जितना इस भावना से कि उसने सबके सामने तीव्र अपमान से आत्महत्या कर ली है। वह समझ नहीं पाता कि बहन ने घर में असावधानी से कहीं पड़े हुए गहने को उठाकर किस उद्देश्य से अपनी साड़ी में छिपा रखा है। उसकी पत्नी के मन में अशिक्षित परिवार के प्रति पति की तरह उपेक्षा की भावना और अपने बड़प्पन का अहं है। लेक्चरर पति को पाकर पहले वह सन्तुष्ट है, लेकिन नगर में अड़ोस-पड़ोस को देखकर उसकी आशा-आकांक्षा बढ़ जाती है और अपने के रामाराव से अधिक योग्य पति की अधिकारिणी समझती है। पारिवारिक मर्यादा और गौरव से अनभिज्ञ मूर्खता में वह विवाह में सब के सामने अपनी ननद का अपमान करना चाहती है। इसमें अपने बड़प्पन, अहं और महानता को सन्तोष एवं तृप्ति मिलती है। पढ़ाई छोड़कर गाँव में रहने वाले सूर्यं के मन में अपने बड़े भाई रामाराव की सामान्य स्थिति के प्रति कुछ ईर्ष्या की भावना है। वह अपनी स्थिति के लिए कभी भाभी श्रीदेवी को, कभी अपने परिवार के लोगों के अज्ञान को और कभी अपने ही दुर्भाग्य को दोष देता है। विशालाक्षी ने गहने को क्यों छिपाकर रखा है, लेखक ने स्पष्ट नहीं किया है। लेकिन गरीब वह अभागिन सबके सामने चोरी का अपराध लगाने के बाद अपने पति और चार बच्चों को मुँह कैसे दिखा सकती है। यह है अपने-अपने ढंग के विलक्षण स्वभावों के परिवार के व्यक्तियों का मेला। रामाराव स्वयं अनुभव करते हैं कि विवाह में कन्यापक्ष के ग्रामीण परिवारों में कैसी एकता, मेल-मिलन, हास-परिहास और उल्लास भरा है। उनके साथ तुलना में अधिक शिक्षित वरपक्ष में बन्धु-बान्धव की भावना कहाँ है। यह कितना रसहीन जीवन है? विशालाक्षी की आत्महत्या के बाद रामाराव के विचारों के माध्यम से लेखक जीवन के सम्बन्ध दो मौलिक प्रश्न उठाते हैं। "इस संसार में इससे बड़ी घटनाएँ होती रहती हैं। लेकिन व्यष्टिपरक दृष्टि से देखने पर कुछ लोगों के जीवन को इस तरह अव्यवस्थित करके बदल डालने वाली इतनी बड़ी घटनाएँ कुछ बड़े परिवारों में घटित होने के मूल कारण क्या हैं? उसकी जड़ें क्या हैं? और वे कहाँ हैं?"

टाइप की दृष्टि से यह मनोवैज्ञानिक कहानी नहीं है। लेकिन कहानी में मन के मूल प्रेरणा तत्त्वों और पात्रों के मानस-विश्लेषण को विशेष महत्त्व मिला है। कथानक से समतुल्य उसकी प्रधानता है। कहानी कला के सभी तत्त्व या रचना विधान के सभी पहलू साधन और मानसिक प्रेरणा सूत्रों का विश्लेषण साध्य-सा लगता है। पात्रों की मानसिकता की अभिव्यक्ति के अनुरूप वातावरण की सृष्टि से कहानी को वातावरण प्रधान कहानी कह सकते हैं। उस वातावरण के फ्रेम में कथानक को फिट किया गया है।

(ग) निम्नवर्गीय कहानियाँ : लघुकथाओं और मध्यवर्गीय कहानियों की रचना के बाद रामाराव जी का तीसरा प्रस्थान साम्यवादी निम्नवर्गीय कहानियाँ हैं। जिनकी संख्या सोलह हैं। जिस तरह मध्यवर्गीय जीवन की कहानियों में सामाजिक और पारिवारिक दोनों प्रकार की हैं, साम्यवादी कहानियों में निम्नवर्गीय होने के अतिरिक्त कुछ मध्यवर्ग के पतन की भी हैं। वे साम्यवादी वर्गों में 'विरसं' के सदस्य और सचिव भी हुए हैं। लेखक का कहना है कि इस प्रवृत्ति की रचना में वे कोटवंटि कुटुम्ब राव और राचकोंड विश्वनाथ शास्त्री से प्रभावित हुए हैं। साम्यवाद से प्रभावित होने मात्र से सभी साहित्यकारों की रचनाधर्मिता समान नहीं होती। तीनों के मार्ग अलग-अलग हैं। रामारावजी सामाजिक विषमता के लिए उसकी व्यवस्था को दोष देते हैं और अपनी विशिष्ट रचना पद्धति में लक्ष्य का प्रतिपादन करते हैं। रामारावजी पर बाकी दोनों के प्रभाव को केवल लक्ष्य की प्रेरणा के रूप में ग्रहण करना चाहिए। साम्यवादी कहानी की वस्तु और कथानक प्रायः पूँजीवाद का विरोध, मध्यवर्गीय पतन, निम्नवर्गों के शोषण-दमन का खण्डन, धर्म और परम्परा के नाम पर अन्याय और अवैज्ञानिक अन्धविश्वासों का निराकरण, विद्रोह एवं क्रान्ति के द्वारा समता की स्थापना आदि सम्बन्धित है। रचना विधान में तथ्यात्मक यथार्थवादी प्रवृत्ति, सामाजिक विषमता की गहराई में जाकर उसके कारणभूत मूल तत्त्वों का उद्घाटन, ओजस्वी खण्डन-मण्डन आदि हैं। इन बातों को एक मूसे में ढालने से साम्यवादी कहानी नहीं बनती। अपनी अनुभूति और आँखों के सामने प्रत्यक्ष सामाजिक जीवन के सूक्ष्म अन्तर्बोध को जोड़कर जीवन के मूल में प्रविष्ट होते हुए व्यष्टि से समष्टि की ओर अग्रसर होते हुए समष्टि को विशिष्ट कलात्मक रूप देने में श्रेष्ठ साम्यवादी कहानी की रचना होती है। प्रतिभाशाली व्यक्ति की कथा में समष्टि की व्यंजना करता है। ऐसी कुछ उत्तम कहानियाँ रामाराव जी की लेखनी से निसृत हैं।

साम्यवादी मध्यवर्गीय कहानियाँ पहले की पारिवारिक कहानियों के समान स्थायी प्रभाव डालने वाली कोई नहीं है। उनमें रचना विधान की अपेक्षा लक्ष्य प्रधान लगता है और जीवन के किसी तथ्य या सत्य के उद्धरण में लगा है। 'फ़ैसला' (नीपु) कहानी साम्यवादी दृष्टि से निरपेक्ष बच्चों के स्वभाव की निरूपक सरस मनोरंजक कहानी है। 'घर' (इल्लु) एक निम्न मध्यवर्गीय बुढ़ापे में छाया के लिए एक छोटा-सा मकान बना लेने की कथा है। लेखक के शब्दों में "पशुओं और पक्षियों के लिए भी अपना एक घोंसला होता है। मनुष्य मृत्यु तक जीकर भी अपना एक घोंसला बना नहीं पा रहा है। इसके लिए किसे क्या कहना चाहिए समझ में नहीं आता।" "मनुष्य में साहस करने के लिए या जीवन में आनन्द पाने के लिए मूलतत्त्व आधार है। उसके बिना मनुष्य की तरह नहीं जीवनमृत की तरह जीता है। घर ही मनुष्य को वह आधार है। उसके बिना मनुष्य की तरह नहीं जीवनमृत की तरह जीता है।" घर ही मनुष्य को वह आधार या भरोसा देता है। 'महान आशीर्वाद' (महदाशीर्वादं) में निर्धन सेवानिवृत्त अध्यापक अपनी

चिकित्सा भी करा नहीं पाता। लोगों की दृष्टि में यह मनुष्य के धर्म-कर्म का फल है। लेकिन उसके एक मतदान से जीता हुआ व्यक्ति उस अन्तिम मतदाता को आशीर्वाद देता है। यह जीवन के सन्दर्भ में निरर्थक आशीर्वादों पर व्यंग्य है। 'स्नेह' कहानी में भी अवसरवादी जीवन-सम्बन्धों पर व्यंग्य है। दो दशकों तक पत्र तक न लिखने वाला व्यक्ति अपने पुत्र की नौकरी के लिए सिफ़ारिश कराने मित्र डॉक्टर वेणुगोपालराव के पास आकर पाँच सौ रुपये देता है। काम कराने के बाद शेष तीन सौ को डॉक्टर अपनी जेब में रख लेता है। जीवन में स्वार्थ और भ्रष्टाचार की इस कहानी को लेकर डॉक्टर की रखेली मीनाक्षी सोचती है कि इस संसार में तीन रुपयों के लिए तीन व्यक्तियों के गले काटने वाले भी हैं। उनके भी अपने कुछ सिद्धान्त होते हैं आत्मसमर्थन के लिए। स्नेह-प्रेम आदि केवल कल्पनालोक के हैं। आज के युग में स्वार्थ ही सब सम्बन्धों का मूल है। यह नग्न यथार्थवाद है! इन कहानियों में टेकनिक को साधन बनाकर मध्यवर्गीय जीवन की दीनदशा का निरूपण किया गया है। कहानी के अन्त में एक मोड़, टेढ़ापन (ट्विस्ट) या व्यंग्य उसे आकर्षक बनाता है।

इन कहानियों के साथ तुलना में मध्यवर्ग या उच्च वर्ग और निम्नवर्ग के संघर्ष की कहानियाँ हास्य-विनोद, विरोधी चमत्कार तथा निम्नवर्ग की शक्तिमत्ता के कारण अधिक रोचक लगते हैं। सफल टेकनिक के प्रयोग में लक्ष्य भुला दिया गया हो, ऐसी बात नहीं है। 'आदिवारं' कहानी में मालकिन सास नौकरानी का इतवार को छुट्टी लेना पसन्द नहीं है। ऐसा नियम तो कहीं नहीं है। नौकरानी अंकालु को काम से निकालकर अनेक प्रयत्न और तर्क-वितर्क के बाद सास उसी के काम को बेहतर मानकर दो रुपये अधिक देती है और इतवार की छुट्टी मान लेती है। अंकालु की धाक और ओजस्वी वाणी किसी महानायक में भी नहीं होती। उसके शब्दों में "सचमुच शारीरिक श्रम करने वालों के कष्टों पर सरकार कब ध्यान देती है। हमारे लिए वे और ये रूल बनाने वाले कौन हैं? हम ही रखेंगे रूल्स, इसलिए मैं इतवार को नहीं आऊँगी।" इस नागरिक भाषा में नहीं, उसकी माण्डलिक ग्रामीण बोली में ही उनके तर्क-वितर्क और मुँह तोड़ जवाबों का सच्चा मूल्य मिलेगा। "शान्ति" कहानी में मिल मालिक, मज़दूर नेता, पुलिस अधिकारी और जिला कलेक्टर की बैठक में हड़ताल, वेतन वृद्धि और लाभ को लेकर जो खण्डन-मण्डन तथा वाणी-विन्यास का जो चमत्कार मिलता है वह कहानी नहीं, पात्रों के स्वभाव का दर्पण है। 'जीवनधारा' कहानी में महल वालों को रोज़ बड़े बगीचे को सींचने के लिए आवश्यक पानी मिल जाता है। दूसरी ओर सब अड़ोस-पड़ोस के झोंपड़ी वालों को पीने के लिए नल से आध घण्टा भी पानी नहीं निकलता। उनके लिए पानी की धारा नहीं, जीवनधारा है। वे एक घड़ा पानी के लिए महल में पहुँचना चाहते हैं तो कुत्तों एवं पहरेदारों की सुरक्षा है। फिर भी रोते-हँसते महल की शरण में जाना ही पड़ता है। यह उनके जीने का प्रश्न है। विरोधी भाव-संघर्ष में आकर्षक चमत्कारी कला है। रचना

विधान या टेकनिक का सफल प्रयोग है। लेखक ने इन कहानियों में कलात्मक चेतना और रचना-विधान की अपेक्षा मानव-स्वभाव को पकड़ने और पहचानने का प्रयत्न अधिक किया है और उसमें वे पूर्ण सफल भी हुए हैं।

साम्यवादी निम्नवर्गीय कहानियों में लक्ष्य और रचनाविधान का सामंजस्य दिखाई देता है। इनमें उत्कृष्टतम कहानियाँ 'यज्ञं', 'मौत' (चाबु) और 'आर्ति' हैं। इस तरह की कहानियों में जीवन की कटु यथार्थता श्रीकाकुलं जिला की निम्नवर्गीय ग्रामीण भाषा में सजीव हो उठी है। कथा-कथन कहीं सीधा और बीच-बीच में घुमाव-फिराव के साथ टेढ़ा और आकर्षक ही नहीं, जीवन के सच्चे यथार्थ का रहस्य उद्घाटित करने में सहयोगी भी है। प्रायः कहानियाँ जीवन में एक भाव को व्यंजित करने वाली है। वह भाव किसी व्यक्ति का है, पर उसके विकास में पूरे वर्ग का हो जाता है और अन्ततः वह जीवन का सत्य सिद्ध होता है। इस तरह वैयक्तिक भाव सार्वजनीन रूप धारण करता है। वह भाव ग्रामीण जीवन की व्यवस्था का अंग है जिसे स्वीकार करके पुरानी पीढ़ी किसी तरह कष्टों में जीवन गुजारती है। नई पीढ़ी में उस व्यवस्था के प्रति विद्रोह का स्वर भी सुनाई पड़ता है। काम, भय, हिंसा, मौत आदि कहानी के केन्द्रीय भाव मात्र हैं। प्रत्येक केन्द्रीय भाव से सम्बद्ध अनेक अन्य भावनाओं का उदय होता रहता है जिससे वह जटिल भाव-ग्रन्थि होने के साथ अपनी व्याप्ति में सार्वभौमिक रूप लेता है। कहानीकार कभी बड़े कैन्वास पर भाव का व्यापक चित्रांकन करता है तो कभी छोटे चित्रफलक पर ही महत्त्वपूर्ण व्यापक भाव को ध्वनित करता है। दोनों रूपों में रचना विधान ऊपर से कथ्य की तरह कटु लगता है, लेकिन सहृदय रचना की गहराई में जाकर उस कटु सत्य एवं उसकी अभिव्यंजना में एक नये सौन्दर्यबोध का अनुभव करता है। सौन्दर्य शास्त्रीय शब्दों में यह कुरूपता का सौन्दर्यबोध है जो कुरूपता में नये मूल्यों की अनुभूति से प्राप्त होता है।

'हिंसा' जगम्मा की विवाहिता बड़ी लड़की पैडम्मा पर अत्याचार, शहर जाने पर उसका पूरा पतन, माँ के घर पहुँचने पर रिश्तेदारों एवं समाज की टीका-टिप्पणी, माँ को दूसरी लड़की संगी के विवाह की चिन्ता—इन परिस्थितियों में पैडम्मा रात को चुपचाप घर से निकल जाती है। सबेरे उनकी खोज में निकली नंगी गाँव के बाहर जंगल में सियारों के समूह से मारी हुई बकरी की बच्ची तथा उसके लिए भय के साथ चिल्लाने वाली बकरी की माँ और दूसरी बकरी की बच्ची को देखती है। नंगी झाड़-झंखाड़ों में घायल होकर भी क्रोध में आवेग के साथ दो-तीन सियारों को मारने के लिए दौड़ पड़ती है। यह प्रकारान्तर से नंगी की बहन की ही कहानी है समाज में हिंसा की शिकार पैडम्मा की बहन नंगी हिंसकों को क्या कर सकती है? प्रति हिन्सा कैसे कर सकती है? लेकिन लेखक कहता है कि "उसका भाववेग समझने के लिए हमें उनके स्थान में होना है—इतना ही नहीं उसके हृदय का धैर्य भी हममें होना चाहिए।" यह हिंसा केवल

व्यक्तिपरक न होकर सामाजिक है—समाज निम्नवर्गीय लोगों पर अत्याचार है।

'मनोव्यथा' (आर्ति) दलित बस्ती का अत्यन्त सजीव चित्र है। अकाल में एर्रम्मा चाहती है कि उसकी लड़की सन्नेम्मा को संक्रान्ति पर्व पर एक महीने पहले अपने घर मायके ले जाना चाहती है जिससे उसका छोटा परिवार लड़की की मज़दूरी से लाभ उठा सकें। सन्नेम्मा का पति पैडय्या शहर के बाजार में बोझ ढोने का काम करके कुछ बचाकर घर भेज रहा है। सन्नेम्मा की सास बंगारम्मा पहले बहू सन्नेम्मा को भेजना नहीं चाहती। एर्रम्मा से कुछ अधिक सम्पन्न और घर में मजदूरी करके कमाने वाले ज्यादा होने पर अपनी बहू की कमाई दूसरों को—मायके वालों को ही सही—क्यों दे। इसलिए पर्व के दिनों में अपने लड़के और बहू को रस्म-रिवाज के अनुसार एर्रम्मा के घर भेजेगी। विवाह के बाद लड़की पर मायके के अधिकार को लेकर वाद-विवाद होता है। दोनों समधिनों में झगड़ा होता है और एर्रम्मा अपनी लड़की को घर ले आती है। दोनों ओर से दलित समाज की सलाहें एवं सुझाव, रस्म-रिवाज, रीति-नीति, पर्व के अवसर पर लड़कियों का उत्साह नवदम्पति सन्नेम्मा एवं पैडय्या के वियोग की वेदना, दोनों को मिलाने के प्रयत्न आदि मिलकर दलित सामाजिक जीवन के समग्र, भरपूर और यथार्थरूप को आँखों के सामने प्रत्यक्ष करते हैं। बंगरम्मा का दूसरा लड़का एर्रम्मा के व्यवहार से क्रोध में उसके घर जाकर, उसे पीटकर बलात् सन्नेम्मा को अपने घर उसके पति छोटे भाई के पास खींच ले आता है। एर्रम्मा गाँव के बड़े नायुडु से शिकायत करती है। दलित समाज भयभीत और त्रस्त है। नायुडु एर्रम्मा और बंगारम्मा दोनों को समझा-बुझाकर शान्ति स्थापित करके सबको अपने घर खिलाता है। लेकिन क्षोभ से भरे पैडय्या के गले से वह खाना नीचे नहीं उतरता और सन्नेम्मा सहानुभूति के साथ खाना छोड़कर हाथ धो लेने को कहती है। वह दूसरों का दिया खाना है, न खाने पर भूखा रहना पड़ता है। पेट भरने उस झोंपड़ी में क्या रखा है। एक मामूली विवाद को लेकर कहानीकार ने पूरे दलित समाज के जीवन को सामने रखा है। दोनों कहानी में इस तरह मिले-जुले और सम्बद्ध हैं कि दूसरे को कथानक से अलग, केवल वातावरण नहीं कह सकते। उस कथानक में संघर्ष, अन्तर्द्वन्द्व, क्षोभ, वेदना और उनको तीव्र बनाने वाले अनेक सन्निवेशों की सुसम्बद्ध योजना है। कथा-कथन सीधा हो सकता है, पर उसमें कितना रंग भरा है। ग्रामीण बोली का प्रयोग तथा गाली-गलौस, सौगन्ध और अभिशाप की भाषा का प्रयोग कथानक के रंग को रंगीन, सजीव एवं यथार्थ बनाता है। उच्चवर्ग इस संस्कारहीनता कह सकता है, लेकिन उस संस्कारहीनता में ओजस्विता है। पात्र आर्थिक दृष्टि से दलित-शोषित हो सकते हैं, धार्मिक दृष्टि से तिरस्कृत हो सकते हैं, लेकिन लेखक उनके प्रखर-व्यक्तित्व को आलोकित करने में सफल हुआ है। उनका व्यवहार जैसा भी हो, बीच में उनकी मानवता और संवेदनशीलता भी दीप्त हो उठती है। कहानी का शीर्षक ही मन की 'आर्ति' है।

'भय' और 'नो रूप' कुछ भिन्न प्रकार की अच्छी कहानियाँ हैं। मनुष्य साँप से डरते हुए सहस्रों वर्षों से उसकी पूजा करता आ रहा है और अन्धविश्वासों में डूबा हुआ है। काले नाग को मारना पाप माना जाता है। इन अवैज्ञानिक विश्वासों का निराकरण 'भय' कहानी का लक्ष्य है। गौरेसु अपनी झोंपड़ी में साँप को मार डालता है, लेकिन उसके काटने के घाव से वर्षों तक कष्ट सहते मर जाता है। गाँव का सर्प मान्त्रिक राबुलय्या या आस-पास के ग्रामीण वैद्य उसे स्वस्थ नहीं कर पाते। साँप को मारते समय ही गौरेसु की गर्भिणी पत्नी मृत शिशु को जन्म देकर मर जाती है। यह भय के कारण है, संयोग की बात है या ग्रामीण लोगों के अन्धविश्वास के अनुसार साँप को मारने का परिणाम है—इसका निर्णय नहीं किया जा सकता। लेकिन गौरेसु का बचा हुआ बड़ा लड़का सत्तेय्या गाँव के विश्वासों से मुक्त साँपों को मारता ही रहता है। वह परम्परागत भय के संस्कारों से मुक्त नई पीढ़ी का प्रतिनिधि युवक है। "सत्तेय्या के विश्वास और अनुभव (पुरानी कहानियों से) इतनी जल्दी बदलने वाले नहीं हैं। मान्त्रिक राबुलय्या के मन्त्र-तन्त्र के खर्च से बचने के लिए गाँव के लोग साँप को मारने के लिए सत्तेय्या को ही बुलाते हैं। खर्च के सामने परम्परागत भय और अन्य प्राणियों के प्रति करुणा की भावना उड़ जाती है। "सत्तेय्या ने साँपों के प्रति भय और भक्ति का ही नहीं, मन्त्र-तन्त्रों के प्रति विश्वास को भी नष्ट कर दिया है।" किसी के घर साँप मारते समय उसके काटने से सत्तेय्या मर जाता है। उसके सहायक जानवरों को हाँकने वाला गुरवडु ठीक समय पर साँप को लाठी से नहीं मार सका। पश्चात्ताप और वेदना में मान्त्रिक राबुलय्या और वैद्यों के पास उसकी दौड़-धूप व्यर्थ हुई। एकान्त में बैठकर उसके सोच-विचार के साथ कहानी का अन्त कितना भयंकर और मार्मिक है। उसे गाँव के बड़े लोगों की गायों की आँखों में पहले के अबोधपन और कोमलता के स्थान पर क्रूरता दिखाई देने लगी। मान्त्रिक राबुलय्या गायों को नहीं पालता, यदि करता तो उसकी आँखों में भी साँप की आँखों की ही चमक दिखाई देती। अबोध जानवरों के बारे में इस तरह सोचना पाप हो सकता है, लेकिन अनजाने ही गुरवडु के मन में ऐसे विचार उठ रहे हैं। "जीवन मनुष्य को बदल देता है। अनुभव उसका कारण होता है।" गाँव के लोगों के शब्दों में कहानी के नायक सत्तेय्या के व्यक्तित्व को देखिए—"जीते समय, मरते दिन भी वह मनुष्य भय को नहीं जानता। साँप से वैर तानते समय ही प्राणों पर आशा छोड़ चुका है। हंस की तरह जीने के लिए छह महीने पर्याप्त है। तुम और मैं भी हैं, जीते हैं! जितना भी समय हो एक ही है!" कहानी सर्प पुरण है जिसकी अवैज्ञानिकता की आलोचना लेखक ने कोमल और व्यंजक शब्दों में की है। उसकी व्यंजकता सर्प के भय को पारकर जीवन में निर्भयता और जीवन्तता की ओर संकेत करने वाली है।

'नो रुम' अतृप्त कामवासना के परिणाम की कहानी है। कहानी का रूप और रचना विधान मनोवैज्ञानिक कहानी का न होने पर भी मूल प्रेरणा अचेतन मन के काम

तत्त्व से ही है। लॉज का नौकर देवुडु अपनी पत्नी अप्पायम्माके जीवनकाल में उसकी एकमात्र इच्छा-एकान्त में एक कमरे में अपने पति के साथ शृंगार विलास में बिताने की—पूरा नहीं कर सका। इसलिए निर्धन युवकों के उत्साहपूर्ण प्रेम जीवन के प्रति विशेष सहानुभूति है। उसकी दृष्टि में दरिद्रता से घोर अभिशाप नहीं है जिसके कारण अपने घर आयी पत्नी को कोई सुख-सुविधा तथा इच्छापूर्ति नहीं कर सकता। देवुडु दम्पति की तरह एकान्त में प्रेम-प्रकाशन की इच्छा से निम्नवर्गीय नूकराजू-दम्पति कमरे की खोज में शहर आते हैं। उनकी हालत को देखकर देवुडु जहाँ काम करता है, उसका मैनेजर "नो रूप" कहता। नूकराजू-दम्पति के पक्ष में देवुडु का तर्क और अनुरोध व्यर्थ हो जाता है। कमरा पाने के और प्रयत्न भी व्यर्थ हो जाने से नूकराजू दम्पति होटल में खाकर सिनेमा देखकर आधी रात को अपने गाँव की ओर लौटने लगते हैं। रास्ते में देवुडु उनसे मिलकर सहानुभूति के साथ पूछना चाहता है कि क्या कमरा नहीं मिला है। लेकिन अपनी नौकरी की आदत के अनुसार कह बैठता है कि उस लड़की के साथ तुम्हारा क्या रिश्ता है। गुस्से में नूकराजू उसे बुरी तरह पीटता है। लोग दोनों को अलग कर देने पर वे घायल उस चाँदनी रात में अपने-अपने रास्ते पर चले जाते है। दमित काय जीवन में क्रोध को ही नहीं, कटुता को भी जन्म देता है। लेखक का अनपूछा प्रश्न है कि क्या एकान्त में का उन्मुक्त आनन्द के बल सम्पन्न वर्ग के लिए ही है। इस सन्दर्भ में कहानीकार ने रचना में दरिद्रता और शोषण का अनावश्यक विस्तार भी किया है।

'मौत' कहानी में दलित-समाज के जीवन का अन्य कहानियों से व्यापक चित्रण हुआ है। साम्यवादी इस अन्तिम कहानी में बदलती परिस्थितियों और नयी पीढ़ी के विद्रोह का स्वर भी अधिक मुखर सुनाई पड़ता है। एरकय्या की माँ की इच्छा है कि मरने पर उसे न दफ़नाकर काठों को चुराकर ही सही लकड़ियों से जलाया जावे। कम से कम मरने पर जीवन-भर सहती सर्दी काठों पर जल जाएगी। दलित-समाज परम्परा के विरुद्ध आधी रात को ही क्रिया-कर्म पूरा करना चाहता है जिससे दूसरे दिन सबेरे मज़दूरी के लिए जा सके। लेकिन सर्दी के दिनों में उच्चवर्ग के लोग कौन लकड़ी देगा। लोग सभी के दरवाजे खटखटाकर निराश लौट आते हैं और दफ़नाने के प्रयत्न आरम्भ करते हैं। विद्रोही नई पीढ़ी के युवक पंदिरप्पय्या की छोटी लड़की के विवाह के लिए पेड़ों को काट कर रखी हुई लकड़ियाँ ले आकर काम पूरा कर देते हैं। दलित-समाज के बड़े लोगों से कहते हैं कि यह चोरी नहीं है। बड़े नायुडु की सम्मति लेकर पंदिरप्पय्या ने गाँव के तालाब के किनारे के पेड़ों को काट लिया है। यह या तो सरकारी सम्पत्ति है या उन पेड़ों पर पूरे गाँव का अधिकार है। दफ़नाने-जलाने के वाद-विवाद से तटस्थ अप्पाराव के विचार विशेष ध्यान देने योग्य हैं—"दलित समाज के बड़े लोग दूसरों की बातें न सुनते हैं और न संसार की गतिविधि को देखकर सीखते हैं।" "हम लोगों को उच्च वर्ग के

लोग ऐसे संकट में डाल देते हैं कि उनके पैरों को पकड़े बिना हमारा काम नहीं होता।" "मरी हुई बुढ़िया ने कहा था कि मानव के बराबर मानव होकर हाथ-पैरों के होने पर भी मैं जानवर भी नहीं हूँ, कुत्ता भी नही हूँ, पेड़ पर पक्षी से भी गया-गुजरा हूँ।" "ये लोग धर्म और पूर्वजों का नाम लेकर उसी मार्ग पर चलना चाहते हैं। जो पहले के मार्ग पर चलना है वही दरिद्र है। परम्परा, न्याय और धर्म को छोड़कर जो बड़ा बनना ही न्याय मानता है, वह दस लोगों के घरों को लूटकर, दस के पेटों को मारकर बड़ा होता है।" "मरे शवों के लिए मैं नहीं होता, मेरा रोना जीवित शवों के लिए है।" "और कितना समय हम इस तरह सड़ते रहेंगे? और क्यों सड़ते रहें?" दलित-समाज का नेता सूरय्या भी सोचने लगता है– हमारे पूर्वज कहते थे धर्म के अनुसार चलने से ईश्वर ही सही निर्णय करेगा लेकिन वह सब कुछ देख रहा है यह अत्याचार क्यों हो रहा? वह है क्या सबकुछ देखने के लिए? जैसे हम बच्चों को मीठी बातों से भुला देते हैं, वैसे ही ये उच्च वर्ग के बड़े लोग ईश्वर की आड़ में मनचाहा कर रहे हैं।" मौत के कथानक में दलित समाज के विश्वास, रस्म-रिवाज, परपराएँ, रहन-सहन, श्रम-शोषण, सामाजिक-पारिवारिक जीवन, भाव-विचार आदि ऐसी कोई बात नहीं है जिसकी अभिव्यक्ति न की गई हो। पुराने-नये के संघर्ष की व्यंजना भी हुई है। संघर्ष उसकी मुख्य भावना है–उच्च वर्ग के साथ और दलित समाज में आन्तरिक। पात्रों के स्वभाव में वैविध्य है, कुछ पात्रों के व्यक्तित्व में ओजस्विता भी है। दलितों का जीवन और व्यक्तित्व में विशिष्टता की अपेक्षा सामान्योन्मुखता स्वाभाविक है। 'आर्ति' और 'यज्ञ' कहानियों में दलित-जीवन का कैन्वास इतना व्यापक नहीं है। एक समस्या को लेकर चलने के कारण उनमें एकाग्रता और केन्द्रीकरण सहज ही अधिक है तथा कहानी-कला की दृष्टि से वे अधिक सफल कहानियाँ, लग सकती हैं। 'मौत' कहानी का रचना-विधान बहुमुखी है। कलात्मक दृष्टि से वह कहानी की दुर्बलता है तो जीवन-सापेक्ष दृष्टि से वह उसकी महानता का द्योतक है। साहित्य के क्षेत्र में कुछ रचनाएँ श्रेष्ठ होती हैं और कुछ महान् या महत्त्वपूर्ण। मौत दूसरे प्रकार की रचना है। उसका रचनाविधान अपेक्षाकृत अधिक सीधा लग सकता है, लेकिन उसके अनेकानेक सन्निवेशों में ऐसा कोई नहीं है जो जीवन की जीवटता से भरी न हो। सन्निवेशों की शृंखला में कथानक के विकास का उत्तरोत्तर विकास उतना न हुआ हो, जीवन की उत्कर्ष अवश्य हुआ है। वैसे दाह-संस्कार ने प्रधान अंश में विकास की सीढ़ियाँ अवश्य लक्षित होती है, लेकिन वे दलित जीवन की विशेषताओं से मांसल हुई हैं। रचनाविधान या टेकनिक की दृष्टि से मौत कहानी शायद अविस्मरणीय नहीं रहेगी। कहानी कला के तत्त्वों के आधार पर उसका विश्लेषण-मूल्यांकन उचित नहीं लगता। वह जीवन जीने की कहानी है और उस जीने में जीवन्तता या प्राणवत्ता है। यही वास्तविक रचनाधर्मिता या कला है।

'यज्ञं' रामारावजी की बहुचर्चित कहानी है जिस पर अनेक समीक्षकों का विभिन्न

दृष्टियों से एक आलोचनात्मक पुस्तक भी प्रकाशित हुई है। एक कहानी का इतना व्यापक विवेचन शायद ही अन्य किसी भाषा में हुआ हो। साम्यवादी लेखिका और समीक्षक मुप्पाक्क रंगनायकम्मा ने तीन प्रधान आक्षेप किये हैं—एक कहानी में परस्पर विरोधी गाँधीवाद और साम्यवाद का मिला-जुला प्रतिपादन हुआ है। अर्थात् सामाजिक परिवर्तन में पहले की असफलता और क्रान्ति के महत्त्व का निरूपण नहीं है। दो, जिन दो पात्रों में—दलित अप्पल्रामुडु और साहूकार गोपन्ना में संघर्ष दिखाया गया है, दोनों निर्धन और शोषित हैं। तीन, कहानी के अन्त में सीतारामुडु का अपने पुत्र का सर काटकर उसके साथ न्याय मण्डप में पहुँचना जुगुप्साजनक है और मूल कथा के विवाद से सम्बद्ध नहीं है। इस सन्दर्भ में यह समझना आवश्यक है कि किसी वाद के खण्डन और किसी दूसरे के मण्डन से कोई रचना श्रेष्ठ नहीं होती। वादीय दृष्टि मानव जीवन के समग्र बोध को सीमित ही नहीं करती, बल्कि कुंठित भी करती है। साहित्य का क्षेत्र व्यापक और समग्र मानव जीवन है जो किसी भी वाद से घिरा हुआ नहीं है। किसी घटना या सन्निवेश के औचित्य और आस्वादन का प्रश्न एक हद तक वैयक्तिक अभिरुचि और संस्कारों पर भी निर्भर करता है।

कहानी का आरम्भ कर्ज चुकाने के सम्बन्ध में अप्पल्रामुडु और गोपन्ना के बीच वाद-विवाद से होना है। पहले दोनों मित्र थे, लेकिन कालक्रम में अप्पल्रामुडु कर्जदार हो गया है। वह चाहता है कि कर्ज कब, किन परिस्थितियों में, कैसे हुआ है—इस बात पर विचार हो। वह और उसका परिवार मज़दूरी करके धीरे-धीरे कर्ज चुका देंगे। गोपन्ना अपनी आवश्यकता के लिए तुरन्त कर्ज चुकाने का आग्रह करता है। उसके मन में अप्पल्रामुडु की बची हुई थोड़ी-सी ज़मीन अपना लेने की आशा है। न्याय-निर्णायक श्री रामुलु नायुडु हैं। उन्होंने बाहर से आकर गाँव में रोड, बस, स्कूल आदि की व्यवस्था के द्वारा उस गाँव को अड़ोस-पड़ोस गाँवों का विकसित केन्द्र बनाया है। न्याय और शान्ति की स्थापना के लिए मन्दिर के सामने न्याय-मण्डप का निर्माण कराया है। दोनों पक्षों की बातें सुनकर उन्होंने गोपन्ना का कर्ज स्वयं चुकाने का निर्णय प्रकट किया है। लेकिन इस फ़ैसले से असन्तुष्ट धार्मिक बुद्धि का अप्पल्रामुडु कर्ज के बदले अपनी ज़मीन दे देने को तैयार हो जाता है। इससे क्रुद्ध उसका पुत्र सीतारामुडु विरोध करता है कि ज़मीन देकर उसका परिवार सदा के लिए मज़दूर और दास नहीं बनेगा। वह प्रतिज्ञा करता है कि ज़मीन देने के पहले पिता का सर काटकर हत्यारा बनेगा। लेकिन अन्त में अपने लड़के की सम्मति से उसका सर काटकर उसके साथ न्याय-मण्डप के पास पहुँचकर पटेल से पूछता है कि न्याय-मण्डप में बैठकर इस हत्यारे को माफ़ करोगे या पुलिस-रिपोर्ट दोगे? श्री रामुलु नायुडु सहित गाँव के सब बड़े लोग पीले पड़ जाते हैं। धर्म की बातें तब तक होती रहती हैं जब तक बड़े लोगों की बातें मानी जाती हैं। "उसके बाद...!" पाठक न्याय, शान्ति और न्याय-मण्डप की बात भूल जाता है। कहानी

के अन्त में भय, आतंक, जुगुप्सा और रौद्र की अनुभूति, मन में अनेक प्रश्नों और विचारों को उठाती है जिसका समाधान वाद-विशेष के घेरे में पाना सम्भव नहीं है। यह क्या गाँधीवाद की हार है? या यह साम्यवाद की विजय है?

'यज्ञं' दलित समाज के जीवन की कथा न होकर वैचारिक संघर्ष की कहानी है। इस संघर्ष में धर्म-अधर्म, न्याय-अन्याय का निर्णय करना आसान नहीं है। गाँधीवाद और साम्यवाद के मापदण्ड अलग-अलग हैं। धर्म और न्याय अप्पलू रामुडु के पक्ष में हैं या श्री रामुलु नायुडु के निर्णय में? दूसरी ओर सीतारामुडु के विद्रोह तथा कटु वचनों में अन्याय और असत्य प्रतीत नहीं होता। लेखक तटस्थ होकर पाठक को असमंजस में डालकर निर्णय का भार उसी पर डाल देता है। कहानी के सभी पत्रों में किसी न किसी प्रकार की दुर्बलता है। अप्पलू रामुडु में धर्म की है और श्री रामुलु नायुडु में सम्मान एवं यश की है तो स्वयं सीतारामुडु में अपने भावावेग को नियन्त्रित न कर सकने की। व्यक्ति की मानसिक दुर्बलताएँ संघर्ष के कारण बनती हैं तो वर्गभेद और सामाजिक व्यवस्था के दोष, उस संघर्ष को तीव्रतर करते हैं। शीर्षक भी कहानी के लक्ष्य को समझने में उलझन पैदा करता है। साम्यवादी दृष्टि का प्रतिपादन ही कहानी का लक्ष्य होता तो कहानी का ढाँचा ही दूसरे प्रकार का होता तथा उच्च वर्ग के यज्ञ में दलित निम्न वर्ग की आहुति होती। लेखक ने कहानी के बीच में कहा है कि चारों ओर के गाँवों से सुन्दर पालें के विकास के लिए "कितना यज्ञ हुआ है और हो रहा है—इसे कोई नहीं देखता।" कहानी में यज्ञ शब्द का यही एक प्रयोग है। तो विकास करने के कारण सारा श्रेय श्री रामुलु नायुडु को मिलना चाहिए। अप्पलू रामुडु की दृष्टि में इस विकास में निम्न वर्ग का अधःपतन हुआ है और कुछ लोग अचानक सम्पन्न हो गये हैं। इसलिए यज्ञं शीर्षक व्यंग्यार्थ में रखा गया है या उसकी कोई विशेष व्यंजना है। यज्ञ देवताओं को प्रसन्न करने या मानवता के कल्याण के लिए किया गया हवन है। श्री रामुलु नायुडु के कार्य से गाँव का केवल भौतिक विकास हुआ है, मानवता का कल्याण नहीं, जो गाँधीवाद का लक्ष्य है। सीतारामुडु के पुत्र के हवन से समाज में शोषण-समाप्ति और समता की स्थापना नहीं हुई है जो साम्यवाद का ध्येय है। इस यज्ञ में अहं, स्वार्थ, प्रवंचना, अधिकार आदि निषेधात्मक अहितकारी भावों को एक धक्का लगा है और मानवता का पथ प्रशस्त करने का प्रयत्न हुआ है। यही कहानी का लक्ष्य है और यज्ञ की सार्थकता है। साम्यवादी दृष्टि से वर्तमान पूँजीवादी व्यवस्था और वर्ग भेद को भंग करना कहानी का लक्ष्य और यज्ञकार्य है तो वह सीतारमुडु के क्रोध और पुत्र-वध से सम्पन्न नहीं हुआ है।

कहानी कला की दृष्टि से लेखक की साम्यवादी कहानियों में यज्ञं सर्वश्रेष्ठ है। अन्य कहानियों में टेकनिक पर इतना ध्यान नहीं दिया गया है। और न उसमें उतनी गहनता और जटिलता है। गाँव के कस्बे की ओर सुन्दरपालें के प्रस्थान की पृष्ठभूमि

जीवन में नये मोड़ का सूचक है। उस मोड़ में वातावरण ही बदल जाता है। कथानक आरम्भ, विकास, संघर्ष, चरमसीमा और अन्त की स्थितियों में क्रमशः विकसित होते हुए कहानी की भावधारा की दशा का स्फुरण और उन्मेष में भी योग देता है। कथानक के विकास के साथ क्रमेण पात्रों के चरित्र का अनावरण होता जाता है। गोपन्ना की धार्मिकता से अप्पल् रामुडु की जमीन पाने की आशा झाँकती है। सामान्य न्याय निर्णायक अप्पल् रामुडु का कर्ज चुकाने की धर्म बुद्धि प्रकट करते हुए सच्चा न्याय निर्णय नहीं करता जो अप्पल् रामुडु की धार्मिक दृष्टि और न्याय की भावना पर चोट करता है। इसीलिए वह कहता है कि "तुम्हारी चोट जहाँ लगती है वहाँ दिखाई नहीं देती। चटाई के नीचे पानी की तरह ठण्डा करते डुबो देते हो।" (तेलुगु लोकोक्ति—चटाई के नीचे पानी गीला करते हुए चटाई की जगह को ठण्डा और आर्द्र कर देता है।) अन्त में सीतारामुडु भी कहता है कि श्रीरामुलु नायुडु पूरे गाँव पर शासन करना चाहता है, लेकिन यह तभी तक चलेगा जब तक तुम अपने कामों से गाँव के पटेल आदि की भलाई करते रहोगे। अपने धर्मबद्ध पिता पर भी वह कठोर प्रहार करते हुए उसके चरित्र का परदा फाड़ देता है—"तुम्हें अप्पल् रामुडु बहुत अच्छा आदमी है। जो कहता है, उस वचन का पालन करता है—यह प्रशंसा चाहिए। वह अनजान है, यही यश चाहिए। तुम्हारे बाल-बच्चों का जो भी हो जावें।" सीतारामुडु के चरित्र में उसका भावावेग उसके गुण-धर्म को व्यक्त करता है तो वह उसकी मानसिक दुर्बलता को भी व्यंजित करता है। उसमें दुराव-छिपाव नहीं है, उसका अन्दर-बाहर एक ही है। कहानी की संवाद-योजना और भाषा-शैली पाठक के ध्यान को आकृष्ट करके उसके मन को रचना के भाव-विचारों पर केन्द्रित करते हैं। अप्पल् रामुडु के लम्बे कथन भी विचारधारा का आख्यान करते हुए असंगत और असम्बद्ध नहीं लगते, बल्कि कहानी के कथ्य के पूर्वा पर सन्दर्भों को समझने में सहायक होते हैं।

(घ) अन्तिम कहानी : साम्यवादी कहानियों की रचना के बाद लेखक ने कहानी के रचना विधान पर लेखों, कुछ साहित्यकारों की आलोचना और नये कहानीकारों के संकलनों की भूमिकाओं के अतिरिक्त केवल एक कहानी की रचना की है। विरसं से अलग होकर उसकी असस्यता को त्यागपत्र भी दिया है। 1998 में श्रीकाकुलं में 'कथानिलयं' की स्थापना करके अपनी सारी सम्पत्ति और पुरस्कारों की धनराशि उसके नाम रजिस्ट्री कर दी है। लेखक की साहित्य-साधना की समाप्ति या जीवन में परिवर्तन के सम्बन्ध में केवल कुछ अनुमान ही लगा सकते हैं—(1) पारिवारिक जीवन की बदली हुई परिस्थितियों, (2) विरसं की कठोर नियमावली में स्वतन्त्रता की गुंजाइश का अभाव, (3) संसार के अनेक साम्यवादी देशों में और भारत में भी साम्यवादी व्यवस्था की असफलता साम्यवादी आन्दोलनों में विभिन्न दृष्टिकोण एवं विभाजन और निराशा की स्थिति तथा (4) जीवन की अन्तिम दशा में सहज परिणति है।

रामाराव जी की अन्तिम कहानी 'संकल्प' रा.वि.शास्त्री की कहानी 'ज़री बार्डर की सफ़ेद साड़ी' की समानान्तर (पैरलल) कहानी है। यह कहानी के रचना विधान पर लेख लिखते समय रची गयी है और बाद को संशोधित रूप में 'सृजन' पत्रिका में 1992 में प्रकाशित हुई है। यह पारिवारिक कहानी है, पर पहले की पारिवारिक कहानियों से भिन्न वैचारिक है। पीढ़ियों के बदलने से परिवार के भाव-विचारों में परिवर्तन स्वाभाविक है। उस परिवर्तन के साथ समझौता करते हुए सामंजस्यपूर्ण जीवन बिताने में ही आनन्द है। अन्यथा जीवन दुखमय हो जाता है। यह केवल अधिकार और संघर्ष का प्रश्न नहीं है और न पुरानी पीढ़ी के प्रति नई पीढ़ी के विद्रोह की बात है। सामाजिक व्यवस्था की तरह पारिवारिक व्यवस्था में भी परिवर्तन के साथ पुरानी पीढ़ी को फ़िट होना है। जब संयुक्त परिवारों का विघटन होकर एकल परिवारों का विकास हो रहा है तो उस फ्रेम में समन्वयशील होकर फ़िट होना है या पाश्चात्य देशों की तरह पुरानी पीढ़ी को अलग रहना है या 'वृद्धावस्था के गृहों में' जीवन बिताना है। यह भारतीय संस्कृति और परम्परा के विरुद्ध है तथा महानगरों को छोड़कर ऐसी स्थिति अभी नहीं आयी है। परिवर्तन में पुरानी पीढ़ी को कुछ वेदना सहना अनिवार्य हो जाता है, लेकिन उस सहनशीलता में ही मनुष्य की मानवीय महानता है। इन विचारों के आलोक में ही संकल्प कहानी का विश्लेषण उचित है। रामभद्रय्या पत्नी के साथ काशी जाने के अनेक असफल प्रयत्नों के बाद मर गये हैं तो उनके परिवार ने निश्चय किया है कि कम से कम अस्थि-निमज्जन काशी की गंगा में होगा। परम्परा के विरुद्ध, पिता के बदले माता सुभद्रम्मा को साथ लेकर बड़ा पुत्र रामाराव काशी पहुँचता है। अस्थियों को गंगा में मिलाने के बाद स्नान करते समय सुभद्रम्मा को उस धार्मिक वातावरण में भ्रम होता है कि नदी में अपने पति के आकार का एक व्यक्ति को देखा है। एक क्षण के बाद उस रूप का अन्तर्धान हो जाता है। उस भ्रान्ति की स्थिति में उस ओर जाती हुई सुभद्रम्मा पानी में डूबकर किसी तरह बच जाती है। उसके पहले रामाराव एक प्रस्ताव रखता है कि एक साल में सेवानिवृत्त होने के बाद माता और पुत्र किसी गाँव में शान्त जीवन बितावें। वह अनुभव करता है कि अपने जीवन में जिस तरह अपने माता-पिता के साथ एक पीढ़ी का अन्तर है, उसी तरह अपनी सन्तान के साथ भी भाव-विचारों में पीढ़ी का अन्तर होता जा रहा है। अन्त में क्या होगा, यह लेखक ने पाठकों की कल्पना पर छोड़ दिया है।

कथानक की अपेक्षा पात्रों की अनुभूति की दिशा और उनके भाव-विचारों की अभिव्यक्ति महत्त्वपूर्ण है। उन्हीं के द्वारा कहानी के लक्ष्य की ओर संकेत मिलता है। पुरानी पीढ़ी की पार्वतम्मा सोचती है—"उन दिनों में उसके परिवार में कोई कलह-विवाद नहीं होता था। सम्पन्न-निर्धन स्थितियों में सुख-दुखों का अनुभव किया है, पर किसी तरह का मनमुटाव नहीं था। नई पीढ़ी की बहुओं के आने पर पता नहीं क्यों, उस घर

में पहले का-सा आनन्द नहीं रह गया है।" "उसकी व्यथा है कि एक बहू ने भी उसे वह सुख नहीं दिया है जैसा उसने अपनी सास को दिया है। सास के प्रति उसके मन में जो भय-भक्ति थी उसका सहस्रांश भी उसकी बहुओं में नहीं है।" "वह नहीं कहती कि बच्चों में मन में प्रेम नहीं है। कुछ अस्वस्थ होने पर बहुत दूर से आते हैं, खर्च करने में संकोच नहीं करते और सेवा भी करते हैं।" लेकिन उसे ऐसा लगता है कि यह सब प्रेम से नहीं कर्त्तव्य और दायित्व भाव से हो रहा है। नई पीढ़ी के रामाराव ने देखा है कि माता-पिता के वार्धक्य में अपने परिवार में किसी तरह का भाव-परिवर्तन हो रहा है। अन्य कई परिवारों को भी देखकर इस निर्णय पर पहुँचा है कि "पीढ़ी बदलकर नई पीढ़ी के आने पर बड़प्पन और नेतृत्व के लिए युवता पुरानी पीढ़ी को चुनौती देता आया है और देता रहेगा।" वह इस "संघर्ष को समझ सका है, लेकिन निवारण स्पष्ट नहीं हुआ है। और अधिक सोचें तो यह अनिवार्य ही नहीं, आवश्यक भी लगता है।...प्रगति के लिए संघर्ष आवश्यक ही नहीं, अनिवार्य भी है।" अपनी बहू आने पर रामाराव मध्यस्थ पीढ़ी का होकर उनके नये भाव-विचारों को समझने का प्रयत्न करता है। "हम लोगों की तरह शायद वह सोचेगी कि हम आपको कोई कष्ट नहीं दे रहे हैं और न हम आपकी सम्पत्ति खा रहे हैं।" इसी नये भाव के उदय से रामाराव पहले ही अपनी माँ के साथ अलग गाँव में रहने का प्रस्ताव सामने रखता है। यह समस्या का एक समाधान हो सकता है। वास्तव में नई पीढ़ी के भाव-विचारों को समझने का प्रयत्न, परिस्थितियों के अनुसार अपनी परिधि में रहना या अनिवार्य होने पर अलग हो जाना ही संयुक्त परिवारों में संघर्ष से बचने के साधन हैं। कहानी के शीर्षक 'संकल्प' को काशी-यात्रा के धार्मिक अर्थ में ही ग्रहण न करके पारिवारिक जीवन के विघटन की समस्याओं का सामना करने के लिए संकल्प या निश्चय के अर्थ में लेने पर कहानी की व्यंजकता को बल मिलता है।

इस कहानी में ही नहीं, रामाराव जी की अधिकांश कहानियों में रचना विधान लक्ष्य का अनुगामी होता है। पात्रों के जीवन की सजीवता में ही कहानी की सफलता है। कहीं-कहीं टेकनिक का घुमाव-फिराव या ट्विस्ट है तो भी उससे अधिक जीवन और उसका लक्ष्य पाठकों के ध्यान को आकृष्ट करता है।

3. कहानी कला : कथ्य, लक्ष्य और रचना विधान में भिन्नता के साथ लिखी गयी रामाराव जी की कहानियों की कलात्मक चेतना पर समष्टि रूप में विचार करना कुछ असंगत-सा लगता है। भाव-विचारों और दृष्टिकोण में अन्तर के बावजूद लेखक के व्यक्तित्व और मानसिक चेतना में कुछ ऐसे तत्त्व होंगे जो उसकी रचनाधर्मिता में अवश्य प्रतिफलित हुए हैं। उनकी पहचान का ही यह प्रयत्न है। तेलुगु कहानियों में ऐसी अनेक उत्कृष्ट रचनाएँ हैं जो मध्यवर्गीय या निम्नवर्गीय जीवन पर आधारित हैं। लेकिन उनमें जीवन के ऊपरी स्तर पर रची गयी प्रभावशाली कृतियाँ ही प्रायः दिखाई

देती हैं। जीवन की गहराई में जाने पर पता चलता है कि उसमें उसमें अच्छाई-बुराई को अलग कठघरों में नहीं पाते जैसा कि पौराणिक या साम्यवादी दृष्टि अपनाने पर प्रतीत होता है। उस गहराई में जीवन गाँठें जटिल होती जाती हैं। (1) रामाराव जी की कहानियों में जीवन की उस गहराई और जटिलता की झलक मिलती है, कहानियाँ मध्य-निम्न जिस वर्ग की हों। साम्यवादी श्रेष्ठ साहित्यकार रा.वि.शास्त्री की अधिकांश रचनाओं में भी जीवन की गहराई में जाने का यह प्रयत्न नहीं मिलता। (2) रामाराव जी मध्यवर्गीय और निम्नवर्गीय अपनी श्रेष्ठ कहानियों में पारिवारिक या सामाजिक व्यवस्था और उसकी दुर्बलताओं की ओर संकेत करते हैं जिससे उसमें विघटन की शक्तियाँ क्रियाशील हैं। वे 'व्यवस्था' के लेखक हैं, विद्रोह और क्रान्ति के नहीं। निम्नवर्गीय शोषण की प्रतिक्रिया में युवा पीढ़ी के कुछ इने-गिने पात्र अवश्य मिल जाते हैं जो अत्याचार के विरुद्ध क्रोध में विद्रोही हो जाते हैं जैसे यज्ञं, मौत आदि कहानियों में देख सकते हैं। लेकिन प्रधानतः लेखक सभी वर्गों के जीवन की व्यवस्था में संघर्ष, क्षोभ और वेदना का ही निरूपण किया है। (3) इससे अन्य वादीय साहित्यकारों की रचनाओं की तरह रामाराव जी की कहानियों में प्रचारात्मकता नहीं है या बहुत कम मिलती है। (4) कहानियों के अधिकांश शीर्षक कथानक से सम्बद्ध ही नहीं, कहानी के लक्ष्य की व्यंजकता को बढ़ाने वाले हैं। मध्य और निम्नवर्गीय दोनों कहानियों में संघर्ष और उससे उत्पन्न दर्द की तीव्र व्यंजना है। बड़ी कहानियों में घटनाओं और सन्निवेशों का विस्तार उनके प्रभाव में आघात पहुँचाने वाले न होकर कहानी के भाव-विकास में योग देते हुए भावानुभूति को चरमसीमा पर पहुँचा देता है। लेखक ने अविस्मरणीय पात्रों की सृष्टि न की हो पर सभी प्रधान पात्र जीते हैं, जागते हैं, परिस्थितियों की प्रतिकूलता में भी उनमें जीवट शक्ति है, हार में भी निराश-निष्क्रिय नहीं हैं तथा अन्तर्द्वन्द्वों में से गुजरते हुए भी संशयात्मा न होकर गतिशील है। निम्न वर्ग की कहानियों में माण्डलिक ग्रामीण भाषा का प्रयोग केवल यथार्थवादी, पात्रोचित, संवादों को सजीव बनाने वाली न होकर अपूर्व भाव-व्यंजना से भरी है। (गाली-गलौज की भाषा के बावजूद या उसके कारण !) इस सशक्त भाषा-शैली का दूसरी अन्य भाषा का में अनुवाद बहुत कठिन है। मध्यवर्गीय कहानियों में शिष्ट व्यावहारिक भाषा का प्रयोग पात्रों के स्वभाव के अनुरूप है। (5) लेखक की कहानी कला की सबसे बड़ी विशेषता कहानियों के लक्ष्य की साधना में टेकनिक का अन्तर्मुक्त हो जाना है। कथानक की सजीवता में ही कहानी का सारा आकर्षण केन्द्रित है। कथा-कथन सीधा है, पर यज्ञं आदि कुछ कहानियों में टेकनिक का सफल प्रयोग होने पर भी वह कथानक के लक्ष्य की ओर अग्रसर होने में साधन मात्र होकर लक्ष्य के प्रभाव को बढ़ाता है। (6) उत्कृष्ट साहित्य दो प्रकार का होता है। एक, सौन्दर्य और रसास्वादन के द्वारा आनन्दायी होता है। दूसरा पाठक के मानसिक मंथन के द्वारा विचारोत्तेजन करता है। रामाराव जी की मध्यवर्गीय पारिवारिक कहानियाँ

भावों के उत्कर्ष और अपकर्ष के द्वारा आनन्द की गहरी अनुभूति देती हैं। उनकी निम्नवर्गीय मानव-मन को कल्लोलित करके सामाजिक जीवन की व्यवस्था के सम्बन्ध में तरह-तरह के प्रश्न उठाते हैं जिनका अभी कोई समाधान दिखाई नहीं दे रहा है।

प्रसिद्ध साम्यवादी साहित्यकार रा.वि.शास्त्री के शब्दों में लेखक की महानता की अभिव्यक्ति के साथ इस समीक्षा को समाप्त करेंगे—"लोग भगवान को नमस्कार करते हैं। हम सब जानते हैं कि वह भगवान मनुष्य का रूप धारण करता है तब भी सब उसका नमस्कार करते हैं। पर ईश्वर जब मनुष्य होता है तब वह भी कालीपट्न रामाराव जी को अवश्य नमस्कार करना ही है। वेमना ने जो कहा था कि "पुरुषों में पुनीत पुरुष दूसरे ही होते हैं" यह रामाराव जी जैसे लोगों को देखकर ही कहा होगा।" व्यक्ति और साहित्यकार के रूप में रामाराव जी ऐसे महापुरुष हैं।

तेलुगु में हास्य और मुक्कपूडि

1. प्रस्तावना : वटीराव की कहानियों की समीक्षा में उन पर लागू होने वाले हास्य के कुछ सैद्धान्तिक विचारों की चर्चा की गयी है। साहित्य-रचना के बाद उनके आधार पर साहित्य-शास्त्र में सैद्धान्तिक विश्लेषण नई प्रतिभा के नये मार्गों का न नियन्त्रण कर सकता है और न नई दिशाओं का निर्देशन कर सकता है। प्रस्तुत लेख में नये सन्दर्भों और नई प्रवृत्तियों की ओर संकेत करने का प्रयत्न होगा।

जिस जाति में धार्मिक, दार्शनिक और संस्कृति दृष्टि प्रबल होती है या जाति संवेगात्मक प्रकृति की है, उसमें हास-परिहास पनप नहीं सकता। उसके लिए जीवन की गम्भीर यथार्थता को भी शान्त, संयमित और हल के रूप में देखना और लेना आवश्यक है। जो जाति, समाज या व्यक्ति अपने ऊपर मधक पर हँस सकता है वह जीवन से सच्चा रस और आनन्द पा सकता है। शायद आन्ध्र जाति की तीव्र संवेगात्मक प्रकृति को देखते हुए चलं ने अपने 'न्यूजिंग्स' में कहा है कि तेलुगु वालों में हास्य बोध की वृत्ति (सेन्स ऑफ़ ह्यूमर) नहीं है। हास्य जातिगत धर्म न होने पर भी व्यक्ति की प्राकृतिक विशेषता हो सकता है। तेलुगु में जो श्रेष्ठ हास्य प्रधान रचनाएँ हुई हैं, उन्हें इसी दृष्टि से देखना चाहिए। इस सन्दर्भ में व्यंग्य और 'पैरेडी' में जो हास्य मिला रहा रहता है, उसे शुद्ध हास्य नहीं कह सकते। तेलुगु में व्यंग्य और पैरेडी के पुष्कल उदाहरण मिल जाते हैं जो जीवन के सभी क्षेत्रों में जाति के वाद-विवाद और अनुकरण-प्रवृत्ति के द्योतक हैं। शुद्ध हास्य का हँसाने के अतिरिक्त कोई दूसरा प्रयोजन नहीं होता।

साहित्य में हास्य संस्कृत-नाटकों में विदूषक पात्रों की सृष्टि से आरम्भ हुआ है। वे बनावटी विकृत रूप, हाव-भावों और चेष्टा-व्यापारों के द्वारा प्रेक्षकों को हँसाते थे। पाश्चात्य नाटकों में 'क्लौन' पात्र की भी यही भूमिका थी। लेकिन कालिदास और शेक्सपियर ने इस बनावटी कृत्रिम हास्य की सृष्टि में विदूषकों को तात्त्विक चिन्तक का रूप भी प्रदान किया है। तेलुगु में हास्य का आरम्भ लोक-साहित्य के विविध रूपों में हुआ है। दिन के समय विविध वेष धारण कर हँसाने वाले, कठपुतलियों के नाच में लम्बे केशों के 'जट्टु पोलिगाडु' और 'बंशादक्का' के क्रिया-कलाप, तथा वीथी-नाटकों में 'केतिगाडु' भद्दे हास्य के उदाहरण हैं। प्राचीन तेलुगु काव्यों में प्रसंगवश कहीं-कहीं परम्परागत हास्य की एक झलक मिल जाती है। आधुनिककाल के आरम्भ में बीरेशलिंग

और चिलकमर्ति के समाज सुधारक प्रहसनों, नाटकों और उपन्यासों में व्यंग्य की ही प्रधानता है, मनोविनोद के लिए कुछ विकृत हास्य के योग के साथ। चिलकमर्ति लक्ष्मीनरसिंह के 'गणपति' (1919) को कुछ समीक्षक तेलुगु का प्रथम हास्यरस प्रधान उपन्यास मानते हैं। गणपति के क्रियाकलापों में पुराने टाइप की कुछ हास्य की अनुभूति होती है तो उससे अधिक अपहास्य की। बीरेशलिंग युग में पानुगंटि लक्ष्मीनरसिंह राव के भाषण-शैली के 'साक्षी' शीर्षक निबन्धें में पाश्चात्य सभ्यता के प्रति मोह का खण्डन और भारतीय संस्कृति की महानता का रोचक उद्घाटन हुआ है। इस सन्दर्भ में खण्डन्-मण्डन का रूप तीव्र व्यंग्यात्मक होने के साथ सच्चे हास्य और चमत्कार के साथ अनुरंजन करने वाला है। यही तेलुगु में आधुनिक हास्य की पहली झलक है।

1910 के बाद मानवतावादी और रोमांटिक प्रवृत्तियों में आधुनिक दृष्टि एवं चेतना के विकास के साथ ही आधुनिक हास्य का सामाजिक और पारिवारिक दिशाओं में नया प्रसार आरम्भ हुआ है। इस उत्थान में हास्य-सृष्टि की दृष्टि से सर्वश्रेष्ठ रचना गुरपाडा का 'कन्याशुक' नाटक है। उसके अन्य समाज-सुधारक, मानवतावादी और आधुनिक चेतना के तीनों प्रधान कोणों पर गिरीश की पात्र-परिकल्पना के कारण चौथा कोण हास्य इतना छा गया है कि नाटक को हास्यरस प्रधान समझने की गलतफ़हमी हो सकती है। उस पात्र के कथनी और करनी में विरोध है और मानसिकता में क्षण-क्षण बदलने वाले भाव-विचारों के साथ असंगतियों तथा अन्तर्विरोधों का नित्य नूतन अद्भुत मन है। परिस्थितियों के अनुसार बातों को बदलने जाना, परस्पर विरोधी आदर्शों एवं सिद्धान्तों का प्रतिपादन एवं समर्थन, सब प्रसंगों के पक्ष-विपक्ष में भाषणबाजी, प्रतिकूल परिस्थितियों से अपने को बचाने की चतुराई, वाग्वैदग्ध्य आदि हास्य उत्पन्न करने वाले कुछ बिन्दुमात्र हैं। ढूँढ़ने वाले को पता नहीं है, और कितने मोती मिलेंगे। वेंकटेश और बुच्चमम्मा के अबोधनपन में हास्य है ही, उनके साथ सम्पर्क से गिरीश की 'माया' और चमक उठती है। मधुरवाणी की वाणी में व्यंग्य के साथ चुभता हास्य है तथा उसके बुद्धि-कौशल के सामने पराजित गिरीश की दयनीय स्थिति स्वयं हास्य का विषय हो जाती है। मूर्खात्र—उच्च और निम्नवर्ग दोनों के— धोखेबाज साधु-संन्यासी, पुलिस और अधिकारी तथा सहृदय आदर्शवादी—सब जीवन के रंगस्थल पर अपनी-अपनी भूमिका निभाते हुए भी हास्यास्पद हो जाते हैं।

चिन्ता दीक्षितुलु की वटीराव की कहानियों में हास्य ने एक नया मोड़ लिया है। भारतीय संस्कृति और पाश्चात्य सभ्यता का विरोधात्मक संघर्ष, उससे उत्पन्न परिस्थितियों में असंगति, परम्परावादी पुरुषों और नये फैशनों के लेडीज़ के भाव-विचारों की टकराहट एक विलक्षण हास्यास्पद परिस्थिति उत्पन्न करती हैं। लेडीज के बुद्धिबल के सामने पुरुषों के मन-मस्तिष्क असफल हो जाता है जो स्वाभाविक है। लेकिन भारतीय संस्कृति और परम्पराओं के प्रेमी और समर्थक लेखक भारतीय एवं पाश्चात्य संस्कारों की

हार-जीत से तटस्थ जीवन का सारभूत हास्य का रस लेता रह जाता है। भारतीय दाम्पत्य जीवन में नये परिवर्तन की यह स्थिति हास्य की नई दिशा की ओर संकेत करती है। वटीराव की कहानियों के अतिरिक्त लेखक ने अपने समय के जीवन के कलुषित वातावरण और सामाजिक गतिविधि पर पन्द्रह हास्य-प्रधान कहानियाँ जिनमें वटीराव की कहानियों का-सा हास्य का ताजापन, हलकेपन में तात्त्विक गहराई तथा हार में जीत का माधुर्य नहीं है। उनमें भारतीय सांस्कृतिक दृष्टि और सामाजिक चेतना हास्य में से झलकता दिखाई देती हैं। 'पाकशास्त्र परीक्षा' में पुत्री अपने माता-पिता से कहती है कि सिद्धान्त के प्रश्नपत्र में प्रथम श्रेणी के अंक अवश्य मिल जाएँगे। लेकिन प्रायोगिक परीक्षा 'पेसरह' (मूँग की दाल का दोसा) बनाने में एक ओर जल गया है और मिर्च भी कुछ ज्यादा हो गयी है जिससे परीक्षकों के मुँह जल उठे हैं। इसलिए उत्तीर्णता के न्यूनतम अंक ही मिलेंगे। इन कहानियों में हास्य भद्दा तो नहीं है, पर उससे पाठकों के मन में कोमल-मृदुल भावों का स्पंदन कम होता है।

एकांकीकार, कहानीकार, निबन्धकार, चुटकुले और नोंक-झोंक के लेखक भमिडिपाटि कामेश्वर राव 'हास्यब्रह्म' कहलाते हैं। कुछ प्रेम और विवाह सम्बन्धी रचनाओं को छोड़कर उनका कथ्य प्रधानतः सामाजिक है। आकस्मिक घटनाओं, मंच या कथानक में पात्रों के अनजाने अदल-बदल, दुनियादारी न जानने वाले अबोध पात्रों, परिस्थितियों एवं बातचीत में असंगति, वाचाल एवं बातें बनाने में व्यवहार-कुशल व्यक्तियों, सामाजिक जीवन एवं समस्याओं पर हास्यास्पद वाद-विवादों, सैद्धान्तिक चर्चाओं में अर्थहीन संघर्षों आदि को लेकर हास्य की सृष्टि का प्रयत्न हुआ है। इस हास्य के आधारभूत तत्त्व आकस्मिकता, संयोग, असंगति, विरोध और संघर्ष हैं। पिछले दोनों के सन्दर्भ में सामाजिक गतिविधि पर हास्य में अन्तर्लीन व्यंग्य भी। प्रथम तीन तत्त्व प्रधानतः एकांकियों में मिलते हैं जिनमें अधिकांश मोलियर आदि की रचनाओं का आन्ध्र के वातावरण में सफल अनुसरण है। ये मंच पर विशेष लोकप्रिय भी हुए हैं। कामेश्वरराव के एकांकी नाटक अधिकांश पाश्चात्य रचनाओं का अनुसरण होने पर भी समसामयिक सामाजिक जीवन, साहित्य और भाषा सम्बन्धी विषयों पर उनके हास्य प्रधान निबन्ध और कहानियाँ मौलिक हैं। भमिडिपाटि की रचनाओं की लोकप्रियता के बावजूद उनमें प्रतिभा और मौलिकता अपेक्षाकृत कम है। उनका हास्य कुछ स्थानों पर बेढंगा, भद्दा और भोंडा या अनागरिक लगता है। प्रहसनों के टाइप का हास्य न होने पर भी उसका सांस्कृतिक स्तर ऊँचा नहीं है। वह मनोविनोद के साथ समय काटने का अच्छा साधन है। अपने समय की माँगों की पूर्ति में भमिडिपाटि के हास्य का अपना योगदान है।

मोक्कपाटि नरसिंह शास्त्री का 'बारिस्टर पार्वतीयं' बहुचर्चित हास्यप्रधान उपन्यास है जिसके हास्य के पक्ष-विपक्ष में काफी वाद-विवाद हुआ है। उपन्यास के प्रथम भाग के

प्रकाशन के बहुत बाद कुछ लोगों के आग्रह से और तीन भाग छपे हैं। बारिस्टर होकर भारत लौट आने के बाद हास्यात्मक प्रसंग प्रायः समाप्त हो गये हैं। शेष तीन भागों में बीच-बीच के हास्यमय कथनों (रिमार्क्स) को छोड़कर बाकी पार्वतीशं के पारिवारिक, सामाजिक और राजनीतिक कहानी है। आत्म कथा के रूप में कथा-कथन उत्तम पुरुष में करते हुए अपने जीवन पर परिहासात्मक टीका-टिप्पणियों को हास्य-प्रधान मानने वाले ही अन्तिम तीन भागों को हास्यात्मक कहेंगे।

प्रथम भाग में एक सनातनी ब्राह्मण परिवार के रस्म-रिवाजों का पालन करने वाले पार्वशीतं जो ग्रामीण जीवन मात्र से परिचित है तथा सामान्य शिक्षा में भी अनुत्तीर्ण है, इंग्लैण्ड जाकर बारिस्टर बनना चाहता है। उपन्यास के इस अबोध और अज्ञानी युवक की यात्रा के और इंग्लैण्ड ने जीवन के अनुभवों का हास्यात्मक वर्णन है। आचारनिष्ठा के लिए रेशमी धोती, सन्ध्यावना की सामग्री का संकलन, दंतमंजन और जीभ्र साफ़ करने ताड़ के पत्ते, एक पुराना बिस्तर, फिट न होने वाला एक सूट आदि ले जाने का सामान है। स्टेशन पर टिकट माँगते हुए सार्क को नहीं बताता कि उसे कहाँ जाना है। अपने गम्य स्थान से क्लर्क का क्या मतलब है? किसी तरह आन्ध्र से मद्रास पहुँचकर स्थानीय भाषा न जानने के कारण संकटों में फँसकर किसी सहृदय की सहायता से स्टीमर पहुँचकर वहाँ की रीति-नीति न जानने के कारण अपहास्य का पात्र होता है। रास्ते में पेरिस में उतरकर दुकानदार की बात न मानकर अपने मनपसन्द का लेडीज़ हैट खरीदता है। इंग्लैण्ड में पहले उसकी सामान्य अंग्रेजी से काम नहीं चलता। विदेश के खान-पान के तरीके, रस्म-रिवाज, आलिंगन-चुम्बन, हलकी प्रेम-व्यंजना (फिलट्रेशन) आदि सभी बातों में उलटे आचरण से रसाभास हो जाता है। लेकिन यह पार्वतीशं की बुद्धिमत्ता और प्रतिभा का परिचायक है कि वह धीरे-धीरे पाश्चात्य सभ्यता की पूरी जानकारी प्राप्त कर लेना है तथा कठोर श्रम से बारिस्टर परीक्षा में उत्तीर्ण होकर घर लौट आता है। उपन्यास में हास्य पार्वतीशं के अज्ञान और अबोधपन पर आधारित है। इनके कारण एक और परिस्थितियों में असंगति जन्य हास्य उत्पन्न होता है तो दूसरी ओर स्वदेशी और विदेशी संस्कारों में भिन्नता के कारण विरोध जन्य चमत्कारपूर्ण हास्य की सृष्टि होती है। कुछ समीक्षकों का आक्षेप है कि यह सब कल्पित गाथा मात्र है। उपन्यास के रचनाकाल तक आन्ध्र के कई लोग इंग्लैण्ड जाकर बारिस्टर हो आये हैं और इसलिए उपन्यास में जीवन की यथार्थता का अभाव है। उपन्यास में यथार्थ का ही चित्रण हो और उसमें एक अबोध की जीवन की गाथा का निरूपण न हो—ऐसा कोई प्रतिबन्ध नहीं है। वास्तव में हास्य की सृष्टि के लिए वटीराव की कहानियों की तरह कल्पना का आधार ले सकता है। यथार्थवादी रचनाओं में भी हास्य की सजीव अनुभूति के लिए कल्पना और अतिशयोक्ति का न्यूनाधिक सहारा लेना पड़ता है। मेरी शंका यह है कि अबोध पार्वतीशं जिन परिस्थितियों और प्रसंगों में गुजरता है, उनके द्वारा

कहीं-कहीं हास्य के साथ हास्यास्पद स्थिति या रसाभास उत्पन्न न हो। यह विचार सहृदय पाठकों पर छोड़ देता हूँ।

रोमांटिक युग में दाम्पत्य जीवन के माधुर्य पर लिखने वाले प्रसिद्ध कहानीकार हैं मुनिमाणिक्य नरसिंहराव हैं। हमारे प्राचीन संस्कृत साहित्य और काव्यशास्त्र में हास्य रस को शृंगार रस को पुष्ट करने वाला अंगरस मानने पर भी दोनों का ताना-बाना न बुनकर रचना में उसका अलग स्वतन्त्र निरूपण ही किया है। आधुनिक जीवन और साहित्य में ही दोनों का अभिन्नत्व सिद्ध हुआ है। शृंगार का रसराजत्व हास्य के सम्मेलन के बिना अपूर्ण ही रह जाता है। इस बात को पहचानकर हास्य को दाम्पत्य जीवन का आधारभूत ढाँचा बनाकर कहानी लिखने वाले मुनिमाणिक्य हैं। उनकी कहानियों को हास्यप्रधान कहानियाँ नहीं कह सकते, लेकिन हास्य के बिना उनके दाम्पत्य जीवन की कहानियाँ सारहीन और निर्जीव हो जातीं। दाम्पत्य जीवन की साधारण से साधारण बात को लेकर कहानी लिखते हुए उन्होंने हास्य से प्राण-प्रतिष्ठा की है। यह हास्य सन्निवेशगत और वाग्वैदग्ध्य पर निर्भर दोनों प्रकार का। सन्निवेशों में अन्ततः पत्नी के द्वारा पति को 'फूल'। बेवकूफ बनाना एक प्रकार का हास्य है। बेचारे पति फूल न होने या बनने पर भी मान लेने में ही दाम्पत्य जीवन का सच्चा आनन्द है। और यह भी कल्पना कीजिए कि शिक्षित पति अशिक्षित पत्नी के हाथों में मूर्ख हो गया है तो रसात्मक आनन्द की क्या स्थिति होती है। कुछ कहानियाँ ऐसी हैं जिनमें शिक्षित पति पारिवारिक जीवन की जानकारी के विषय में अपने को सिद्धहस्त समझता है और पत्नी कान्त के बिना ही परिस्थितियों के कारण अपने आप बेवकूफ़ बन जाता है। जीवन की यथार्थता परिस्थितियों में अन्तर्विरोध, संघर्ष या असंगति उत्पन्न कर सन्निवेशों को हास्यात्मक और कभी-कभी हास्यास्पद बना देती है। इस सन्निवेशगत दाम्पत्य जीवन के हास्य में परम्परागत विषयों को लेकर कहानीकार ने मिर्च-मसाला जोड़ दिया है। मानिनी नायिका मन और प्रियतम पति को लात मारने वाली क्रोध की स्थिति का आधुनिकीकरण करेंगे तो हास्य की काफी सामग्री मिल जाती है। पहले यह नायिका के पक्ष में होता था, अब आधुनिककाल पति-पत्नी दोनों की ओर से उभयनिष्ठ हो सकता है। फिर दाम्पत्य जीवन में समझौते के साथ उसे सही रास्ते पर ले आने के लिए अनुनय-विनय के हास-परिहास प्रयासों का कोई अन्त नहीं है। वे व्यक्ति की चातुरी और कल्पना पर निर्भर करते हैं। फिर साधारण गृहस्थी के शृंगार में वात्स्यायन को खींच लाने का प्रयत्न करेंगे तो शृंगार में रस मिलने की बात तो दूर, सन्निवेश हास्यास्पद होकर रसाभास हो जाता है। हमारे भारतीय आलंकारिकों का कहना है कि रसाभास ही हास्य है। मुनिमाणिक्यं की कहानियों में वाग्वैदग्ध्य से भी शृंगार लीला चमत्कृत और उज्ज्वल हो उठा है। 'विट' शिक्षितों का ही विशेष धर्म नहीं है और न उस पर उनका एकमात्र अधिकार है। शिक्षित पति अपनी पत्नी से मतभेद होने पर या क्रोध में भाषा

पर अधिकार के बल पर वाग्बाणों का प्रयोग करते हुए उस के मन पर चोट करने का प्रयत्न करता है तो अशिक्षित पत्नी कान्तं चुपके से एक छाटी-सी बात में ऐसा उत्तर देती है कि पति तिलमिला उठता है। वाणी का यह कलह रस विघ्न उत्पन्न नहीं करता। जब दोनों इस लिबास की चातुरी समझ लेते हैं तो रसोत्कर्ष होता है—हास्य और शृंगार दोनों का। वाग्वैदग्ध्य शिक्षा पर नहीं, व्यवहारज्ञान एवं चातुरी, मस्तिष्क की तेज क्रियाशीलता, सद्यःस्फूर्ति तथा ऊहापोह या कल्पना की क्रीडा पर निर्भर करता है। हम स्वीकार करते हैं कि घर-गृहस्थी की सीमित परिधि में मुनिमाणिक्यं के हास्य में विस्तार और वैविध्य की अधिक सम्भावनाएँ नहीं हैं। चलं की दृष्टि में (उनकी पुत्री सौरीस के अनुसार) मुनिमाणिक्यं की कहानियाँ उथली हैं। प्रेम की गहराइयों में पैठने वाले चलं को गृहस्थी के साधारण प्रेम में तलस्पर्शी अनुभूति का अभाव प्रतीत होना स्वाभाविक है। गौण रस हास्य भी कुछ हलका लग सकता है। लेकिन मुनिमाणिक्यं का प्रेम शृंगार और हास्य करोड़ों मध्यवर्गीय साधारण भारतीय गृहस्थों के जीवन का प्रतिबिम्ब है।

अब दाम्पत्य-जीवन से पारिवारिक सम्बन्धों की ओर अग्रसर होते हैं तो उस क्षेत्र में विशिष्ट स्थान है भानुमती की 'सास की कहानियों' का। 'हरिकथा अनन्ता' की तरह भारतीय गृहस्थ जीवन में सास-बहू की अनन्त गाथाएँ हैं। आजकल दोनों के सम्बन्ध में नकारात्मक रूप को छोड़कर कुछ पुरानी पीढ़ी में चले जाते हैं तो अनेक मज़ेदार सन्निवेश मिल जाते हैं। सास और बहू के बीच पीढ़ियों के अन्तर के कारण परिस्थितियाँ, संस्कार और दृष्टिकोण भिन्न-भिन्न प्रकार के होते हैं। अलग पारिवारिक परम्पराएँ और रस्म-रिवाज आग सुलगाने में कुछ और समिधाएँ डाल देती हैं। इस भूमिका में सास-बहू के भाव-विचारों के संघर्ष को— वाद-विवाद, झगड़े, समझौते, शान्ति और समरसता का आनन्द ले सकते हैं। यह आनन्द संघर्षात्मक परिस्थितियों में विरोध से उत्पन्न हास्य का है। कभी-कभी परिस्थिति हास्यास्पद हो जाती है क्योंकि दोनों को एकसूत्रता में बाँधने वाला पति और सन्तान के प्रति समान प्रेम है। एक विलक्षण स्थिति गोपिका और कृष्ण के द्वेष-राग की तरह है—बाह्य जीवन में भिन्न ध्रुव सास-बहू अन्त रंग में पारिवारिक परिवेश में आत्मीयता का सम्बनध रखती हैं। यह असंगति में संगति है। सास की कहानियों में सब तरह का मसाला मिल जाता है—विरोध, नोंक-झोंक, ताना-तमाशा और संगति-असंगति। लेकिन समरण रखें कि इन कहानियों का दृष्टिकोण विधायक है। इन कहानियों के हास्य में कोमलता और माधुर्य है, गुदगुदाने वाली किलकारियाँ हैं तथा चुभाने वाले कथन भी हैं।

नई पीढ़ी में हास्य कहानी से एकांकी का कथ्य हो गया है जिसमें उसका दृश्य रूप अधिक प्रभाव डालता है। कथा-साहित्य में वह वस्तु को पुष्ट करने वाली गौण भूमिका ही निभा रहा है। नये हास्य प्रधान एकांकी-रूप के प्रतिनिधि लेखक के रूप में

'हास्यब्रह्म' के पुत्र भषडिपाटि राधाकृष्ण का नाम ले सकते हैं जो अनुकरण और अनुसरण के चक्कर में न पड़कर अपनी प्रतिभा के बल पर जीवन की यथार्थता के आधार पर नये-नये सन्निवेशों की सृष्टि कर रहे हैं। जो कष्टदायक एवं हानिकारक बातों, घटनाओं, दुर्घटनाओं को देखकर बहुत करके हम सहानुभूति और सान्त्वना प्रकट करते हैं। वे ही हमारे जीवन में आने की नौबत की कल्पना से घबराकर बेचैन हो जाते हैं। यह जीवन की दंतकथा है। परिस्थितियों और सन्निवेशों की विलक्षण योजना में चमत्कारी विरोध संघर्ष और असंगति है।

[इस प्रस्तावना में व्यंग्य के साथ हास्य के योग की रचनाएँ, शुद्ध सन्दर्भ या प्रसंग रहित 'जोक्स' (नोंक-झोंक और चुटकुले) तथा पत्रकारिता की टिप्पणियाँ छोड़ दी गयी हैं। आगे कान्त की कहानियों और वटीराव की कहानियों पर लेख द्रष्टव्य हैं।]

2. मुकूकपूडि वेंकटरमण का हास्य : (क) सिद्धान्त को चुनौती : भारतीय और पाश्चात्य साहित्य शास्त्र के आचार्यों ने हास्य रस पर गम्भीर विचार किया है। मनोवैज्ञानिकों और समाजशास्त्रियों से भी हँसने और हँसाने की मूलवृत्ति के विश्लेषण का प्रयत्न किया गया है। सर्जनाशील प्रतिमा किसी शास्त्र की परिधि में समाती नहीं है। मुकूकपूडि ने हास्य के सैद्धान्तिक पक्ष को एक तरह से चुनौती दी है कि रचना में सिद्धान्त का व्यावहारिक रूप दिखा रहा है, पर उसका कैसा विस्तार-प्रसार-विकास किया जा सकता है, यह भी देख लें। इतना ही नहीं सिद्धान्तों का अतिक्रमण करके जहाँ हास्य की गुंजाइश नहीं है, वहाँ भी हास्य की सृष्टि कर रहा हूँ तथा हास्य रस के सिद्धान्तों के विरुद्ध या प्रतिकूल हास्य-रचना कर रहा हूँ। क्या इन प्रसंगों और सन्दर्भों में हास्य को इनकार करेंगे?

भारतीय आलंकारिकों का कहना है कि विकृत रूप, हाव-भाव और चेष्टा-व्यापार के बनावटी अभिनय से हास्य उत्पन्न होता है। एक रामचन्द्रजी को छोड़कर मुकूकपूडि के नायक और मित्र मण्डली में विरूपता और विकृति की न्यूनाधिक मात्रा मिल जाती है, वह भले ही जुगुप्सा का स्पर्श करने वाली न हो। फिर भी नायिकाएँ और अन्य पात्र उन्हें पसन्द करते हैं तो 'लोकोभिन्न रुचिः या 'जाकी रही भावना जैसी' कहेंगे। यदि आलंकारिकों की दृष्टि में रसाभास और अनौचित्य हास्य या हास्यास्पद स्थिति के कारण हैं तो 'एकलव्य' (एक + लव = प्रेम) में गुरुनाथ के प्रेम और विवाद को लेकर होने वाले समधी रामनाथ और सुब्बाराव के वाद-विवादों, झगड़ों और उनके विपरीत परिणामों में रसाभास नहीं तो भावाभास है ही; उनके क्रियाकलाप, औचित्य की सीमा को पार कर अपहास्य का स्पर्श करने लगते हैं। अनुभूति की दृष्टि से मन्दहास से लेकर अट्टहास तक हास्य के छह प्रकार माने गये हैं। इनमें अनुभूति की मात्रा में अन्तर के साथ हास्य के आलम्बन की प्रकृति का हाथ भी रहता है। नायिका मन्दहास करती है तो नायक भी मन्दहास करने का प्रयत्न करते हुए 'ही-ही' कहते हुए अपहास्य में लग जाता है तथा

मित्र एवं बन्धु हा-हा का अट्टहास करते हैं। एक ही परिस्थिति की अनेक प्रतिक्रियाएँ हैं। हास्य की अनुभूति को छह प्रकारों तक ही क्यों सीमित रखें? लेखक जानता है कि जीवन में उसके 'भाव भेद अपाश' है और परिस्थिति के अनुसार हँसने के नाम पर रुदन का स्वर, रोने की हँसी आदि अनेक रूपों को व्यंजित करता है।

पाश्चात्य आचार्यों और दार्शनिकों ने विरोध (कांट्रास्ट) और असंगति (इनकांग्रुइटी) को हास्य के आधारभूत तत्त्व माने हैं। ये विरोध और असंगति, जीवन की यथार्थता और रचनागत भाव-विचारों, सन्निवेशों एवं घटनाओं के साथ है या रचनागत इन बातों में अन्तर्लीन हो सकता है। जीवन की अनन्तता में इन तत्त्वों के स्वरूप और प्रसार को निश्चित करना सम्भव नहीं है। मुकूकपूडि ने जीवन के अनेक पहलुओं में इन तत्त्वों की व्याप्ति को समेट लिया है। इन मुद्दों से सम्बद्ध और भी अनेक बातें उठती हैं जिनकी हास्य-रचना में उपेक्षा नहीं की जा सकती। जीवन की यथार्थता और रोमांस की कल्पनाओं का अन्तर हास्य की सृष्टि करता है। काव्य-परम्परा में कल्पना भावोत्तेजक होती थी। अब वह प्रेमी के मन की सम्भव-असम्भव कल्पनाओं के रूप में पाठकों के लिए हास-परिहास का विषय बना लिया गया है मुकूकपूडि की प्रेम-कहानियों में। सामाजिक और राजनीतिक सन्दर्भों में भी कल्पनाजन्य हास्य की अभिव्यक्ति और अनुभूति होती है, लेकिन अधिक संयमित और यथार्थोन्मुख रूप में। यौवन के प्रादुर्भाव में प्रेयसी और प्रेम बदल जाता है तथा सामाजिक एवं राजनीतिक क्षेत्र में भाव-विचारों का मनगढ़न्त परिवर्तन होता जाता है तो कल्पना काल्पनिकता के स्तर पर उतर जाती है और सारा किस्सा मनोविनोद का विषय हो जाता है। सभी कहानियों में कल्पना और काल्पनिकता का योग हुआ ही है। कुछ दूसरे की प्रधानता है। "विवाह के ताम्बूल दे दिये गये हैं" (विवाह का वर्णन) कहानी में युवा राजू दो प्रेयसियों के बदलने पर पिता से निश्चित कन्या के साथ विवाह के लिए तैयार हो जाता है। पहले के प्रेम और विरह भी पिता की आज्ञा के अनुसार ही है कि वह जिसे चाहे उससे प्रेम कर विवाह कर लेने में पिता कोई आपत्ति नहीं है। प्रेम और विरह की यह कहानी विकास की स्थिति में ही नहीं, अन्त में भी एक नाटक-सा अभिन्नयात्मक रूप लेता है। हास्यात्मकता में तीसरी बात आतिशयोक्ति की है। कविता में उसकी अतिरंजना अनिवार्य रूप में रहती है—तथाकथित यथार्थवादी कविता में कुछ कम मात्रा में। लेकिन गद्य-साहित्य में उसका प्रयोग हास्य-सृष्टि के लिए विशेष सहकारी होता है जिसका लेखक ने प्रेम की कहानियों में ही नहीं, सामाजिक एवं राजनीतिक रचनाओं में भी पूरा उपयोग कर लिया है। वास्तव में हास्य यथार्थ की माया है। जीवन पर जल माया का जादू चल जाता है तो पाठक वास्तविकता को भूलकर कल्पना लोकों में जीते हुए जीवन को हास्य का विषय बना देता है। 'सेरिब्रल सिनेमिया' (सिनेमा का पागलपन) और 'छायाएँ' अन्य कहानियों से अधिक स्पष्ट और सीधे उदाहरण हैं।

पाश्चात्य चिन्तन में हास्य से सम्बद्ध और दो विषय हैं–वाणी की विदग्धता (wit) और शब्दों की हास्यपरक क्रीडा। मुक्कपूडि के भावों की कोमलता और सुकुमारता में मुँहतोड़ उत्तर देने की विदग्धता के लिए गुंजाइश कम है। सामाजिक और राजनीतिक विषयों में भी उनकी भाव-व्यंजना कठोर न होकर मृदुल। व्यंग्य में भी कटुता नहीं है। फिर भी उनकी रचनाओं के बीच-बीच में वाणी की विदग्धता चमक उठती है। इससे भी अधिक चमत्कारी विलक्षणता मौन उत्तरों में है। गोपाल अपने पसन्द की साड़ी पहनने के लिए राधा से अनुनय-विनय करता है, रूठता है, क्रोध कर चला जाता है और अन्त में समझौता करने आता है। प्रत्येक भाव की व्यंजना के साथ गोपाल की वाणी का उत्तर 'हाँ-हूँ', 'भौंहें चढ़ाने', 'प्रश्नार्थक मुख' और अधरों पर हास से ही मिलते हैं। इसमें वाणी से अधिक विदग्धता का उत्तर है। शब्दों की क्रीडा तीन प्रकार की होती है–(आ) शब्दों का हास्यात्मक प्रयोग जिससे दो भिन्न अर्थों की ओर संकेत होता है। (आ) भिन्न अर्थ वाले समान ध्वनियों के शब्दों को प्रयुक्त करना और (इ) शब्द-क्रीडा। लेखक ने तीसरे का अधिक प्रयोग किया हें शब्दों और वाक्यों की सीधी अभिव्यक्ति कम मिलती है। इस शब्द-क्रीडा में चमत्कारपूर्ण हास्य की अनुभूति होती है। यह निरा शब्दों का खिलवाड़ न होकर भाव-व्यंजक और भावोत्तेजक है तथा प्रसंगों को पुष्ट करने वाला है। शब्दों और वाक्यों को तोड़-मरोड़कर जितने प्रकार के नये प्रयोग हुए हैं, व्याकरण और शैलीविज्ञान के आधार पर उनता अनुमान नहीं किया जा सकता। प्रतिभा और भाषा पर अधिकार के बिना इस तरह की हास्यात्मक रचना सम्भव नहीं है।

(ख) हास्य की परिधि और उसका मूल स्रोत : काव्य-साहित्य की परम्परा में यह मान लिया गया है और आज भी समझा जा रहा है कि जीवन एवं साहित्य में हास्य का अपना एक सीमित क्षेत्र है और उसकी परिधि में ही उसकी अनुभूति है। लेकिन प्राचीनतम धर्म से लेकर नवीनतम राजनीति तक कहाँ हास्य नहीं है। वह जीवन में प्राणों का स्पंदन है। आप देखना नहीं चाहते या अपने कोण से जीवन के व्यक्त रूप का ही दर्शन करते जाते हैं तो वह गम्भीर रूप में ही प्रत्यक्ष होता रहेगा। हँसने और हँसाने के बिना जिन्दादिली या जीवन को स्पंदनशील माना जा सकता है। यह संसार ईश्वर या मनुष्य की लीला है तो लीला हास या आनन्दमय है। मुक्कपूडि का जीवन-दर्शन कुछ ऐसा ही लगता है। लोग गम्भीर जीवन-दर्शन और हास-परिहास को विरोधात्मक समझते हैं। लेकिन मूल तत्त्व एक ही है, देखने की दृष्टि में अन्तर है। मनुष्य धर्म का आचरण करता है; सौन्दर्य, प्रेम और वेदना में आत्म-विभोर हो जाता है या मानवीय संवेदना में द्रवीभूत होकर प्रतिक्रिया व्यक्त करता है तो उन सब के मूल में उसके प्राणों का स्पंदन है। यह प्राणों का स्पन्दन हास्य है; उसके बिना प्राण स्पंदित नहीं होता और जीवन मृतप्राय रह जाता है। यह दूसरी बात है कि जीवन के हर क्षेत्र में हास्य प्राणों के स्पंदन के रूप में अप्रत्यक्ष एवं अव्यक्त बना रहता है और कभी भावों को

प्रत्यक्ष अनुप्रेरित करते दिखाई देता है। मुक्कपूडि ने जीवन में हास्य के दूसरे रूप को अपनाया है। लेखक ने जीवन के व्यक्तिगत, पारिवारिक, सामाजिक, राजनीतिक, आर्थिक सभी पहलुओं में हास्यात्मक या हास्यास्पद स्थिति को देखा है तथा अत्यन्त साधारण सन्निवेशों या वाणी-विलास के द्वारा रूपायन किया है यहाँ तक कि सूक्ष्म दृष्टि से अनुशीलन करें तो जीवन की इस व्यापक परिधि में धर्माधर्म का विवेक भी अन्तःसलिला की तरह प्रवाहित होती है जीवन और हास्य दोनों के सम्बन्ध को अनौचित्य से बचाते हैं जीवन्त बनाए रखता है। अन्ततः लेखक इस हास्य-सृष्टि से क्या चाहता है? उल्लास और आनन्द तो देता ही है, कहना चाहता कि यह जीवन जियो और जीने दो। शेष सब उपेक्षणीय है। व्यक्ति, समाज, जाति और मानवता की दृष्टि से रचनाधर्मिता का इससे अधिक महान लक्ष्य और क्या हो सकता है?

मुक्कपूडि के हास्य का मूलस्रोत लेखक के हृदय की कोमल स्पंदनशीलता है। जीवन में शोषण-दरिद्रता, दुख-दर्द तथ असहायता-दीनता का अभाव नहीं है। लेकिन लेखक की दृष्टि उन स्थितियों को हास्यास्पद रूप में देखता है। उसकी मानवीय संवेदना, हृदय को झकझोर देने वाले तीव्र संवेगात्मक रूप में नहीं, कोमल रूप में स्पंदित होती है। जीवन रोने के लिए नहीं, हँसने के लिए है। यह कोमल स्पंदन परिस्थिति, सन्निवेश और सन्दर्भ के अनुसार व्यक्त होते हुए हास्य के परिवेश में मानव-मन को आकृष्ट कर लेता है। पाठक पहले उस हास्य पर हँस लेते हैं, पर धीरे धीरे उसके मन की गहराई में अनुभूत होता है कि उस हास्य के अन्दर मानव-स्वभाव, सौन्दर्य, प्रेम, वेदना, जीवन के सुख-दुख, सामाजिक समता-विषमता के कितने पहलू अन्तर्लीन हैं। लेखक की प्रक्रिया इस बात में है कि वे इन बातों को हास्य में स्पष्ट व्यक्त होने नहीं देता। सहृदय पाठक ही उनका अनुमान कर पाता है। जीवन के सभी पहलुओं के अन्तर्गत समष्टि रूप में हास्य की मल चेतना सौन्दर्य और आनन्द कह सकते हैं। ये सौन्दर्य और आनन्द रोमांस के गुण-धर्म न होकर जीवन के संचालक सूत्र हैं। सौन्दर्य की अनुभूति रूपगत, भावगत या चेष्टागत किसी प्रकार का हो सकती है। आनन्द विशिष्ट सन्दर्भों की सुख-दुखात्मक अनुभूतियों की परिणति से सम्बद्ध न होकर जीवन की समष्टि की अनुभूति है। ब्रह्मदेव ने रमणीय रूप की सृष्टि की है और सरस्वती ने इस सुख-दुख संसार में अपनी वीणा पर मलयमारुत-रागालाप करने लगी है तो जीवन में आनन्द के अतिरिक्त और क्या अनुभूति हो सकती है। "जीवन दुख नाम का कुछ है क्या? सच है! मुझे मालूम नहीं है तो? कहाँ है? इस ढंग से सीधा प्रश्न करने के लिए, पतली, सिकुड़ी हुई काजल की रेखा की तरह दिखाई देने वाली दो आँखों की योजना की गयी है।" निद्रामुद्रित राधा को श्रद्धा के साथ देखते हुए गोपाल ने सोचा है कि ईश्वर को, जैसा भी हो, अच्छा रोस्थेटिक सेन्स है।' इस सौन्दर्य में असौन्दर्य का स्वर भी झंकृत होता है। हृदय संयोजित इस सौन्दर्य के रंग के सागर में उसकी लाल

रंग की पहनी हुई साड़ी बहुत ही विकृत और असहज दिखाई पड़ी है। ऐसा लगा है कि अवहेलना कर रही है।" जीवन में इस सौन्दर्य-असौन्दर्य का सम्मेलन होता ही रहता है। काला होने के लिए "उन सब के तिरस्कार के पात्र अपने को राधा उतना क्यों चाहती है? पत्नी होने के कारण है क्या? अगर वही बात है तो सचमुच पसन्द हुए बिना विवाह ही क्यों किया है?" (लहरी कहानी) इस सौन्दर्य, असौन्दर्य और दोनों के सम्मेलन में राधा-गोपाल की प्रेम-कहानी ने अपूर्व हास्य की सृष्टि की है।

जीवन में सौन्दर्य और प्रेम के अतिरिक्त आनन्ददायी मानवीय संवेदना में और कितने स्रोत हैं। इसके द्वारा हास्य-सृष्टि में कितना वैविध्य है? इन सब स्रोतों का उल्लेख एक लेख में सम्भव नहीं है। इस आनन्दानुभूति की प्रकृति और अनन्तता मात्र देख लें। "क्षीर सागर से उद्भूत अमृत की तरह गोपाल के अन्तरंग में आनन्द लहरी का आविर्भाव हुआ है। उसके जीवन के दिगंत-पर्यन्त तक व्यापी हुई है। सर्वत्र भर गयी है। वह संतोष, वह सुख वह सह नहीं सका है। जिसे वह सह नहीं सकता, उस महान सौन्दर्य-संसार से भाग जाना है।" सौन्दर्य और आनन्द में जनक-जन्य सम्बन्ध है और दोनों की लहरों में से उत्पन्न हास-परिहास जीवन को इतना दुर्भर बना देता है कि सुख को सह सकना भी कठिन-सा हो जाता है। (लहरी कहानी) इस आनन्द के साथ ही लगे हुए हैं दुखात्मक अनेक भाव। क्रोध, भय, आशंका आदि भावनाएँ आनन्द को कल्लोलित करती हैं। जीवन में आनन्द को भंग करने वाले पता नहीं कितने चेष्टा-व्यापार हैं। कुछ उनसे विचलित होते हैं तो कुछ उपेक्षा कर देते हैं। प्रश्न उठता है कि आनन्दात्मकता के विरुद्ध भाव और चेष्टा व्यापार कैसे हास्य के विषय हो सकते हैं? वे अपने में पूर्ण और स्वतन्त्र अभिव्यक्ति एवं अनुभूति की बातें नहीं हैं। वे या तो सौन्दर्य और आनन्द से सम्बद्ध हैं या उनकी परिणति आनन्द में हो जाती है। राधा से रूठकर उसे रेल के ऊँचे दर्जे में अकेली छोड़कर दूसरे डिब्बे में पहुँचा हुआ गोपाल चलती गाड़ी में एक से दूसरे डिब्बे में जाने वाले मटर के विक्रेता को देखकर भय और आशंका से त्रस्त हो जाता है कि वह कहीं अकेली राधा पर अत्याचार न करें। अगले स्टेशन गाड़ी रुकते ही मन और क्रोध को भूलकर पत्नी राधा के पास दौड़ पड़ता है तथा और अधिक आनन्द में दोनों का संयोग होता है। 'साक्षी' कहानी आद्यंत आतंक से भरी है। जेल से भागकर हत्या के मुकद्दमे में गवाही देने के लिए तलुपुलु को मार डालने आया है फकीर। तलुपुलु की दूसरी पत्नी रोती, मनौतियाँ करती गाँव के सब लोगों से सहायता माँगती दौड़ रही है। पहली पत्नी मूर्छित-सी पड़ी हुई है। गाँव के बड़े लोग गवाही देने से अपने को बचाने के लिए सिनेमा देखने चले गये हैं। तलुमुलु का साला और गाँव के साधारण लोग शहर को भाग जाने की सलाह देकर अपने घर के दरवाजे बन्द करके खिड़कियों से देख रहे हैं तलुपुलु शराब पीकर एक लाठी लेकर मदहोश स्थिति में अपने से शक्तिशाली फकीर को मारकर घायल कर देता है। इतने में पुलिस इंस्पेक्टर गाँव

पहुँचकर फ़कीर और तलुपुलु दोनों को पहले की हत्या में भागी कहकर गिरफ्तार कर देता है। वह कहता है कि एक चोर ने अपने को अनजान कहकर दूसरे को पकड़ा दिया है। अब आप सबने मिलकर दोनों को पकड़ा दिया है तो क्या आप सब चोर हैं। गाँव के पटेल ने उत्तर दिया है– "क्या पता है? पकड़े जाने पर हर एक एक तरह का चोर है...जब तक पकड़ में नहीं आता हर एक सज्जन है।" मक्कपूडि की यह एक विशिष्ट कहानी है जो सामाजिक जीवन के एक सत्य का उद्घाटन करती हुई अनितम मोड़ में आतंक की शान्त परिर्णति पर समाप्त होती है। पटेल के अन्तिम कथन में सत्य के साथ हास्य झाँकता दिखाई देता है।

लेखक की कहानियों और उपन्यास 'दो लड़कियाँ और तीन लड़के' में भी घटनाओं का क्रिया-कर्म का कोई महत्त्व नहीं है। सन्निवेश प्रेम में बाधा और सफलता प्रस्तुत करने वाली हैं। कुछ सन्निवेश अस्वाभाविक और हास्यास्पद लग सकते हैं, लेकिन समष्टि रूप में अन्त तक जाकर रचना हास्य की अनुभूति देने में सफल हो जाती है। रचना के सन्निवेशों में सौन्दर्य, प्रेम, वेदना और आनन्द साधन हैं, साध्य हास्य है। पात्रों के क्रिया-कलापों के सम्बन्ध में मूँछों वाले राब के सम्बन्ध में लेखक का यह कथन प्रतिविधि उदाहरण है–"मूँछों वाले राव की कोई नौकरी-चाकरी नहीं है और दृष्टिपथ में दूर तक दिखाई नहीं दे रहा है। तब भी उसे इन दुनियादारी विषयों के बारे में ज्यादा सोचने की शक्ति भी नहीं है। सिनेमा कैसे देखें और सिगरेट कैसे ले आवें–इनको छोड़कर बाकी के बारे में वह सोचता नहीं है। बाकी न होने पर भी वह ज्यादा रोता भी नहीं है। इसीलिए उसे रोने की जरूरत के बिना ही दिन कट रहे हैं। (कुमारसम्भव कहानी) यह अलसता और हल के सुख की बात अवश्य है, पर यह आनन्दवाद की भूमिका है और स्वयं हास्य का विषय है।

सौन्दर्य और आनन्द के अतिरिक्त हास्य की सृष्टि में पात्रों की प्रकृति और स्वभाव की भी महत्त्वपूर्ण भूमिका है। मानवीय सामान्य स्वभाव, व्यक्तित्व की विशिष्टता, अवस्था या आयु के अनुसार शैशव, यौवन तथा प्रौढ़ता की स्थिति में स्वभाव, भाव-विचार एवं व्यवहार की रीति-नीति के अनुसार हास्य का स्वरूप ही बदल जाता है। कथा-साहित्य में ही नहीं भाषण (गिरीश के लेक्चर), निबन्ध आदि में भी हास्य भिन्न प्रकार का होता है। यहाँ भी पात्रों या रचना के अन्दर झाँकते हैं तो सौन्दर्य और आनन्द का-सा कोमल स्पंदन ही मिलता है।

मुक्कपूडि के हास्य की सच्ची भूमिका पौराणिक कथा 'सीताकल्याण' में मिलती है। लेखक की कहानियों की तरह प्रेम का दीप जलाने वाली केन्द्रीय स्थिति नायिका की है। इस पौराणिक प्रसंग में सौन्दर्य और कोमल भावनाएँ नैसर्गिक रूप में स्पंदित हो उठती हैं। लेकिन उसमें शिव धनुष उठा न सकने के कारण रावण के मन में अपमान, जलन और क्रोध का उल्लेख नहीं है। धनुष उठाकर डोरी खींचते समय के झंकार सारा

ब्रह्मांड डोल नहीं उठता। शिव धनुष के टूटने पर क्रुद्ध परसुराम के साथ राम का संवाद नहीं है। इन बातों से हृदय के कोमल स्पंदन में पुरुष और उग्र भावनाओं से बाधा उत्पन्न होती है। लेखक कोमल भावनाओं को लेकर भाषिक अभिव्यंजना में वचन वक्रता के साथ भाव और भाषा दोनों पर आधारित मृदुल-कोमल हास्य की सृष्टि करना चाहता है जिसमें कहीं कोई कटुता नहीं है। आधुनिक सन्दर्भों में प्रेम की चंचलता और अनर्गल प्रलापों को देखते हुए लेखक ने कुछ हास्यास्पद सन्निवेशों की योजना अवश्य की है, लेकिन अन्ततः हास्य, सौन्दर्य, प्रेम और आनन्द के धरातल पर आवश्यक ऊँचे स्तर पर पहुँच जाता है।

(ग) हास्य के प्रकार या टाइप : 1. हास्यास्पद या रसाभास के वृत्तान्त : यौवन के प्रादुर्भाव में काम से उत्तेजित मन चंचल मन अड़ोस-पड़ोस की या स्कूल-कॉलेज जाती-वापस आती लड़की को देखकर मन में प्रेम का दीप जलाती है। उस प्रेम का आधार प्रथम यौवन का आकर्षण मात्र है जो देखने वाली आँखों में देवी का अपूर्व सौन्दर्य लगता है। रामाराव को देवियों का स्मरण आया है, श्रावण लक्ष्मी का स्फुरण हुआ है और मन में अन्वेषण की इच्छा हुई है कि सिर के चारों ओर कहीं हरेपन का आलोक-चक्र तो नहीं है। (दो लड़कियाँ और तीन लड़के)। लेकिन प्रथम प्रेम की स्थिति में नायक प्रायः हँसकर, टीका-टिप्पणी कर, सीटी बजाकर या तो लड़की को अपनी ओर आकृष्ट करने का प्रयत्न करता है या उसमें असफल होकर उसका मज़ाक उड़ाता है। इस प्रेम की सफलता के लिए कितनी योजनाएँ बनती हैं, सलाहकार मित्रों के कॉफी-नाश्ता और सिगरेट पर कितना खर्च होता है और एकपक्षीय ही सही कितने प्रेम-पत्र लिखे जाते हैं। वह लड़की प्रेम का दीप बुझाकर दूसरे के साथ विवाह करके चली जाती है। प्रेम की 'भग्नवीणा और भाष्पकणों' की इस कथा को जल्दी ही भूलकर नया प्रयत्न आरम्भ होता है। इस प्रेम की साधना में हर गाँव में एक 'लव', हर वीथी में एक लव और हर रोज एक लव "राजू ईमानदारी के साथ गिनकर बताता है कि सीता के साथ यह प्रेम तेरहवाँ है।" लेकिन यह सच्चा प्रेम है। "पहले का सारा जीवन भूल गया हूँ। सब पानी से साफ कर नई रंगोली बनाई है। कल ही मेरा पुनर्जन्म हुआ है।" (दो लड़कियाँ और तीन लड़के)

प्रेम की यह चंचलता स्थिरता प्राप्त कर विवाह में परिणत होने के लिए कितना कष्ट करना पड़ता है। अपनी पड़ोसिन और होने वाली सास वर लक्ष्मी को प्रसन्न बना लेने के लिए विश्व सहसा सनातनी होकर सन्ध्या वन्दना करते हुए ससुर के शहर जाने पर वर लक्ष्मीव्रत की सारी सामग्री जुटाता है। भावी ससुर सूर्यनारायण के वापस आने पर सूर्य नमस्कार के बहाने वन्दन करता है। नायक पूरा प्रयत्न और कष्ट-साधना कर रहा है और हम पाठक आराम से बैठकर हँसते हुए आनन्द पा रहे हैं। लेकिन योजना अभी

चरम सीमा पर पहुँची नहीं है। मित्र जोगीनाथ पड़ोसी घर से चोरी का प्रयत्न करेगा और विश्व उसे पकड़कर हीरो बनेगा। लेकिन दुर्भाग्य से सूर्यनारायण उसे पकड़ लेते हैं और विश्व को मजबूर होकर उसे सचमुच मारना पड़ता है। एक एक मार पर मित्र गिनता जाता है कि पाँच, दस, पन्द्रह...कितने रुपये बाद को विश्व से वसूल करेगा। इस हास्यान्त में गरम मसाला मिलाते हैं विश्व के चाचा-चाची तथा प्रेम-करती हुई भी मौन रहकर मजा लेने वाली नायिका गायत्री! (वरलक्ष्मीव्रत)

2. दाम्पत्य जीवन की गाथाएँ : प्रेम की सफलता के बाद वैवाहिक जीवन में या माता-पिता के द्वारा निश्चित विवाह के बाद दाम्पत्य-जीवन में ही सच्चा हास-परिहास आरम्भ होता है। राधा और गोपाल की तरह शिक्षा-दीक्षा और संस्कारिता स्तरीय होने पर हास्य और भी खिल उठता है। दाम्पत्य-जीवन में हास्य-विनोद के लिए किसी गम्भीर कारण की आवश्यकता नहीं है। वैसी स्थिति में हास्य के बदले झगड़े, मन-क्रोध, आदि के लिए साधारण बातें ही पर्याप्त हैं। साड़ी पसन्द नहीं, अलगाव और तलाक की नौबत आती है। दाम्पत्य जीवन में वाद-विवाद, अमुक सब्जी पसन्द नहीं है, उसमें प्याज डालना ही नहीं चाहिए, पत्नी न समाचार-पत्र पढ़ती है, और पढ़ने पर सुनना नहीं चाहती तथा उससे भी अत्याचार पति को पढ़ने नहीं देती इत्यादि। क्या करें, हृदयों के संवाद में भी दैनिक जीवन की अभिरुचियों और पसन्दों में अन्तर हो जाता है—पति और पत्नी के कर्म-जगत अलग-अलग हो जाने के कारण। इस वाद-विवाद में आत्माभिसत्व भी मिल गया है, पाठक को हास्य में और भी रस मिल जाता है। लेकिन हास्य की सृष्टि करने वाले ये मान और क्रोध स्थायी न होकर संचारी है। कोई बहाना बनाकर, किसी भय से या प्रेम से प्रेरित होकर गोपाल और राधा अर्थात् पति और पत्नी एक-एक कदम आगे बढ़ाते हैं तो वे आलिंगनबद्ध हो जाते हैं और पाठक हँस पड़ता है। यह सब बनावटी मान या क्रोध नहीं है, लेकिन बुद्धिमानों के लिए बेवकूफी तो है। पर इस मान-अभिमान अनेक कोमल हाव-भावों, चेष्टाओं और भावनाओं का योग हास्य की अनुभूति को मधुर और संवेद्य बनाता है। साड़ी बदलने की बात पर "राधा ने फिर एक बार आँखें खोलकर प्रेम, लालन, प्रणयक्रोध, अनुनयपूर्वक विनती आदि आचरण की सभी प्रकार की सामग्री उचित अनुपात में मिलाकर एक नजर देखकर, फिर आँखें बन्द कर ली है—सो जाइए कृपाकर, सबेरे बदल लूँगी।" सभी-पुरुषों के समान अधिकार के आधुनिक युग में मान-अभिमान उभयनिष्ठ है। वास्तव में प्रेम के विषय में नारी से दुर्बल पुरुष का मान-अभिमान और पहले समझौते का प्रयत्न अधिक रोचक और हास्य को पुष्ट करनेवाला है। प्राचीन काव्य परम्परा में मान और क्रोध करने वाली नायिका है और वह भी शृंगार के विषय में। प्रतिभाशाली लेखक ने परम्परा को नये रूप में ढालना है। दाम्पत्य जीवन में हास्य की सृष्टि के लिए साधारण और असाधारण अनेक बातें होती रहती हैं। 'राधा का कर्ज' कहानी में रूठे हुए पति का कहना है कि विवाह के पूर्व

के पन्द्रह दिनों में प्रेम-पत्र लिखने, राधा के दर्शन होने एवं मुस्कराने पर मित्रों को खिलाने-पिलाने में अस्सी रुपये जो खर्च हुए हैं राधा को वह कर्ज चुकाना है। राधा गिरती करके उत्तर देती है कि उसके खर्च से पति का खर्च निकालने पर उसे खुद पचास रुपये देने हैं। सहेलियों के साथ पण लगाकर उसके सड़क या समुन्दर के किनारे न मिलने पर खिलाना, उसके पत्र के अनुसार पसन्द की साड़ी खरीदकर पहनना, अलंकरण आदि में उससे अधिक खर्च हुआ है। पतिदेव मान और कर्ज की बात भूलकर पत्नी के प्रेम से प्रसन्न है और पूरे प्रसंग में हास्य की हिलोरें उठती हैं। एक दूसरी कहानी में नायिका सुब्बुलु पढ़ाई बीच में ही छोड़कर प्रेम के सपने देखती, प्रेम के गीत गाती और प्रेम की पुस्तकें पढ़ते समय काट लेती है। विवाह के बाद घर-गृहस्थी और खाना पकाना न जानने के लिए पहले एक किलो आलू उबालकर, फिर उसे अपर्याप्त समझकर और एक किलो पकाने के प्रयत्न में लग जाती है। घर आकर पति क्रुद्ध हो जाता है तो पत्नी रूठ जाती है। माता-पिता के साथ काशी जाने पर पति भूषण इतनी अच्छी सब्जी आलू खाना परम्परा के अनुसार छोड़ देना चाहता है तो पत्नी भी साथ देने तैयार हो जाती है। यह आश्चर्यजनक अब्सर्ड (असंगत) कल्पित कहानी 'भूषण का वैराग्य' है जो हलकी और बात का बतंगड़ बनाने वाली। इसके विपरीत परम्परा की कहानी है 'कुमारसम्भवं' जो पार्वती-परमेश्वर की नहीं राधा-गोपाल की है। अड़ोस-पड़ोस की दादियों की प्रतियोगिता है कि कौन पहले परदादी बनेगी। पराजित दादी दूसरे को एक लाख बत्तियों की दीपाराधना का फल धारादत्त कर काशी की यात्रा करायेगी। गोपाल षड्यन्त्र कर, अपनी दादी को समझा-बुझाकर अपनी प्रेयसी राधा से विवाह कर लेता है और अपने चुनी हुई सुब्बलक्ष्मी का मित्र मूँछों वाला राव से विवाह हो जाता है। पहले कुमारसम्भव के कारण गोपाल दोनों दादियों को काशी और वहाँ से कैलास तक की यात्रा कराके वापस आता है। पुत्र शंकर दाढ़ी-मूँछ वाले गोपाल को देखकर भयभीत होकर हौआ कहकर मारने लगता है। गोपाल पत्नी की बात मानकर दाढ़ी-मूँछ मुँड़वा लेता है। पत्नी रूठने का बहाना बनाकर बच्चे को खिलाये बिना सो जाती है तो पिता-पुत्र में आत्मीयता का सम्बन्ध स्थापित हो जाता है। धार्मिक परम्परा, प्रेम के षड्यन्त्र और अन्तिम विपरीत परिणामों को लेखक ने हास्यात्मक रूप में ढाल दिया है। विषय गम्भीर हो या हलका लेखक की प्रतिमा उसे अभीष्ट दिशा (हास्यात्मक) दे सकती है।

3. सामाजिक मर्यादा का प्रतिबन्ध : प्रेम, विवाह और दाम्पत्य जीवन की परिधि में सामाजिक मर्यादा का ध्यान न रखने पर हास्य की अनुभूति में बाधा होती है या हास्य स्वयं रसाभास हो जाती है। कथा-साहित्य की नायिकाएँ अपने घरेलू वातावरण में मुग्धा, लफालू और कभी मन में आकर्षण और प्रेम का अंकुर निकलता है तो विवाह तक गुप्त रखती हैं। इससे हास्य की भावना में कोमलता की अनुभूति होती है। दूसरी

ओर गोपाल की राधा और राजू की सीता है जिसका प्रेम छिपा नहीं रहता और जिनके व्यक्तित्व के तेज से हास्य में ओजस्विता आ जाती है। राधा सोचती है—"आज साड़ी के सम्बन्ध में अधिकार जमा रहे हैं। कल कह सकता है कि हे लड़की! तुम्हारी नाक इतनी अधिक शोभा के सभ्य, उतना सीधा रहकर, उस तरह ऊपर की तरह देखना मुझे पसन्द नहीं है। उस नाक को जरा-सा नीचा कर चम्पक के फूल की तरह कर लो।" (लहरी) सीता, राज से सुब्बलक्ष्मी के सम्बन्ध में कहती है कि वह रामाराव से प्रेम करती है, पर अपने मन की भावना को प्रकट नहीं कर सकती। "हमारे मन के विशाल भाव और धैर्य उसमें नहीं है। वह बहुत ही लजीली है।" (दो लड़कियाँ और तीन लड़के) इस तरह सौन्दर्य और प्रेम को उनके स्वाभाविक स्वरूप की रक्षा करते हुए हास्यात्मक रूप में मोड़ देना आसान काम नहीं है। उसके लिए प्रतिभा और बौद्धिक चतुराई दोनों चाहिए। नायकों में सौन्दर्य के प्रति आकर्षण की चंचलता, प्रेम की कोमलता और वेदना की विवृत्ति है। स्वभाव में कोमलता और दृढ़ता का योग है। लेकिन दूसरा प्रेम की अनुभूति में अधिक देर तक स्थिर नहीं रह सकती। लेखक ने प्रेम को हास्य का विषय नहीं बनाया है, पर परिस्थितियाँ और मित्र मिलकर उसका मज़ाक उड़ाते हैं। इस नायक-नायिका प्रेम और उसकी हास्यात्मक स्थिति कभी मर्यादा का उल्लंघन नहीं कर सकती। नारी वर्ग में संकोच की सीमा है तो पुरुष-वर्ग में प्रगल्भता है जो वर्ग की प्रकृति है। नायिका की सहेलियाँ पारिवारिक परिधि में ही क्रियाशील रहती हैं तो नायक के मित्र प्रेम में प्रोत्साहन देते हैं, सलाहें देते हैं, और योजनाएँ बनाते हैं जिनमें सफलता-असफलता का मिश्रण, सुखान्त-दुखान्त (कॉमिक ट्रैजिडी या उलटा) को योगात्मक रूप लेता है। इन क्रियाकलापों में वे नायक के रुपयों को मुक्त खर्च करते हैं, काफी-जलपान कर सिगरेट पीते रहते हैं। ये क्रियाकलाप और इनके सन्दर्भ में वार्तालाप प्रेम में हास्य की सृष्टि करते हैं। लेकिन इन सब के लिए मित्र-मण्डली को दोषी, नैतिक दृष्टि से स्वार्थी क्या सामाजिक दृष्टि से स्वेच्छाचारी नहीं कह सकते। एक तो युवावस्था में बन्धनों को तोड़ना स्वाभाविक है और दूसरे आपके नवयुवकों में यह अनुत्तरदायित्व मानव-प्रकृति सा हो गया है। इसके बिना न प्रेम में हास्य है और न कोई मौज़-मजा। इस पर पुरानी पीढ़ी हुंकारती है जो रचना में भी देखते हैं और आचरण पर मर्यादा का बाँध बन जाता है। प्रेम में अपनी आत्मीयता द्वारा हास्य को सात्विकता प्रदान करने वाली पात्र हैं दादी और माता। पिता डाँट देता है, पर स्नेह के साथ ये पात्र प्रेम की चंचलता और हास्यात्मकता को सामाजिक मर्यादा, गम्भीरता और दायित्व प्रदान करते हैं।

स्वयं नायक और उसके मित्र प्रेम करने और उसके आलम्बन को हल के रूप में लेकर हास-परिहास के पात्र होने पर भी सामाजिक गतिविधि से अनभिज्ञ नहीं है। सीता के साथ प्रेम की आरम्भिक स्थिति और उसमें अनुभूति का वर्णन करते हुए राजू प्रकृतस्थ होने के लिए सिगरेट माँगता है तो रामाराव का उत्तर है—"यह ईश्वर का

मन्दिर है। लोग चन्दा-लेकर पीट डालेंगे। यहाँ रामायणों को छोड़कर प्रेमायणों के बारे में बातें नहीं करनी चाहिए। उस पर सिगरेट पीना भी..."। आगे राजू राम-मन्दिर के निर्माण के सिलसिले में सीता और रामाराव के बिवाह में षड्यन्त्र करने के अतिरिक्त कांट्राक्टर किस तरह धन लूट लेने का प्रयत्न कर रहा है, उसे समझा देता है। रामाराव के आश्चर्य को देखकर राजू कहता है—"ईश्वर क्या करेगा? ज़रा पाप-पुण्य, देव-दानव की बातें सोचकर भयभीत होने वालों को देखकर ईश्वर डाँटकर उन्हें अच्छे मार्ग पर ले आता है। उसके सामने ही घोर अत्याचार करते हुए सीमा का उल्लंघन करते हैं तो वह चकित होकर देख रहा है। उठीले का राजा क्या कर सकता है।" (दो लड़कियाँ और तीन लड़के) इन बातों में सामाजिक चेतना से प्रेरित मृदुल व्यंग्य और हास्य का योग है।

सामाजिक मर्यादा की भावना देश, काल और अवस्था के अनुसार बदलती रहती है। मुक्कपूडि की रचनाओं में आधुनिककाल की सामाजिक परिस्थितियों को देखकर औचित्य का निर्णय कर रहे हैं। नायक-नायिकाओं, सहायक पात्रों तथा दोनों के मार्ग में बाधक पात्रों के भावों एवं क्रियाकलापों को सामाजिक मान्यताओं के विरुद्ध न मानकर सन्तुष्ट हैं। और गहराई में जाकर विचार करेंगे तो जीवन की यथार्थता में प्रेम के एक कल्पनालोक की सृष्टि करके उसके माध्यम से हास्य का संयोजन किया है। इस कल्पनालोक के अभाव में सामाजिक जीवन की कटुता हास्य की अनुभूति नहीं दे सकती। प्रेम के अन्य क्षेत्रों में भी कवि ने यथार्थ का आभास देते हुए सन्दर्भ के अनुसार हास-परिहास की अनुभूति दी है। पाठक सन्तुष्ट है कि कहीं औचित्य का भंग नहीं हुआ है और कटुता उत्पन्न नहीं होती। अवस्था या आयु के अनुसार बदलती सामाजिक दृष्टि में हास्य का उल्लासकारी एक उदाहरण देख लें। आजकल के प्रेम के हीरो को पहली पीढ़ी के प्रौढ़ के प्रौढ़ नायकों के सामने हार स्वीकार करना पड़ेगा। युवावस्था में भीमशंकर जी ने रेलगाड़ी में यात्रा करते हुए उसी डिब्बे में अपने पिता के साथ कान्तं को देखकर उसकी ओर आकर्षित होकर वहीं विवाह का प्रस्ताव करके दाम्पत्य जीवन आरम्भ किया है। आज कई वर्षों के बाद उन्होंने अपनी नटखट अठारह वर्ष की सुन्दर लड़की सीता के साथ यात्रा करते हुए देखा है कि उस डिब्बे में एक सुन्दर युवक भी आ बैठा है। पत्नी अनावश्यक खर्च का विरोध करती रही है, लेकिन भीमशंकर जी ने सपरिवार ऊँचे दर्जे में बदलकर गहरी साँस ली है कि बला टल गयी है। पहले के 'कलियुग स्वयंबर' के बाद प्रौढ़ावस्था में उनका व्यवहार पीढ़ियों के अन्तर और मानसिक परिवर्तन को प्रकट करते हुए दोनों सन्निवेशों के विरोध में हास्य उत्पन्न करता है। प्रौढ़ावस्था के साथ मानसिक चंचलता और क्रियाशीलता का उत्साह संयमित होकर सामाजिक मर्यादा की भावना प्रबल होती है।

4. रिश्तेदार आ रहे हैं : आधुनिककाल में संयुक्त परिवार से एकल परिवार और उसमें भी माता-पिता के अलग रहने की प्रवृत्ति बढ़ती जा रही है। इससे पारिवारिक

झगड़े कुछ शान्त अवश्य हो रहे हैं, लेकिन भारतीय पारिवारिक जीवन में जो माधुर्य, हास्य और मनोविनोद है वह समाप्त भी हो रहा है। मुकूकपूडि ने प्रेम, विवाह और दाम्पत्य जीवन को एकान्तिक रूप में कभी प्रस्तुत नहीं किया है। माता-पिता, दादी, समाधी-समधिन आदि हास-परिहास और छेड़-छाड़ का वातावरण ही नहीं बनाती, बल्कि प्रेम और दाम्पत्य जीवन को हास्य से सजीव रूप भी देते हैं। दाम्पत्य-जीवन का एक विशेष पहलू रिश्तेदारों का आवागमन। पुरानी पीढ़ी में लोग रिश्तेदारों के घर ही नहीं, अपनी आचार-निष्ठा का पालन करने के लिए अपरिचित अपने गोत्र, वंश या जाति के लोगों के घर जा बसते थे। आजकल किराये के घर के भाग में जगह न होने, धन के अभाव और महँगाई के कारण दूर के रिश्तेदारों को छोड़ दीजिए, अपने भतीजे-भानजे के परिवार का भी हार्दिक स्वागत नहीं होता। अपरिचित बान्धवों के बान्धवों के आगमन से मन में तरह-तरह की शंकाएँ और आशंकाएँ उठती हैं। नायिका-नायक राधा-गोपाल के घर जो आये हैं वे वास्तविक रिश्तेदार नहीं हैं, बरसों पहले गोपाल के पिता की पड़ोसिन बड़ी दादी के बन्धुजन हैं। उनके आगमन से हास्य मूर्त हो उठता है। घर में पूरा हंगामा मच जाता है। गोपाल का लड़का आगत बच्चे से अपने खिलौने तोड़ने को विनोद के साथ देखता है—तोड़ दो, कोई बात नहीं है, मेरे पिता नये ले आयेंगे। राधा और गोपाल हाव-भावों, मौन संकेतों और आँखों से जो बातें कर लेते हैं उनमें माधुर्य और हास्य का अद्भुत सम्मेलन है। बीच में झुँझलाहट और क्रोध भी मिल जाते हैं। अन्त में बड़ी दादी आ जाती है, अपनी बहन के दामाद को इंजीनियर के कार्यालय में क्लर्क की नौकरी दिलाने के लिए साथ ले आती है। इंजीनीयर की माता की सूचना के अनुसार आम का सरसों वाला अचार (आवकाय) और छोटे बैंगनों की मसालेदार साबुत सब्जी (गुत्ति-गुच्छा + बंकाय-बैंगन + कूट-सब्जी। आन्ध्र की लोकप्रिय सब्जी जिसका लोक साहित्य में भी उल्लेख है।) उसी नौकरी के लिए सिफारिश कराने आये, शहर के सम्पन्न राव जी निराश लौट जाते हैं जबकि बड़ी दादी अपने व्यक्तित्व और चरित्र की ओजस्विता एवं आत्मीयता से सफल हो जाती है। वह कहती है कि वह एक वक्त इंजीनियर के घर अन्न की भिक्षा के लिए नहीं आयी है, बल्कि आजीवन अपने परिवार के लिए अन्न की भिक्षा माँग रही है। इस गम्भीर प्रसंग को लेखक ने आत्मीयता से भर देने से पाठकों के अधरों पर हास की क्रीडा हो जाती है। जब रिश्तेदार चले जाते हैं, गोपाल कहता है कि उसकी चोरी आशंका सत्य सिद्ध हुई है—जर्मन सिल्वर का पुराना ढक्कनदार पात्र गायब हो गया है। पत्नी एक कोने से चमकते ताँबे का पात्र निकालकर ताना देती है कि यह नया है, रिश्तेदारों ने चोरी नहीं की है, शायद भूल गये हैं। लेखक 'रिश्तेदार आये हैं' कहानी के द्वारा सिद्ध करना चाहता है कि पारिवारिक जीवन में कितना मधुर हास्य भरा रहता है—"सबेर होते ही घर हलचल से भर गयी है। शारदा के सास-ससुर और दादी की नोंक-झोंक और हास-परिहास से राधा नई दुलहिन की तरह

लजीली हो गयी है। पति की ओर धैर्य के साथ देखने का साहस भी नहीं कर सकी है। गोपाल उससे भी अधिक नया इल्था हो गया है।" दाम्पत्य जीवन की परिधि बढ़ जाने पर सही वातावरण में माधुर्य और हास की इस अनुभूति से अधिक जीवन में और क्या चाहिए? कहानी के प्रत्येक सन्निवेश में कोमल या तीखा हास्य भरा है तथा कहानी के मोड़ों के साथ उसका नया-नया रूप सामने आता है। मुकूकपूडि की सभी कहानियाँ पारिवारिक हास्य की नहीं हैं, लेकिन प्रेम और विवाह के प्रसंगों में पारिवारिक जीवन से सम्बद्ध हास्य की एक झाँकी अवश्य मिल जाती है।

5. बाल्यावस्था का स्वभाव-जन्य हास्य : जन्म से लेकर पाँचवें वर्ष तक बच्चों के स्वाभाविक हाव-भाव और चेष्टा-व्यापार माता-पिता को अद्भुत लगकर उनको हर्षोल्लास में तन्मय कर देते हैं। सूरदास न इस विभाव और भावपक्षों का मौलिक, विशद और अपूर्व निरूपण किया है। कुशल कलाकार वात्सल्य रस की उन्हीं बातों को अभिव्यंजना में थोड़ा घुमा-फिराकर हास्य रस की सृष्टि भी करता है। उसमें दोनों रस घुलमिल जाते हैं ऐसी ही रचना मुकूकपूडि का 'बुड्गु' (बचुआ) है। नायक प्रधान इस कृति के दोनों भागों में वात्सल्य से हास्य अधिक उभरकर आया है। बच्चों के स्वभाव में एक अपूर्वता, विलक्षणता और विरोधाभास होता है जिस पर बल देकर लेखक हास्य उत्पन्न करने में पूर्ण सफल हुआ है। इस हास्य में परिस्थिति, स्वभाव, व्यवहार, शब्द-प्रयोग तथा वाक्य-संरचना सभी का सम्मिलित योगदान है। लेखक ने बचपन के साधारण सन्निवेशों और बातों को बुड्गु के व्यक्तित्व, स्वभाव और क्रियाकलापों के द्वारा रचना को आद्यंत हास्यात्मक बना देता है। उसकी तेजस्वी क्रियाशीलता में माता-पिता, परिवार के अन्य सदस्य तथा उससे सम्बद्ध समाज के अन्य पात्र भी सजीव रूप में सामने आते हैं। यह व्यक्ति की कहानी होती हुई भी पूरे परिवार की कथा हो जाती है तथा अन्य पात्र हास्य की सृष्टि में अपनी भूमिका निबाहते हैं।

बुड्गु के स्वभाव में अबोधपन, अनोखापन और नटखटपन का ऐसा मिश्रण है जो उसे साधारण बच्चों से अलग कर देता है। जन्म लेने पर वह भोला-भाला शिशु है, बढ़ते-बढ़ते वह दुनियादारी के ज्ञान-अज्ञान के अन्तर को न समझने वाला अनजान होकर जीवन के विविध सन्निवेशों और प्रसंगों में चकित रह जाता है, बढ़ती उम्र के साथ वह नटखट बन जाता है। उसी के शब्दों में उसका ज्ञान नाम बुड्गु है, उसकी दाढ़ी उसे 'पिड्गु' (गाज) कहती है तथा उसका वास्तविक लम्बा नाम दूसरा है जो उसके पिता ही जानते हैं। जब अबोध शैशव में माँ राधा उसे सोता समझकर आँगन में बिस्तर पर उसे छोड़कर घर के अन्दर चली जाती है तो वह 'ऊँगा ऊँगा' की तुतली बोली में अपना क्रोध प्रकट करता है। एक गुरैया आकर अपनी 'किच-किच' की भाषा में उसे समझा देता है कि 'मानव ऐसा ही होते हैं।' एक और गुरैये को ले आकर दोनों उसे अपने घोंसले में ले जाने को कहता है तो शिशु अपनी 'ऊँगा' भाषा में मान लेता

है। इतने में माँ घर से आँगन में वापस आकर बच्चे को आँखें खोलकर देख लेती है। प्यार से चूमकर उसे घर में ले जाती है तो वह किलकार उठता है और गुरैये की बात भूल जाता है। कथाकार नन्हे शिशु के वृत्तान्त से रचना आरम्भ कर बढ़ती उम्र के साथ कथा को आगे न ले जाकर बुड्डु के जीवन के विविध सन्निवेशों, भाव-विचारों और स्वभाव को अदल-बदलकर रोचक रूप में सँजोता जाता है। कहानी सुनाने वाला बालक बुड्डु है। कथाकार का लक्ष्य उसकी कहानी सुनाने का नहीं है, बल्कि उसकी प्रकृति और स्वभाव की अभिव्यंजना है।

नन्हे शैशव से आगे बढ़ते हैं तो बुड्डु अपने परिवार और पड़ोस-अड़ोस को देखकर उनके व्यवहार और भाषा या शब्दों के विभिन्न सन्दर्भों में अर्थ-परिवर्तन को समझ न सकने से चकित रह जाता है। वह सत्य-असत्य, मान-अपमान आदि का अन्तर समझ नहीं पाता, क्योंकि परिवार के बड़े लोग दूसरों के सामने एक बात करते हैं और उनके पीछे उलटी बात कहते हैं। बुड्डु को उसकी नटखट करतूतों पर डाँटकर क्रोध दिखाते हैं और तुरन्त उसके अबोध कार्यों पर प्रसन्न होकर चूम लेते हैं। उसका चाचा नये भाव (आइडियाज़), सलाह देने, सबक सिखाने के ऐसे नवीन शब्दों का प्रयोग करता है जो उसकी समझ में नहीं आते। लेकिन वह सन्दर्भ के अनुसार गलत-सही कुछ अर्थ कर लेता है। वास्तव में उसका व्यवहार हर प्रसंग में मनचाहा होता रहता है।

तीन साल पूरा होने पर तीसरी दशा में परिवार और संसार की बातें कुछ कुछ वह समझ पाता है और दूसरों को खिझाने एवं रुलाने का कार्यक्षेत्र बढ़ जाता है। अपने से छोटे बच्चों के सर पर थप्पड़ मारना, चाचा के प्रेमपत्रों को कॉलेज की और पड़ोस की लड़कियों को पहुँचकर बड़े लोगों को असमंजस में डालना, चाचा एवं उसके मित्रों की बात मानकर कुछ पैसे लेकर सीटी बजाकर या नाम से बुलाकर लड़कियों का ध्यान आकृष्ट करना, ऐसे कामों से कभी लड़कियों का गुस्सा या बच्चा समझकर उनका प्यार पाना; रास्ते में पता पूछने वाले लोगों को गलत सूचना देकर अपने ही घर भेजना—बुड्डु के ऐसे अनेक काम उसकी विलक्षण मानसिकता अन्यों से निराले स्वभाव अबोध ऊहापोह और कल्पनाएँ उसके विकासशील बुद्धि-कौशल एवं चतुराई आदि को प्रकट करते हैं। बाह्य संसार में ही नहीं, परिवार में भी उसके काम-काज परेशान करते हैं—माता-पिता, चाचा और दादी से बातें बनाकर कुछ पैसे वसूल करता है। उन्हें और बड़े होने पर चाचा की तरह बीड़ी पीने के लिए उनका संग्रह कर उनकी सुरक्षा के लिए दादी की बत्तियों की पेटी के नीचे छिपा लेता है। मोटी पड़ोसिन का मज़ाक उड़ाता है और बीड़ी चुपके से पीने की बात पत्नी से कहने की धमकी देकर पड़ोसिन के भीरुपति से पैसे वसूल करता है। इन सब से अचरज की बात पड़ोसी छोटी लड़की श्रीज्ञान प्रसूनांबा से (श्री शैलंकी देवी, शिवजी की पत्नी श्रीज्ञानप्रसूनांबा) पाँच वर्ष की उम्र में ही प्रेम और विवाह की बात कहकर उसका दुत्कार पाना है। यह क्या फ्रायड का काम

सिद्धान्त है या बड़े के प्रेम को देखकर चंचल बालक-मन का प्रकाशन है। पुस्तक के दोनों भागों में ऐसे अनेक प्रसंग और सन्निवेश है। सबसे आह्लादकारी प्रसंग बुड्‌गु के माँ-बाप के क्षण-क्षण बदलते बनावटी क्रोध और प्रेम को देखकर उसका आश्चर्य तथा गुस्से में भी उसके प्रति माता-पिता एवं दादी की प्रेम की अभिव्यक्ति है। बुड्‌गु के व्यवहार से परेशान होकर उसके माता-पिता एक प्राइवेट मास्टर रखकर उसे अनुशासन करना तथा पढ़ाना-सिखाना चाहते हैं। वह खुद टीचर को ऐसा सबक सिखाता है कि कोई एक हफ्ता भी काम कर नहीं पाता और नौकरी छोड़कर भाग जाता है। तंग आकर माँ-बाप उसे स्कूल भेजना चाहते हैं तो अध्यापक हाथ जोड़कर कहता है कि उसकी समस्याएँ बढ़ जाती ही हैं, बाकी बच्चों की पढ़ाई में बाधा पड़ती है। बुड्‌गु का व्यक्तित्व और स्वभाव ऐसा है कि सब उससे भयभीत होकर सावधान रहना चाहते हैं। वह कोई लड़ाकू और आवारा नहीं है, उसकी तेजस्विता ही ऐसी प्रभावशाली है। लेखक प्रसंगों को वाक्य-संरचना में ऐस घुमा-फिराकर प्रस्तुत करने में सफल हुआ है कि हास्य एक ऊँचे धरातल पर पहुँच जाता है। पाठक के मन में एक मधुर झंकार गूँज उठता है। इस मधुर संगीत में दो अपस्वर भी सुनाई पड़ते हैं—एक दादी के सौ रुपये का नोट खो जाने पर जासूस के अन्वेषण का वृत्तान्त है और दूसरा चुनाव लड़ने वालों के कोलाहल की कथा है। दोनों में बुड्‌गु की भूमिका कम है। ये समसामयिक साहित्यिक और राजनीतिक गतिविधि पर व्यंग्य हो सकते हैं, लेकिन उनमें जो हास्य है वह भद्दा है और हास्यास्पद लगता है।

बुड्‌गु पात्र के द्वारा हास्य की सृष्टि लेखक की कारयित्री प्रतिभा का द्योतक है तो वह हास्य बाल्यावस्था के सहज मनोभावों पर आधारित है। एक ओर बुड्‌गु का स्वभाव साधारण बालकों का-सा स्वाभाविक लगता है तो दूसरी ओर उसकी मानसिकता में अबोधपन और बुद्धिमत्ता से युक्त अनोखापन भी दिखाई देता है। शैशव से विकासशील तेजस्वी बालक के मन और जीवन की यह गतिशीलता मनोविनोद और हास्य का कारण बनता है। बुड्‌गु के बचपन के जीवन का विश्लेषण करते हैं तो मानसिक हर्षोल्लास करने वाली उसके एक भाव की अनेक विशेषताओं को देख सकते हैं जिनमें कुछ प्रमुख की ओर संकेत करते हैं। (अ) वह शरारती है जिस पर लोग क्रुद्ध होते हैं तो दूसरे ही क्षण उसके बचपने पर हँस लेते हैं। उसके स्पष्टीकरण और शिकायतों को बड़े लोग हल के रूप में लेकर टाल देते हैं। (आ) उसके बचपन की अभिलाषा टाँगा और रेल-इंजन तेज़ चलाना है जो मन की तीव्र गतिशीलता और विकासोन्मुखता के द्योतक हैं। (इ) वह निर्भीक होकर सबके सामने सत्य बोलता है—गंजे की टोपी निकालकर रहस्य खोल देता है तथा अपने पिता के कार्यालय में जाकर मैनेजर से कहता है कि सब कर्मचारी उसके पीछे उसे यम कहते हैं। (ई) उसके चेष्टा-व्यापार उसकी सूझ-बूझ को प्रकट करते हैं। बच्चा रोता है तो उसे बन्द करने के लिए मुँह को हाथ से ढँक देना चाहिए, माँ-बाप

उसकी दोनों ओर बैठकर और जोर से चिल्लाना चाहिए या सर पर थप्पड़ मारना चाहिए। बच्चे को स्कूल जाने से बचा लेने के लिए कुर्ता उतार कर धूप में खड़े होकर दाढ़ी से कहना है कि बुखार आ गया है, पेट में दर्द की शिकायत करनी है या सरदर्द का बहाना बनाना है रोज स्नान करने से बच्चे अपने को बचा सकते हैं; आइस फ्रूट कैसे खरीद सकते हैं जिससे माँ-बाप मना न कर पावें, दो-चार पैसे कैसे हर दिन बड़े लोगों से पाकर सबकी आँखों से बचाकर कहाँ छिपा सकते हैं आदि अनेक उपाय बुडुगु जानता है और अपनी उम्र के लोगों को सलाह दे सकता है। (उ) बुडुगु का अबोधपन भी कम आकर्षक नहीं है। माँ-बाप दिन भर उसके कामों पर डाँटते हैं और रात को सोते समय प्यार से चूम लेते हैं। वह एक दिन आँखें बन्द करके आईने में देखने का प्रयत्न करता है कि वह सोते समय कितना आकर्षक और प्यारा लगता है जिस चेष्टा पर माँ राधा हँस पड़ती है। बुडुगु को ऐसा लगता है कि उत्तका शोर मचाना ही बड़े लोगों को पसन्द है। शोर करने पर डाँटने वाले वे उसके चुपचाप और शान्त हो जाने पर आशंकित हो जाते हैं कि कहीं नजर तो नहीं लग गयी है। (ऊ) उसके स्वभाव की मूलभूत चेतना प्रेम की कोमलता है। परिवार के सब लोगों से, विशेषतः माँ के लाड़-प्यार से वह खिल उठता है। बचपन की साथी श्रीमान प्रसूनांबा के साथ स्नेह-प्यार में उसका मन विलक्षण रूप से स्पंदित होता है।

कुछ समीक्षकों की गलतफ़हमी है कि मुकूकपूडि शब्द-क्रीडा के द्वारा हास्य उत्पन्न करते हैं। लेकिन यह शब्द-क्रीडा; परिस्थिति, प्रसंग और स्वभाव को मूर्त्त करने में सहयोगी होकर हास्य की अनुभूति देती है। 'दीपावली के प्रसंग' को लेते हैं तो परिवार के सब लोग एक दूसरे को डाँट-डपटकर ऐसा शोरगुल मचाते हैं कि पटा के जलाकर दूसरी दीपावली मना रहे हैं। बुडुगु को व्यंग्य और क्रोध की इन बातों को सुनकर ऐसा लगता है कि प्राइवेट मास्टर प्राइवेट (एकान्त) में डाँट रहा है। 'प्राइवेट' में पढ़ाने, सबक सिखाने और क्रुद्ध होने के शब्द को लेकर लेखक ने एक हास्यात्मक सन्निवेश प्रस्तुत किया है जिसमें पड़ोस के लोग भी दीपावली का मज़ा लेते हैं।

'बुडुगु' के सभी हास्यात्मक प्रसंगों और उस बचुए के स्वभाव के विरोधी तत्त्वों से उत्पन्न हर्ष एवं आनन्द का उल्लेख इस संक्षिप्त रूपरेखा में उल्लेख करना सम्भव नहीं है। इस शुद्ध हास्य में व्यंग्य, हास्यास्पद, पैरोडी, चुभन आदि के लिए कोई स्थान नहीं है। बुडुगु आधुनिक तेलुगु साहित्य के अविस्मरणीय सजीव पात्र-सृष्टि में एक है।

ऋणानंद लहरी : तेलुगु में 'अप्पु' कर्ज लेना और 'बाकी' दूसरों को देय कर्ज है। अप्पाराव कर्ज लेने में उस्ताद है। कभी चुकाता है तो दूसरों जे ज्यादा कर्ज लेकर अपने लिए कुछ बचा लेता है। उसका विश्वास है कि ऋण ही संसार को चलाने वाली धुरी है। प्रेम के या अन्य किसी उलझन में सलाह देकर काम चलाना उसकी जीविका है। कर्ज लेने और न चुकाने में उसके बुद्धि-कौशल और अनन्त उपायों की ओर अनेक संकेत

लेखक की कहानियों में मिलते हैं। उसका वास्तविक नाम तुकाराम है। लेकिन 'अप्पु' या कर्ज लेने में उसके उत्साह, निपुणता और सफलता को देखकर मित्रों ने उसे अप्पाराव कहकर नया नामकरण किया है और लोग उसके वास्तविक नाम भूल गये हैं। वह अपने मित्र गुरुनाथ से कर्ज लेने मित्र के गाँव आया है और उसके सिलसिले में 'काशी-मंजिल-कथाओं' की तरह या पंचतंत्र एक कहानी से दूसरी कहानी निकलती जाती है। यह केवल टेकनिक का प्रश्न नहीं है; हर कहानी ऋण सम्बन्धी जीवन के सत्य का उद्घाटन करती है। कहानी में हास्य और सत्य एक दूसरे से इस तरह घुलमिल गये हैं कि एक-एक कहानी के साथ आनन्द की एक लहर उठती है। इसलिए यह पुस्तक 'ऋणानंद लहरी' है। इस ग्रन्थ का नामान्तर 'अप्पुकवीय' है। अप्पकवि ने पहले 'अप्प कबीयं' नाम से प्राचीन काव्यभाषा और आलंकारिक रचना-विधान का निर्देश करते हुए इस सिद्धान्त-ग्रथ का प्रणयन किया था। 'अप्प' को 'अप्पु' बनाते हुए लेखक ने हास्य की सृष्टि ही नहीं की है, बल्कि अपने ग्रन्थ को 'अप्पु' या ऋण का सिद्धान्त ग्रन्थ बनाया है जिसमें कर्ज की हास-परिहास पूर्ण मजेदार कथाएँ हैं। रचना के आरम्भ में 'ऋणदा-शरथी के ऋणापयोनिधी' पद्य जोड़े गये हैं। तेलुगु का प्रसिद्ध भक्ति प्रधान शतक 'दाशरथीशतक' है जिसके हर पद्य के अन्त में 'मुकुट' आता है, 'दाशरथी करुणापयोनिधी'। हास्य सृष्टि के लिए शब्द भंग करते हुए लेखक ने उसका दूसरा रूप प्रस्तुत किया है जो कथ्य का द्योतक है– ऋण + द-शरथी + कऋणा पदोनिधी। उत्तर भारत में 'ऋ' का उच्चारण 'रि' की तरह होता है और दक्षिण भारत में 'रु' की तरह। इससे 'करुणा' में लेखक का अक्षर परिवर्तन सार्थक हो गया है। भागवतकार पोतना के प्रसिद्ध ईश्वर के विराट रूप का अनुकरण करते हुए ऋनेश्वर के स्तवन के साथ ग्रन्थ का शुभ आरम्भ होता है–किससे जन्म होता है ऋण का, किससे भ्रमण होता है लोक का, किसकी बुद्धि ऋणदा है, कौन हँसते ऋण देता है, जो न दे सकने की बात नहीं कहता, जो न दे सकने से बार-बार न घुमाता–उस ऋणात्मा से, ऋणेश्वर से मैं ऋण की प्रार्थना करता हूँ।" ऋण ही ऋग्वेद का सत्य है जिस का सत्य प्रतिपादन पुराणों में हुआ है। इसलिए पुराण रचना की तरह गद्य में "ऋण-तरुण-वंदन सहस्र-आचरण" करके ऋण-महिमा का गायन होता है। वरुण, सूर्य, मेघ, नदी, सागर, अगस्त्य सब ऋण के चक्रभ्रमण में फँसे हुए। लेखक ने सिद्ध किया है कि अनुकरण के द्वारा भी किस तरह हास्य उत्पन्न किया जा सकता।

'सुमतीशतककार' की लोकोक्तियों के समान दो प्रसिद्ध उक्तियाँ हैं–"चींटियों की बनाई बाँबियाँ साँपों का आवास बनती हैं (वास्तव में दीमकें बनाती हैं।) और "बलवान साँप भी बड़ी चींटियों से मारा जाता है।" चींटियों और साँपों में शत्रुता कहानियों की माला आरम्भ होती है। चीटियाँ बाँबी को अपना नया निवास बनाकर अपने स्थान में आते हुए नाग-दम्पति को धमकी देती हैं। बड़ी चींटी कहती हैं कि वे पूर्वजन्म का ऋण

चुका रहे हैं तथा जन्म-जन्मान्तर में ऋणग्रस्त होने और चुकाने के प्रयत्नों की कहानियाँ सुनाने लगती है। नागिन नागलक्ष्मी की ओर देखकर मन्दहास करते हुए नागपति सुब्बना मनुष्य के बीच रहते हुए अपनी आँखों देखी-सुनी गुरुनाथ और अप्पाराव की ऋण सम्बन्धी गाथा सुनाने लगता है। इसी अप्पाराव ने अपना बुद्धि-कौशल दिखाकर गुरुनाथ की प्रेम कहानी को सुखान्त बनाया है। इसीलिए गुरुनाथ के पिता, गम्भीर व्यक्तित्व और व्यवहार-दक्ष, मित्र को ऋण देने के पहले उसके परिणामों पर विचार करने की सलाह देते हैं तथा ऋण के लेन-देन के मर्म को समझाने की अनेक कथाएँ सुनाते हैं इससे गुरुनाथ दुविधा में पड़ जाता है। ऋण की ये कहानियाँ मनुष्यों के व्यक्तित्व, स्वभाव, चरित्र और आचरण तथा ऋण के लेने-देने के सन्दर्भों में उनमें होने वाले परिवर्तनों का दर्पण है। ऋण के माध्यम से मानव-स्वभाव की पूरी कहानी प्रस्तुत हो जाती है और हास्यात्मक रूप, उस कथ्य को संवेद्य एवं आनन्दात्मक बना देता है। प्रश्न उठता है कि ये हास्यप्रधान कहानियाँ हैं या जीवन के गम्भीर व्याख्यात्मक? इस प्रश्न उठने में हास्य की गहराई का पता चलता है और साथ ही लेखक की सफलता का। पिता की कहानियाँ और ऋण का आख्यान सुनकर गुरुनाथ असमंजस में पड़ जाता है। कहानियों की चरमसीमा तक होती है जब गुरुनाथ का पिता अपने पुत्र के मित्र अप्पाराव से शिव-मन्दिर के पास जाते हैं और उन्हें पता चलता है कि यह वही व्यक्ति है जिसने पहले सुब्बाराव नाम से उनसे ऋण लिया है। यह ऋण लेने वाले अप्पाराव की माया, महिमा और महानता है। ऋण का रहस्य है कि कौन, किससे, कब, कितना लिया है। चरमसीमा के बाद रचना का अन्त होना चाहिए। अप्पाराव, गुरुनाथ और उसके पिता का ऋण के लेन-देन का व्यापार एक हाथ से दूसरे हाथ में बदल जाता है और अप्पाराव नाथ ऋण लेना आरम्भ करता है। चींटियों और नाग-दम्पति की बात पूछते हैं तो आसमान में गीध की छाया पड़ने से दोनों एक दूसरे में बदल जाते हैं और फिर ऋण के रूप में आवास देने की बात चलने लगती है। सूर्य भ्रमण के साथ "ऋण-भ्रमण 'दाऋण' रूप में चालू हो गया है।"

ऋणानन्द लहरी की कथाओं में कथ्य ऋण-सिद्धान्त और क्रमशः एक दूसरे से अनुस्यूत होकर समष्टि रूप में प्रभाव को बढ़ाते हैं। कथ्य में ऋण लेने वाले और देने वाले पात्रों का वैविध्यपूर्ण मानव-स्वभाव का निरूपण ऋण सम्बन्धी सैद्धान्तिक चिन्तन के अनुरूप होता है और उस चिन्तन में हास्य सजीव होता है। कथ्य के विस्तार को छोड़कर ऋण-सिद्धान्त और हास्य के सम्मिलित रूप से कुछ उदाहरण प्रस्तुत करेंगे। "सूर्य समुद्र से ऋण (अप्पु-जल) ले रहा है। उससे भूमि ऋण ले रहा है। उसे समुद्र खींच ले जा रहा है फिर ऊपर वाले को ऋण दे रहा है।" युद्ध आप (जल) या 'अप्पु' (ऋण) मूलकथा है। आप महापवित्र पंचभूतों में एक हैं।" आपके देवता वरुण पर ऋक् लिखे गये हैं। "सारा संसार इस तरह लेन-देन पर ही चल रहा है। माँगने पर ही देना,

देने पर ही लेना, लेने पर ही फिर देना इन-तीनों के बीच जीवन 'बोर' (ऊब) हो जाएगा।" "ऋण देने वाले को चुनने में, चुने हुए को लालच में डालकर पकड़ने में, पकड़े हुए को अपनी ओर आकृष्ट कर लेने में, बाद को उससे ऋण उगलाने में (वास्तव में तब तक उससे मिलने वाला कर्ज तुम्हारा प्राप्य 'बाकी' हो जाएगा।) और वह फिर न देकर रद्द करा लेने में" ऋण-ग्रहीता ही महानता है। वास्तव में वह शक्ति "माँगने वाले की तेजस्विता में होती है।" देखिए, बात ही बात कह रहा हूँ। आप एक कराह (चार रुपयों का सिक्का) दीजिए...आप और एक दीजिए...सेठ जी आप एक हस्त (पाँच) की कृपा कीजिए...इस तरह उन्हें मालूम होने के पहले कि वे क्या कह रहे हैं, आठ कमर की गाँठ में डालकर झूठमूठ बातें और चार कहकर आपके व राह चार दिनों में भिजवा दूँगा कहकर चला जाना चाहिए। ऋण स्नेह और बन्धुत्व तो समाप्त कर देता है—"बाप रे भाई! कैसी बात कही है! प्राण माँगो। बस, उसे (ऋण) छोड़..." वर परीक्षा में एक कहता है, भीख माँगकर ही पत्नी को खिलाऊँगा तो दूसरा कहता है कि ऋण लेकर खिलाऊँगा। और कोई नहीं देगा तो तुम दादी देगी ही। इस बुद्धि कौशल और ऊहापोह से दूसरा सफल हो गया है। और कोई "तुम्हें ऋण माँगना है तो मत सोचो कि उसका उद्धार कर रहे हो। इतने साधारण लोगों में ऋण देने का चान्स, अवकाश और भाग्य तुम्हें ही देने के लिए, तुम्हें ही चुनकर, तुम्हारा पता लगाकर तुम्हें ढूँढ़ता आया महोदय समझो।" "ऋण पैदा करने की योग्यता और चालूपन ये ही दोनों किसी की महानता की कसौटियाँ हैं।" "किसी तरह भूख दूर करने या अपने गौरव की रक्षा को छोड़कर सिनेमा टिकट, सिगरेट, घोड़ों के 'रेस', ताश आदि के लिए ऋण माँगना सामान्य बात है। ऐसे कामों के लिए ऋण मिलने के चान्स सौ प्रतिशत होते हैं। न दे सकने वाला पश्चात्ताप में अग्निप्रवेश कर आत्महत्या कर लेगा। दे सकने वाला आनन्द से देगा।" जो मध्यस्थ होकर दूसरे को ऋण दिलाएगा, घर जाकर जोर-जोर से रो उठेगा क्योंकि अन्ततः उसे ही ऋण चुकाना पड़ेगा। लेखक ने ऋण के लेन-देन के सम्बन्ध में जो अनेक सूत्रों का कथात्मक प्रतिपादन किया है, उनमें से कुछ की ओर ही ऊपर संकेत किया है। मानव-स्वभाव के अनुसार ये सूत्र नये-नये रूप में बदलते जाते हैं।

ऋणानंद लहरी की कथाओं में ऋण के सन्दर्भों को छोड़कर मानव-जीवन और स्वभाव पर टीका-टिप्पणी में भी बीच-बीच हास्य झलकता है। दो-तीन उदाहरण लीजिए। बड़ी चींटी की लम्बी-चौड़ी बातें और असत्यों को सुनकर एक मादा ने कहा है कि क्या पिछले जन्म में मनुष्य के रूप में पैदा हुए हैं क्या? तुरन्त उत्तर मिला है कि मानव जन्म की क्या जरूरत है, तुम स्त्रियाँ काफी नहीं हैं क्या!" गुरुनाथ से अप्पाराव कहता है—'मेरे' जोक के सामने तुम्हारा जोक उलटी की तरह है। ठीक है, लेटकर सो जाओ। कल सबेरे अन्नपूर्णा से विवाह न होने के लिए एक 'ग्लाड सांग' (आनन्द गीत), भानुमती से विवाह कर सकने के नाम पर एक युगल-गीत और वास्तव में किसी एक से विवाह कर सकने

के लिए एक महान 'शॉक सांग' (दुख-गीत) गाते हुए सो जाओ। इस बीच गीत के मध्य में आर्केस्ट्रा बजते समय आनन्द के साथ तुम्हें मुझे चुकाने वाले बाकी पचास रुपयों के ऋण का स्मरण करते रहो। सभी प्रकार के दुख दूर हो जाएँगे।" छात्रावास में अध्ययन—फर्स्ट मार्क्स और मेडल चाहने वाले दुराशावादी, पढ़ने पर ही पास होने की बात सोचने वाले अबोध, इन क्लास की पुस्तकों में वास्तव में क्या लिखा है, एक बार देख लेने का कुतूहल रखने वाले, दो वेणियों की सीताओं के माँगने पर देने के लिए नोट्स तैयार रखने की इच्छा रखने वाले पुस्तकें उठाकर पढ़ रहे हैं। सामाजिक और राजनीति विषयों पर मुकुकपूडि का हास्य गम्भीर और अट्टहास तक ले जाने वाला होता है। जीवन के अन्य विषयों पर हास्य हास-परिहास और नोंक-झोंक तक सीमित है।

इन कहानियों के प्रधान पात्र अलग-अलग हैं। ऋण की बात को लेकर सब कहानियों को मिलाने वाला नायक अप्पाराव है। वह अपने मित्र गुरुनाथ से पाँच सौ रुपयों का ऋण लेने आया है। गुरुनाथ के पिता अपने पुत्र को ऋण के लेन-देन में उत्पन्न होने वाली परिस्थितियों और परिणामों को कथाओं के रूप में समझाते हैं। बीच-बीच में अप्पाराव के पहले के क्रियाकलापों की ओर संकेत होते रहते हैं। अप्पाराव की तूफानी दौड़-धूप के सम्बन्ध में गुरुनाथ अपने पिता से कहता है—"अप्पाराव ही स्वयं तुम्हारे सामने आकर माँगने की बात होती तो हम दोनों इस तरह तीन दिन देंगे या नहीं देंगे—इस तरह सोचने का समय ही नहीं होता। वह आँधी की तरह आकर उपस्थित हो माँगता है। उसके चले जाने के बाद तक तुम्हें पता ही नहीं चलता कि तुमने कुछ देर पहले उसे ऋण दिया है और इतना रक़म दिया है। गुरुनाथ की मुस्कराहट ने कहा है कि इसलिए उसके न आने के लिए आनन्दित होना चाहिए।" ऋण लेने में उस्ताद अप्पाराव की पूरक कहानी है 'तिमिंगिलगिल' विवाह करने लड़की को देखने जाकर अप्पाराव कन्यापक्ष के सब लोगों से ऋण लेता है तो कन्या सीता हँसकर कहती है कि विवाह का प्रस्ताव अस्वीकार कर चला जाएगा तो वह भी बीस रुपये ऋण देगी। मध्यस्थ सुब्बाराव पहले अप्पाराव से पाँच रुपये का ऋण लेने में सफल होकर इस क्षेत्र में उससे अपनी महानता सिद्ध करने में सफल होता है। यह अप्पाराव की पहली पराजय है। उसके बाद सुब्बाराव अपनी साली से अप्पाराव का विवाह निश्चित होने में सहायता देता है। तुकाराम उर्फ़ अप्पाराव कन्या वालों से दहेज पाँच सौ में पचास अग्रिम लेता है तो सुब्बाराव उसमें से आधा ऋण लेता है। समुद्र में तिमिंगिल को भी निगल जाने वाला तिमिंगिलगिल होता है और वह है सुब्बाराव!

6. राजनीतिक हास्य : राजकीय बेताल पंचविंशतिक : परम्परागत बेताल की कहानियों में विक्रमादित्य रोमांच के वातावरण में साहस के साथ बेताल की जटिल कहानियाँ सुनकर उसके प्रश्नों का उत्तर देते हुए जीवन के रहस्य का उद्घाटन करता है। इस ढाँचे पर लिखी गयी इन कथाओं में रोमांचकारी साहस और जटिलता के विविध

पहलुओं की कमी नहीं है। आजकल की राजनीति कं दाँव-पेंच में इन गुण-धर्मों की कमी नहीं है। सुब्बराजू चुनाव में चौधरी की सहायता माँगने के लिए रेड्डी जी के पास पहुँचते हैं। रेड्डी जी राजनीति की कहानियाँ सुनाकर सुब्बराजू से उनमें अन्तर्निहित सूक्ष्म राजनीतिक धर्म पर बेताल की तरह प्रश्न पूछते हैं और उनके उत्तरों से सन्तुष्ट होकर उनकी सामर्थ्य एवं निपुणता को देखते हुए स्वयं चुनाव लड़ने को प्रोत्साहित करते हैं। अन्त में रेड्डी के द्वारा आजकल की राजनीति और उसमें सफलता पाने के लिए आवश्यक योग्यता की बातें सुनकर सुब्बराजू उनके मन की बात को समझकर रेड्डी जी को ही चुनाव का उम्मीदवार बनाते हैं। चौधरी, सुब्बराजू और रेड्डी को लेकर चलने वाली कहानी का समष्टि रूप स्वयं हास्य की एक हलकी रेखा पैदा करता है। अलग प्रत्येक कहानी में राजनीतिक एक विशेष धर्म या नीति को निष्कर्ष रूप में प्रतिपादित करते हुए भी लेखक पूरी कहानी के वाद-विवाद या विकास-परिणाम को मनोरंजक रूप में प्रस्तुत करता है।

इसमें कोई सन्देह नहीं है कि लेखक ने इन पच्चीस कहानियों में अपने समय (1962) की राजनीति के सभी मुख्य पहलुओं की ओर ध्यान आकृष्ट करने का प्रयत्न किया है। उस प्रयत्न में कुछ अतिशयोक्ति, असंगति, ऑब्सर्डिटी (हास्यास्पदता) और पज़क अवश्य है। लेकिन कहानियों का प्रतिपाद्य अपने मूल रूप में या निष्कर्ष अथवा सिद्धान्त की दृष्टि से जीवन की राजनीतिक यथार्थता से दूर नहीं है। राजनीतिक कहानियों की कटुता से बचने के लिए लेखक ने राजनीतिज्ञों के नाम नहीं लिए हैं और पार्टियों के नामों का उल्लेख भी एक-दो स्थानों पर ही हुआ है। राजनीति की आधार-भूमि सामाजिक जीवन की यथार्थता है। उसमें सुधार, परिवर्तन और क्रान्ति के साथ शोषित वर्गों के उद्धार के वादे ही राजनीति और चुनाव के लक्ष्य हैं। लेखक ने राजनीति के सामाजिक पहलू को भूला नहीं है। जिससे कहानियों में राग-रंग की सजीवता और मज़ा आ जाता है।

कहानियों के कथ्य में ही नहीं, अन्तिम प्रश्न के उत्तर या निष्कर्ष में भी राजनीति के साथ हल्का-सा हास्य मिला हुआ दिखाई देता है। कुछ उदाहरण प्रस्तुत हैं। "चुनाव में लाख बातें कहते हैं। जो कहा है, वह सब करना बेवकूफी है। कोई काम किये बिना अपने पद पर स्थिर रहना समर्थ का लक्षण है।" (असमर्थ की कथा) "उन दोनों पार्टियों में नामों को छोड़कर कोई बड़ा भेद नहीं रहता। वे एक पार्टी में दो ग्रुपों की तरह है। एक 'क' है तो दूसरा 'ख'। दोनों में अच्छे-बुरे दोनों तरह के होते हैं।" (मतदाता के हँसने का कारण) "जिस सभा में जाओ, बोलने की बातें वे ही चार असत्य होने पर भी, यह सोचकर कि पहले की सभा के लोग यहाँ उपस्थित नहीं रहेंगे, ग्रामफोन के प्लेट की तरह मत दुहराओ। इधर का उधर और उधर का इधर बदलते रहना चाहिए।" (एक ज़माने में एक मछली—एक लोककथा का आरम्भ) "राजनीति इसे कहते हैं—देश से

प्रदेश, प्रदेश से गाँव, गाँव से 'वार्ड', वार्ड से पार्टी, पार्टी से ग्रुप, ग्रुप से नेता, नेता से उसका पूँजीदार तथा उससे 'मैं' प्रधान हूँ।" (गाँव और वार्ड) "सारी राजनीति एक मायामय कोलाहल है। पद्मव्यूह कहते हैं न, वैसा है। उसमें जाते हैं तो वैसे ही जाते रहना है। उसमें गिड़गिड़ाते हुए तब देश की क्या सेवा करनी है।" (उपसंहार) राजनीति की बेईमानदारी, अनैतिकता और भ्रष्टाचारिता के विविध रूपों को लेखक ने विनोदात्मक कथा-रूप दिया है।

व्यक्ति (पात्र) के व्यक्तित्व, स्वभाव और चरित्र के अनुसार उसकी राजनीति होती है तो उस राजनीति में हास्य भी उन्हीं पर निर्भर करता है। दो-चार कहानियों को बाकी सब में राजनीति और हास्य एक दिशा और लक्ष्य की ओर उन्मुख जटिलता रहित और स्पष्ट हैं। कहानियों के सूत्रधार सुब्बराजू और रेड्डी जी की राजनीति और हास्य में गम्भीरता और गहनता है। चौधरी तो इन दोनों की राजनीतिक क्रीडा के साधन, परदे के पीछे का पात्र है। सुब्बराजू मौन, सीधे और गम्भीर स्वभाव के कर्मवीर हैं जो किसी की बात बुरा लगने पर उसका हाथ-पैर तोड़ देता है। उसकी शिक्षा-दीक्षा की बात कोई नहीं जानता, पर उसमें जीवन में सफलता पाने के लिए आवश्यक बुद्धिमत्ता, विवेक, व्यवहार-कुशलता (कॉमन सेन्स) और विश्लेषणात्मक शक्ति है। ये बातें राजनीति और उसके रहस्यों को समझने में नया कहानियों के राजनीतिक मर्म को समझने में सहायक होती हैं। दूसरी ओर जीवन और राजनीति के ज्ञाता के रूप में उसका हास्य मन्दहास तक ही खिल पाता है। रेड्डी जी ऊपर के चारों विशेषणों में सुब्बराजू से कम सिद्धहस्त विशेष्य नहीं है। साथ ही बात को गुप्त रखने, उसे दूसरे के मुँह से कहलाने और उस पर दूसरों की प्रशंसा करने वाले जाटिल व्यक्तित्व के हैं। इस प्रक्रिया में उनका आरम्भिक मुस्कराहट कथाओं के सन्दर्भ के अनुसार ज़ोरदार होते हुए अन्ततः कहकहे लगाने वाले अट्टहास के रूप में परिणत हो जाती है। राजनीति की पहेलियों को सामने रखकर उनको बुझाने के लिए सुब्बराजू से कहने वाले, उत्तर सही होने पर भी बीच-बीच में सावधान रहने के लिए कहने वाले अन्ततः चुनाव के लिए सुब्बराजू द्वारा अपने नाम का प्रस्ताव करानेवाले रेड्डी जी राजनीति-निपुण हैं ही, सारे राजनीतिकों को हँसी-मजाक से परिवेष्टित करने में दक्ष भी हैं। वे राजनीतिक आवश्यकता के अनुसार मन्दहास से अट्टहास तक करने में समर्थ हैं। यह तो हुई पात्रों की हास्यानुभूति। पाठक मानव-जीवन, उसे ग्रस डालने वाली आजकल की राजनीति तथा उनकी भूमिका में भाग लेने वाले पात्र-व्यक्तियों के स्वभाव, भाव-विचारों और क्रियाकलापों को देखकर उनके हास-परिहासात्मक रूप से उल्लास से ही नहीं भर जाता, बल्कि आश्चर्यचकित एवं दंग भी रह जाता है।

राजनीति जितनी टेढ़ी-मेढ़ी होती है और उसमें जितने प्रकार के घुमाव-फिराव होते हैं, उनसे उतने ही रंग-ढंग का मानसिक उल्लास और हास्य की गुंजाइश होती है। ये

अनगिनत हैं। राजनीति का हास्य, चमत्कार, विनोद, मज़ाक करना, हँसी उड़ाना आदि अनेक रूपों में होता है और लेखक ने प्रसंग के अनुसार सभी का प्रयोग किया है। उपहास, विरोधाभास, हास्यास्पद, रसाभास आदि हास्य के अनेक साधन हैं तथा सभी का लक्ष्य मनोरंजन, मन को रमाना या उसे प्रफुल्ल एवं आनन्द बनाना है। लक्ष्य को सिद्ध क़रने वाले तीन-चार उदाहरण देकर उनके प्रकार एवं प्रकृति पर विचार-विमर्श सहृदय पाठकों पर छोड़ देंगे। राजनीति में "सत्य-असत्य दोनों को असत्य घोषित करना, अच्छे-बुरे दोनों को बुरा मानना दायें-बायें को दायाँ कहना, सब में जरा इधर-उधर जाना, एक जरूरत को ही स्त्री की चाल-चलन की तरह चलाना, जो देखा है अनदेखा की तरह व्यवहार करना रिवाज हो गया है।" (असमर्थ की कथा)। " 'चोर के खेल' में चतुराई जानना ही प्रजातन्त्र का तात्पर्य मानने की प्रतिष्ठा हो गयी है।" (मतदाता हँसने का कारण) "जिस तरह देश में अंडा शाकाहार के स्तर पर, पूजा के दिन कॉफी पीना औषध के पद पर उन्नति कर गये हैं, उसी तरह रिश्वत जैसे सभी अनैतिक कार्य नैतिक कामों की सूची में ऊँचे स्थान पर पहुँच गये हैं।" (राजनीति की कथा) रोमांस या सेक्स-अपील के बिना राजनीति अपूर्ण है। इसलिए एक दिन सुब्बराजू एक सुन्दर लड़की को रेड्डी जी के पास ले आये हैं—वह लड़की गोल, भरी गेंद के फूलों का रथ जैसी है। वह चुनाव के वग्दान के समान कोमल, आँखों में जाँचने वाली है। सुस्थिर सरकार की तरह धैर्य भरी है। होने वाले मन्त्री के मुख की तरह चमक रही है। रिश्वतखोर अधिकारी की तरह हरी है। विरोधी लोगों के प्रचार की तरह काले-भारी केशों से उसकी हल्दी की छाया और अधिक प्रमुख रूप में उज्ज्वल है।...सामान्य के सुख-सन्तोष की तरह उसकी पतली कमर अस्ति-नास्ति का सन्देह उत्पन्न कर रही है। आपादमस्तक लबालब उसके पहने हुए तरह-तरह के आचरण, सरकार के अलंकार कमेटियों और सबकमेटियों की तरह उज्ज्वल जगमगाते प्रजातन्त्र की कान्तियों के चारों ओर बिखेर रही हैं।" (विनायक व्रत की कथा) राजनीति और सौन्दर्य की अपील में कोई अन्तर ही नहीं रह गया है।

गम्भीर राजनीति और हास्य में विरोध है। लेकिन आजकल की राजनीतिक अनैतिकता और हास्य में विरोध नहीं पूर्ण संगति है। आधुनिक काल के साहित्यकारों राजनीति के क्षेत्र में भ्रष्टाचार पर तीखे व्यंग्य के साथ अनेक रचनाएँ की हैं जो लक्ष्य को तिलमिला देते हैं मुक्कपूडि की विशेषता और महानता इस बात में है कि इस राजनीतिक अनैतिकता का पूरा भंडाफोड़ करते हुए भी उसे हास्यास्पद रूप दिया है। इन राजनीतिक दाँव-पेंचों और हास्य के योग में कहीं कटुता नहीं, कोमलता है। एक-दो स्थानों पर कहीं व्यंग्य की ध्वनि है तो वह प्रभाव को तीव्र बनाने के लिए है। राजनीति में भी हँसी-मज़ाक का विषय रीति-नीति है, विशिष्ट पार्टी, नेता और उनके अनुयायी नहीं हैं। इस रूप में राजनीतिक हास्य, सब लोगों और वर्गों के लिए आस्वाद्य हो जाता है तथा भ्रष्टाचारिता की ओर ध्यान आकृष्ट करने में सफल भी।

8. विक्रमादित्य मार्क (ढंग) सिंहासन की कथाएँ : ये सिनेमा सम्बन्धी कहानियाँ पुरानी विक्रमादित्य की कहानियों की तरह निरन्तर प्रयत्न और प्रयास की अभिव्यंजक पुराने और नये को मिलाकर हास्य उत्पन्न करती हैं। राजनीति की कथाओं के समान इनमें हास्य के साथ हल्का-सा व्यंग्य का अन्तर्लीन पुट मिला हुआ है। राजनीति और सिनेमा दोनों से सम्बन्धित जीवन में वादीय रंगीन चश्मे से मुक्त यथातथ्य चित्रण तथा मानवीय सहज स्वभाव का अंकन करने में व्यंग्य-हास्य के साथ इस तरह मिल जाता है कि वह चुभने वाला और मन पर आघात करने वाला नहीं होता। सिनेमा-निर्माण में कथा, संवाद, गीत, रंगस्थल की साज-सज्जा, अभिनय, निदेशन, तकनीकी पहलू आदि बार-बार अदल-बदल कर, परिवर्तित होते हुए नये रूप लेने में हास-उपहास के पात्र हो जाते हैं। लेखक ने इन हास्यास्पद परिस्थितियों और सन्निवेशों को सजीव रूप दिया है। विक्रमादित्य के सिंहासन पर बैठने सीढ़ियों को चढ़ने वाले साहसी व्यक्तियों को साल भंजिकाएँ अपने प्रश्नों से वापस भेजती रहती हैं। सिनेमा को अन्तिम रूप मिलने तक अनेक प्रयत्न और विघ्न गम्भीरतारहित मनोरंजक एवं हास्यास्पद हो जाते हैं।

9. हास्य : रचना-विधान : मुक्कपूडि के रचना-विधान में कलात्मक अभिव्यंजना की वह गम्भीरता, जटिलता और गहराई नहीं है जो कला-सृष्टि के धर्म माने जाते हैं। इसके विपरीत उसमें एक हल्कापन है जो हास्य की आधारभूमि है। कला में यह हल्का दृष्टिकोण जीवन के गम्भीर विषयों को भी चलते ढंग से हल के रूप में लेता है या कभी-कभी गम्भीर को हल्का बना देता है। हास्य के लेखक के रूप में मुक्कपूडि की सफलता का यही कारण है। सभी प्रकार की रचनाओं जो टेकनिक या रचना-विधान अपनाया गया है, वह साहित्य की विधा के कलात्मक उत्कर्ष की दृष्टि से नहीं, उसे हल्का, उथला या पतला रूप देकर हास्य की सृष्टि में साधक या सहायक रूप दिया गया है। बच्चें का स्वभाव, यौवन एवं प्रेम, दाम्पत्य जीवन, नैतिक एवं सामाजिक आचरण की रीति-नीति तथा राजनीतिक व्यवहार में भ्रष्टाचारी निपुणता—रचना के ये कथ्य बाल्यावस्था की सरल कथाओं, आधुनिक कहानियों, उपन्यास, मौलिक ऋण की कथाओं, परम्परागत ढाँचों में नये रंग-ढंग की कथाओं और प्रसिद्ध पात्र गिरीश के भाषणों के रूप में प्रस्तुत किये गये हैं। ढाँचा नया हो, पुराना हो, कल्पित हो, अभीष्ट रूप में ढला हो, उसे ट्विस्ट (मरोड़) देकर ऐसा ढाला गया है कि वह कथ्य के अनुरूप ही नहीं, हास्य की सृष्टि करने वाला होता है। सब प्रकार की रचनाओं में नायक सच्चे अर्थ में हीरो नहीं है; एक-दो अपवादों को छोड़कर नायिका हीरोइन न होकर मौन एवं शान्त केन्द्र है; सामाजिक और राजनीतिक नेता नायक न होकर अहं से प्रेरित साधारण मानव हैं तथा विलन में दुष्टता के बदले स्वार्थ है। कभी-कभी माता-पिता, बन्धुजन और परिस्थितियाँ कुछ समय के लिए प्रेम या लक्ष्य के मार्ग में विलन की भूमिका निभाते हैं। सदा के लिए होने पर रचना हास्यात्मक होने के बदले ट्रैजडी हो जाती। प्रतिकूल

और अनुकूल परिस्थितियाँ, घटनाओं, सन्निवेशों और प्रसंगों में बाधक-साधक होकर कथ्य को आगे बढ़ाती, बदलती और भाव-परिवर्तन करती रचना के समष्टि रूप को अनुरंजनकारी और हास्यात्मक बनाती हैं। इस टेकनिक में विरोधाभास और असंगति का सहारा भी लिया गया है।

लेखक ने हास्य-सृष्टि के लिए टेकनिक के अन्तर्गत कुछ पुरानी-नई पद्धतियों को अपनाया है और उनमें आवश्यक परिवर्तन भी किया है जिनकी ओर पहले विविध रचना की चर्चा में संकेत भी किया गया है। ये पद्धतियाँ रचना या अभिव्यंजना के साधन मात्र न होकर हास्य उत्पन्न करने वाली तथा उसकी पुष्टि करने वाली भी हैं। वे इस प्रकार हैं—(अ) पंचतंत्र, तेलुगु की काशी-मंजिल कहानियों की तरह एक कहानी के अन्त में उत्पन्न से दूसरी कहानी का आरम्भ कर कथाओं की माला गूँथने की पद्धति है। ऋणानंद लहरी की कथाओं के आरम्भ और अन्त में यह माला साँप-चींटी संवाद के तथा बीच में गुरुनाथ और उसके पिता की बातचीत के रूप में संयोजित हैं। यह योजना स्वयं एक चमत्कार की अनुभूति देती है। (आ) दो-तीन कथाओं में सिद्ध सम्प्रदाय के अनुसार किसी अद्भुत घटना के रहस्य की जानकारी के लिए शिष्ट के प्रश्न और मणिसिद्ध गुरु के द्वारा मणि के प्रभाव से उस वृत्तान्त के रहस्योद्घाटन की पद्धति है। (उदा. भूषण का वैराग्य) (इ) संवादात्मक एक नये रचना-विधान का प्रयोग 'राजकीय बेताल पंचविंशतिक' है जिसमें बेताल की कहानियों का प्रयोग केवल एक जटिल राजनीतिक प्रश्नोत्तर का रूप अपनाने के लिए किया गया है। रेड्डी जी कथाओं और प्रश्नों और सुब्बराजू के उत्तरों में राजनीति हास्यास्पद हो ही गयी है, दोनों कथाओं के सूत्रधारों के वार्तालाप में मानव-प्रकृति एवं स्वभाव के आधार पर कोमल-गम्भीर-मिरित हास्य की व्यंजना है। (ई) विक्रमादित्य के सिंहासन पर चढ़ने के लिए साल भंजिकाएँ तरह-तरह के प्रश्न कर पात्रता की परीक्षाएँ लेती थीं। इस पद्धति की कथाओं में लेखक ने मानव-जीवन की उन्नति के पथ पर अवरोधों का निरूपण किया है। साल भंजिकाएँ अवरोध के प्रतीक हैं। (उ) 'गिरीश' के भाषण कन्याशुल्क नाटक के प्रधान पात्र के स्वगतों के रूपान्तर हैं। उनमें एक बात से दूसरी बात पर जाना, विषय को ही बदल देना, परस्पर विरोधी बातें करना, उद्धरण, लोकोक्तियों के समान सामान्य आदि असम्बद्ध प्रलाप भी भाषण के रूप में सम्बद्ध हो जाते हैं। कथ्य ही नहीं, उसकी योजना भी हास्य का विषय हो जाती है। (ऊ) आधुनिक काल की आरम्भिक रचनाओं में लेखक रचना को बीच में रोककर 'हे पाठक महोदय' आदि कहता हुआ रचना के सन्दर्भ की व्याख्या करता था। 'हे नाथ' आदि परम्परागत रूढ़ प्रयोग भी होते थे। आजकल की रचना में हास्यास्पद ऐसे प्रयोगों से भी कहीं-कहीं लेखक ने लाभ उठाया है। इन सब पुरानी पद्धतियों का नया रूपात्मक प्रयोग चमत्कारी होकर हास्य की अनुभूति में योग देता है। यह पुरानी बोतल में नई शराब का आकर्षण है।

लेखक ने अपने रचना-विधान को हास्यात्मक घुमाव देने के लिए जीवन के अनेक स्रोतों से सामग्री जुटाई है। उन रमणीय, सांस्कृतिक और गम्भीर स्रोतों के साथ वचनवक्रता को मिलाकर अनौचित्य के दोष से रचना को बचाते हुए उल्लासकारी हास-परिहास की सृष्टि की गयी है। कुछ उदाहरण प्रस्तुत हैं। प्रकृति वर्णन : "जो जान नहीं पाते कि उस दृश्य को प्रशान्त कहना चाहिए, उनके लिए सारी प्रकृति प्रशान्त और प्रसन्न चल रही है। उन लोगों के मन में विचारों की तरह हवा शीतल और मन्द बह रही है।" (रिश्तेदार आये हैं) "कुछ घर के सामने गोबर का पानी छिंटकाती हुईं, संक्रान्ति की रंगोलियाँ सँवारती हुईं, रंगोली के समान सुन्दर और सजीव हँस रही हैं... यह सारा हलचल देखकर सचमुच सबेरा हुआ समझकर सूर्य उदित हुआ।" (दो लड़कियाँ और तीन लड़के) पौराणिक प्रसंग : "तपोभंग करने आयी हुई अप्सरा को देखकर सर्वज्ञ और साधु-मानस ऋषिपुंगव को हँसने के समान समवेदना एवं वैराग्य समान भागों में मिलाकर कोमल, दयार्द्र और व्यथापूर्वक हँसा है सुन्दर। वारिध बनाने के सन्दर्भ में गिलहरी की सहायता देखने वाले राम के मुख का स्मरण हो आया वीर्राजू को।" (दो लड़कियाँ और तीन लड़के) कलात्मक मुद्रा : "कुछ देर तक थिंकर्स लाइब्रेरी वालों के ट्रेड मार्क के व्यक्ति की पोज (मुद्रा) में ललाट पर मुट्ठी रखकर बैठा है। (क्रोध में गोपाल) हाथ में दर्द होने से ठीक बैठकर खिड़की में से बाहर देखकर–स्वच्छ मन्द हवा की गहरी साँस लेने पर उस पर सवार वीरभद्र उतर गया है।" (लहरी) साहित्य रामाराव खुंदर के लिए अपने प्रेम का त्याग करते हुए जो गम्भीर वचन कहता है उन्हें सुनकर "वीर्राजू ने मन में सोचा है कि यह शरत बाबू की कोई कहानी तेलुगु में पढ़कर आया है। नहीं तो ऐसे वाक्य (मुँह से) नहीं निकलते।" सिनेमा संवाद : रामाराव और सुन्दर का संवाद सुनकर वीर्राजू झुंझला उठते हैं कि "हे राम राम! ये दोनों उपन्यासों में से निकल निकल पड़कर सिनेमा (के शब्द प्रयोग में जैसे प्रक्षालन, निष्कृति आदि) में कूद पड़ने जा रहे हैं।" लोक रीति-नीति में परिवर्तन : यदि कथा-नायक मिट्टी में मिल जाता है और खलनायक दोनों आपस में समझौता कर सम्पन्न हो जाते हैं तो कथा सुखान्त नहीं होती। तब दादी की लोक कथा की तरह नहीं कह सकते कि "कथा दूर तक चलकर (सुखान्त) समाप्त हो गई है और हम घर जाएँगे–सो जाएँगे। (लोककथा का लोकोक्ति के समान प्रचलित अन्तिम वाक्य का भावानुवाद।) रामाराव ने कहा है–अमिट! जहाँ-कहीं कथा को टेढ़ा होना ही है–नहीं तो टेढ़ा करना ही है।" (तीनों उद्धरण–दो लड़कियाँ और तीन लड़के) इसी तरह परम्परागत अप्रस्तुतों, सिनेमा के प्रति मोह, सिनेमा-गीतों, फैशनों, तेलुगु-संस्कृत शब्दों को मिलाकर संरचना आदि पर टीका-टिप्पणी की गयी है। प्रेम सम्बन्धी ही नहीं, सामाजिक और राजनीतिक रचनाओं में भी प्रकृति, आचार-व्यवहार, नैतिक-अनैतिक कथनों, लोकोक्तियों तथा मुहावरेदार प्रयोगों को घुमा-फिराकर हास्य का साधक बनाया गया है।

हास्य रचना-विधान की समष्टि पर निर्भर करता है। इस लेख के आरम्भ में तथा वटीराव की कहानियों की समीक्षा में वह किन परिस्थितियों में, किन-किन तत्त्वों के आधार पर, कब और कैसे उत्पन्न होता है, उनकी ओर संकेत किया जा चुका है। उसे शब्दाश्रित और अर्थाश्रित रूपों में वर्गीकरण तथा वर्गीकरण पर तर्क-वितर्क व्यर्थ एवं सही नहीं है। कभी शब्द-प्रयोग और कभी अर्थ ग्रहण प्रधान-सा लगता है। लेकिन रचना-विधान में दोनों अविभाज्य हैं। (शब्दार्थौविव सम्पृक्तौ—कालिदास) दोनों मिलकर किसी भाव का स्फुरण करते हैं जिसकी अनुभूति में रचनागत भाव और पाठक का मानसिक योग होकर हास्य या अन्य प्रकार का भाव-संचार तथा आनन्द होता है। कुछ उदाहरणों के विश्लेषण से इन बातों का स्पष्टीकरण हो जाता है। (क) शब्द-प्रयोग एवं वाक्य-विन्यास की विलक्षणता और भाव-स्फुरण : सबेरे-सबेरे दाम्पत्य-जीवन की रसार्द्रता में बाधा देते हुए मूर्ति के आने पर "गोपाल को इस जी.वी. मूर्ति का अपना पूरा अच्छा नहीं लगा है। इसका मतलब यह नहीं है कि कुछ अच्छा लगा है।" यह कथन रस-विघ्न का स्फुरण करने की दृष्टि से है। आगे दोनों का संवाद शुष्क शब्दों में 'हाँ, क्या है?' और 'हूँ, और क्या है?' में चलने लगता है तो "राधा जोर से पड़ी है। बहुत अच्छा है, सब मिलाकर इस प्रभात के समय तुम दोनों के सम्वाद का अर्थ मुझे आसानी से समझ में आ गया है कि 'क्या है' कहने पर 'कुछ नहीं है'। (राधा का कजी) पूरे प्रसंग में शब्द-क्रीडा का लक्ष्य मधुर भाव-व्यंजक हास्यानुभूति है। रिश्तेदारों के आने पर गोपाल कहता है कि मैं मनुष्यों (के स्वभाव) को पढ़ लेता हूँ। राधा उत्तर देती है कि "हाँ हाँ! आप जुम्हाई लेने पर अँतड़ियों को गिन लेते हैं। (समझदार के अर्थ में लोकोक्ति) आप बहुत बड़े हैं।" यह अपने में वाणी का विदग्ध हास्य है ही, इस ताना देने की सार्थकता कहानी के अन्त में और सार्थक एवं मज़ेदार हो जाती है जब गोपाल का कथन असत्य सिद्ध हो जाता है। (रिश्तेदार आये हैं) 'मूँछों वाला राव' या 'राव मूँछों' का कहलाने वाले के वास्तविक नाम का पता गोपाल सहित उसके किसी मित्र को मालूम नहीं है। गोपाल के पिता के पूछने पर वह कहता है कि पता लगाकर शाम को बताऊँगा। तुरन्त मुँहतोड़ उत्तर मिला है कि "आ रे, तब तक क्यों है? आफीज़ से घुट्टी लेकर चबूतरे पर बैठूँगा। लिखकर दो, कंठस्थ करूँगा।" शाब्दिक विलक्षण प्रयोग के साथ लेखक वाक्-चातुर्य (WIT) का भी प्रयोग करते हैं। वे शब्द-क्रीडा (PUN) श्लेषार्थक प्रयोगों से शब्दों के हरे-फेर का घुमाव-फिराव में विलक्षणता और चमत्कार प्रदर्शित करते हुए नये भाव-स्फुरण में मन्दहास से लेकर मुक्त हास तक तरह-तरह अनुभूतियाँ कराते हैं। लेखक की प्रतिभा इस बात में है कि उनकी शब्द-क्रीडा किसी न किसी सन्निवेश से जुड़कर या उसमें फिट होकर हृदयस्पर्शी हास्य को खिला देता है।

(ख) अर्थगत भाव-व्यंजना : राधा की नाक का सौन्दर्य-वर्णन इस तरह किया गया है—"किसी एक छोटी लड़की का सारा सौन्दर्य एक ही एक बात में कह सकने योग्य

सौष्ठवपूर्ण है। वह पतला, लम्बा और नाज़ुक होकर संसार की ओर बेपरवाही की उपेक्षा एवं धीरता के साथ देखने वाली लम्बाई में स्वयं ब्रह्म से गढ़कर इस राधा के मुख में जड़ी है।" इस सौन्दर्य-भाव की प्रस्तुति में मन्दहास अपने आप फूट निकलता है। (लहरी) लेखक ने प्राकृतिक, सामाजिक, नैतिक, राजनीतिक—सभी प्रकार के वर्णन में कथ्य के साथ हास्य का पुट मिलाया है। संकेतों में भाव और हास्य का योग—गोपाल ने राधा की ओर सर घुमाकर देखा है। राधा ने गोपाल की ओर देखे बिना ही केवल हाथ पखारकर आने का संकेत करती उँगलियाँ हिलायी है। गोपाल ने सोचा है कि एक सुन्दर लड़की ने हाथ डुलाया है। राधा लड़की है और सुन्दर दीखती है। राधा ने हाथ हिलाकर बुलाया भी है।" वहाँ रसोई की भारी योजनाओं को देखकर गोपाल चीखने वाला ही है कि राधा ने उसका मुँह कर दिया है। पत्नी राधा को एक अज्ञात सुन्दर लड़की के रूप में वर्णन, उसका आह्वान और संकेतों की भाषा में पूरे सन्निवेश का वर्णन, रमणीयता में हास का विकास करता है। परस्पर विरोधी स्वभाव और भावों को लेकर सन्निवेश की प्रस्तुति—"राधा लापरवाही से हँसी। उस हँसी से यह अर्थ स्फुरित हुआ है कि इतने मात्र के लिए उन्हें चोर कहेंगे। गोपाल की आँखों ने कहा है कि इससे अधिक क्या होना है? (एक वृद्ध उसकी पुस्तकें छाँट रहा हैं, युवक उसके कपड़े पहन रहा है और लड़का खिलौने तोड़ रहा है।) राधा ने अर्द्धनिमीलित नेत्रों और नुकीली उपेक्षा भाव द्योतित करने वाली नाक को मिलाकर उनसे अभिव्यक्त किया है कि जाने दीजिए। आप सब के लिए ऐसा ही कहते हैं। उसमें कोई गलती दिखाई नहीं देती। इसमें डरने की कोई बात नहीं है। गोपाल के टेढ़े अधरों और उछलते बाँहों ने कहा है कि 'यदि कहने पर नहीं सुनते हैं तो उसका बुरा होते देख लो'।" (लोकोक्ति) (दोनों उद्धरण : रिश्तेदार आये हैं।) लेखक ने कई स्थानों पर संवाद को मौन संकेतों का रूप दिया है जिसमें सौन्दर्य और मन्दहास मिल जाते हैं। रिश्तेदारों के सम्बन्ध में राधा को विश्वास और गोपाल के अविश्वास से भावों में विरोधी स्वर विनोद या हास्य का हल का रूप धारण करता है। दाम्पत्य-जीवन के प्रसंगों में मर्यादा का पालन करना पड़ता है, इसलिए संकेतों का प्रयोग हुआ है। अन्य प्रकार के कथ्य के सन्निवेशों में संवादों के माध्यम से मुक्त हास्य का प्रकाशन हुआ है जिसकी ओर पहले संकेत किया गया है। अर्थगत भाव में हास्य-सृष्टि की अनन्त सम्भावनाएँ हैं, लेकिन उसके लिए उचित शब्द-चयन, प्रयोग और संरचना आवश्यक है।

मुक्कपूडि की कुछ रचनाओं, विशेषतः प्रेम और ऋण सम्बन्धी कृतियों में अपेक्षाकृत अधिक शब्द-क्रीडा है। लेकिन उसका लक्ष्य केवल चमत्कार की अनुभूति नहीं है। उसके द्वारा रचनागत हास्यास्पद एवं रसाभास की परिस्थितियों की पुष्टि होकर भाव-व्यंजना में हास्य कोमल-मृदुल होकर पाठकों के मन में मन्दहास या हास का अनुभव होता है। निष्कर्ष रूप में कह सकते हैं कि लेखक शब्दार्थों की समष्टि से अभिव्यक्त भाव में

घुमाव-फिराव के साथ हास्य की गर्जना में सफल हुआ है। गुरुनाथ के पिता अपने लड़के से कहते हैं कि "तुम्हारा मित्र अप्पाराव कल कर्ज देने आज चुका देने वाला है। अगर वह बात सच है तो आज फिर तुमसे कर्ज माँगने की क्या जरूरत है। गुरुनाथ चकित रह गया। अपने कौशल और सूक्ष्म बुद्धि पर वृद्ध पिता को हँसी जो बाहर निकलने वाली थी खाँसी में अनूदित हो गयी है।" (ऋणानंद लहरी) यह लेखक के हास्य का प्रतिनिधि उदाहरण ही नहीं है बल्कि इन वाक्यों में उसकी हास्य-सृष्टि की प्रक्रिया भी स्पष्ट हो जाती है। शब्दार्थों से भाव-व्यंजना में हेर-फेर के चमत्कार और अद्‌भुतपन की अनुभूति तथा हास्य-सर्जना में कला-कौशल और सूक्ष्म बुद्धि से काम लेने वाली प्रतिया द्योतित होती है। यही लेखक के रचना-विधान की विशिष्टता है।

(खेद है कि लेखक के व्यावहारिक भाषा-प्रयोग में निराली हास्य-सृष्टि का पूरा सफल अनुवाद नहीं कर सका हूँ।)

श्रीपाद सुब्रह्मण्य शास्त्रि कथलु
(श्रीपाद सुब्रह्मण्य शास्त्री की कहानियाँ)
(1891-1965)

1. प्रस्तावना : शास्त्री जी का जन्म पूर्व गोदावरी जिले के ऐसे वेदपाठी श्रोत्रिय ब्राह्मण परिवार में हुआ है जो संस्कृत को छोड़कर देशी भाषा तेलुगु का अध्ययन व्यर्थ मानता था। पिता और बड़े भाई के विरोध और ताड़न के बावजूद दृढ़ संकल्प और माता के समर्थन के साथ उन्होंने तेलुगु साहित्य के क्षेत्र में पैर रखा। सहज उनकी आरम्भिक रचनाओं में प्राचीन साहित्यिक परम्परा का ही निर्वाह होता आया है। परिवारिक विरोध ने उनके व्यक्तित्व के प्रौढ़ विकास में सहायक ही सिद्ध हुआ है। आरम्भिक रचना-काल में उनकी निर्धनता ने उन्हें निरुत्साहित करने के बदले उनमें दृढ़ संकल्प कार्यदीक्षा, उत्साह, स्वतन्त्रता, अस्पिता आदि भावों का विकास किया है जिनका प्रतिफलन उनके कथा-साहित्य में हुआ है। उनकी प्रतिभा, आत्मविश्वास और तेलुगुपन के सामने साहित्य-जगत नतमस्तक हुआ है। लेखक के अपने शब्दों में वैदिक विद्याओं को छोड़कर नये मार्ग पर पैर रखा है। असीम आन्मानन्द का अनुभव हो रहा है। क्यों कहते हैं तो तेलुगु भाषा में एक रचयिता होने के लिए। तेलुगु भाषा में—उस मधुराति-मधुर तेलुगु भाषा में, जिसे अपनी जाति के लोग हीनदृष्टि से देखने पर भी, उसके माधुर्य को पहचानकर उसकी शक्ति का अवगाहन कर पाश्चात्य भी मुक्तकंठ से यशोगान किया है, कलम पकड़कर उसमें चार पंक्तियाँ लिखने का भाग्य पाने के लिए—लोगों को आत्मगौरव सिखाने के लिए, सहनशीलता का विकास का विकास के लिए नये भावों का उन्मीलन करने के लिए, नई आशाओं की प्रेरणा के लिए, गत के सत्य का आविष्कार के लिए, भविष्य के नये मार्ग बनाने के लिए...यह मेरा कार्य है। "इस उद्धरण से दो बातें स्पष्ट हो जाती हैं—एक अपनी भाषा के प्रति प्रेम और दूसरा उनकी रचना का व्यापक लक्ष्य। इस लक्ष्य को भूलकर उनको संकीर्ण अर्थ में प्रगतिशील सिद्ध करने का प्रयत्न, उनके समाज-सुधार की सीमाओं की चर्चा या उनके आधुनिकताबोध की सीमाओं पर विचार, साहित्यकार और उसकी रचनाधर्मिता के साथ न्याय नहीं करता। दूसरी ओर तेलुगु भाषा के प्रति उनका प्रेम ने उनकी रचनात्मक प्रक्रिया का अंग बनकर उनकी भाषा-शैली को प्रज्वल बनाया है। शास्त्री जी संस्कृत और तेलुगु को

छोड़कर अंग्रेजी और अन्य भारतीय भाषाओं को न जानते थे और परिणामतः उनसे प्रभावित नहीं थे। उनके व्यक्तित्व और रचना में अन्य आधुनिक साहित्यकारों से भिन्न तेलुगुपन मूर्तिमान है।

शास्त्रीजी ने व्यावहारिक भाषा में रामायण-महाभारत का गद्यानुवाद किया है, नाटकों और उपन्यासों को रचा है, लेकिन साहित्य के क्षेत्र में उनकी प्रसिद्धि का कारण कहानियाँ तथा तीन भागों में 'अनुभव और स्मृतियाँ' (अनुभवालु ज्ञापकालु) दूसरा एक प्रकार की आत्मकथा है जिसमें अपने अनुभवों के सम्बद्ध रूप में समसामयिक सामाजिक एवं साहित्यिक गति का सजीव चित्र प्रस्तुत किया गया है।

शास्त्रीजी की कहानियों की विशिष्टता समझने के लिए उनके प्रेरकसूत्रों और परिस्थितियों के कुछ विशेष मुद्दों पर ध्यान देना आवश्यक है। (1) मानवीय संवेदना की एकता को स्वीकार करते हुए भी वे उसकी विभिन्न धाराओं में जातियों की अपनी अस्मिता, संस्कृति और संस्कारों के अस्तित्व पर बल देते हैं। इस दृष्टि से उनकी कहानियों में तेलुगु-जाति के सांस्कृतिक, सांस्कारिक और भाषिक अन्तर का प्रकाशन होता है। (2) वे पाश्चात्य कहानी-कला के टेकनिक से अपरिचित हैं और उसे उनकी कहानियों पर लागू नहीं किया जा सकता। भारत में कथा-साहित्य की लम्बी परम्परा है—लिखित और मौखिक या लोक-साहित्यिक। आधुनिक सन्दर्भ में उस परम्परा के चमत्कारी कथन, कुतूहलवर्धक रूप और विस्मयकारी विस्तार तथा आनन्ददायी समापन को शास्त्रीजी ने ग्रहण किया है। (3) रसात्मक भारतीय संस्कृत साहित्य के ज्ञाता तथा स्वयं नाटककार होने के नाते लेखक उस रस की मूल चेतना-भावोद्वेलन के बाद भाव की आनन्दात्मक परिणति को अपनाकर प्रत्यक्ष रस-निरूपण का प्रयत्न न करने पर भी पाठकों की अभिरुचि के अनुरूप भावानुभूति एवं आनन्दानुभूति देने में सफल हुए हैं। (4) शास्त्री जी का मूल रचनात्मक धरातल आदर्शवादी और उदात्त है जैसा कि 'धान के दाने' कथा से स्पष्ट होता है। यह भारतीय परम्परा का प्रभाव है। समाज-सुधारक कहानियों तथा नौकरी की सेवावृत्ति को छोड़कर जीविका के लिए किसी स्वतन्त्र व्यवसाय को अपनाने की और संकेत करने वाली कहानियों में भी आदर्शवादी व्यंजना है। विषादान्त कहानियों के मूल में भी वही भावना है। (5) समाज-सुधार की आवश्यकता को लेखक ने स्वयं अनुभव किया है जैसा कि मार्गदर्शी कहानी से स्पष्ट हो जाता है। बाल विधवा-जीवन की दयनीय स्थिति और पुनर्विवाह की आवश्यकता व्यक्त करने में शास्त्रीजी वीरेशलिंगम पंतुलु जी की मिशनरी स्पिरिट प्रभावित हुए हैं। जहाँ समाज़-सुधारक कार्य की सफलता पर ध्यान केन्द्रित करता है, साहित्यकार जीवन की यथार्थता का चित्र खींचकर कार्योन्मुखता को उस यथार्थ परिस्थिति के अनिवार्य परिणाम के रूप में संकेत करता है। इसीलिए शास्त्री जी की समाज-सुधार की कहानियों में सुधारक के प्रचार की गन्ध नहीं आती (6) शास्त्री जी ने ब्राह्मण अग्रहारों में—विशेषतः स्त्रियों के द्वारा—प्रयुक्त स्वच्छ व्यावहारिक भाषा के प्रयोगों को ही नहीं अपनाया है, अपितु उन

स्त्रियों की दयनीय वास्तविक स्थिति के बावजूद उनके मानसिक औन्नत्य को पहचानकर उनसे प्रेरित होकर प्रधान और गौण अनेक पात्रों की सृष्टि की है। जीवन से यह प्रत्यक्ष प्रेरणा और अनुभव की बात है जिसमें अच्छाई-बुराई का ताना-बाना बुना रहता। समाज में पीड़ा देने वालों के विरोध में पीड़ितों की स्थिति को केवल समाज-सुधार और मानवतावादी दृष्टि से ही देखना उचित नहीं है। उनमें जाति-रत्न की दीप्ति भी है। (9) अपने समय की धार्मिक परिस्थितियों से क्षुब्ध लेखक ने अपनी कहानियों में ब्राह्मणों के लोभ और अनैतिक व्यवहार की ओर ध्यान आकृष्ट किया है और कहीं-कहीं उस पर व्यंग्य भी किया है। (10) राजनीतिक आन्दोलनों में उनकी कोई रुचि दिखाई नहीं देती। शायद उस दाँव-पेंच में वे फँसना नहीं चाहते। जहाँ तक अधिकारियों दुर्व्यवहार और अहंकार का प्रश्न है, वह ऐतिहासिक सन्दर्भ में राज-व्यवस्था के अंग के रूप में प्रस्तुत किया गया है।

कहानी के सम्बन्ध में शास्त्री जी के अपने विचार हैं। पाश्चात्य कहानी-कला से अनभिज्ञ उन्होंने भारतीय चिन्तन और अपने अनुभव के आधार पर उन लक्षणों का प्रतिपादन किया है। आकार में छोटी होने पर भी उसकी आत्मा में अपार शक्तिमत्ता है, जैसे हाथी के सामने सिंह की तरह। गेटी कहानी मनुष्य के दीप जीवन में रसमय एक घटना को—एक जटिल अनुभूति को हृदयों पर मुद्रित करती है। इसकी रचना के लिए साहित्य काव्यापरक अध्ययन लोकवृत्त का सूक्ष्मातिसूक्ष्म अनुशीलन, जातीय-जीवन का जीवनसूत्र की पकड़, प्रतिभा, भाषा पर मास्टरी संस्कारिता आदि चाहिए। वह छोटी कहानी आँखों को आलोक देती है, बुद्धि को तेज़ करती है, मन को उल्लसित करती है, कल्पनाशक्ति को उत्तेजित करती है तथा आत्मा के माया के आवरण को हटाकर स्वस्वरूप का परिज्ञान देती है। कहानी के ये लक्षण और उसका प्रभाव-निरूपण भारतीय साहित्यिक परम्परा के अनुरूप हैं। स्वयं शास्त्री जी की कहानियों में उनका आभास मिल जाता है। लेखक का व्यक्तित्व और उनकी रचना का वैशिष्ट्य अन्य सभी कहानीकारों से अलग और निराला है।

शास्त्री जी के सामाजिक दृष्टिकोण के सम्बन्ध में मतभेद हो सकता है। उनके पहले गुरजाड अप्पाराव समाज-सुधार पर बल देते हुए भी मानवतावादी हैं। शास्त्री जी भी समाज-सुधार का समर्थन करने पर भी अन्ततः व्यक्तिवादी हैं। अभ्युदयवादी (प्रगतिवादी) समीक्षक पहले को अपनी विचारधारा के निकट मानकर अधिक महत्त्व देते हैं और दूसरे की सामाजिक चेतना की सीमाओं का उल्लेख करते हैं तो वह स्वाभाविक है। लेकिन गुरजाड़ा की मानवीय संवेदना में सामयिक साहित्यिक परिस्थितियों और समृद्ध रचना के अभाव के कारण गहराई और व्यापकता की अपनी सीमाएँ हैं। शास्त्री जी अपने विस्तृत कहानी साहित्य में समाज की वर्तमान स्थिति में सुधार का आग्रह करते हुए व्यक्ति के व्यक्तित्व की विशिष्टता को समाज के केन्द्र में रखा है। उनकी

कहानियों का आकर्षण भी परिस्थितियों से विवश व्यक्ति के संघर्ष के कारण है। कभी व्यक्ति जीवन में सफल होता है तो कभी-कभी असफल होकर भी अपनी आत्मोन्नति को व्यक्त करता है जैसे 'विमान चढ़ते हुए' और 'क्षत्रिय का शव सय लिए बिना नहीं जाता।' मार्क्सवादी दृष्टि में इन कहानियों के पात्रों का आत्मगौरव मध्ययुगीन बुर्जुआ संस्कार हो सकता है, पर भारतीय सामाजिक दृष्टि अभी आत्मा की उन्नति के मूल्य को स्वीकार करने वाला है। इस सन्दर्भ में लेखक के विचार भी द्रष्टव्य है—"हमारी सभ्यता की महोन्नत स्थिति के समय आज हम जिस स्थिति में हैं, पाश्चात्य उससे भी निकृष्ट स्थिति में थे।" ("मनुष्य के कारण व्यापार का) नैतिक पतन होता है, व्यापार करने के कारण मनुष्य नहीं गिरता है।" कला के उत्कर्ष के लिए कलाकार को वैयक्तिक चेतना और सामाजिक चेतना में सन्तुलन और सामंजस्य बनाये रखना चाहिए जो शास्त्री जी की रचना में दिखाई देता है।

शास्त्री जी के आधुनिकताबोध की जो सीमाएँ वे लेखक के दृष्टिकोण और समसामयिक परिस्थितियों के कारण हैं। वे भारत की प्राचीन स्वस्थ परम्पराओं के समर्थक पर मध्ययुग में और आधुनिक काल के आरम्भ में उनमें जो विकृतियाँ आ गयी हैं उनका तीव्र विरोध करते हुए समाज-सुधार का आग्रह करते हैं। उनकी दृष्टि प्राचीन परम्परा की ओर उन्मुख स्थितिशील न होकर आधुनिक सन्दर्भ में परम्परा के विकास एवं परिवर्तन पर बल देने वाली प्रगतिशील ही है। परम्पराओं को तोड़ने और मार्क्सवाद के समर्थन में ही प्रगतिशीलता है तो उस कसौटी पर वे खरे नहीं उतरते। उनका दृष्टिकोण आधुनिक समाजशास्त्रीय मनोवैज्ञानिक और वैज्ञानिक भी नहीं है। लेकिन उनकी रचना में अपने समय के समाज को सुधारकर आगे ले जाने की शक्ति है। समाज-सुधार सम्बन्धी स्थूल बातों को छोड़ दें (जो उनकी रचना के पचास-साठ वर्ष बाद आज समस्याएँ नहीं गयी हैं) तो जाति और गुण-धर्म, विवाह और प्रेम, परम्परा और आधुनिकता आदि भारतीय जीवन के मौलिक द्वन्द्वों में लेखक ने प्रगतिशील विचारधारा की ही व्यंजना की है, यद्यपि उसे भारतीय धर्म और साधना की परम्परा के साथ विरोधी संघर्षशील रूप में प्रस्तुत नहीं किया गया है। यह स्वस्थ परम्परा और आधुनिकता का समन्वयशील रूप है जिसमें न अगतिशीलता है एवं न विच्छृंखलता-अति नवीनता है। अकर्मण्य भिखमंगी की आलोचना करते हुए वे कहते हैं कि शारीरिक शक्ति के होते हुए भी वे लज्जाहीन होकर भीख माँगते हैं। "हमारी आध्यात्मिक दृष्टि के विकास के साथ जाति का पतन आरम्भ हुआ है। हमारी दासता की प्रबलता के साथ आध्यात्मिक चिन्ता बढ़ती गयी है।" यहाँ भारतीय आध्यात्मिक चेतना के विरोध की अपेक्षा आध्यात्मिकता के नाम पर निवृत्तिमार्गी होकर कर्म-धर्म या कर्त्तव्य को छोड़ देने के दुष्परिणामों पर अधिक बल दिया गया है। शास्त्री की कहानियों में कर्म-कर्त्तव्य की भावना ही प्रतिपाद्य है तथा पात्रों की क्रियाशीलता के द्वारा कथ्य गतिशील होकर चरम सीमा पर पहुँचता है।

शास्त्री जी के व्यक्तित्व और उनकी साहित्य-साधना प्रधानतः आन्ध्र प्रदेश के अग्रहारों के ग्रामीण परिवेश और ब्राह्मणों के जीवन-विधान से प्रभावित है। इस कारण पात्रों की परिकल्पना, संवादों और भाषा-शैली पर 'तेलुगुपन' की गहरी एवं मधुर छाप पड़ी है। उनकी समाज-सुधार की भावना भी ग्रामीण समाज की चेतना में परिवर्तन तक सीमित। लेखक का आधुनिकताबोध की परिधि भी इसी सामाजिक चेतना तक सीमित है। उच्चवर्गीय नागरिक जीवन की मानसिकता, नवीन पाश्चात्य चिन्तन तथा वैज्ञानिक एवं मनोवैज्ञानिक विचारधाराओं से शास्त्री जी की कहानियाँ अपने समय के अन्य कहानीकारों की तरह प्रभावित नहीं है। इस दृष्टि से उनके आधुनिकताबोध को सीमित भी कहा जा सकता है। अपनी सीमित परिधि में उनका दृष्टिकोण गरिमामय है ही, उनकी मानवीय संवेदना और चेतना पर्याप्त व्यापक भी है। ब्राह्मण-समाज की दुर्बलताओं और उनके सारे समाज पर प्रभाव के अतिरिक्त उनके प्रधान स्त्री-पात्रों की संवेदनशीलता एवं शक्तिमत्ता, वर्ण-जाति-व्यवस्था का विरोध, दलितों के प्रति सहानुभूति एवं उनकी समस्या के समाधान का प्रयत्न, अधिकारियों एवं शासकों के अत्याचारों का विरोध तथा स्वतन्त्र जीवन का समर्थन आदि अपनी परिधि में लेखक के आधुनिकताबोध की व्यापकता को व्यक्त करते हैं। परम्परागत वातावरण से घिरे हुए लेखक के विचारों में यह उदारता और परिवर्तन का आग्रह विशेष प्रशंसनीय है। नागरिक जीवन और पाश्चात्य चिन्तन से प्रभावित, लेखक के पूर्ववर्ती गुरजाड़ा के व्यापक मानवीय दृष्टि और आधुनिकताबोध से तुलना करना, भिन्न सन्दर्भों के कारण अनुचित है।

शास्त्री जी की 75 कहानियों को दो वर्गों में बाँटा जा सकता है—(1) ऐतिहासिक कहानियाँ-10 और (2) सामाजिक कहानियाँ-65। ऐतिहासिक कहानियाँ उन्नीसवीं शताब्दी के राजाओं एवं जमींदारों के दरबारों का सजीव वातावरण प्रस्तुत करती हैं, लेकिन कथानक एवं पात्र इतिहास-सम्मत होने पर भी कल्पित हैं। (3) आधुनिक सामाजिक का उपवर्गीकरण भी किया गया है—प्रणय सम्बन्धी जिनमें समाज-सुधार गौण है, समाज-सुधारक, प्रबोधात्मक, परिवारिक जीवन सम्बन्धी, अवहेलनात्मक या व्यंग्यात्मक, भाषा-विवादात्मक और जासूसी। अन्तिम दो विभागों की चार कहानियों को छोड़कर बाकी में सामाजिक या पारिवारिक पृष्ठभूमि में समसामयिक जीवन की गतिविधि और समस्याओं का चित्रण किया गया है।

2. **कहानी कला** : शास्त्री जी की कहानियाँ दस से साठ पृष्ठों तक लम्बी हैं। कहानी के एक-एक सन्निवेश को प्रायः संख्या से सूचित करते हैं। तल्लिप्राणं (माता का प्राण-व्यंजना हृदय) में पन्द्रह सन्निवेश हैं। सब से बड़ी कथा बड़ल गिंजलु (धान के दाने) में वे बत्तीस हैं और पृष्ठ संख्या अस्सी से अधिक। शास्त्री जी ने पाश्चात्य कहानी कला की संक्षिप्तता का ध्यान नहीं रखा है। प्रत्येक सन्निवेश में केन्द्रीय भाव को एक

कोने से अंकित करते हुए भाव-लहर की सजीव अनुभूति तथा समष्टि रूप में एक उल्लास, एक आनन्द, एक रसवद्, अनुभूति देने हैं। इसका यह काव्यशास्त्रीय प्रतिपादन न होने पर भी वैसी ही मधुर संवेदना होती है। कुछ कहानियाँ लम्बी होने पर भी एक ही उद्देश्य से समन्वित हैं तथा विस्तार भाव का है, कथावस्तु या जीवन के विविध पहलुओं का नहीं है। इसलिए इनको छोटा उपन्यास न कहकर लम्बी कहानी कहना ही उचित है। एक 'धान के दाने' में अन्विति एकोन्मुख कहानी की तरह होने पर भी वस्तुगत जीवन के आयामों वैविध्य एवं विस्तार छोटे उपन्यास के समान है। शास्त्री जी ने भारतीय कथा सरित् सागर, तेलुगु काशी मखली कथलु (मंजिल एक-एक मंजिल पर रुक कर एक कथा का कथन) की तरह अपनी रचनाओं को कथा ही कहा है, कथानिका नहीं (तेलुगु में पाश्चात्य छोटी कहानी की संज्ञा)। उन्होंने छोटी कहानी, बड़ी कहानी, छोटा उपन्यास (तेलुगु में नवलिका—अंग्रेजी नवल या संस्कृत नवलः) आदि शब्दों का प्रयोग नहीं किया है।

कथानक : पहले किये गये शास्त्री जी की कहानियों के वर्गीकरण से वस्तु का वैविध्य सूचित हो जाता है। ऐतिहासिक कहानियों में कथानक की आधारभूमि शौर्य, कला-विनोद और वैभव-विलास हैं। ये तीनों लक्ष्य (मोटिव) न्यूनाधिक मिल भी गये हैं। उदाहरण के लिए "राच पीनुग तोडु लेकुंडा वेल्लदु" (क्षत्रिय शव साथी के बिना नहीं जाता) को लें। क्षत्रियत्व की भूमिका के अतिरिक्त कथानक के पाँच भाग हैं—(1) शौर्य का कथन है कि क्षत्रिय बन्दूक की गोली खाकर मरने के पहले मारने वाले को तलवार से प्राण लेगा, (2) बड़ा लड़का गोली खाकर आधा दूर कूदकर ही मर जाता, (3) घर जाने पर क्षत्रिय की पत्नी छाती तलवार के लिए खोलकर तैयार है, क्षत्रिय के प्रश्न के लिए—बड़े लड़के का पिता कौन है? असफलता का कारण स्पष्ट करती है कि बड़े लड़के ने शैशव में दासी का स्तन्य पिया था, (4) दूसरे आखिरी लड़के के साथ परीक्षा के लिए नवाब के दरबार में पहुँचने पर सभा चकित रह जाती है। लड़का गोली खाकर छलाँग मारकर गोली चलाने वाले मुस्लिम सिपाही को मारकर मर जाता है, (5) मृतों का सम्मान के साथ अन्तिम संस्कारों के बाद नवाब अपनी प्रतिज्ञा में सफल वीर क्षत्रिय अपने यहाँ वैभवपूर्ण उचित स्थान देता है। कथा की इस समाप्ति के बाद लेखक अन्तिम दो छोटे वाक्यों में अपनी प्रतिभा दिखाता है। वीर क्षत्रिय निस्सन्तान मर गया। इसलिए अब आन्ध्र प्रदेश में केवल चार गोत्रों के क्षत्रिय रह गये।

ब्राह्मण बाल विधवा के पुनर्विवाह की सामाजिक कहानी 'पैरो तले ताप' के कथानक का विश्लेषण करें। इस प्रकार की कहानियों का मूल प्रेरक तत्त्व समाज-सुधार है। विधवान होकर मायके रहती हुई, रुक्मिणी घर का सारा काम-काज करने के अतिरिक्त अपनी बहनों एवं भाभियों की सेवा करती रहती है और उनके एवं अपने माता-पिता के दाम्पत्य-जीवन की भोग-विलास की सामग्री जुटाने में प्रातःकाल से रात

को ग्यारह बजे तक निरन्तर कार्यरत रहती है। फिर भी दूसरों का काम पहले करने का ताना सुनना पड़ता है। रुक्मिणी की नानी परम्परा के अनुसार सिर के बाल मुड़वाने का मुहूर्त निश्चित करती है। इन सबकी प्रस्तुति सात सन्निवेशों में है। अन्तिम आठवें भाग में रुक्मिणी परेशान होकर आधी रात को घर से बाहर निकल जाती है। रास्ते में निर्धन उसकी स्थिति को देखकर राजमंडी का टाँगावाला (तेलुगु सकटा वाला) कहता है कि पंतुलुजी (समाज-सुधारक और ब्राह्मण विधवा विवाह के प्रचारक) के आश्रम में जाना है तो मुफ्त ही ले जाऊँगा। उसे लेकर टाँगा मेघों पर उड़ता मोड़ पर आँखों से ओझल हो गया (जिससे कोई देखकर रोक न दें) घर वालों की निर्दयता, टाँगे वाले की सहृदयता और आश्रम में पुनर्विवाह के बाद नवजीवन की आशा-आकांक्षा को ध्वनित करने में कहानी की मार्मिकता और सफलता है।

वातावरण : लेखक कहानी में कथानक की पृष्ठभूमि के रूप में सामान्य वातावरण और विशिष्ट परिवेश या सन्दर्भ का आरम्भ में या एक-दो सन्निवेशों के बाद स्वतन्त्र रूप में वर्णन नहीं करते। कथानक, पात्रों के स्वभाव और संवादों के द्वारा व्यंजना हो जाती है। ऐतिहासिक कहानियों में राजनीतिक एवं प्रशासनिक परिस्थितियों, दैनिक जीवन, साहित्यिक एवं कलात्मक मानसिक विवादों की ओर इस तरह संकेत किया गया है। सामाजिक कहानियों में सामाजिक एवं पारिवारिक जीवन की गतिविधि, परम्पराओं और रस्म-रिवाजों का अप्रत्यक्ष-प्रत्यक्ष ध्वनन हो जाता है। इस तरह पृष्ठभूमि कथानक का अंग होकर उसकी सार्थकता के तीव्र प्रभाव में सहायक होती है। वातावरण प्रधान कहानी 'कलुपु मोक्कल' (खर-पतवार) को ही लें। वेद-घनापाठी ब्राह्मण और वेश्या शेषारत्मक के व्यक्तित्व और स्वभाव के आकर्षण के बावजूद कहानी में समाज में व्याप्त भ्रष्टाचारिता के वातावरण का निरूपण ही कहानीकार का लक्ष्य है। गरीब ब्राह्मण अपने पुत्र की नौकरी के लिए डिप्टी कलेक्टर को रिश्वत देता है। जिला परिषद के अध्यक्ष का सेक्रेटरी अध्यक्ष के विरोधी डिप्टी कलेक्टर की सिफारिसी चिट्ठी बेकार कहकर अपने लिए बहुत-सी चीजों की भेंट लेकर शेषारत्नम एक राव अध्यक्ष के साथ बिताकर सिफारिश करने पर काम हो जाने का रास्ता बनाता है। जो वेश्या अध्यक्ष को जानवर कहकर धिक्कारती रही वह ब्राह्मण पर दया करके जान जाती है। पचास रुपये मास्टरी की नौकरी का वादा करके दो सालों में सौ रुपयों पर स्थायी बनाने की आशा दिलाने के साथ ब्राह्मण से सैकड़ों खर्च कराने के बाद सेक्रेटरी अध्यक्ष से पच्चीस रुपये की दो महीनों की अस्थायी नौकरी के पत्र पर हस्ताक्षर करा देता है। पात्रों के संवादों की विलक्षणता में भ्रष्टाचारिता के नये-नये रंगीन रूप खुलते जाते हैं। घनापाठी ब्राह्मण और वेश्या का संवाद सर्वाधिक आलोकमय (हाई लाइट) है। सारा वृत्तान्त जानकर ब्राह्मण अपनी कामना की पूर्ति का आग्रह नहीं करता और वेश्या शेषारत्नम अपने आत्माभिमान का त्याग करने के लिए तैयार हो जाती है। ब्राह्मण प्रशंसा करते हुए कहता है कि तुम जैसी स्त्री का वेश्या-जाति में जन्म ही नहीं

होना चाहिए था। शेषारत्नम् उत्तर देती है कि उच्च जाति की सभी गृहिणियाँ निष्कलंक है? वेश्या जाति में ऐसी स्त्रियाँ हैं। जो पतिव्रता-धर्म को और खरी बना सकती हैं। पूरी कहानी में सामाजिक दुर्बलताओं, अनैतिकता और भ्रष्टाचारिता का सजीव चित्रांकन के द्वारा उस कलुषित वातावरण की ओर पाठकों का ध्यान आकृष्ट करता है।

पात्र : कहानियों के पुरुष पात्र तीन प्रकार के हैं—परम्परावादी, उदार सुधारवादी और उदात्त। तीसरे प्रकार के पात्र कम होने पर भी विशेष आकर्षक हैं। सामाजिक कहानी "जैसा सोचा वैसा ही हुआ' (अनुकुन्नता जरिगिंदि) में पंतुलु पत्नी के मरने के बाद समाज के आक्षेपों से क्षुब्ध और जीवन बिताने वाली विधवा जानकम्मा को आश्रय देकर कालक्रम वैवाहिक विधि-विधान के बिना ही पत्नी के रूप में स्वीकार कर लेता है। कहानी की इस पृष्ठभूमि में अपनी एकमात्र सन्तान बालविधवा सुभद्रा को अपने घर के काम-काज का देखभाल करने वाले रामचन्द्र शास्त्री की ओर आकृष्ट देखकर उसके चरित्र और व्यवहार की महानता को पहचानते हुए उस साधारण व्यक्ति के साथ अपनी कन्या का विवाह करने के लिए तैयार हो जाता है। उस समय, कहानी के अन्त में पंतुलु के मुखमण्डल पर दिव्य आलोक को देखकर जानकम्मा उसके व्यक्तित्व पर मुग्ध हो जाती है। ऐतिहासिक कहानी 'धान के दाने' में तंगिशाला शंकरप्पा पेद्दापुरं के महाराजा को शतरंज के खेल में पराजित कर देता है। लेकिन विजयी और पराजित दोनों के मुख पर सात्विक कान्ति की तेजस्विता है। महाराजा को शंकरप्पा में ब्रह्मज्ञान की वर्चस्विता दिखाई पड़ी है तो शंकरप्पा ने महाराजा में विष्णु की अंशुमिता की अनुभूति हुई है। ऐसे कुछ पुरुष पात्रों को छोड़कर शेष पुरुषों का व्यक्तिव दुर्बल या दब्बू है तथा अच्छी-बुरी दोनों दिशाओं में नारी ही उसकी चोदक शक्ति है। 'मायके पहुँची विधवा ननद' (इल्लु पट्टिन वेधवाउपडुच) मे जोगम्मा दुर्बल मन के अपने पति को विधवा बहन बुच्चम्मा के प्रभाव से मुक्त करके अपनी ननद को उसके ससुराल भेज देने में सफल हो जाती है। दूसरी ओर गरम लोहे पर चोट करना' (कीलरिगिन वात) में कृष्णवेणी पढ़ी-लिखी होकर भी अपने दब्बू पति को विधवा ननद राजम्मा के पंजे से छुड़ाने में असफल होकर स्वयं पति को छोड़कर चली जाती है। शास्त्री जी की कहानियों में स्त्री-पात्र स्वभावतः ईर्ष्यालु हैं या सात्विक हैं। दोनों में तेज और दर्प हैं, लेकिन दूसरे प्रकार की पात्र पुरुषों के जीवन में प्रेरणा, स्फूर्ति और उत्साह भरने वाली नायिकाएँ हैं। भारतीय परम्परा के अनुयायी लेखक ने पाश्चात्य दृष्टि से प्रभावित नारी के प्रेयसी रूप का चित्रण नहीं किया है। वह पति की सहधर्मचारिणी पत्नी, प्रेममयी नारी, वात्सल्यमयी माता या स्नेहमयी मित्र है। तेजोमय नारी के व्यक्तित्व का चरम प्रौढ़ रूप बोब्बिली की वेलमा (जाति) रानी मल्लाम्मा में देखते हैं। पाश्चात्यों की सैनिक सहायता लेकर विजयराम राजू बोब्बिली को घेर लेता है, पराजय मिश्रित देखकर राजा रंगाराव अपमान से बचने के लिए रनिवास की स्त्रियों को मार देने के लिए अपने मित्र बेंकय्या को

भेजता है। मल्लम्मा उत्तेजित होकर परदे से बाहर निकलकर रनिवास की वीर क्षत्राणियों की सेना लेकर विजयराम राजू से युद्ध करके उसे मार डालना चाहती है। परम्परा के विरुद्ध तर्क करती हुई अपनी शक्ति, दृढ़ता और अन्त में वेदना प्रकट करके पति की आज्ञा के अनुसार आत्महत्या कर लेती है। कहानीकार ने उस वीर नारी को विमान में स्वर्ग भेज दिया है! (कहानी का शीर्षक विमान चढ़ते समय विमान एक्कबोलू) मल्लमा के चरित्र में आधुनिक विद्रोही नारी का रूप व्यंजित है, पर ऐतिहासिक सन्दर्भ का भंग न करते हुए। दो-तीन कहानियों में पात्र या व्यक्ति की अपेक्षा जातीय वर्ग को महत्त्व देकर दो वर्गों के संघर्ष का निरूपण हुआ है। "इस तरह का उपद्रव होता....?" (इलांटि तव्वाइ वस्ते) कहानी में ब्राह्मण अपनी महानता की धाक जमाते हुए प्रातःकालीन नित्य अनुष्ठानों के बाद ही निम्न वर्गों को गाँव के तालाब का उपयोग करने देते थे। एक सहसा दलित और मुसलमान मिलकर अनुष्ठान के बीच में ही तालाब में कूदने तैयार हैं। लेखक मज़ाक करता है कि त्रिकाल-ज्ञान-सम्पन्न महर्षियों ने समुद्र में छिपी हुई जिस बाडबाग्नि का उल्लेख किया है उसका उन ब्राह्मणों को उस समय उस तालाब में ही साक्षात्कार हुआ है! ब्राह्मण जल्दी-जल्दी पानी से किनारे पर आ गये हैं तथा दलित स्त्री-पुरुष सीटी बजाते तालाब में शोरगुल के साथ कूद पड़े हैं! ऐसा उपद्रव होता तो बेचारे ब्राह्मण क्या करें! व्यंग्य के साथ धर्म-कर्म के आडम्बरों के सामूहिक विरोध की चमत्कारी प्रगतिशील कहानी है।

रचना-विधान की विशेषताएँ : (1) कहानियों के शीर्षक सामान्य कथन या लोकोक्ति के रूप में विलक्षण और आकर्षक हैं। कुछ का सम्बन्ध पूरी कहानी से है जैसे 'जैसा सोचा वैसा ही हुआ', 'मायके पहुँची विधवा ननद 'घोंसला-बदला नयापन' आदि। कुछ का सम्बन्ध कहानी के अन्त से है जैसे 'धान के दाने', 'विमान चढ़ते समय', 'ऐसा उपद्रव होता...? आदि।' (2) बहुत-सी कहानियाँ नाटकीय दृश्यों के रूप में सूरा संवादात्मक हैं। अन्य कहानियों में, विशेषतः ऐतिहासिक कहानियों में परिस्थिति एवं सन्दर्भ का निर्देश करने, कथानक के अंशों को जोड़ने या पात्र के स्वभाव एवं परिस्थिति में पात्र की भावात्मक प्रतिक्रिया की व्यंजना के लिए कथात्मक पद्धति भी अपनाई गयी है। नाटकीय संघर्ष भी प्रत्येक कहानी में दिखाई देता है। (अ) व्यक्ति का व्यक्ति के साथ संघर्ष घर में अपने अधिकार के लिए बहू जोगम्मा का विधवा ननद बुच्चम्मा का संघर्ष है (मायका पहुँची विधवा ननद)। (आ) व्यक्ति का परिवार के साथ संघर्ष : विधवा रुक्मिणी का अपनी बहनों और भाभियों के साथ अमानवीय व्यवहार के साथ संघर्ष है। (पैरों तले लाय)। (इ) व्यक्ति का समाज के साथ संघर्ष : विधवा जानकम्मा के स्वतन्त्र जीवन बिताने पर आक्षेप और अत्याचार करने प्रयत्नशील समाज के साथ संघर्ष है (जो सोचा वही हुआ)। (ई) व्यक्ति का सामाजिक प्रथाओं के साथ संघर्ष है : वेलमा रानी मल्लमा परदे की प्रथा को भंग करके विरोधी रामराजू के साथ रणभूमि में युद्ध करना चाहती है

तथा पति के हारने की सम्भावना पर रनिवास के मान-सम्मान की रक्षा के लिए मारे जाने या आत्महत्या की परम्परा (एक प्रकार का सती धर्म) का विरोध करती है। (विमान चढ़ते समय)। (३) व्यक्ति का शासक अधिकारी वर्ग के साथ संघर्ष : शंकरप्पा शतरंज में अपनी निपुणता पेद्दापुरम के राजा के साथ खेलकर दिखाना चाहता है, लेकिन राजा का थानेदार और दीवान एक गरीब ब्राह्मण के राज-दर्शन का विरोध करते हैं। राज्य के सभी खिलाड़ियों को हराकर अपने यश के बल पर राजा का दर्शन करके शंकरप्पा उनके साथ क्रीडा में जीत जाता है। धान के दाने इसके विपरीत शकुराली खाँ विशेष श्रम करके पेद्दापुरम के राजा के अत्यन्त प्रीतिकर गुलाबी इत्र तैयार करके दिल्ली दाज दर्शन के लिए आता है। उसे भेंट देकर पुरस्कार पाने में दीवान रुकावट बन जाता है। थानेदार के अनुग्रह से प्रातःकाल राजा के घूमते समय राजा के दर्शन का प्रयत्न करता है, लेकिन सिपाही बीच में ही उसे रोक देते हैं। क्षोभ, वेदना और क्रोध में खाँ गुलाबी इत्र का शीशा राजगढ़ पर फटका देता है। कलाकार अपने प्रयत्न में असफल हो गया है, पर सारा वातावरण सुगन्धित हो उठा है। (गुलाबी इत्र) इन दोनों कहानियों में लेखक ने वैभव-विलास, साहित्य-कला तथा कलात्मक मनोविनोदों का ऐसा जीता-जागता चित्र खींचा है जिसमें विरोध एवं संघर्ष रचना के मूल्य को और बढ़ा देता है। (ऊ) दो जातियों या वर्गों का संघर्ष : गाँव के तालाब पर ब्राह्मण जब अपना अधिकार जमाना चाहते है तो दलित विद्रोही होकर उन के पूजा-पाठ के समय तालाब में कूद पड़ते हैं और भीरु ब्राह्मण वहाँ से भाग जाते हैं। यह एक प्रकार से परम्परा के विरुद्ध संघर्ष भी है। (ए) लेखक ने ब्राह्मणों रूढ़ संस्कारों, तथा समाज में नौकरी के पीछे दौड़ने वाली मनोवृत्ति तथा परिवारों में पुराने-नये के विरोध को लेकर जीवन में मानसिक एवं भौतिक संघर्ष के अनेक रूपों को व्यक्त किया है।

(३) संक्षिप्तता, केन्द्रीकरण, एक लक्ष्य से परिचालित कथानक का द्रुतगति से विकास, एकोन्मुखता या एक ही लक्ष्य पर दृष्टि, उस लक्ष्य पर पहुँचकर या चरम सीमा पर अपमान आदि पाश्चात्य कहानी की विशेषताओं के अनुरूप शास्त्री जी कहानियाँ नहीं रची गयी हैं। एक लक्ष्य की अन्विति होने पर भी कुछ कहानियों को छोड़कर (जैसे गुलाबी इत्र, क्षत्रिय का शव साथी के बिना नहीं जाता आदि छोटे आकार की कहानियाँ) कथानक का विशेष विस्तार दिखाई देता है। इस विस्तार में भाव का प्रसार रसवत् आस्वाद्य का विषय हो जाता है। यह रसात्मक भारतीय कथा का आधुनिक विकास है जिसे समीक्षकों ने 'प्रीति भोज' कहा है। प्रशान्त मन होकर समय से होड़ न लगाकर आदम के साथ इन कहानियों का आनन्द लेना चाहिए। लेकिन भारतीय कथा की तरह ये कथाएँ काल्पनिक आदर्शवादी न होकर वस्तुनिष्ठ और यथार्थवादी हैं। वस्तु को सामान्य मध्यवर्गीय जीवन से लेने पर भी उसे काव्य का रूप देने में, कथानक की तराश (ट्रीटमेंट) में नवीनता, मौलिकता और विलक्षण आकर्षण की अनुभूति होती है। उसका

एक कारण सामाजिक एवं ऐतिहासिक दोनों प्रकार के पत्रों में अन्तर्निहित आत्मविश्वास, आत्माभिमान, मानवीय संवेदना और कभी-कभी औद्धन्य (शंकरप्पा और शकुराली खाँ) है। कहानी सुखान्त हो या दुखान्त, कथानक, पात्रों, का व्यक्तित्व और संवेदनशीलता में पाठक का मन स्पंदित होकर ऊर्ध्वगामी प्रसार पाता है।

(4) शास्त्री जी की कथाओं का टेकनिक या शिल्प-विधान को आरम्भ-विस्तार अन्त के सूत्र में निबद्ध कह सकते हैं। आरम्भ प्रायः परिस्थिति या पात्रों के परिचय से न होकर संवादात्मक रूप में होता है और उसी के माध्यम से कथानक की व्यंजना हो जाती है। कुछ कहानियों का आरम्भ प्रतिद्वन्द्वी पात्रों या वर्गों की भेंट में हुई है तो कुछ पात्रों के विलक्षण परिचय के रूप में। विस्तार में पाँच से लेकर तीस तक की सुसंबद्ध योजना है जो क्रमशः केन्द्रीय भाव का प्रसार करती हुई उसे चरम उत्कर्ष पर पहुँचा देती है। ये सन्निवेश भाव की सीढ़ियाँ हैं। कथानक का विकास सीधे ऐतिहासिक क्रम में है। कुछ ही कहानियों में दो-चार सन्निवेशों के बाद पात्रों के जीवन की पहले की कथा स्मृति-रूप में है। यहाँ नई कहानियों की पूर्व (दीप्ति) फ्लॉस बैकको मनोवैज्ञानिक प्रक्रिया का प्रयोग नहीं है। कथा में अन्तःकथा की भारतीय परम्परा का अनुसरण है। सन्निवेशों की श्रृंखला का परिणाम अन्तिम घटना या चरमसीमा के रूप में है। दो-चार बड़ी कहानियों को छोड़कर कहानी में एक ही महत्त्वपूर्ण घटना होती है जो कहानी के लक्ष्य की व्यंजना करती है। यह अन्त मर्मस्पर्शी होता है और कहानीकार उसका प्रभाव अन्य पात्रों पर ही नहीं सारी परिस्थिति और वातावरण पर लक्षित होता है। कोई पत्नी विधवा बहन से दब्बू पति का तिरस्कार करके छोड़ देती है। (कीलविगिन रात), कोई विधवा ननद को उसके ससुराल भेजकर अपने पारिवारिक जीवन को सँभाल लेती है (मायके पहुँची विधवा ननद) कोई क्षत्राणी परम्परा को तोड़कर पति की आज्ञा का उल्लंघन करने की इच्छा के बावजूद मजबूर होकर आत्महत्या कर लेती है, (विमान चढ़ते समय), कोई क्षत्रिय जातिगत शौर्य को दिखाने के लिए दोनों लड़कों को खो देता है (क्षत्रिय शव साथी के बिना नहीं जाता), कोई कलाकार परिस्थितियों से विवश होकर गुलाबी इत्र के शीशे को दीवार से फटका देता है (गुलाबी इत्र) या कोई ब्राह्मण प्रतिद्वन्द्वियों को पराजित करके विजय में गजारोहण करता है सभी में भाव की तीव्रता हृदय को झकझोर देता है, मन दुखान्त में भी पात्रों के साथ भाव-तादात्म्य में आत्मोन्नति का अनुभव करता है, सुखान्त में हर्षोल्लास की लहरें उठती हैं तथा सारा वातावरण भावोद्विग्न हो जाता है। कथा के अन्त में एक सुगन्ध की-सी आनन्दानुभूति होती है। सचमुच शास्त्री जी 'गुलाबी इत्र' के कहानीकार हैं।

संवादों में ही वातावरण या सन्दर्भ की ओर संकेत तथा कथानक के विकास और पात्रों के व्यक्तित्व के उन्मीलन के अतितिरक्त उनकी सजीवता में सफल भाव-व्यंजना भी हो जाती है। परिहास और व्यंग्य उनकी अन्य उल्लेखनीय विशेषताएँ हैं। परिहास

पारिवारिक एवं दाम्पत्य जीवन में अभिव्यक्त है। व्यंग्य (क) लेखक की अपनी ही जाति, ब्राह्मणों की संस्कारहीनता प्रथाओं और पतन पर है। (ख) आन्ध्र के लोगों के विदेशी और अन्य प्रान्तों के रस्म-रिवाजों एवं भाषा के अनुकरण पर है। शास्त्री जी मूर्तिमान 'तेलुगु जातीयता' के लेखक हैं और अपनी भाषा और संस्कारिता को छोड़कर अंग्रेजी, हिन्दी, बंगला आदि का प्रयोग एवं अन्य प्रदाशिक संस्कारों का अनुसरण अनुचित मानते हैं। 'शुचि के सिर आरोह' कहानी में रमेश उत्तर भारत में पढ़ने के बाद वापस आकर अपनी माँ से घूँघट डालने को कहता है, हिन्दी में ही बोलता है तथा संस्कृत शब्दों का बंगला उच्चारण करता है तो उसके मामा के परिवार के लोग आक्षेप और व्यंग्य करते हैं। उत्तर भारत में सुहागिन घूँघट डालनी है तो आन्ध्र में विधवाएँ। रमेश का 'अ' को 'ओ' के रूप में बंगला उच्चारण ही सही मानने पर अन्नपूर्णा मज़ाक करती है कि वर्णमाला में 'अ, आ, इ, ई' को 'ओ, आ, इ, ई' कहना चाहिए! शास्त्री जी ने उत्तर भारत के रस्म-रिवाजों और परम्पराओं का सही परिचय न होने के कारण गलत आक्षेप भी किये हैं। लेखक की भाषा-शैली पात्रोचित भाव-व्यंजक और प्रसंग के अनुरूप सार्थक है। पूर्व गोदावरी जिला की शिष्ट व्यावहारिक भाषा के प्रयोग में मांडलिक शब्द और शब्द-संरचना भी दिखाई पड़ती हैं जो ब्राह्मण-पात्रों की बहुलता में उचित ही लगती हैं।

रचना में कहानीकार के दृष्टिकोण की चार प्रधान दिशाएँ हैं—

(क) समाज-सुधार, (ख) जातिभेद से परे मानवीय संवेदना की अभिव्यक्ति, (ग) पारिवारिक जीवन में वात्सल्य, स्नेह और मधुर दाम्पत्य-भाव की व्यंजना तथा (घ) भारतीय सांस्कृतिक एवं कलात्मक चेतना की गरिमा का निरूपण। प्रथम दो में दृष्टि आधुनिक भावबोध से प्रभावित है। प्रयोजनवादी एक विशेष उद्देश्य को लेकर चलने पर भी वह प्रचारात्मक न होकर कलात्मक परिधि में व्यंजित और भावात्मक रूप में ग्राह्य है। तीसरे में लेखक ने भारतीय जीवन-विधान के एक विशेष पहलू को चित्रित किया है। इसके अन्तर्गत मध्यवर्गीय स्त्री के हाव-भावों, चेष्टा-व्यापारों एवं भाव-भंगिमाओं का ऐसा यथार्थ, सजीव और मधुर सम्मूर्तन किया गया है कि उसे समीक्षकों ने 'भामा कलाप' की संज्ञा दी है। (कूचिपूडी-नृत्य में सत्य भामा-कलाप सर्वाधिक रमणीय और लोकप्रिय अंश है।' शुचि के सिर आरोह 'कन्याकाले यत्नात् वरिता' 'जो सोचा वैसा ही हुआ' आदि कहानियाँ स्त्री की सांकेतिक भाव-व्यंजना और क्रिया-कलापों का इसी रूप में प्रस्तुति हुई है। चौथे में भारतीय संस्कृति और कलात्मक दृष्टि की उदात्तता की अभिव्यंजना है जो 'धान के दाने' में दर्शनीय है।

'धान के दाने' शास्त्री जी की सर्वश्रेष्ठ सबसे लम्बी कथा या छोटा-सा उपन्यास है। पेद्दापुरं के राज्य के थानेदार और दीवान शंकरप्पा को महाराजा के साथ शतरंज खेलने का अवसर न देकर अपमानित करना; धर्मशाला की वात्सल्यमयी भटियारिन की सलाह

के अनुसार शंकरप्पा का पेद्दापुरं के सभी शतरंज के खिलाड़ियों को पराजित करना, उसका यश सुनकर राज-परिवार के साथ अपने सामन्तों को भेजकर महाराज का शतरंज-क्रीडा के लिए आमन्त्रण और पराजय के मुख्य मुद्दों को लेकर अनेक सन्निवेशों के साथ कथानक का विस्तार किया गया है। उन सन्निवेशों में राजधर्म, वैभव-विलास एवं कला-विनोद; सभी जातियों के सामान्य लोगों में भी कलाओं में रुचि, वेश्याओं की अलंकार शास्त्र, नृत्य, संगीत एवं क्रीडा-विनोद में निपुणता; ब्राह्मणों का वेदपाठ, शास्त्र और साहित्य के अतिरिक्त कलाओं में भी मनोनिवेश, धर्मशाला की भटियारिन (तेलुगु लोककथाओं की एक प्रधान पात्र "पेदराशि पेद्दम्मा जो धर्मशाला में भोजन और आवास का प्रबन्ध करती है।") एवं उसकी भतीजी का वात्सल्य और स्नेह, महाराजा में मूर्त्तिमान क्षात्र धर्म तथा शंकरप्पा में ब्राह्मणत्व की तेजस्विता—सब मिलकर कहानी में धार्मिक, सांस्कृतिक और कलात्मक वातावरण और चेतना की अपूर्व सृष्टि करते हैं। शतरंज की क्रीडा में महाराजा और शंकरप्पा का भिड़न्त दो मस्त हाथियों या सिंहों का संघर्ष है। शंकरप्पा की कहानी सरस्वती और लक्ष्मी के शतरंज की क्रीडा की प्रतीक है। विजयी शंकरप्पा महाराजा से शतरंज से ही सम्बन्धित दान का अनुग्रह माँगते हैं। शतरंज के चौंसठ चतुरश्रों में 1, 2, 4, 8, 16...के क्रम से 'धान के दाने' चाहते हैं जो एक गरीब ब्राह्मण के लिए अन्नदान है। हिसाब लगाने पर पता चलता है कि उतना धान पेद्दापुरं राज में ही नहीं पूरे त्रिलिंग देश में एक वर्ष में पैदा नहीं होता। यह गणना भास्कराचार्य की पुत्री लीलावती के बीजगणित में है) इस तरह शंकरप्पा गणित में भी अपनी निपुणता दिखाते हैं। विजित और विजयी दोनों की नम्रता में सात्विकता की ज्योति आलोकित हो उठती है तथा महाराजा सहर्ष शंकरप्पा का स्वयं गजारोहण कराते हैं।

शास्त्री जी की कथाओं में भावना और बुद्धि का सुन्दर सामंजस्य है। जीवन में भावना की असफलता से हृदय खिन्न हो जाता है, लेकिन मन-मस्तिष्क का संकल्प बल, धैर्य और आत्मविश्वास सफलता का मार्ग प्रशस्त करता है। सामाजिक और सांस्कृतिक सन्दर्भ में शास्त्री जी की कथाएँ कलात्मक अभिव्यंजना के श्रेष्ठ उदाहरण हैं।

अडवि बापिराजू : गोन गन्नारेड्डी
(1885-1952)

1. प्रस्तावना : अडवि बापिराजू गीतकार, उपन्यासकार और कहानीकार होने के अतिरिक्त चित्र, शिल्प, संगीत और नाट्य कलाओं के मर्मज्ञ भी हैं। सहज ही उनके गीतिकाव्य और कथा-साहित्य पर उनका गहरा प्रभाव पड़ा है। यह प्रभाव दो रूपों में है—एक रचना की पृष्ठभूमि के रूप में और दूसरे कथ्य या कथानक के रूप में। इन कलाओं के प्रभाव के कारण काव्य में ही नहीं, कथा-साहित्य में भी रूप-वर्णन और भाव-व्यंजना चित्रात्मक और मूर्तिवत् गढ़े हुए रमणीय लगते हैं। काव्यात्मकता उनके कथा-साहित्य की सबसे अधिक प्रमुख और आकर्षक अंग है। इसके साथ कथा-साहित्य में अनुराग की प्रधानता को भी जोड़ते हैं तो काव्यात्मकता पूरी हो जाती है। पाश्चात्य उपन्यास और कहानी के ढाँचे में ये रचनाएँ भारतीय रसप्रधान एवं काव्यात्मक 'कथा' और 'आख्यायिकाएँ' हैं। काव्याभिरुचि रखने वाले पाठकों को ये विशेष आकृष्ट करते हैं। लेकिन आधुनिक कथा-साहित्य का सर्वाधिक महत्त्वपूर्ण अंश संघर्षों और समस्याओं से भरे जीवन की यथार्थता में गहरी पैठ। बापिराजू के कथा साहित्य में यह यथार्थता केवल पृष्ठभूमि या पात्रों के जीवन की गतिविधि का निरूपक मात्र है। लेखक का लक्ष्य जीवन की गहराई में जाना नहीं, उस गतिविधि में पात्रों भावात्मक अनुभूति की व्यंजना है। बापिराजू रोमांटिक युग के कलाकार हैं। उनकी रचनाओं में अभिव्यक्त आदर्शवादी भावुकता काव्योचित है। वह कथा-साहित्य में जीवन की सच्ची यथार्थता से दूर अतिरंजना लगती है। इन सीमाओं के बावजूद सौन्दर्य, प्रेम और कलाओं से आपूर्ण बापिराजू की रचनाएँ साहित्य-जगत में लोकप्रिय हैं।

बापिराजू के उपन्यासों में शातवाहन कालीन 'हिमबिन्दु', इक्ष्वाकुकालीन 'अडवि शान्ति श्री' और काकतीय वंश कालीन 'गोन गन्ना रेड्डी' ऐतिहासिक हैं। तीनों राजवंशों ने आन्ध्र प्रदेश के अधिकांश भूभाग पर राज किया था। प्रथम राजवंश महाराष्ट्र का था या आन्ध्र का यह विवादास्पद था। दूसरा राजवंश कर्नाटक का और तीसरा आन्ध्र का था। प्रथम राजवंश के समय बौद्धधर्म प्रचलित था। दूसरे राजवंश के समय वैदिक और बौद्ध धर्मों के बीच संघर्ष हो रहे थे। तीसरा राजवंश शैव सम्प्रदाय का था। इन तीन ऐतिहासिक उपन्यासों बिमबिन्दु विशेष काव्यात्मक है। नायक-नायिका दोनों कलाप्रेमी

हैं। नयक सुवर्णश्री शिल्पी हैं और नायिका राजकुमारी। 'अडवि शान्तिश्री' उपन्यास में संघर्ष धार्मिक है जबकि गोनगन्ना रेड्डी में राजनीतिक। उपन्यास कला की दृष्टि अन्तिम श्रेष्ठ लगती है। आधुनिक काल से सम्बन्धित उपन्यास हैं—नारायणराव, नरुडु, ना पडमहि प्रयाणमु, तुफानु, कोनंगि और जाजिमल्लि हैं। इनमें प्रसिद्ध नारायणराव है जिसमें आधुनिक काल के राजनीतिक एवं सामाजिक आन्दोलनों के अतिरिक्त आन्ध्र की 'जातीयता' सम्बन्धी अनेक विषयों की विस्तृत चर्चाएँ हैं। ऐसा लगता है कि ये आधुनिक उपन्यास परिस्थितियों, परम्पराओं और विचारों के प्रतिपादन के साधन हैं। 'कोनंगि' (नटखट) औपन्यासिक दृष्टि से अपेक्षाकृत अधिक वस्तु-प्रधान और आकर्षक है। ऐतिहासिक होने के कारण प्रथम वर्ग के तीनों उपन्यासों का अपना विशेष महत्त्व है। अन्यथा बापिराजू के समय ही तेलुगु-उपन्यास लेखक की आदर्शवादिता से जीवन की यथार्थता और विषमता को अनेक कोणों से परखने का प्रयत्न कर रहा था।

2. गोन गन्नारेड्डी : आधारभूत ऐतिहासिक सामग्री : दक्षिण पर मुसलमानों के आक्रमण को रोकने के प्रयत्न में स्थापित प्रथम आन्ध्र साम्राज्य काकतीय है। पहले उसके राजा पश्चिम चालुक्यों के सामन्त थे। बाद को वे स्वतन्त्र राजा हो गये और गणपति देव ने पूरे आन्ध्र और उसके बाहर भी राज्य का विस्तार करके उसे साम्राज्य बनाया। इस कार्य में पद्मानायक रेचर्ल वेलमा जाति ने पूरा सहयोग दिया। बाद को साम्राज्य के संरक्षण में गोनवंश के वीर सामन्तों ने सहायता की। कुछ शिलालेखों में काकतीयों को क्षत्रिय कहा गया है। लेकिन वास्तव में वे चतुर्थ वर्ण के उच्चवर्ग के ही थे। आन्ध्र के सभी राजा-महाराजा तथा सेनापति योद्धा रेड्डी, कम्मा (नाथुडु) और वेलमा जाति के ही थे, क्षत्रिय नहीं। वे काकतीय काकतिदेवता के आराधक काकत नामक एक शाखा के थे।

आलोच्य उपन्यास गणपतिदेव की पुत्री सम्राज्ञी रुद्रम देवी के समय का है। पुरुष सन्तानहीन गणपतिदेव ने रुद्रम देवी को पुरुषोचित समस्त शस्त्र-शास्त्रों की शिक्षा दिलाकर आदेश दिया कि दौहित्र होने तक रुद्रम देवी सम्राज्ञी रहेगी। उस आदेश के अनुसार रुद्रम देवी ने अपने पुत्र प्रतापरुद्र के अठारह वर्ष होने पर युवराजा घोषित किया और बाद को वे काकतीय वंश के प्रतापी महाराजा हुए तथा मुसलमानों को अनेक बार पराजित करने के बाद अन्त में उनके बन्दी होकर मर गये। स्त्री का सम्राज्ञी होना साम्राज्य के सामन्त सह नहीं सके और अड़ोस-पड़ोस के राजा भी आक्रमण की तैयारी करने लगे। रुद्रम देवी धैर्य-साहस के साथ युद्ध-निपुण, कष्ट-सहिष्णु और अच्छी प्रशासिका थी।

रुद्रम देवी का शासन काल 1262 से 1996 तक था। शासन प्रथम वर्षों में चालराजा राजेन्द्र चोल, पल्लव राजा कोप्पंरुजिंगुडु, और एरुव मल्लिदेव साम्राज्य की सीमाओं पर चढ़ाई करके हार गये। सामन्तों का विद्रोह भी दबा दिया गया। कायस्थ

सामन्त अम्ब देव ने त्रिपुरान्तक पर चढ़ाई करने वाले शत्रुओं को भगा दिया। सेनानी गोन गन्नारेड्डी ने राज्य के अन्दर शत्रुओं का दमन किया। इतने में उत्तर दिशा से यादव महाराजा ने चढ़ाई करके ओदगल्लु (एक शिला-वर्तमान ओरंगल घेरा)। रुद्रम देवी ने स्वयं उसका सामना करके हराकर गोदावरी भगा दिया। बाद को पन्द्रह वर्ष तक साम्राज्य में शान्ति रही। 1280 में दौहित्र को युवराजा बनाकर राज्य का शासन भार उस पर छोड़ दिया। 1290 में दक्षिण से पांड्य राजा ने कांची और नेल्लूर को वश में करके काकतीय सामन्त मनुमसिद्धि को भगा दिया। अम्ब देव ने पाण्डवों को हराकर फिर मनुम सिद्धि को राजा बनाया। बाद को अम्ब देव ने किसी कारण पांड्य राजा, यादव राजा और मनुमसिद्धि से मिलकर रुद्रम देवी के विरुद्ध किया। युवराजा प्रतापरुद्र देव सेना के साथ दक्षिण दिशा में गये। गोन विट्ठल नाथ सेनानी ने बल्लारी मण्डल जाकर यादवों को पराजित किया। दूसरे सेनानी अडिदम्म ने मनुमसिद्धि को मारकर अम्ब देव को पराजित किया। प्रतापरुद्र देव ने दक्षिण में पांड्य राजाओं को भगा दिया। ये सब षड्यन्त्र, युद्ध और वीरता की गाथाएँ कुछ हेर-फेर के साथ उपन्यास के कथानक के राजनीतिक पहलू हैं।

साम्राज्य मण्डलों में विभक्त था। मण्डलेश्वर राजा स्वतन्त्र थे और अपनी सेना रखते थे। महाराजा या सम्राज्ञी को वार्षिक कर देना और युद्ध के समय सेना भेजकर सहायता करना उनके कर्त्तव्य थे। मण्डलों में गाँवों का शासन करने वाले तथा कर वसूल करके एक भाग राजा और सम्राज्ञी को भेजने वाले अधिकारी नायक कहलाते थे। इस तरह साम्राज्य में अधिकार सम्राज्ञी और राजधानी में केन्द्रित नहीं था। काकतीय प्रशासन अधिकार-विकेन्द्रीकरण का सुन्दर उदाहरण था ग्राम या ग्राम समूहों के नायक भी सेना जुटाकर साम्राज्य की रक्षा में सहायक होते थे। काकतीय साम्राज्य में ऐसे 72 नायक थे। पूरे साम्राज्य की रक्षा और उसके विस्तार का दायित्व सम्राज्ञी और युवराजा पर था। उनकी सलाहकार मन्त्रियों में प्रधान गणपति देव और रुद्रम देवी के आध्यात्मिक गुरु विश्वेश्वर शिवाचार्य थे। गुप्तचारों से मण्डलेश्वरों और शत्रु राजाओं के क्रिया कलापों का पता लगाया जाता था। रुद्रम देवी के शासन काल में साम्राज्य अत्यन्त वैभव-सम्पन्न था। शिलालेखों से समुद्र-व्यापार, वाणिज्य व्यापार पर कर, दानों से मन्दिरों की विधिवत् पूजा एवं सुशासन आदि का पता चलता है। सामाजिक-व्यवस्था में संघर्षों की कोई सूचना नहीं मिलती और प्रजा सुखी थी। राजा पाशुपति शैव धर्म के होने पर भी अन्य धर्मों एवं सम्प्रदायों के प्रति सहनशील और सद्भाव रखते थे। काकनीय साम्राज्य की स्थापना के पहले जैन-बौद्ध धर्मों के साथ वैदिक धर्म के जो संघर्ष होने थे वे प्रायः समाप्त हो गये। गोन गन्नारेड्डी उपन्यास में केन्द्रीय, माण्डलिक और ग्रामीण प्रशासन, गुप्तचरों के कार्यकलाप, धार्मिक-सामाजिक सुव्यवस्था और वैभव की ओर संकेत मिल जाते हैं।

वैभवपूर्ण उस युग में साहित्य और ललित कलाओं को काफी प्रोत्साहन मिला। उस समय रचित संस्कृत ग्रन्थ है—रुद्रम देवी के सेनानी रुद्र देव की पणिनि की श्लोक-वर्तिका की व्याख्या 'राजरुद्रीयं' तथा विद्यानाथ का अलंकार ग्रन्थ 'प्रतापरुद्रीयम्' थे। तेलुगु काव्य भास्कर रामायण, पाल्कुरिक सोमनाथ के बसवपुराण और पंडिताराध्यचरित तथा मारना का मार्कण्डेय पुराण थे। द्विपदकाव्य रंगनाथ रामायण के लेखक के सम्बन्ध में मतभेद है। कुछ समीक्षक उसे रंगनाथ की रचना मानते हैं जबकि अन्य गोन विट्ठल रेड्डी के पुत्र बुद्धराजा को उसका रचयिता मानते हैं। उस काल के मन्दिर, विशेषतः ओरंगल का रमप देवालय वास्तु और मूर्ति कलाओं के सुन्दर उदाहरण हैं। उच्च वर्ग की स्त्रियाँ भी संगीत और नृत्य कलाओं की साधना करती थीं। जायप सेनानी ने 'नृत्तरत्नावलि' की रचना की। पाशुपत शैव सम्प्रदाय में नृत्य को विशेष प्रोत्साहन मिला। उस समय श्री शैलम में 64 नाट्यकूट क्रियाशील थे। संस्कृत 'मार्गी' नाट्य कला के अतिरिक्त 'देशी' नृत्यकला भी उस समय प्रचलित और लोकप्रिय थी। जायप सेनानी ने अपने ग्रन्थ में शास्त्रीय ही नहीं, लोक प्रचलित देशी नाट्य कला की विशेषताओं का भी निरूपण किया। साहित्य और कलाओं की प्रेरणा धर्म से थी और सारी सर्जना धार्मिक दृष्टि से प्रभावित थी। प्रस्तुत उपन्यास में साहित्य और ललित कलाओं की ही नहीं, स्त्री-पुरुषों के युगीन अलंकरण की विविध कलाओं की भी चर्चाएँ मिलती हैं।

रुद्रम देवी दक्षिण में प्रथम महिला-सम्राज्ञी थी जिसने राजनीति, रणरंग और प्रशासन में अपनी अपार सामर्थ्य का परिचय दिया था। शिलालेखों में उसके पिता की उपधियाँ 'राय गज केसरी' और 'गण केसरी' उसके नाम के साथ भी खुदी हुई हैं। ओरंगल मूर्तिकला में हाथी की सूँड़ पर खड़े सिंह पर आरूढ़ स्त्री मूर्ति रुद्रम देवी ही हो सकती है। दूसरी मूर्ति सिंह पर क्रीडाशील बालक की है जो रुद्रम देवी के पुत्र प्रतापरुद्र का है। ऐसी प्रतिभाशालिनी, सिंह पर आरूढ़ दुर्गा के समान शक्तिशालिनी रुद्रम देवी के सभी कार्यों में सहायक वर्धमान के मण्डलेश्वर गोन गन्नारेड्डी हैं। इन दोनों को केन्द्र में रखकर उपन्यास का विकास प्रसार होता है।

3. इतिहास में कल्पना का योग : राजनीतिक दिशा में उपन्यासकार ने तीन महत्त्वपूर्ण परिवर्तन किये हैं। (अ) वर्धमान मण्डलेश्वर गोन गन्नारेड्डी और उसके छोटा भाई विट्ठल रेड्डी डाकू बनकर जंगल में अपना किला अपनी सेना के साथ रहते हुए काकतीय साम्राज्य के विरुद्ध षड्यन्त्र करने वाले आन्तरिक शत्रुओं के प्रयत्नों को भंग करते रहते हैं। दूसरी ओर बाहरी शत्रु राजाओं के आक्रमण के समय साम्राज्य की सेना की सहायता करते हुए उसकी विजय में योग देते हैं। वे गुप्तचरों का काम भी करते हैं। प्रधानमन्त्री विश्वेश्वर शिवाचार्य को छोड़कर सम्राज्ञी रुद्रम देवी भी उनके रहस्य को नहीं जानती। दोनों भाइयों के वर्धमान छोड़ देने पर उनके चाचा गोन वरदा-रेड्डी मण्डलेश्वर होकर रुद्रम देवी को सिंहासन से उतारने के लिए अन्य सामन्तों के साथ मन्त्रणा करते

रहते हैं। एक स्त्री के अधीन राज करना उनका पौरुष और शौर्य सह नहीं सकता। (अ) साम्राज्य के विरुद्ध क्रियाशील दो और पात्र हरिहर और मुरारि देव हैं। गणपति देव के पिता ने यादवों पर चढ़ाई करके एक महाराष्ट्र कन्या हो गान्धर्व रीति से विवाह करके साथ लाये जिसका पुत्र सारंगधर देव था। उसी के पुत्र हरिहर और मुरारि देव हैं तथा पुरुष सन्तानहीन गणपति देव के मरने के बाद अपने को साम्राज्य के उत्तराधिकारी मानते हैं। रुद्रम देवी को सम्राज्ञी बनाने के बाद यादवों के राजा महादेव राजा और कुछ जैन मठाधिपतियों से हाथ मिलाकर सम्राज्ञी को मार डालने का प्रयत्न करते हैं। हरिहर और मुरारि के वृत्तान्त का तथा काकतीय साम्राज्य में जैन धर्म की प्रतिष्ठा का उल्लेख इतिहास में नहीं मिलता। काकतीय साम्राज्य की स्थापना के पहले ही आन्ध्र प्रदेश में जैन धर्म की प्रबलता समाप्त होकर वैदिक धर्म और वीरशैवधर्म का प्रचार-प्रसार था। (इ) गणपति देव ने द्वितीय पुत्री रुद्रम देवी के जन्म के रहस्य को कुछ दासियों तक सीमित रखकर पुत्र जन्म की घोषणा करते हुए उसे राजधर्म की आवश्यक शिक्षा-दीक्षा दी। कुछ सामन्तों के मन में सन्देह अवश्य था। महाराजा ने पुरुष-वेष में रुद्रम देवी का अपने साले जायप सेनानी की पुत्री मुम्मडम्मा देवी के साथ विवाह भी कर दिया। सामन्त विद्रोही राजाओं तथा साम्राज्य की चारों ओर के शत्रु राजाओं को पराजित करने के बाद ही रुद्रम देवी का निज नारी रूप सब को ज्ञात होता है। इन ऐतिहासिक परिवर्तनों से लेखक ने उपन्यास के कथानक को जटिल, अधिक संघर्षशील और रहस्यात्मक आकर्षण से भरने का प्रयत्न किया है।

उपन्यासकार की कल्पना की दूसरी दिशा प्रेम सम्बन्धी है। यह प्रेम रूप के आकर्षण, शौर्य, चरित्र और व्यक्तित्व पर आधारित है। ऐसी दो प्रेम-गाथाएँ अन्नमांबिका-गोन गन्नारेड्डी और रुद्रम देवी-चालुक्य वीरभद्र की हैं। मुम्मडम्मा का प्रेम एकपक्षीय और विषम है। कुछ वर्षों तक स्त्री से दूर रहने के व्रत के बहाने पुरुष वेष में सम्राज्ञी रुद्रम देवी अलग महल में रहती है। शौर्य के साथ प्रेम के इस योग में उग्र-कोमल भावनाओं का सामंजस्य होकर उपन्यास का कथानक अधिक रोचक बनता है।

4. उपन्यास कला : उपन्यास में पृष्ठभूमि और वातावरण कथानक से स्वतन्त्र रूप में वर्णन केवल तीन स्थानों पर मिलता है—अन्नांबिका के विवाह के प्रयत्नों के दोनों अवसरों पर, काकति और एकवीरा देवताओं के उत्सवों के सन्दर्भ में तथा काकतीय साम्राज्य के विजयोत्सव एवं रुद्रम देवी के विवाह में। धर्म और राजनीति की चर्चा गणपति देव और प्रधानमन्त्री विश्वेश्वर शिवाचार्य के जीवन के प्रधान अंग हैं। उच्चवर्गीय संस्कृति और सामाजिक जीवन की झलक राजवंशों, सेनानियों, मन्त्रियों और पुरोहितों के क्रिया-कलापों में मिल जाती है। निम्नवर्गों का सुख-शान्तिमय है—इस ओर कुछ संकेत मात्र है। मध्यवर्गीय पारिवारिक जीवन का उल्लासपूर्ण वातावरण अक्कन प्रगड़ा

और कामेश्वरी की प्रेम कथा में देख सकते हैं। काव्य, संगीत, नाट्य आदि कलाओं का ही नहीं, अलंकार शास्त्र, तर्क आदि पर विचार-विमर्श अन्नांबिका, रुद्रम देवी आदि राजकुमारियों द्वारा होता है जिनके वे मर्मज्ञ हैं। मधुसानी आदि वेश्याएँ भी कला-निपुण हैं।

कथानक में युद्धों और प्रेम की गाथाओं का ऐसा सुसम्बद्ध और चिकना ताना-बाना बुना गया है कि दोनों को अलग नहीं किया जा सकता। (1) अन्नांबिका के विवाह के दोनों प्रयत्नों को भंग करने वाले गन्नारेड्डी के दर्शन में नायिका के मन में प्रेम का अंकुर और उसकी पुष्टि हो जाती है। सम्राज्ञी के विरुद्ध विद्रोह के लिए वर्धमान मण्डलेश्वर लकुमया रेड्डी के पुत्र वरदा रेड्डी के साथ आदवोनि के मण्डलेश्वर की पुत्री अन्नांबिका के विवाह रूप में गठबन्धन निश्चित होता है। डाकू गन्ना रेड्डी की सेना को पराजित करती है। अन्नांबिका इस विवाह के प्रतिकूल है, इसलिए गन्नारेड्डी के प्रोत्साहन उसकी बहन कुप्पांबिका के साथ राजधानी ओरंगल पहुँच जाती है। गन्नारेड्डी की वीरता, मृदु-व्यवहार और डाकूपन के अन्तर्विरोध को न समझ सकने के कारण उसका मन डोलायमान रहता है। (2) पुरुष वेष धारिणी, उसी रूप में पाली-पोषी रुद्रम देवी पूर्णयौवना होकर अपने स्त्रीत्व का बोध होने पर बाल्यावस्था में विवाहिता पत्नी मुम्मडम्मा को अपना निज रूप प्रकट करती है। पति-प्रेम में विशेष अनुरक्त वह पहले मूर्छित होकर फिर परिस्थितियों के साथ समझौता कर लेती है। मुम्मडम्मा के प्रेम की यह विलक्षण परिणति है। दूसरी ओर रुद्रम देवी के मन में दो बार अपनी रक्षा करने वाले चालुक्य मण्डलेश्वर वीरभद्र महाराजा के प्रति प्रेम का उदय होता है। लेकिन वीरभद्र रुद्रम देवी से प्रेम करते हुए भी एक मण्डलेश्वर को सम्राज्ञी के लिए उचित वर न समझकर विरक्ति में केवल साम्राज्य-सेवा में लग जाता है। इस प्रेमगाथा के साथ युद्धों के अतिरिक्त राजनीति और धर्माधर्म के प्रश्न भी जुड़ जाते हैं। (3) अन्नांबिका को राजधानी भेजने के बाद गन्नारेड्डी एक-एक करके विद्रोही सामन्तों का दमन और संहार करता जाता है। उसके मन में राजभक्ति के अतिरिक्त प्रेम या अन्य बातों के लिए कोई स्थान नहीं है। उसके कार्यों में मंदि भूपाल उप्पल सोम का वध करके उसके पुत्र को राजा बनाना; राजधन के अपहरण के कारण कंदूरि केशनायक का वध; अपने ही चचा लकुमया रेड्डी को बन्दी बनाकर राजधानी भेजना; गोदावरी प्रान्त में मेडिपल्लि काचय नायक और उसके सहायक कलिंगों को भगा देना; गणपति देव के गेटे जमाता आरुवेल सीमाधिपति श्री कोल भेत महाराजा पर चढ़ाई करने वाले पूगिनाटि प्रेमाटि राय और तेराल प्रभु काटय्या नायक को पराजित करना उल्लेखनीय युद्ध हैं। इन युद्धों के बीच-बीच में अन्नांबिका, रुद्रम देवी और मुम्मडक्मर के सन्निवेश हैं जिनमें प्रथम दो का प्रेम स्पष्ट होकर प्रबल गति के साथ विकसित होता जाता है। अन्नांबिका के मन में गन्नारेड्डी के व्यवहार को देखते हुए डाकू रूप पर वीर पुरुष का रूप विजयी होता

है। (4) आगे भी काकतीय साम्राज्य के अन्दर-बाहर के सामन्तों और महाराजाओं के साथ और भारी युद्ध चलते रहते हैं। गुंटूर नागय्या प्रभु की 1,25000 सेना को कृष्णा नदी के पास रुद्रम देवी, भेत महाराजा, गोंक प्रभु रेचर्ल गणपति और गन्नारेड्डी मिलकर हरा देते हैं। बाद को गन्नारेड्डी कल्यण चोलों के महाराजा चोडोद्य को हराकर काकतीय साम्राज्य का सामन्त बना देता है। अन्नांबिका पुरुष वेश में गन्नारेड्डी का अंगरक्षक बनकर पांड्य राजा राज राजेन्द्र चोड के साथ युद्ध में उसके प्राणों को बचाती है और विजय में सहायिका बनती है। अन्तिम युद्ध यादव राजा देवगिरिपति महादेवराज की 6,00000 सेना के साथ है जिसमें काकतीय साम्राज्य के हितैषी सभी सामन्त राजा भाग लेते हैं। गन्नारेड्डी कभी पीछे से, कभी आगे से, कभी पार्श्वों से अचानक छोटे दलों के साथ आक्रमण करके यादव सेना को तितर-बितर करके विजय में सहायता देता है। युद्धों की इन गाथाओं के साथ प्रेमियों का कोई न कोई प्रसंग निरन्तर जुड़ा रहकर कथानक के प्रभाव को बढ़ाना है। यह वीरता के साथ प्रेम के योग की कहानी है। (5) अन्त में रुद्रम देवी का पट्टाभिषेक है। विश्वेश्वर शिवाचार्य वीतरागी चालुक्य वीरभद्र को रुद्रम देवी का प्रेम जताकर दोनों का विवाह कर देता है। उपन्यास के अन्त में तीन विशेष बातें कथानक के आकर्षण को बढ़ाती है–(1)अन्त तक किसी को पता नहीं चलता कि साम्राज्य के विरुद्ध विद्रोह के सूत्रधार राजभक्त के रूप में वृद्ध जन्निगदेव महाराजा हैं। (2) गन्नारेड्डी पाट्टा भिषेक के बाद भी राजभक्त सेनानी के रूप में ओरंगल में ही रह जाता है और अन्नांबिका अपने पिता के नगर चली जाती है। रुद्रम देवी को ही दोनों के पुनः सन्धान एवं विवाह तथा गन्नारेड्डी को वर्धमान के राजा के रूप पट्टाभिषेक का दायित्व लेना पड़ता। नायक-नायिका यह अलगाव और पुनर्मिलन कथानक की अन्तिम कौंध है। (3) युद्धों के बाद अन्त में ही मालूम होता है कि गणपति देव, रुद्रांबा और विश्वेश्वर शिवाचार्य की अनुमति से ही साम्राज्य की रक्षा के लिए गन्नारेड्डी डाकू बनकर अपनी सेना आद्यंत कर लेता है।

इतिहास के अनुसार सम्राज्ञी रुद्रम देवी के प्रताप और प्रशा से काकतीय साम्राज्य का संरक्षण सम्भव हो सका। गन्नारेड्डी केवल सेनापति थे। उपन्यासकार ने उसे सब युद्धों में केन्द्र वीरपुरुष के रूप में चित्रित करके नायक बनाया है। उसे डाकू का रहस्यमय गुप्त रूप देकर उसके व्यक्तित्व में एक रोमांटिक आयाम भी जोड़ा है। इस दृष्टि से नायक के नाम पर उपन्यास का शीर्षक उचित ही है। उपन्यास का आरम्भ नाटकीय ढंग से हुआ है। डाकू गन्नारेड्डी विवाह-मण्डप से अपने चाचा के पुत्र वरदा रेड्डी का अपहरण करके एक हफ्ते के बाद छोड़ देता है। यह साम्राज्य के विरुद्ध विद्रोह को रोकने का पहला प्रयत्न है। उपन्यास का अन्त भी नाटकीय आकर्षण से भरा है। गन्नारेड्डी और अन्नांबिका एक दूसरे से प्रेम करते हैं। लेकिन पारस्परिक प्रेम का बोध दोनों को नहीं है। सम्राज्ञी रुद्रम देवी की राजनीतिक कूटनीति से ही दोनों का

संयोग हो पाता है। आदि और अन्त के बीच कथानक में संघर्ष केवल युद्धों का ही न होकर राजनीतिक दाँव-पेंचों का भी है। पात्रों का मानसिक अन्तर्द्वन्द्व विलक्षण परिस्थितियों के कारण है। रुद्रम देवी राजधर्म और प्रेम को लेकर व्यथा का अनुभव करती है। चालुक्य वीरभद्र उससे प्रेम करता है या नहीं, उसकी दुविधा भी है। वीरभद्र रुद्रम देवी के प्रेम को न जानने के कारण और अपने को सम्राज्ञी का पति होने अनुपयुक्त सामन्त समझने से वीतरागी है। प्रेम और वैराग्य के बीच मानसिक द्वन्द्व है। अन्नांबिका गन्नारेड्डी की ओर आकृष्ट होकर भी डाकू और वीरपुरुष के रूपों के बीच असमंजस में पड़ जाती है। प्रेम की प्रबलता में भी वह गन्नारेड्डी की भावना को न समझ पाने से अपने पिता के घर चली जाती है। गन्नारेड्डी अ त में अन्नांबिका की ओर आकृष्ट होने पर भी प्रभुभक्ति पर अटल रहता है। अक्कन प्रगड़ा और कामेश्वरी का दाम्पत्य-प्रेम द्वन्द्वों से परे है। लेकिन प्रभुक्त उनके परिवार प्रगड़ा के डाकुओं से मिल जाने पर व्यथाग्रस्त है। यहाँ वात्सल्य और प्रभुभक्ति के मानसिक संघर्ष की व्यंजना है।

उपन्यास के प्रधान पात्रों का चरित्र आदर्शवादी ढाँचे में ढला हुआ है। विपक्षी या तो स्वतन्त्र अपने राज्य की स्थापना से प्रेरित हैं या स्त्री के साम्राज्य-प्रशासन के विरुद्ध हैं। ऐसी स्थिति में पात्रों के चरित्र के बहुमुखी आयामों के उन्मेष की सम्भावनाएँ कम हो जाती हैं। गन्नारेड्डी का व्यक्तित्व तेजस्वी है। वह मनोवैज्ञानिक दृष्टि से बहिर्मुखि क्रियाशील व्यक्ति है। उसके चरित्र में प्रधान पहलू शौर्य एवं साहस, स्त्रियों के प्रति स्नेह, सम्मान एंव मर्यादावादी दृष्टि, पराजित शत्रुओं के प्रति भी उदारता तथा अपने पक्ष या दल के लोगों से स्नेह या वात्सल्य है। कहीं-कहीं उस कठोर कर्त्तव्य-प्रेरित मन में प्रेम की कोमलता की व्यंजना है। अन्नांबिका की सखी पहली बार उस डाकू गन्नारेड्डी को देखकर कहती है—"वह बहुत लम्बा, सुन्दर, सशक्त, सोने की छाया के साथ प्रोज्वल है। कैसी राजसी शालीनता है, "आँखें विशाल, मध्याह्नकालीन सूर्य की तरह हैं। ओह!" "गन्नारेड्डी वसंतमूर्ति की तरह, मूर्तिमान यौवन की तरह, मूसे में ढली वीरता की तरह, उत्तम शिल्पी के स्वप्निल धीरोदान्त पुरुष राशि की तरह, मन्दहास के साथ खड़े होकर अन्नांबिका को नमस्कार करके मधुर-मन्द स्थायी में षट्जम स्वर में" कहने लगा। उसके रहस्यमय कोमल-कठोर व्यक्तित्व के सम्बन्ध में स्वयं अन्नांबिका सोचती है—"गन्नारेड्डी प्रभु का हृदय उतना रहस्यमय है क्यों? उसका हृदय नवनीत है। शत्रु का नाश करने के लिए वे जितना दुर्निरीक्ष तेजोवान हो सकते हैं, युद्धेतर काल में उतने सुकुमार चरित हो जाते हैं।" अन्नांबिका व्यक्तित्व अन्तर्मुखी भावनाशील है। लेकिन अस्त्र-शस्त्रों के प्रयोग का अभ्यास करने के कारण उसके कोमल स्वभाव में ओजस्विता का योग भी दिखाई देता है। अपने पिता के महल को छोड़कर ओरंगल चले जाने में और गन्नारेड्डी का अंगरक्षक बनकर युद्ध करने में उस ओजस्विता की एक झलक मिल जाती है। अन्यथा वह सौन्दर्य और प्रेम की मूर्ति है। "अन्नांबिका लम्बी है, लम्बा मुख

है, बहुत बड़ी आँखें हैं, काली पुतलियों में एक अज्ञात गहराई है, कोई एक महान प्रश्न है, कोई एक तीव्रता है, कोई एक प्रगाढ़ मधुरता नीले आकाश के पथों में अप्सराएँ नृत्य करती-सी लगती हैं। सँवारे हुए प्रस्फुट अवयव हैं। सोने और लाल कृष्णवेणी के तीर पड़ उपलब्ध सुवर्ण की तरह शरीर की छाया है। उस छाया में फूल के परिमल की तरह यौवन ने एक अनन्य मोहनता प्रदान की।" डाकू से प्रेम को लेकर दुविधा के बावजूद अन्ततः उसके प्रेम में एक दृढ़ता का विकास होता है—"चाहे यह वीर डाकू हो, वह भी डाकू बनेगी! वे राज्यों और नगरों को लूटते हैं, वह भी उसी तरह कर सकती है। उनके प्रेम के लिए तपस्या कर, उनके कटाक्षों के लिए तेजस्वी ज्योतियों को जलाकर, उनकी प्रेममय बातों के लिए सब श्रुतियों को स्पंदित कर वह तीनों लोकों को उथल-पुथल कर सकती है।" उसके चरित्र में कोमलता के साथ संकल्प की दृढ़ता भी है। रुद्रम देवी के व्यक्तित्व में अन्तर्मुखी भावनाशीलता के साथ बहिर्मुखी क्रियाशीलता का सामंजस्य है। प्रेम के प्रसंगों में उसका मन कोमल हो जाता है तो राजनीति, प्रशासन और युद्ध के सन्दर्भों में वह उस कोमलता को दबाकर कर्त्तव्यनिष्ठ और कर्मठ बन जाती है। चालुक्य वीरभद्र के प्रति प्रेम को लेकर ही नहीं, स्त्री के पुरुषोचित राजधर्म का निर्वाह करने के विषय में भी उसका मन शंकाग्रस्त है। लेकिन वह अपने कर्त्तव्यों से विमुख नहीं होती और कार्यभार सफलतापूर्वक वहन करती है। इसी में उसका चारित्रिक और सांकल्पिक शक्तिमन्ता प्रकट होती है। उसके रूप-वर्णन में कोमलता और दृढ़ता दोनों मिली हुई हैं—"उसका शरीर दृढ़िमायुक्त है और ललित भी है। वह स्पष्ट अंगरेखा समन्वित है। माधवी लता की तरह और कल्पवृक्ष की तरह मृदुल और पुष्ट भी है। वे हाथ कुम्भ-विशुम्भ पर कानों तक धनुष की डोरी खींचकर बाण चलाने वाली ललिता देवी के हाथ हैं।" दर्पण के "उस प्रतिबिम्ब में मोहनांगी समुद्र-संगम के लिए उमड़कर बाढ़ के रूप में प्रवाहित होती आने वाली नदी सुन्दरी है।" "पुरुष वेश धारण करने पर उसमें से स्त्री-भाव तिरोहित हो जाता।...वह महापुरुष है। किसी प्रकार की शंका रहित महान वीरपुरुष है।" प्रेम और धर्म के संघर्ष में वह कहती है—"मेरे सौन्दर्य का नाश हो! मेरी मनोकामनाएँ भस्म हों। मेरा मनोनयक मेरे लिए परपुरुष हो! इस राज्य को छोड़ नहीं सकती और न मेरे पुरुष को।" भावात्मक इस तीव्र वेदना में भी वह अपने कर्त्तव्य के पथ से विचलित नहीं होती। यह उसके चरित्र की उदान्तता और महानता है। चालुक्य वीरभद्र राजा का व्यक्तित्व बहिर्मुखी कर्त्तव्यनिष्ठ और कर्मठ है। उसके सामने प्रेम-भावना, तीव्र आकर्षण के बावजूद झुक जाती है। उसकी दृष्टि में रुद्रम देवी "स्वप्नों से परे सपना है! चाँदनी में से आकर उसी में गल गई है।...यह मूर्ति मेरे लिए सन्निहित है और दूर भी! अपने सपने और अपने रचित अमृत-गान अणुरूप में बदलकर इस रूप में मूर्तिमान हुए हैं।" लेकिन वह चक्रवर्ती महाराजाओं के वंश का अब केवल सामन्त हो गया है। इसलिए काकतीय साम्राज्य को निष्कंटक बनाकर चला जाना ही उचित है।

इस आदर्श चरित्र के वीर पुरुष में अन्त तक मानसिक वेदना का स्वर गूँजता रहता है।

संवाद और भाषा-शैली युद्ध के प्रसंगों में ओजगुण पूर्ण और प्रेम-व्यंजना के सन्निवेशों में ललित और मधुर है। यथार्थोन्मुख उपन्यासों की संवाद-योजना की अन्य विशेषताओं को उनमें ढूँढ़ना व्यर्थ है। लेखक प्रथम आंन्ध्र साम्राज्य के सांस्कृतिक वैभव को आँखों के सामने प्रत्यक्ष करना चाहता है। वही रचना का उद्देश्य है और उसकी पूर्ति में साहित्यकार को पर्याप्त सफलता मिली है।

5. काव्यात्मकता : यथार्थवादी उपन्यास में काव्यतत्त्व विधा की दृष्टि से दोष माना जा सकता है। लेकिन रोमांटिक युग के कवियों ने सभी विधाओं में न्यूनाधिक मात्रा में काव्य के धर्मों को समाविष्ट किया है। गोन गन्नारेड्डी उपन्यास में काव्यात्मक तीन विशेषताएँ द्रष्टव्य हैं—(क) राजकुमारियों के उपवन-विहार में प्रकृति की रमणीयता का वर्णन है। (ख) भाव-व्यंजना का विस्तार है, विशेषतः वीरता और प्रेम सम्बन्धी भावनाओं का। (1) (ग) कथ्य के अन्तर्गत मस्तु एवं भाव-विचारों का चित्रांकन है। कुछ उदाहरण प्रस्तुत हैं। अन्नांबिका की आँखों का वर्णन : "भाभियों के विविध पद्मों से, सहोदरी-रत्न श्वेत, गहरे लाल, अरुण कमलियों से वह नीली कमलिनी छोटी है और अत्यन्त मनोहर रूप की है। लम्बा फूल और लम्बी पंखुड़ियाँ हैं। अग्रभाग में अति-आर्द्रता से मसृण अनन्य मनोहर नीले कोने होते हैं। आकाश की नीलिमा को भी इन नीली कमलिनियों से नीलिमा-सम्पदा उधार लेना ही है।" गन्नारेड्डी की आवज्ज की गम्भीरता : "उस आवाज में आठ कटारों की तीक्ष्णता है, सोलह गाजों का महानाद है, सप्त समुद्रों की गहराई है।" युद्धों के वर्णन में अतीत के अस्त्र-शस्त्र प्रयोग, घोड़ा-हाथी संचालन, विविध प्रकार के व्यूहों का, किले-कंदकों पर कब्जा करने की पद्धति आदि का विस्तार के साथ वर्णन है। प्रसंग के अनुसार धर्म, शौर्य और प्रेम सम्बन्धी अनेक सामान्य कथन और सूक्तियाँ भी मिल जाती हैं। कुछ उदाहरण : "प्रेम के लिए स्त्री-पुरुष अपना सर्वस्व समर्पित करते हैं।" स्त्री प्रेम के लिए सर्वस्व का त्याग करने पर क्या पुरुष वैसा कर सकता है? स्त्रियाँ प्रेम के लिए सब कुछ समर्पित कर रही हैं तो पुरुष राज्य के लिए समर्पित करता है। "पशुओं में स्त्री-पुरुष का आकर्षण जन्तु धर्म है। मन उसका निर्वाह करता है। मनुष्य ने उस प्रेम को दिव्यधर्म बनाया है।" "सौन्दर्य केवल क्षणिक है, धर्म अनन्त का चिह्न है।"

6. उपसंहार : रवीन्द्र का कहना है कि ऐतिहासिक रचनाओं में अतीत प्रत्यक्ष होकर एवं विशेष आनन्द की अनुभूति देती है जिसे उन्होंने 'ऐतिहासिक रस' कहा है। आलोच्य उपन्यास पूर्ण रूप से ऐतिहासिक नहीं है। रूप की दृष्टि से उसे ऐतिहासिक रोमांस कह सकते हैं जिसमें वीरता और प्रेम मिले-जुले होते हैं। धर्म, राजनीति और संस्कृति के पहलू भी उसमें काफ़ी उभरे हुए हैं। आधुनिक काल के राष्ट्रीय आन्दोलन में

देश प्रेम के साथ आन्ध्र-प्रशस्ति भी साहित्य की विविध-विधाओं का कथ्य हो गया है। आन्ध्र के इतिहास, संस्कृति और जीवन-विधान के प्रति साहित्यकार बापिराजू के मन में अपार श्रद्धा और प्रेम है जो कभी-कभी प्रशंसात्मक रूप धारण करता है। इस प्रेम में लेखक ने राजकीय जीवन-विधान, उच्च वर्गों के स्त्री-पुरुषों की वेशभूषा, विविध प्रकार की अलंकरण की रीतियों का कुछ अधिक विस्तार के साथ वर्णन किया है। कहीं-कहीं भाव-व्यंजना भी भावुकतापूर्ण हो गयी है। रोमांटिक कल्पनाशील आदर्शवादिता भी आधुनिक यथार्थवादी उपन्यास की संरचना में फिट नहीं होती। इन सीमाओं के बावजूद साहित्य और संस्कृति का 'रस' लेने वाले पाठकों के लिए बापिराजू के ऐतिहासिक उपन्यास विशेष उपादेय हैं। हिमबिन्दु उपन्यास के साथ तुलना में गोन गन्नारेड्डी उपन्यास में पहले की काव्यात्मकता एवं रसात्मकता की अपेक्षा कथानक को अधिक महत्त्व मिला है। यही इस उपन्यास के चयन का कारण है।

चिन्ता दीक्षितुलु : वटीराव कथलु
(वटीराव की कहानियाँ)
(1891-1960)

1. प्रस्तावना : दीक्षित जी बहुमुखी प्रतिभाशाली साहित्यकार थे जिन्होंने कविता, नाटक-नाटिका-एकांकी, कहानी, निबन्ध और बाल-साहित्य के क्षेत्रों में श्रेष्ठ रचनाएँ की हैं। उनकी रचनाओं के प्रतिपाद्य में भी वैविध्य है—भारतीय धर्म एवं संस्कृति, उसके अनुरूप आधुनिक जीवन का विकास, लोक जीवन की गाथाएँ, अनुस्यूत जातियों का जीवन, प्रकृति और प्राकृतिक प्रेम। पौराणिक, ऐतिहासिक और आधुनिक जीवन के कथ्य में आदर्श और यथार्थ का सामंजस्य करते हुए उसमें हास्य को जोड़कर उन्होंने कुछ ऐसी रचनाएँ की हैं जो कालजयी साहित्यिक मूल्य रखती हैं। जब दीक्षित जी ने अपनी एक पुस्तक के लिए चलं से भूमिका लिखने का अनुरोध किया है तो उन्होंने लिखा है कि "दीक्षित जी की पुस्तक के लिए चलं का उपोद्घात? आज के अनेक तेलुगु-शाखाओं के लिए वे ही उपोद्घात हैं।" आधुनिक साहित्य के विकास की स्थिति में दीक्षित जी और चलं दो विपरीत प्रवृत्तियों के प्रतिनिधि लेखक हैं—एक भारतीय धर्म और सांस्कृतिक परम्परा के समर्थक हैं तो दूसरे वर्तमान सामाजिक व्यवस्था के घोर विद्रोही नग्न यथार्थवादी हैं। जब ब्राह्मण-समाज ने चलं को जाति-बहिष्कृत कर दिया है, तब भी दोनों में मित्रता बनी रही है तथाा दीक्षित जी चलं के 'सिनिकल' (घृणास्पद) दृष्टिकोण को बदलते हुए उन्हें भारतीय आध्यात्मिकता की ओर उन्मुख करते हुए अन्ततः सफल भी हुए हैं। दीक्षित जी की सहृदयता और उदारता से प्रभावित चलं ने लिखा है—क्या आपने लिखा है कि मेरी पुस्तक उत्कृष्ट है! मेरी पुस्तक की महानता मुझमें से आयी है। मुझमें महानता आपकी बनाई हुई है।

कहानी के क्षेत्र में दीक्षित जी और चलं दो भिन्न प्रवृत्तियों के प्रवर्तक हैं—आदर्शवादी और यथार्थवादी जिनका पर्याप्त प्रभाव समसामयिक ही नहीं, भावी पीढ़ियों पर भी पड़ा है। भारतीय धर्म और संस्कृति के आदर्शवादी कहानीकार दीक्षित जी की लेखनी से "वटीराव की कहानियाँ' एक अद्भुत चमत्कार ही समझना चाहिए। परम्परावादी तेलुगु के समीक्षकों ने इन्हें पाश्चात्य सभ्यता पर अधिक्षेपात्मक या व्यंगात्मक माना है। साहित्य में सामाजिक जीवन की गम्भीरता की अभिव्यंजना के समर्थक समीक्षकों ने इन कहानियों में सतही जीवन की अभिव्यक्ति को उपेक्षणीय समझा है। पुस्तकाकार

प्रकाशन के समय इन कहानियों में भारतीय एवं पाश्चात्य सभ्यता के संघर्ष की ओर संकेत इनके सम्बन्ध में गलतफ़हमी को बढ़ाकर लक्ष्य को समझने में और जटिलता पैदा की है। साहित्यकार की विचारधारा, रचनाधर्मिता और प्रवृत्ति को देखते हुए इन अभिमतों में सत्य के अंश को अस्वीकार नहीं किया जा सकता। लेकिन ऐसे विचारों ने तेलुगु साहित्य में इन कहानियों के अद्वितीय स्थान को नकारा है। किसी रचना को केवल साहित्यकार की सामान्य प्रवृत्ति के आधार पर ही नहीं, उसके सही परिप्रेक्ष्य, रचनाधर्मिता और रचनागत भाव-विचारों के सूक्ष्म अनुशीलन के आधार पर समझना तथा मूल्यांकन करना चाहिए। चलं ने अपने पत्रों में इन कहानियों की विशिष्टता की ओर ध्यान आकृष्ट किया है, लेकिन साहित्य जगत ने उस पर ध्यान नहीं दिया है।

2. कहानियों का विश्लेषण : इनके छह कहानियों पर विचार करने के पहले नायिका के विलक्षण नाम वटीराव का स्पष्टीकरण तथा उसके साथ पति रावजी के दाम्पत्य-जीवन का परिचय आवश्यक है। नायिका का वास्तविक नाम 'वि. कलावती' है। उस समय (1939) एम.ए. की उच्च अंग्रेजी-शिक्षा प्राप्त कलावती ने अपने नाम को आधुनिक सभ्यता के अनुरूप न मानकर 'कला' को काटकर 'वटी' का अंग्रेजीकरण करते हुए 'वटी' बना दी है। घरेलू या वंश के नाम के प्रथम अक्षर 'वी' और पति के नाम के अन्तिम पद 'राव' जुड़कर वी. वटीराव नाम बना है। इस मज़ेदार नाम में और एक बात भी ध्यान देने योग्य है। अंग्रेजी वर्णमाला में वटीराव लिखते समय उसका उच्चारण वटीराव भी हो सकता है, जिस नाम से उसकी सहेलियाँ पुकारती हैं! इसी क्रम में 'बरहालु' 'हाल', 'अनसूया' 'सूय' और 'मल्लिका' 'लिक' हो गई हैं। इस नामान्तरण को लेखक ने व्यंग्य के रूप में नहीं परिहास के रूप में प्रस्तुत किया है।

कहानियाँ पति रावजी के उत्तम पुरुष में होने से दो भ्रम पैदा हो सकते हैं—एक नायक के भाव-विचारों को लेखक के होने का तथा नायक के भाव-विचारों को विरोधात्मक मानने का। इन भ्रान्तियों से बचकर लेखक और नायक की सही दृष्टि को समझना चाहिए। उच्च शिक्षा प्राप्त पति-पत्नी के दाम्पत्य-जीवन के सम्बन्ध में रावजी कहते हैं—एम.ए. में उत्तीर्ण युवती रत्न को पत्नी बना पाने का भाग्य कितने लोगों को प्राप्त होता है? हम दोनों घर में अंग्रेजी में ही बातें करते हुए, अंग्रेजी वेशभूषा ही पहनते, अंग्रेजी पत्रिकाएँ पढ़ते कुछ दिन सारा घर 'कल्चर' (संस्कृति) से भर दिया है। विवाह के बाद के नयेपन में हमने सोचा है कि हमारे बच्चे भी जन्म लेते ही अंग्रेजी रोना रोने, अंग्रेजी हँसी हँसते कल्चर के साथ ही पैदा होंगे। लेकिन यह कहते हुए बड़ा खेद होता है कि वे बहती नाक आदि के साथ ही दिखाई पड़े हैं। उन्हें कॉन्वेंट स्कूल में सौंपा है। नयेपन में रुचिकर हमारा प्रेम क्रमशः वर्षों के बीतने पर पीला पड़ने लगा है। मैं एक हद तक परम्परागत आचार-विचारों का हो गया हूँ। लेकिन मेरी पत्नी को कल्चर्ड लेडी ही रह गयी है।" इसीलिए वह 'लेडीज कल्चर क्लब' की सदस्या हो गयी है। लेखक

और रावजी दोनों की दृष्टि में "सच कहना है तो अंग्रेजी सरकार से हमें संक्रमित अन्य उपस्करणों (संस्कारों) के साथ प्राप्त यह कल्चर भी एक है। दो परस्पर भिन्न सभ्यताओं और संस्कृतियों के बीच दाम्पत्य जीवन कैसा होता है—इस आधार पर लिखी गयी है।" 'वटीराव की कहानियाँ' पति सनातनी धर्म की ओर कुछ उन्मुख है और पत्नी आधुनिक सभ्यता की ओर। एक के समझौते के बिना दाम्पत्य-जीवन शान्तिमय नहीं हो सकता। पति बेचारे रावजी ही सन्धि-पत्र लिखते हैं। रावजी सच्चे भारतीय हैं—दाम्पत्य-जीवन में पति के झुकने या मन को समझा लेने के सच्चे आनन्द को जानते हैं। ऊपर वटीराव की रीति-नीति और पति रावजी के विचारों में तालमेल दिखाई नहीं देता, दाम्पत्य के स्वरों में विरोध-सा लगता है तथा चाल-चलन का कुछ अनुमोदन-सा भी लग सकता है। लेकिन विरोध, अवहेलना, व्यंग्य और सघर्ष का अनुभव नहीं होता। अन्यथा रचना हास्य-प्रधान ही नहीं होती।

पहली कहानी 'प्रथम पुरस्कार' है। लेडीज़ कल्चर क्लब ने निर्णय किया है कि इस वर्ष क्लब का प्रथम पुरस्कार उसे मिलेगा जो अपने पति को 'फूल' (बेवकूफ़) बनाने में सबसे अधिक सफल होती है। बुद्धिमत्ता और चतुराई में सबसे एक कदम आगे वटीराव चुपचाप अपनी योजना बना लेती है। प्रसंगवश एक स्वामी जी ने रावजी से कहा है कि पुरुष सूर्योदय के पूर्व उठकर शिवरूप धारण कर 'शिवोहं' कहते हुए अपने अन्दर की आदिशक्ति को जगाना चाहिए। आजकल पत्नी पहले उठकर कॉफी बनाकर सोते पति को जगाकर पिलाती है। विपरीत दिशा में भारतीय धर्म के प्रस्थान में पत्नी को ब्रह्मलोक की प्राप्ति हो रही है। वटीराव अचानक भारतीय संस्कारों में दिलचस्पी दिखाने लगती है तो अबोध रावजी उसके मानसिक परिवर्तन से प्रसन्न होकर शिव रूप धारण करके संकीर्तन करने में उसके सहयोग को स्वीकार करते हैं। वटीराव भय का अभिनय करती है कि शिव रूप में सच्चे साँप को गले में न पहनें! निश्चित दिन निर्णायिकाएँ सदस्याओं के घर जाकर देखती हैं कि एक पत्नी ने पुरुष वेश धारणकर पतिदेव को स्त्री की वेशभूषा में अलंकृत किया है। एक सती ने और आगे बढ़कर रसोईघर में पति से खाना पका रही है। नई अपरिचित स्त्रियों को सूचना के बिना घर में घुसते देखकर अफ़सर पति क्रुद्ध हो जाते हैं। अन्त में वटीराव के घर पहुँचकर शिव रूप में रावजी को देखकर कुछ भयभीत हो उन्हें छूकर परीक्षा करने का प्रयत्न करती हैं। रावजी ज़ोर से शंखध्वनि करते हुए 'शिवोहं' हुंकार करते हैं तो घर से भाग जाती हैं। लेकिन प्रथम पुरस्कार मिला है ऐसे सजीव वेश धारण कराने पर वटीराव को! क्या पुरस्कार है? रावजी को नटराज की मूर्ति और वटीराव को सेक्स की पुस्तकों का बंडल। रावजी शिकायत करते हैं तो वटीराव झट से उत्तर देती है कि शिवजी के रूप धारण की इच्छा तो उनकी है। उन्होंने आवश्यक अलंकरणों से सहायता की है तो ऐसा निष्ठुर आक्षेप क्यों है। फिर उनके इस वेश धारण से पुरस्कार भी मिला है। पुरस्कार मिलने पर रावजी को

वटीराव का कितना अंग्रेजी आत्मीयता भरा प्रेम मिला है—वे उसकी आँख की पुतली हैं, पीच के फल हैं, प्यारे पति हैं, मुँह पर सुन्दर मुँहासा हैं, अपने डार्लिंग हैं, अपनी साड़ी है, अपनी चोली है! प्रत्येक शब्द के बीच में मेरी मूँछें खींचती हुई उनके अधरों का चुम्बन लेती रही हैं। कहानी के अन्त में स्वामी जी राव जी से पूछते हैं कि क्या शिव-संकीर्तन का कोई फल मिला है तो वे उत्तर देते हैं कि सद्य : (तुरन्त) फल प्राप्त हुआ है। (प्रथम पुरस्कार के रूप में! या मज़ाक में यों कहें कि पत्नी की प्रशंसा, आत्मीयता और प्रेम के रूप में।) पूरी कहानी में ही नहीं, प्रत्येक सन्निवेश और वर्णन में, लेडीज़ की दृष्टि में उनके व्यक्तित्व एवं स्वतन्त्रता की व्याख्याओं में, उत्तम पुरुष में कहानी के कथनक्रम में प्रथम पुरुष की भाषा-शैली के प्रयोग में (तेलुगु भाषा के बोलने और लिखने की विशेषता है जो क्रिया के अन्त में 'ट' के प्रयोग की है।)—सभी में हास्य और विनोद भर दिया हैं लेखक का कला-कौशल इस बात में है भारतीय तथा पाश्चात्य संस्कारों के समर्थक और विरोधी किसी वर्ग को टीस पहुँचाए बिना रसाभास या हास्यास्पद स्थिति को आह्लादकारी और आनन्दात्मक रूप में ढाला है।

दूसरी कहानी 'मिसेस वी. के. वटीराव एम.ए.' है। कहानी के आरम्भ में कल्चर्ड लेड़ी की वेशभूषा और दिनचर्या का वर्णन है। भारतीय पद्धति के स्थान पर घर का पाश्चात्य रंग-ढंग से अलंकरण, बच्चों को अंग्रेजी टाइप के ड्रेस पहनाकर उनके साथ अंग्रेजी क्रीडाएँ खेलना, नाचना तथा गीत गाना, स्वेच्छा के साथ व्यवहार आदि वटीराव के काम लेडीज़ क्लब की सम्पन्न सदस्याओं के लिए ही सम्भव है। पाश्चात्य सभ्यता के प्रति मोह के इस वातावरण में भी भारतीय आत्मा झलकती रहती है। रावजी आक्षेप करते हैं कि अपने नाम के साथ राव आदि पति का नाम जोड़ लेना शिक्षित महिलाओं की अस्वतन्त्रता को प्रकट करता है। तेजस्विनी वटीराव तुरन्त उत्तर देती है कि नाम विशिष्ट व्यक्ति का सूचक मात्र है; पति का नाम जोड़ देने से वह अनाथ हो जाता है; इसके लिए कृतज्ञता प्रकट करने के बदले आक्षेप करना पुरुष की नीचता का निदर्शन है। यह आधुनिक मानवती और बुद्धिमती नारी का रूप है। दूसरे प्रसंग में रावजी कहते हैं कि इस पाश्चात्य सभ्यता के वातावरण में वटीराव इस साड़ी और चोली के बदले स्कर्ट और हैट क्यों न पहनती। भारतीय नारी का मुँहतोड़ उत्तर मिला है कि पहले रावजी धोती-कुर्ते के पहले सूट पहने तथा क्रोध में गाल पर तमाचा मारती है। इस पृष्ठभूमि पर कहानी का आरम्भ होता है। वटीराव घर पर एक व्यक्ति ले आकर उसके साथ बीती हुई देर तक बातें करती रहती हैं, पहले की तरह पति से उसका परिचय नहीं कराती, उसे साथ लेकर घूमती रहती है और शाम को उसके साथ समुन्दर के किनारे विहार भी करती है। रावजी अपने दाम्पत्य-जीवन के भविष्य को लेकर व्याकुल हो वटीराव की चाल-चलन का पता लगाने क्लब का चक्कर भी काटते हैं। यह नायिका-नायक की मानसिकता की व्यंजक कहानी। एक और नायिका के व्यक्तित्व की प्रौढ़ता और

मनस्विता है जो दूसरी चिन्ताग्रस्त रावजी का दुर्बल मन है। उनकी दृष्टि में पढ़ी-लिखी महिला के साथ व्यवहार वाद्य को छेड़ने के समान हैं। समुन्दर के पास दोनों को देखकर वे कहते हैं "लहरें भूल गया हूँ। समुद्र को भूल गया हूँ। साँझ को भूल गया हूँ। अन्धकार में पड़ा हूँ।" अन्त में कहानी के नये मोड़ लेने पर ही पता चलता है कि क्लब की एक सदस्या और उसके पति में मनमुटाव होने पर दोनों में सन्धि करके मिला देने के लिए ही वटीराव ने पति को अपने साथ घुमाकर मधुर बातों में उसे समझाते-बुझाते दोनों में शान्ति स्थापित करने में सफल होती है। पाश्चात्य सभ्यता के वातावरण में भारतीय आत्मा और मानवीय संवेदना की व्यंजक कहानी का रचना-विधान या टेकनिक, हास्य उत्पन्न करने वाले रूप नया भाषा-शैली में है।

तीसरी कहानी 'नग्न दिन-महोत्सव' है जो भारतीय संस्कृत की मर्यादा के विरुद्ध तथा पाश्चात्य सभ्यता के विकास की नवीनतम प्रवृत्ति है। इसमें भारतीय दृष्टि से सन्तोषजनक बात यह है कि यह भारतीय देशकाल की परिस्थितियों में महिलाओं ही तक सीमित रखी गयी है। एक अंग्रेजी महिला 'दिगम्बरत्व और आरोग्य' पर क्लब में भाषण देने के बाद उससे प्रभावित लेडीज़ ने उत्साह के साथ यह महोत्सव मनाने का निर्णय किया है। रावजी आक्षेप करते हैं कि दिगम्बरता भारतीय परम्परा के विरुद्ध है और लज्जा की बात है तो वटीराव तर्क करती है कि क्या आप मेरी नाक, कान, मुँह आदि नहीं देख रहे हैं? पूरा शरीर देखने में शरम की बात क्या है?...आपके सब विचार चार शताब्दी पहले के हैं। लेखक दिगम्बरता को लेकर सभ्यता और संस्कृति के मूल प्रश्नों को नहीं उठाते। हास्य रस प्रधान कहानी में ये अप्रासंगिक है। कहानीकार इस उत्सव के अन्त में नग्न-प्रदर्शन का विरोध करने के लिए क्लब की सदस्याओं के साथ चलने वाली भारतीय परम्परा की एक आचार-निष्ठा वृद्धा के मुँह से कहलाते हैं—यह है क्या नग्न दिन का मतलब, मैंने क्या-क्या सोचा है। इसमें नया क्या है ही! रोज दरवाजा बन्द कर छोटा-सा कपड़ा पहने या न पहने काम कर लेते नहीं हैं क्या? इसके लिए इतना हंगामा क्यों किया है?" (दक्षिण की ब्राह्मण महिलाएँ नहाकर छोटे गीले कपड़े के साथ रसोईघर में आचार-निष्ठा-तेलुगु में मडि के साथ खाना बनाने का पुराना रिवाज़ है।) दीक्षित जी भारतीय सभ्यता-संस्कृति के प्रेमी और पाश्चात्य संस्कारों के विरोधी अवश्य थे। लेकिन हास्य-प्रधान इन कहानियों पर उन विचारों को थोपना उचित नहीं है। उस विचार-संघर्ष की अभिव्यक्ति इनका प्रधान लक्ष्य नहीं है। लेखक महिलाओं के दिगम्बर प्रदर्शन पर भी वटीराव के मुँह से 'रिमार्क' कसते हैं—"तोंद बढ़ाई हुई, टेढ़े-मेढ़े पैर वाली और शुष्कवक्षस्या अपनी नग्नता को प्रदर्शित करने में लज्जित होकर वन्य मृगों की तरह इस पेड़ के नीचे और उस पेड़ के नीचे अपने को छिपाकर बैठी रह गयी है, मानो अपनी कुरूपता पर आप पछता रही हैं।" अब इस नग्न सौन्दर्य-प्रदर्शन की कहानी का कुछ रस लें। संयोगवश रावजी वटीराव की पुस्तक से गिरी हुई नग्नदिन

महोत्सव की आह्वान-पत्रिका देख लेते हैं। उस बात को छिपाकर वे पत्नी के साथ सामाजिक सभ्यता और नग्नता के बारे में चर्चा करते हैं जो सामाजिक विवाद का विषय है। सूक्ष्मग्राही वटीराव समझ जाती हैं कि पति किसी तरह उत्सव की जानकारी पा गये हैं। क्लब की कुछ अन्य मेम्बर भी रहस्य को अपने में गुप्त न रख पाने के कारण अपने-अपने पति से कहकर दूसरों को न बताने का वचन लेती है। सब पतिदेव मिलकर निश्चय करते हैं कि यह कार्यक्रम न होने देंगे। दूसरी ओर क्लब की सदस्याएँ रहस्य प्रकट हो जाने से अपनी योजना में परिवर्तन कर लेती हैं। इस महोत्सव की शर्तें हैं–पुरुषों का उसमें भाग लेने से निषध; वस्त्र ही नहीं, विवाह के पवित्र मंगलसूत्र सहित (दक्षिणा में विवाह का प्रतीक) सभी आभूषण एवं अलंकरणों से मुक्त रहना तथा चाहती हैं तो अपनी एक सहेली को साथ ले आने की स्वीकृति। सागर के किनारे रात में एक कोने के एकान्त प्रदेश में एक निश्चित तिथि को उत्सव मनाने का निर्णय हुआ है। सब पति उत्सव भंग करने वहाँ पहुँचकर, रात भर जागरण कर निराश मुँह लटकाए घर लौट आते हैं। चतुर शिक्षित महिलाएँ चतुराई के साथ स्थान बदलकर समीप के एक दुर्ग में आनन्द के साथ उत्सव मनाकर वापस आती हैं। इस प्रसंग में न भारतीय संस्कृति की पराजय है और न पाश्चात्य सभ्यता की विजय। शिक्षित स्त्री-पुरुषों की बुद्धिमत्ता, सूक्ष्मग्राहिता, चतुराई और कार्यकुशलता की तुलना कर आनन्द प्राप्त करें। प्रयत्न कर, असफल हो फूल (बेवकूफ़) बनने और बनाने में एक मज़ा है। वटीराव पति की दीनता के प्रति सहानुभूति ही प्रकट नहीं करती, प्रेम के साथ उनका चुम्बन करती है। परिस्थिति को सँभालना, खेद को आनन्द की स्थिति पर ले जाना वटीराव के व्यक्तित्व की विशेषता है तो ऐसे पात्र को लेकर अपने रचना-विधान के पाठकों को चमत्कृत कर देने में दीक्षित जी की कला है।

चौथी कहानी 'फैंसी ड्रेस परेड' है। लेडीज़ क्लब में वर्ष में एक दिन 'पुरुषों का दिन' घोषित करके क्लब में मेम्बरों के पतियों को भी आमन्त्रित कर अविवाहित मिस आदर-सत्कार के साथ चाय पिलाकर मधुर बातों के साथ कम्पनी देती हैं। उसके बाद अनपहचान विचित्र वेशभूषा में विवाहित सदस्याएँ हॉल में प्रवेश करती हैं। अपनी पत्नी को पहचानकर चुम्बन करने की प्रतियोगिता है। कुछ पति मनमाना अनेकों को चूमने दौड़ पड़ते हैं, संचालिका बाब्ड कन्या डाँटकर व्यवस्था स्थापित करती है। उसका कहना है कि चूमने में लज्जित होने की कोई बात नहीं है। पत्नी को पहचान कर चूमने और न पहचान पर गलत महिला को चूमने–दोनों कामों में आपको लाभ ही लाभ है। रावजी दुविधा में पड़ते हैं कि पत्नी क्या चाहती है–पहचानना या अनजान बनकर बैठा रहना। फिर पुरस्कार किसे मिलेगा–पहचानने वाले को या न पहचानने वाले को। वटीराव तो हमेशा प्रथम पुरस्कार ही चाहती है, सबसे अपनी महत्ता जताने के लिए। फैंसी ड्रेस में एक से एक विलक्षण वेश धारण करने वाली सदस्याएँ हैं जिनको पहचानना आसान

नहीं है—एक 'चल मोहन प्यारे' गाने वाली; एक अठारहवीं शताब्दी की पतिव्रता; एक बीसवीं शताब्दी की महिला जो नवीनतम फैशन में अलंकृत लगती है और जो अपने पति की मूँछों से रस्सी बाँधकर उसे पीछे-पीछे ले जाती है; एक ढिंढोरा पीटने वाले वेश में; एक सँपेरे के रूप में सामने आयी हैं जो चमत्कारी और व्यंग्यात्मक हैं। दो वेश धारण विशेष उल्लेखनीय हैं। एक कोर्ट का दृश्य है जिसमें पत्नियाँ तीन शिकायतें करती हैं—(1) एक पत्नी को अधिक कष्ट देने का 'केस', (2) पत्नी के अपने अलंकरण के लिए रुपये देने का केस और (3) अधिक सन्तान उत्पन्न करने का केस। कहने की आवश्यकता नहीं है कि पतियों को दोषी ठहराकर निर्णय पत्नियों के पक्ष में हुआ है। अन्त में आदर्श ड्रेस की महिला आती है। जिसके कपड़े उसके शरीर के रंग से मिलकर दिगम्बर-सी लगती है जिसे देखकर रावजी आँखें बन्द कर लेते हैं। इस फैन्सी ड्रेस परेड में कुछ पति अपनी पत्नियों को पहचान लेते हैं तो कुछ गलत महिलाओं को चूम लेते हैं। बेचारे रावजी सूक्ष्म परीक्षण के बावजूद अपनी पत्नी को पहचानने में अपनी असमर्थता को स्वीकार करते हैं। उनका धार्मिक परम्परावादी मन परायी महिला को चूमने की गलती करना नहीं चाहता! आदर्श ड्रेस वाली महिला उनके पास पहुँचकर चुम्बन की मुहर लगा देती है। आदर्शवादी पति चूमने की रीति से अपनी पत्नी को पहचान लेते हैं। अपनी असमर्थता को ईमानदारी से स्वीकार करने के लिए रावजी को प्रथम पुरस्कार मिलता है तथा उन्हें भ्रम में डालने वाले वेश धारण के लिए वटीराव को भी पुरस्कार प्राप्त होता है। जो पति सही नहीं चूम सके उनकी पत्नियों को तथा जो सही चूम सके उन पतियों को कन्सलेशन (सान्त्वना) के पुरस्कार दिये जाते हैं। (क्यों? पत्नियों और पतियों के कला-कौशल के लिए!) कहानी में कथानक कम है। लेडीज़ क्लब की चहल-पहल के वातावरण तथा उसके वर्णन में सजीवता और आकर्षण भरे हुए हैं। रावजी का संकोच और शंकाग्रस्त मन उस वातावरण में 'नान्त-फिट' (असंगत) होकर कहानी को रंगीन बनाता है। इस वातावरण-प्रधान कहानी में सभ्यताओं के संघर्ष से अधिक भारतीय नैतिकता की दृष्टि परायी स्त्री को चूमने के सम्बन्ध में प्रश्न उठ सकता है और वह भी पब्लिक रूप में! इस पर आगे विचार होगा। यहाँ इतना कहना पर्याप्त है कि व्यक्ति जीवन को कितने गम्भीर और हल्के रूप में लेगा—इस बात पर भी समाधान निर्भर करता है।

पाँचवीं कहानी 'मिसों का पुरस्कार' है। हर वर्ष विवाहिता सदस्याओं को ही पुरस्कार देने पर क्लब की मिस (अविवाहिताएँ) आपत्ति उठाती हैं। निर्णय किया जाता है कि इस वर्ष क्लब की जो तीन मिस मिलकर विवाहिता सदस्या के पति को अपनी ओर आकृष्ट करके उसके हृदय पर विजय प्राप्त करती हैं उन्हें पुरस्कार मिलेगा। विजित पति और उसकी पत्नी को भी विशेष पुरस्कार दिये जाएँगे। तीन वर्ष लगातार पुरस्कार पाकर भी वटीराव का अहं घायल हो जाता है कि इस वर्ष उसे प्रथम पुरस्कार

नहीं मिलेगा। पति पर आक्षेप करती है कि उससे विवाह करने के कारण ही उसे पुरस्कार नहीं मिल रहा है। रावजी विवाह के कारण पहले मिले तीन पुरस्कारों का समरण दिलाते हैं तो उसका दुख और बढ़ जाता है और क्रोध में आगबबूला हो जाती है। एक दिन मिस हाल साइकिल पर चलती रावजी की मोटरगाड़ी से जान-बूझकर टकराकर, उनके छोटे घायलों को डॉक्टर मिस सूया से पट्टी बँधवाकर प्रेम से घर भेज देती है। रावजी से सारी बातें सुनकर सूक्ष्म बुद्धिशालिनी वटीराव मिसों के मन की बात समझ जाती है और अपनी ओर एक योजना बना लेती है। दस 'भावकवियों' को (रोमांटिक) जुटाकर अर्थहीन प्रेमगीत तैयार कर रख लेती है। (दीक्षित जी ने इन गीतों के द्वारा अपने समय के अर्थहीन भावात्मक रचना करने वालों पर व्यंग्य किया है।) इस बीच में मिस हाल रावजी के योगक्षेम का समाचार पूछते हुए पत्र लिखती है। उसमें दुर्घटना पर मिस सूया और मिस लिक के अपार दुख को प्रकट करती हुई अगले दिन तीन की ओर से टी-पार्टी के लिए निमन्त्रण देती है तथा तीनों की ओर से मिलियन चुम्बन जताती है। रावजी की समझ में नहीं आता कि यह 'लव' (प्रेम) है या 'फिलर्टेशन' (यौवन में पर-पुरुष के साथ हानिरहित शृंगार-चेष्टा) तीन आधुनिक युवतियाँ अपने आप एक मिलियन चुम्बनों की वर्षा करता है किस पुरुष का मन स्थिर रह सकता है! रावजी कहते हैं कि वटीराव के अनुशासन में रहने वाला हूँ और ईश्वरीय भीति रखने वाला हूँ; इसलिए निग्रह का अवलम्बन करने का निश्चय किया है। वटीराव का परामर्श लेकर राव जी प्रेम के साथ उत्तर देकर पार्टी में जाते हैं तथा उनके साथ विहारयात्राएँ करते हैं। वटीराव परिस्थितियों की परिणति की दिशा से प्रसन्न है। भाव कवियों के दस प्रेमगीतों का संकलन रावजी के नाम से उनके हाथ से लिखाकर प्रथम पृष्ठ पर यह 'झूमना' सप्रेम मिस हाल, डॉक्टर सूया और मिस लिक को समर्पित कराती है। क्लब की सेक्रेटरी को वटीराव एक शिकायती पत्र भी लिखती है कि उसके पति का पता नहीं चल रहा है, ऐसा लगता है कि कुछ मिसों ने उनका अपहरण कर लिया है तथा इस बात की पूछताछ कर सूचना दें। कहने की आवश्यकता नहीं है कि कुशल वटीराव का योजनाबद्ध कार्यक्रम सफल हो गया है। रावजी के प्रेमपत्र, वटीराव की शिकायत और रावजी द्वारा अपने कविता-संकलन का मिसों को समर्पित करना—इन तीन आधारों पर मिस हाल, सूया और लिक को प्रथम पुरस्कार दिया गया है। रावजी को 'हौटूबी ट्रू टू वन्स वैफ़ (अपनी पत्नी के प्रति कैसे वफ़ादार रहें) और वटीराव को 'हौ टू कीप वन्स हज्बंड।' (अपने पति को कैसे स्वाधीन रखें) ग्रन्थ पुरस्कार के रूप में दिये गये हैं। वातावरण और कथानक की योजना में, पात्रों की मानसिकता के निरूपण में तथा रचना-विधान में इस कहानी में पहले की कहानियों की-सी नवीनता, मौलिकता, हास्य-सृष्टि और चमत्कार उतना नहीं है।

छठवीं अन्तिम कहानी 'सौन्दर्य-पोषण-पद्धतियाँ' है। महिलाओं के सौन्दर्य की

दोहदकारी प्रक्रियाएँ भारत में अत्यन्त प्राचीनकाल से चली आ रही हैं। एक बार मद्रा की आकाशवाणी से संस्कृत के महान विद्वान आदिनारायण शास्त्री जी के भाषण में वात्स्यायन के कामशास्त्र में अलंकरण के विधान की चर्चा सुनकर वटीराव चाहती हैं कि रावजी उस तरह अलंकार कर उसके सौन्दर्य की शोभा बढ़ा दें। (यह सौन्दर्य वर्धन की अभिलाषा नारी-हृदय की दुर्बलता और सहज सौन्दर्य की भावना के विरुद्ध कहूँ तो कुछ नारी-मुक्ति आन्दोलन वाले अवश्य डंडा लेकर मेरे पीछे पड़ेंगे!) वटीराव की दृष्टि में शास्त्री जी ने फ़ेस पाउडर, लिप पॉइंट, टीथ पॉलिश, फुट-डेकरेशन, बाडी डेकरेशन आदि प्राचीन भारतीय पद्धतियों को मातृ भाषा में स्पष्ट किया है। पहले पैरों में मेहँदी के बदले आजकल की पद्धति में स्त्रियों को मोजे और बूट पहनाना चाहिए। पहले की पत्ररचना आधुनिककाल में बार्बरस (बर्बर) होता है, इसलिए उसके बदली बाडी-मसाज करना है। पत्नी के पैर दबाने की बात पर रावजी के पुरुष के अहं को चोट लगती है। वटीराव तर्क करती है कि पुरुष शताब्दियों से स्त्रियों द्वारा पैर दबाते रहे हैं। फिर पुराणों से उदाहरण भी है कि श्रीकृष्ण ने सत्यभामा के पैर दवाये हैं। यदि पुरुष स्त्रियों के अलंकरण में भी सहयोग नहीं देते हैं तो स्त्रियों के समान अधिकार का मतलब ही क्या रह गया है? गृह-कलह से बचने के लिए विवश होकर रावजी वटीराव का अलंकरण करते हैं। आईने में अपने को देखकर, विविध अंगों पर रंगों का लीपा-पोता देखकर वटीराव अपने सौन्दर्य के नाश के लिए क्रोध में रावजी को अपने पाउडर के डिब्बे से मारती हैं। यह कलह घर तक सीमित न रहकर क्लब तक फैल जाता है। घर में खाना-पीना बन्द हो जाता है। रावजी के रास्ते में आते-जाते क्लब की सदस्याओं द्वारा 'ब्रूट', "स्कैंडल" आदि उपाधियाँ मिलती हैं। रावजी की स्थिति से सहानुभूतिपूर्ण सदस्याओं के पति उन्हें अपने घर में खिलाने का प्रयत्न करते हैं तो सभी पतियों के लिए घर में खाना बन्द हो जाता है। कहानी चरमसीमा पर पहुँच जाती है तो रावजी की ओर से सभी पति वहीराव के साथ दूत-कार्य करते हैं। अपनी सहेलियों के साथ परामर्श के बाद वटीराव निम्नलिखित शर्तों पर सन्धि के लिए तैयार होती है—(1) एक हफ्ते के अन्दर एक डायमंड ब्रूच खरीदकर देना है। (2) भविष्य में इस तरह से बचकर अच्छे आचरण के लिए वटीराव के पास पाँच हजार की अमानत रखना है। (3) रोज घर में सन्ध्यावन्दन नहीं करना चाहिए। (4) स्वयं मना न करने तक पहले के अपने आदेश के अनुसार वटीराव का अलंकरण करना चाहिए। (5) पहले के अनुचित व्यवहार के लिए लिखित क्षमा-पत्र देना है। रावजी बेचारे सभी शर्तों को स्वीकार करते हैं। एक मध्यवर्गीय शिक्षित व्यक्ति घर में शान्ति बनाए रखने के लिए पत्नी की बातों को मानने के अलावा और क्या कर सकता है? सन्धिपत्र के साथ कहानी का अन्त नहीं होता। रावजी इस सन्दर्भ में अपने विचारों को प्रकट करते हैं जो एक साथ ही गम्भीर भी हैं और हास्य उत्पन्न करने वाले हैं। उनका कहना है कि भारतीय आयुर्वेद के मसाज के

महत्त्व की विस्तार के साथ चर्चा है। वटीराव के साथ कलह के बाद उन्हें लगा है कि अलंकार की अभिलाषा रखने वाली स्त्री की इच्छा की पूर्ति के बाद पत्नी अपने नवनवोन्मेष सौन्दर्य के साथ घर को आनन्दमय स्वर्ग बना देती है। जैसा हमारे शृंगारी प्रबन्धकारों ने लिखा है, ऐसे विषयों में कलह के बाद ही प्रेम का सुख मिलता है। आधुनिक महिलाएँ भी अपने आप अलंकरण के बदले उसमें पति के सहयोग से अधिक आनन्दित होकर गार्हस्थ्य जीवन के वातावरण और उसकी गतिविधि को पूरा बदल देती हैं। इस कहानी में भी कथानक से वातावरण-सृष्टि का आकर्षण अधिक है। शृंगार का रसाभास हास्य को जन्म देता है। वातावरण और प्रसंगों के वर्णन में भी हास्य और परिहास की पर्याप्त सामग्री है।

इन कहानियों के इस परिचय में हास्य की सारी बातों, उदाहरणों, प्रसंगों और सन्निवेशों का उल्लेख सम्भव नहीं। कहानी कहने के ढंग में ही हास्य भरा है। ये काल्पनिक ऊहाजन्य (फैन्सी) की कहानियाँ जिनका लक्ष्य जीवन के किसी महान सत्य का उद्घाटन नहीं, जीवन को हल्के रूप में प्रस्तुत करते हुए हास्यानुभूति। यथार्थवादी दृष्टि से इन कहानियों की आलोचना उचित नहीं है। मनुष्य जीवन को सदा गम्भीर रूप में ही देखता-लेता नहीं है। कभी-कभी उसकी असंगतियों तथा हल्के-फुल्के रूप पर हँसता और हँसाता भी है। ये कहानियाँ जीवन के तथाकथित गम्भीर वातावरण में विलक्षण, विनोदात्मक और आकर्षक स्थितियों को व्यक्त करती हैं।

3. कहानी कला : 'वटीराव की कहानियाँ' तेलुगु कहानी का एक नई दिशा में प्रस्थान हैं। तब तक पाश्चात्य कहानी की यथार्थवादी प्रवृत्ति और रचना-विधान को अपनाकर भारतीय जीवन के सन्दर्भ में अपने धर्म और संस्कृति, मानवीय संवेदना, आधुनिक दृष्टि से परम्परा के विरुद्ध विद्रोह, ग्रामीण जीवन एवं विविध व्यवसाय दाम्पत्य-जीवन और पारिवारिक सम्बन्ध, मध्यवर्गीय जीवन की गतिविधि तथा कठिनाइयाँ, नये भाव-विचारों के साथ सामाजिक चेतना और क्रान्ति की भावना-ऐसे विषयों को कथ्य के रूप में लेकर रचना की जाती थी। दीक्षित जी ने अचानक इस यथार्थ और उसके अनुरूप शिल्पविधान को एक हास्यास्पद कल्पनालोक में पहुँचा दिया है। यह कल्पना मन की कोरी कल्पना या ऊहापोह नहीं है। उसके मूल में परम्परा और आधुनिकता या अत्याधुनिकता की विचारधाराओं की ओर संकेत है। कहने वाला भोला मानस परिस्थितियों में विवश होकर अपनी गाथा सुनाता है। पाठकों के लिए वह स्थिति हास्यास्पद होने की बात छोड़ दीजिए, कहने वाला अपनी परिस्थिति पर क्रुद्ध होता है, अपनी विवशता पर रोने का का-सा मुँह बनाता है, संघर्ष करता है, हारने पर समझौता कर लेता तथा उस समझौते में भी जीवन को आनन्दमय बना लेने का यत्नशील रहता है। यह कल्पना, यह मानसिकता और कथा-वाचन निराले और नये हैं। इस नयेपन को कोई भौतिक संघर्ष के अभाव के कारण हल्का और पलायनवादी कहना चाहें तो उसे

कला, सौन्दर्य तथा जीवन के सम्बन्ध में दृष्टि-भेद मानकर मौन रह जाना उचित है।

कहानियों के शीर्षक वातावरण और कथानक के उपयुक्त हैं। वे साठ वर्ष पहले ही उच्च मध्यवर्गीय और उच्चवर्गीय महानगरीय जीवन की गतिविधि और मनोविनोद के व्यंजक भी हैं जैसे नग्नदिन महोत्सव, फैन्सी ड्रेस परेड, सौन्दर्य-पोषण-पद्धतियाँ आदि। अति-आधुनिकता की ओर ये संकेत संयोगवश हुए हैं या लेखक की दूरदर्शिता के प्रमाण है? वातावरण को लेते हैं तो सभी कहानियाँ आधुनिक रंग में रँगी हुई हैं। भारतीय धर्म, संस्कृति और परम्पराओं के प्रति श्रद्धालु दीक्षित जी ने आधुनिक रंग-दंग को क्यों चुना है? किसी भी कहानी में परम्परा की नहीं, आधुनिकता की ही विजय दिखाई देती है। परम्परा और आधुनिकता में विरोध (कॉन्ट्रास्ट) अवश्य मिलता है, संघर्ष नहीं मिलता। प्रत्युत आधुनिक चहल-पहल को रंगीन घटा में दर्शाया गया है। प्रश्न उठता है कि दीक्षित जी ने अपने मन की श्रद्धा-भक्ति का उदात्त रूप में प्रस्तुत क्यों नहीं किया है। कहानी-कला की दृष्टि से देखते हैं ये कहानियाँ वातावरण-प्रधान हैं या उनमें वातावरण का विशेष महत्त्व है। उस वातावरण में ही कथानक फिट होता है और उससे कथानक आकर्षक रूप लेता है। अन्यथा कथानक अपने में अतिसाधारण है तथा उसमें कोई गहराई नहीं है।

कथानक का सामान्य ढाँचा पति-पत्नी को किसी बात को लेकर विवाद और अन्त में समझौता है। विवाद का कारण पति का परम्परावादी और पत्नी का आधुनिक दृष्टिकोण है। पत्नी परिस्थितियों को अपने पक्ष में करके लाभ उठाती है। यह परिस्थितियों का वटीराव के द्वारा मेनिप्युलेशन (छल-योजन) और एक्सप्लाइटेशन (लाभान्वित होना) है जिसके शिकार बेचारे रावजी होता, शिवरूप धारण करने वाली बात हो, मिसों के पुरस्कार का प्रसंग, सौन्दर्य-पोषण-पद्धतियाँ हो अपनी ओर से कोई प्रयत्न न करके अनजान-सी दिखाई देती है, लेकिन उसका तेज मस्तिष्क सक्रिय रहती है। अन्य कहानियों के प्रसंगों के मूल में उसका फुर्तीलापन, जागरूकता और चतुराई ब्यक्त होती हैं जिससे राव जी भ्रम या विभ्रम में पड़ जाते हैं। कहानी का टेकनिक ही क्या है—आरम्भ, प्रसंगों से विस्तार और अन्त। इस सीधी-सी कहानी के अन्त में एक घुमाव, मोड़ या ट्विस्ट उसके आकर्षण को बढ़ाता है। प्रसंगों के विस्तार में संघर्ष और तनाव की अपेक्षा जो यथार्थवादी कहानी की विशेषताएँ हैं; होड़ और दाँव-पेंच अधिक हैं मानो पात्र अपने सारे बुद्धिबल प्रदर्शित करते हैं। रावजी और वटीराव में जो संघर्ष है वह रावजी के मन में संघर्ष करने की भावना है या नाम मात्र का दाम्पत्य-कलह है। वटीराव की कहानियों में विचारों का विरोध है। दोनों शिक्षित होने पर भी भारतीय परम्परा के विरुद्ध पति को समझौता करना पड़ता है। इसके पहले की 'कान्तं की कहानियों' में पति शिक्षित और पत्नी अबोध-शिक्षित है। यहाँ पत्नी को पहल करना पड़ता है और पति का अधिकार चलता है। पत्नी "कान्ता सम्मित उपदेश से काम चलाती है। परवर्ती

मुक्कपूडि वेंकटरमण की राधा-गोपाल की कहानियों में दोनों शिक्षित और दाम्पत्य-जीवन में अपेक्षाकृत अधिक सामंजस्य व्यक्त होता है।'

इन कहानियों में दो ही प्रधान पात्र हैं—रावजी और वटीराव दोनों के विचार ही नहीं, स्वभाव भी एक-दूसरे से भिन्न हैं। रावजी सनातनी भाव-विचारों के ही नहीं, शान्त स्वभाव के हैं। वटीराव के भारतीय मर्यादा के विरुद्ध व्यवहार और कामों से उन्हें बीच-बीच में क्रोध आ जाता है, लेकिन दाम्पत्य-जीवन की समरसता के लिए हानिकारक समझकर वे शान्त और मौन रह जाते हैं। जैसा 'सौन्दर्य-पोषण-पद्धतियों' के अन्त में उन्होंने कहा है, पत्नी के सौन्दर्य, प्रेम, सन्तोश और सन्तुष्ट रहने से ही पति और परिवार का जीवन आनन्दमय होता है। इस दृष्टि के कारण वे वटीराव के सामने कुछ दब्बू और व्यक्तित्वहीन लगते हैं। लेकिन वास्तव में उनके व्यक्तित्व में संस्कारिता, गम्भीरता, सहृदयता और गहराई है जो प्रतिकूल परिस्थितियों के कारण दबी हुई हैं। इनके साथ तुलना में वटीराव का व्यक्तित्व प्रौढ़ और विकसित है। वह अपने पति को ही नहीं, परिस्थितियों को भी अपने वश में कर लेती है। दोनों के प्रतिकूल होने पर उन्हें पक्ष में कर लेने की धीशक्ति और चतुराई है। वह लेडीज़ क्लब की सामान्य सदस्या होने पर भी उसकी सर्वस्वा है। सभी कहानियों में अन्त में जाकर वटीराव की सफलता, उसकी बौद्धिक शक्तिमत्ता, सूक्ष्मग्राहिता, दूरदर्शिता तथा योजनाबद्ध कार्यकुशलता को प्रकट करती है। उसका प्रेम और हर्ष भारतीय परम्परा से भिन्न खुलकर क्रियाशील रूप में व्यक्त होते हैं। रावजी और परिस्थितियों में वह कहीं-कहीं खिन्न होकर रो उठती है तुरन्त अपने को सँभाल लेती है। मिसों की पुरस्कार-योजना में श्रीमती होने के कारण भाग न लेने देने पर उसकी चिड़चिड़ाहट और क्रोध प्रकट होते हैं। मिस हाल, सूया और लिक उसकी सूक्ष्मबुद्धि और चतुराई को उजाला करने के साधन हैं। वटीराव के व्यक्तित्व के केन्द्रबिन्दु अहं, अधिकार की भावना और अन्यों के द्वारा अपनी महानता की स्वीकृति हैं।

संवाद और भाषा-शैली तर्क-वितर्क, मान और क्रोध के प्रसंगों में ओजस्वी है। अभिव्यंजना-पद्धति या शैली प्रेम के प्रकाशन में अंग्रेजी रंग-ढंग की है। वटीराव की इस अभिव्यंजना-शैली के विरोध में रावजी भारतीय सांस्कृतिक परम्परा के प्रतीकों और सन्दर्भों की ओर संकेत करते हैं—सूर्योपासना, शिव-शक्ति आदि धार्मिक विषयों से लेकर भारतीय दाम्पत्य-जीवन की विशेषताएँ, अलंकरण आदि लौकिक विषयों तक रावजी के संवादों और अन्य समर्थन के रूप में व्यक्त हुए हैं। उत्तम पुरुष में कहानी के कथन से इनकी अभिव्यक्ति के अनेक अवसर मिले हैं। भाषा में भाव-विचारों की सफल अभिव्यंजना है। तेलुगु में प्रथम पुरुष की क्रिया के अन्त में (ह) का प्रयोग करने से भाव पर बल पड़ता है जिसका हिन्दी में कहने की क्रिया से सूचित किया गया है। (उदाहरण : या सलहा अक्कर लेदुट—कहते हैं कि हमारी सलाह नहीं चाहिए।) का

प्रयोग करने से भाव पर विशेष बल पड़ता है। मिसों की पुरस्कार-योजना के सम्बन्ध में अकस, जलन और ईर्ष्या के साथ वटीराव का कथन है—"कहती हैं (ट का प्रयोग) हमारी सलाह नहीं चाहिए। हमारे दखल की जरूरत नहीं है। वे ही खुद निर्णय करेंगी अपना कार्यक्रम। निर्णय कर लेने दो—किसको जरूरत है? जाने दो, क्लब की आनिवर्सिटी (वार्षिकोत्सव) है न सबसे सम्बन्धित ही है न—यह सोचकर कहती हैं कि हम सहायता करेंगी, सलाह देंगी। पर हमारी सहायता और सलाह की उनको कोई जरूरत नहीं है। जाने दो, जरूरत नहीं है तो उनके कर्म का फल वे ही भोगेंगी। हमारे लिए माँगा है क्या; उनको मिलने वाले पुरस्कार!" वाक्य-संरचना, और आवृत्ति के द्वारा भाषा-शैली में मनोभावों का ताँता लग जाता है।

'वटीराव की कहानियाँ' के लक्ष्य के सम्बन्ध में मतभेद की सम्भावना है। पुस्तक की प्रकाशकीय प्रवेशिका में कहा गया है कि "घर के आचारों और आयात आचारों का संघर्ष होने पर बिखरने वाले विस्फुलिंग हैं ये। जाति के सम्प्रदाय को जोड़कर दूसरी जाति के सम्प्रदाय को सोचे-समझे बिना ग्रहण करना कितना हास्यास्पद है—यह ध्यान देने योग्य है।" इस भूमिका में दो बाते हैं—एक, भारतीय परम्परा और पाश्चात्य सभ्यता का संघर्ष है और दूसरा, वह हास्यास्पद विषय होना है। प्राचीन परम्परा और आधुनिकता के संघर्ष में विश्वनाथ सत्यनारायण प्रधानतः पहले की ओर उन्मुख है जबकि चलं का झुकाव दूसरे की ओर है। इसमें कोई सन्देह नहीं है कि दीक्षित जी भारतीय सांस्कृतिक परम्परा के प्रेमी हैं तथा आधुनिक पाश्चात्य सभ्यता के प्रति उनके मन में कोई आकर्षण नहीं है। वटीराव की कहानियों का आधारभूत ढाँचा भारतीय एवं पाश्चात्य आचार-विचारों के संघर्ष का है। लेकिन वह कहानियों का प्रतिपाद्य नहीं है। अन्यथा वे वटीराव की विजय-परम्परा के रूप में प्रस्तुत नहीं की जाती। न यह लेखक की दृष्टि में पाश्चात्य सभ्यता की विजय और स्वीकृति है। ये संघर्ष की यथार्थोन्मुख कहानियाँ न होकर कल्पित गाथाएँ हैं, जिनका लक्ष्य हास्यास्पद स्थिति में हास्य-रस की सृष्टि है रावजी के सौम्य व्यक्तित्व और वटीराव की तेजस्विता की व्यंजना, लेखक के भारतीय दृष्टिकोण का समर्थन करने वाले रूप में नहीं है। उन दोनों का विचार-संघर्ष हास्य कि आवश्यक सामग्री प्रस्तुत करती है। इस सामग्री को सतही दृष्टिकोण से देखकर तेलुगु के अनेक समीक्षकों ने वटीराव की कहानियों को अधिक्षेपणात्मक, अवहेलनात्मक या व्यंग्यात्मक माना है। लेकिन ये भाव कहीं प्रत्यक्ष या सांकेतिक रूप में अभिव्यक्त नहीं है। अधिक्षेप निन्दात्मक, अवहेलना तिरस्कारात्मक और व्यंग्य विरोधात्मक भाव हैं। सहृदय और उदारचेता दीक्षित जी की लेखनी से भारतीय धर्म और संस्कृति के समर्थक विधायक रचना ही होगी, निषेधात्मक नहीं। विपक्षी समीक्षकों में चलं इन कहानियों को हास्य रस प्रधान ही मानते हैं। दीक्षित जी के नाम उनके पत्रों से ये अंश देखिए—"अंग्रेजी जानने वाले वुड हाउस की और तेलुगु जानने वाले (स्तोत्र पाठ न समझें) आपके मृदुल स्पर्श

(टचस) की प्रशंसा करके कैसे आनन्दित हुए रह सकते हैं–मेरी समझ में नहीं आता।" "आपका वटीराव पढ़ा है। इट इज़ रिप्पिंग। क्वाइट वुड हाउसियन। वह हास्य आनन्द में चीर डालने वाला या लोट-पोट कर देने वाला है। वह सचमुच वुड हाउस का-सा हास्य है।" "रेडियो में सुना है। आपका सहज डेलिकेट ह्यूमर (कोमल हास्य) सुनाई पड़ा है। आप ही पढ़ते तो और कितना अच्छा होता!" दूसरी ओर एक पत्र में श्री.श्री. ने चलं को लिखा है कि दीक्षित जी की रचनाएँ विंसिकल (ऊहात्मक फैंटेसी जो अचानक उत्पन्न होती है) (शायद श्री.श्री. की यथार्थवादी सामाजिक दृष्टि में दीक्षित जी की रचनाएँ ठोस नहीं लगती हैं।) चलं लिखते हैं कि "आप की रचनाओं को विंसिकल कहना प्रशंसा ही है। वुड हाउस कभी-कभी विंसिकल ही रहता है। आप कई बार विंसिकल ही नहीं–चाइल्ड लैक (बालक जैसा–मनचाहा रहते हैं। संक्षेप में कहा जा सकता है कि विचारों के विरोध में वटीराव की कहानियाँ एक कोमल-मृदुल, सरल-अबोध, ऊहात्मक-फैंटासिकल तथा कभी-कभी लोट-पोट कर देने वाले विशिष्ट हास्य उत्पन्न करती हैं जिसका रंग-ढंग प्रसंग और सन्दर्भ के अनुसार बदलता जाता है। विरोध, संघर्ष, आक्षेप, अवहेलना, व्यंग्य आदि उस हास्य-सृष्टि के साधन मात्र हैं।"

4. हास्य : साहित्य दर्पणकार के अनुसार "विकृताकारवाग्वेष चेष्टादे : कुहनाद्यवेद् हास्यो।" विकृत आकार, वाणी, वेष, चेष्टा आदि 'कुहना' या बनावटी होना चाहिए। अन्यथा विकृति से करुणा या जुगुप्सा की अनुभूति होती है। यहाँ बनावटी शब्द विशेष ध्यान देने योग्य है। परिस्थिति या स्थिति में यथार्थ का आभास न होकर काल्पनिक लगने पर ही हास्य पैदा हो सकता है। वटीराव की कहानियों में परिस्थितियों या सन्निवेशों में यथार्थता का भ्रममात्र होता है; वास्तव में वे काल्पनिक जगत की बातें हैं। परिवेश के द्वारा यथार्थ के विभ्रम में डालकर दाम्पत्य जीवन की कुछ विशिष्ट सन्दर्भों की कल्पना करता है। हास्य के अनुभव के और भी अनेक रूप हो सकते हैं। जीवन की परिस्थिति में पात्रों की प्रतिक्रिया की प्रविध और उसके परिणामों की अभिव्यंजना में लेखक अपनी प्रतिभा के बल पर उन्हें विलक्षण हास-परिहासमय रूप देता है। पुराने के नये और नये को पुराने रूप में व्याख्या करके हँसाता है। यह लेखक के दृष्टिकोण और आख्यान पर निर्भर करता हें पात्र, परिस्थिति, सन्निवेश, घटना आदि अपने में जितना ही गम्भीर क्यों न हो उनकी प्रस्तुति हास्यात्मक रूप में हो सकती है। और रसों के विषयों की सीमा होती है, हास्य और शान्त रस के आलम्बन, अनन्त जीवन की कोई भी बात हो सकती है। हास्य के मूलतत्त्व विरोध (कॉन्ट्रास्ट), असंगति (इनकॉन्सुइटी) ये तत्व जीवन में आदर्श और यथार्थ; यथार्थ और काल्पनिकता; सत्य और भ्रम; विचारों की भी भिन्नता; परिस्थितियों, सन्निवेशों में असम्बद्धता और कारण या तर्करहित स्थिति तथा जीवन की गतिविधि की दृष्टि से उनका असम्भव एवं ऑब्सर्ड होने की स्थिति में दिखाई देकर हास्यानुभूति के कारण बनते हैं। इसके लिए लेखक में विशेष प्रतिभा

चाहिए, जीवन को अभीष्ट दिशा में ढालने की शक्ति चाहिए तथा जीवन को हास्य के अनुरूप प्रस्तुत करने में उसे हास्यास्पद स्थिति पैदा नहीं होनी चाहिए। अतिवादिता हास्य को भद्दा बनाता है। भारतीय आलंकारिकों ने एक दूसरे कोण से भी हास्य पर विचार किया है कि रसाभास से ही हास्य उतपन्न होता है। अर्थात् रति, दुख, उत्साह, भय, जुगुप्सा, बीभत्स, आश्चर्य, वैराग्य आदि भावनाओं में अनौचित्य हास्य का कारण होता है। यह हास्य के प्रति निषेधात्मक दृष्टिकोण है। अन्य भावों की तरह हँसना-हँसाना मानव की विधायक मूलवृत्ति है। अन्य भावों या मूलवृत्तियों में बाधा पड़ने पर भी हास्यास्पद स्थिति उत्पन्न हो सकती है। वैसे बहिर्मुखी सामाजिक और पारिवारिक मान्यताओं के विरुद्ध जाने की स्थिति में हास्य की अनुभूति हो सकती है। श्री.श्री. ने एक महत्त्वपूर्ण प्रश्न उठाया है कि सामाजिक जीवन को हल्के-फुल्के रूप में प्रस्तुति साहित्य में कहाँ तक उचित है, उसका क्या मूल्य एवं सार्थकता है तथा वह कहाँ तक श्रेष्ठ कला है? उदात्तता-गम्भीरता और कॉमेडी हास्य जीवन के सिक्के के दो पहलू हैं तथा एक के बिना केवल दूसरे की व्यंजना में जीवन की पूर्णता नहीं है। हास्य पर यह विस्तृत सैद्धान्तिक विचार इसलिए किया गया है कि ये सारी बातें किसी न किसी रूप में वटीराव की कहानियों में मिल जाती हैं। इससे और क्या प्रमाण चाहिए कि वे हास्य के उत्कृष्ट उदाहरण हैं।

कहानियों के रचनाकाल (1939-40) की भारतीय पारिवारिक और सामाजिक परिस्थितियों में लेडीज़ कल्चर क्लब और उसके कार्यक्रम असंगत लगते हैं जो लुडिक्रस (निम्नस्तरीय हास्यास्पद) और ऑब्सर्ड (असम्बद्ध एवं असम्भव हास्य) की सीमाओं का स्पर्श करते हैं। रावजी और वटीराव में भारतीय एवं पाश्चात्य सभ्यता-संस्कृति सम्बन्धी विचारों तथा संस्कारों में विरोध है जिसके कारण उत्पन्न परिस्थितियों एवं सन्निवेशों में पात्रों की प्रतिक्रियाएँ भिन्न-भिन्न भावात्मक होती हैं, लेकिन समष्टि रूप में वे पाठकों को हास्य की अनुभूति देती हैं। कुछ प्रसंगों और सन्निवेशों अन्तर्लीन विरोध और असंगति है। स्वामी जी धार्मिक दृष्टि से राज जी को 'शिवोहं' मन्त्र का उपदेश देते हैं तो वटीराव लौकिक दृष्टि से उससे लाभ उठाकर प्रथम पुरस्कार पाती है। क्रुद्ध और विरक्त रावजी स्वामी से कहते हैं कि उपासना का 'सद्यः फल मिला है। आदिनारायण शस्त्री प्राचीन भारत की संस्कृति और सभ्यता की महानता को स्पष्ट करने के लिए उस समय की स्त्रियों के विविध प्रकार के अलंकरण-विधान पर रेडियो भाषण देते हैं तो वटीराव उसका आधुनिक अर्थ में भाष्य करती है और रावजी के प्राण संकट में पड़ जाते हैं। पाठक भाषण के परिणामस्वरूप कलह और सन्धिपत्र को विनोद के रूप में मज़ा लेता। पहली कहानी 'प्रथम पुरस्कार' में पति को बेवकूफ बनाने के लिए पुरस्कार दिया जाता है, लेकिन सभी कहानियों में अन्ततः रावजी ही नहीं, सभी पति बेवकूफ बनते हैं या बनाए जाते हैं। लेखक पतियों के आधिपत्य के भारतीय परिवारों में पत्नियों के द्वारा

पतियों की यह दुर्दशा कराते हैं तो यह यथार्थ और कल्पना के विरोध का चमत्कार ही है। न मार्क्सवादी और न स्त्री वादी इन हल्के प्रसंगों के परिणाम प्रगतिशील मानेंगे। एक कहानी 'मिसों का पुरस्कार' में मिसों का दाँव-पेंच और उन मिसों के विरुद्ध श्रीमती वहीराव का अक्स एवं क्रोध तथा नये दाँव एवं आयोजन हास्य की सीमा का अतिक्रमण कर गये हैं। कहानियों में कहीं कुछ सन्निवेश उपहासास्पद भी हो गये हैं। वटीराव की कहानियों में वाणी की विदग्धता (विट) की अपेक्षा पात्रों की मानसिकता और परिस्थितियों के योग से प्रसंग या सन्निवेशगत हास्य की ही प्रधानता है। बीच-बीच में वटीराव के तर्क-वितर्क, आत्माभिमान-क्रोध, हाव-भावों और चेष्टा-व्यापारों की तीव्रता की व्यंजना में कुछ वाणी का चमत्कार मिलता है। समष्टि रूप में चलं के साथ सहमत होते हुए कह सकते हैं कि इन कहानियों का हास्य अपने कोमल-मधुर रूप में पाठकों के पेट को फुलाते हुए, कभी-कभी अपनी तीक्ष्णता से चीर डालते हुए उन्हें लोट-पोट कर देने वाला है।

हास्य-रस प्रधान रचनाओं को सांस्कृतिक और सामाजिक दृष्टि से देखना नहीं चाहिए। उनका लक्ष्य मानसिक उल्लास का संचार करना है। इस दृष्टि से 'वटीराव की कहानियाँ' श्रेष्ठ है ही, सांस्कृतिक एवं सामाजिक विरोधी संस्कारों के सन्दर्भ में हास्य-सृष्टि करते हुए दीक्षित जी ने हास्य-रस को कथ्य की एक नई दिशा भी दी है। उनकी हास्य-रस की और भी कहानियाँ हैं, लेकिन उनमें हास्य का मृदुल स्पर्श और उत्कृष्ट रूप नहीं मिलता।

मुनिमाणिक्यं नरसिंहाराव : कान्तं कथलु
(कान्तम की कहानियाँ)
(1898-1973)

तेलुगु में कुछ ऐसे कहानी संकलन मिलते हैं जो एक विशेष नायक या नायिका को केन्द्रीय बनाकर उससे सम्बद्ध कहानियों के रूप में लिखे गये हैं। उनमें कुछ तल्ला व झजल् शिवशंकर शास्त्री की 'नीलकंठ की कहानियाँ' चिन्ता दीक्षितुल की 'वटीराव की कहानियाँ', भानुमती की 'सास की कहानियाँ' और मुक्कलपूडि वेंकटरमण अप्पाराव की कहानियाँ हैं। इसमें एक कहानी से दूसरी कहानी निसृत होती है। इसी तरह की कान्तं की कहानियों में नायक-नायिका कल्पित न होकर यथार्थ हैं; उनके जीवन के अत्यन्त साधारण सन्निवेशों में लेखक ने कल्पना का रंग भर दिया है। उत्कृष्ट कहानी कला और शिल्प-संरचना के अनेक तेलुगु कहानीकारों के होते हुए भी पचास-वर्षों के पहले मध्यवर्ग में ये कहानियाँ जितनी लोकप्रिय थीं, आज भी उस वर्ग के अनेक परिवारों में उतने ही चाव से पढ़ी जाती हैं। चयन का दूसरा प्रधान कारण कहानी के क्षेत्र में एक विशिष्ट रचना-पद्धति की ये प्रतिनिधि कहानियाँ हैं जिनको कहानी के बदले सूत्रबद्ध सन्निवेश कह सकते हैं तथा एक ही नायक-नायिका से सम्बद्ध होकर वे तत्कालीन मध्यवर्गीय दाम्पत्य जीवन का एक व्यापक चित्र प्रस्तुत करती हैं।

कथावस्तु : मध्यवर्गीय एक ही दम्पति के दाम्पत्य-जीवन की कहानियों में वस्तु के वैविध्य की सम्भावनाएँ बहुत ही कम होती है। कान्तं की कहानियों में वस्तु का उपवर्गीकरण इस तरह कर सकते हैं—(1) दाम्पत्य-जीवन का माधुर्य, छोटी-छोटी बातों पर वाद-विवाद, प्रणय कलह, दूसरी स्त्री की ओर देखने पर जलन, क्रोध और ईर्ष्या और अन्त में समझौते के साथ आनन्द की अनुभूति है। (2) पति के शिक्षित और पत्नी के अशिक्षित होने के कारण नायक के द्वारा अंग्रेजी शिक्षा, दैनिक पत्रिका पाठन और कलात्मक चेतना के विकास के प्रयत्न हैं जो अन्ततः हास्यास्पद परिस्थिति में परिणत होते हैं। (3) पति के घर के बाहर घूमने की क्रियाकलाप, पत्नी का क्रोध और तर्क-वितर्क हैं। (4) सन्तान होने पर पत्नी के ढलते यौवन एवं उम्र में भी मानसिक सौन्दर्य और आकर्षण का निरूपण है। (5) गृहिणी के काम-काज, बच्चों के झगड़े और

पति के द्वारा न्याय निर्णय और धर्म निर्धारण के नाटक हैं। (6) मातृ हृदय के वात्सल्य की व्यंजना है। (7) अड़ोस-पड़ोस, गृहनिर्माण, समाज में लेखक की प्रतिष्ठा आर्थिक समस्याएँ आदि पारिवारिक जीवन से सम्बद्ध विषयों का मनोरंजक एवं विनोदप्रिय रूप में प्रस्तुति है। (8) वार्धक्य के चिह्न, फलित केश और अनुराग के नये रूप का विकास है (9) अन्त में पारिवारिक जीवन के वाद-विवादों क्षुब्ध होकर नायक के गृहत्याग का प्रयत्न और उसमें अवरोधों की अभिव्यक्ति है। लेखक ने इन सब को तथा और कई विशेषताओं को अलग-अलग कहानियों का रूप न देकर दो-तीन प्रसंगों को मिलाकर कहानी में सन्निवेशों का ताँता बाँध देता है। कहानियों के कुछ विशिष्ट प्रेरकसूत्रों और प्रसंगों को लेकर समष्टि रूप में लेखक ने 'कान्तं' नामक पुस्तक को लिखा है जो न उपन्यास है और न कहानी-संग्रह है, बल्कि दाम्पत्य जीवन के विविध प्रसंगों का समुच्चय है। उसके आरम्भ में बाल्यावस्था एवं किशोरावस्था में कान्तं के जीवन तथा अन्त में उसकी मृत्यु की वेदना के अंश जोड़े गये हैं।

वस्तु का कहानी रूप : संक्षेप में देख लें कि उपर्युक्त विषयों को कैसे कहानी का रूप दिया गया है। (1) 'बहुमुखी दर्पण' में रात को सोते समय पत्नी आईने के सामने अपना शृंगार करती रहती है तो अध्यापक-पति उसकी उपेक्षा करके छात्रों के निबन्धों को शुद्ध करता रहता है। पत्नी कान्तं कहती है कि दर्पण में दो चेहरे दिखाई दे रहे हैं जो अपशकुन है। पति दौड़कर आता है और कहता है कि एक ही चेहरा दीखता है। पीछे खड़े पति की ओर उँगली उठाकर कान्तं हँसती हुई कहती है कि आपका चेहरा नम्बर दो है। 'दी परफेक्ट बैक' में शिक्षित पति अपनी पत्नी में कलात्मक चेतना जगाकर सुन्दर अलंकरण और मार्मिक भाव-व्यंजना सिखाने के लिए अशिक्षित कान्तं को प्रसिद्ध चित्रकारों के चित्र दिखता है। वह अलंकरण और सूक्ष्म रेखाओं को साधारण गृहिणी पसन्द नहीं कर पाती। अपने सीधे-सादे अलंकार और भोले स्वभाव के साथ कहती है कि उन चित्रों के "अनुकरण की आवश्यकता नहीं है। मैं वास्तव में रति देवी की तरह ही हूँ। शायद उससे कुछ अधिक अच्छी ही हूँ।" आप क्यों विश्वास नहीं करते कि मेरी दृष्टि में नव मन्मथ की तरह ही हैं।" दोनों दर्पण के सामने एक के बगल में दूसरे खड़े होकर निर्णय का दायित्व उस पर छोड़ दिया है तो उसने 'हाँ' कह दिया है। (3) 'प्रणय कलह' कहानी में पति राग को रंगीन बनाने के लिए चाहता है कि कान्तं कामसूत्रों के अनुसार रूठकर मानिनी नायिका के अनुसार आचरण करें। छोटे मध्यवर्गीय परिवार के घर में महलों की तरह वैसी सुविधाएँ न होने पर पति किसी तरह समझौता कर लेता है। लेकिन कान्तं अन्त में हारों को छोड़कर, ज़मीन पर लोट-पोटकर पति को लात मारने की बात सुनकर क्रुद्ध हो जाती है और पति के कानों को मसल देती है। यह तो अनुकरण है। वास्तव में लेखक की दृष्टि में "पति-पत्नी के वे झगड़े के एक तरह से प्रणय लीलाएँ हैं।" (4) यथार्थ प्रणय-कलह "खिड़की के बाहर और अन्दर"

कहानी में है। खिड़की से पड़ोस के आँगन में सुन्दर स्त्री को देखकर नायक सौन्दर्य की आराधना में तन्मय हो जाता है।" देखते सारे समय ऐसा लगता है कि उससे बातें कर रहा हूँ। उसकी ओर देखूँ तो पान के राग से लाल छोटे ओंठ मुझसे बातचीत कर रहे हैं। पीछे मुड़ती है तो, वह बालों का जूड़ा और उस जूड़े पर वलयाकार फूलों की माला मेरे साथ संवाद में लगी है। इस दृश्य और पति के व्यवहार को देखकर कान्तं क्रुद्ध हो जाती है। क्या सौन्दर्य को ही देखना है तो अपने छोटे-से बच्चे के रूप और चेष्टाओं में नहीं है? क्या सन्तान के जन्म से दुबली-पतली और शुष्क पत्नी के रूप और जीवन में कोई आकर्षण नहीं रह गया है। अन्त में किसी तरह पत्नी को प्रसन्न करके लेखक प्रेम के साथ अपने बाँहों में ले लेता है। (5) जरूरी मात्रा को लेकर पति-पत्नी का कलह 'हठीला विवाद' में देख सकते हैं जिसमें कम्पन की तर्कपटुता दिखाई देती है—"हाँ! हाँ! आप जैसा भी कहें अच्छा ही होता है, आपकी कही सभी बातों का एक ही अर्थ है। मैं कभी जाने-अनजाने एक बात कहूँ तो आप उसके नाना अर्थ निकालते हैं। पति कहता है कि बाप रे! मानव की बुद्धिहीनता, सुलझाना आदि सभी दुर्गुण केवल मुझ में ही है, ऐसी बातें करती हो।" (6) अब पारिवारिक जीवन की कुल झाँकियाँ देख लें। कार्तिक 'समुद्र स्नान' के लिए कान्तं जाती है तो बड़े बच्चों और दो छोटी सन्तान का रोना-धोना, छोटों को देखने में बड़ों का बाहर निकल जाना और पति की परेशानी के बाद बड़े बच्चों को साथ ले आकर कान्तं पति में दायित्व के अभाव पर डाँट देती है। फिर सब बच्चों को वात्सल्यमयी माँ सान्त्वना देती है।" बच्चों के लिए माँ ही सारी दुनिया हो गयी है। माँ ने अपना सारा प्रेम बच्चों को दिया है। अब मेरे लिए स्थान कहाँ है? उस स्थिति में अनजान पागल की तरह सूरज के सामने खड़े होकर देखता रह गया हूँ।" पति कमाता है तो खर्च करने का अधिकार उसी का नहीं पूरे परिवार का भी है। कान्तं के शब्दों में "आप सोचते हैं कि आपके द्वारा किया गया सारा खर्च परिवार को सुखी रखने में सहायक होता है।" उसी तरह साड़ियाँ, चोलियाँ, खिलौने आदि खरीदकर मैं और बच्चे प्रसन्न हैं तो क्या आपको आनन्द नहीं मिलता? मैं सुन्दर दीखने का प्रयत्न करती हूँ तो वह क्या आपको आनन्द देने के लिए नहीं है? (7) मध्यवर्गीय जीवन की ये सब समस्याएँ आर्थिक स्थिति के कारण उत्पन्न होती हैं। 'हमारे गृह निर्माण' में पति अर्थ के अभाव में भी घर बनाने की योजना में लग जाता है, बच्चे अपने अलग कमरे के लिए झगड़ा करते हैं और कान्तं को विश्वास ही नहीं होता कि कर्ज लेकर भी यह सम्भव है। बन्धुओं और मित्रों को खिलाने में खर्च को बढ़ते देखकर पति-पत्नी 'दृढ़ निश्चय' करते हैं कि भविष्य में इससे बचेंगे। इतने में कान्तं के गाँव का एक ब्राह्मण उसके डॉक्टर भाई और उसकी उदारता की प्रशंसा करता है, तो कान्तं मिष्टान्न आदि बनाने के लिए पति को बाजार दौड़ाती है। (8) इस सब पारिवारिक झंझटों से मुक्त होने के लिए पत संन्यास लेना चाहता है। 'बाहर निकल जाना चाहते'

कहानी में बच्चे अच्छे कपड़े पहनकर जल्दी-जल्दी घर से निकल उसके आगे हो जाते हैं। रोककर पूछने पर कहते हैं कि वे भी उसके सिनेमा देखने चलेंगे। वह सझ गया है कि पत्नी ने बच्चों को भड़काया है। घर वापस चलने पर कान्तं दरवाजा अनुनय-विनय के पहले दरवाजा नहीं खोलती कि संन्यासी का घर से क्या काम है। परिवार के बन्धनों को तोड़ लेना इतना आसान काम नहीं है लेखक-पति सोचता है कि बद्धने आधी रात को पत्नी और अकेले सन्तान के सोते समय घर से निकलकर संन्यास लिया है शाम को इतनी सन्तन से बचकर घर से निकल पाता तो तब उसमें कठिनाई का पता चलता। (9) पारिवारिक जीवन की जिम्मेदारियों और परेशानियों के बावजूद दाम्पत्य-जीवन के माधुर्य के सम्बन्ध में लेखक कहता है कि "मेरा राज्य प्रेम का राज्य है। उस तरह के समय के ऐसे भाव ही मेरे जीवन को मधुर बनाते हैं। बाकी जीवन दासत्व का ही जीवन है। पर जीवन में ऐसे एक क्षण के बीस वर्षों के सामान्य जीवन से अधिक मूल्य है।" (कोर्ट में कान्तं)

नायक और नायिका : कहानियों का नायक अंग्रेजी शिक्षा प्राप्त लेखक है जो अपनी पत्नी को शिक्षित कलात्मक चेतना एवं संस्कृति में दीक्षित देखना चाहता है। लेकिन भारतीय धार्मिक संस्कारों की पत्नी अपने परिवार के कल्याण को छोड़कर अन्य विषयों की जानकारी अनावश्यक समझती है। नायक का दाम्पत्य-जीवन आनन्दमय है, लेकिन जीवन के अन्य क्रियाकलापों में वह सहयोगिनी नहीं है। पति के रूप में उसके सामाजिक जीवन का क्षेत्र व्यापक है। उसका व्यक्तित्व और चरित्र तेजस्वी भले ही न हो, उनमें मानसिक दुर्बलताएँ और हीनता की ग्रन्थियाँ नहीं हैं। पत्नी के साथ वाद-विवाद में वह सदा हार जाता है और हार में हँस देता है। ऐसा लगता है कि जान-बूझकर अपने सामर्थ्य को छिपाकर हार का रस ले रहा है। जीवन के अन्य क्षेत्रों में भी वह अपनी असफलता सहर्ष स्वीकार कर लेता है और पत्नी के ताना देने पर हँस लेता है। अपनी पराजय और असफलता की सानन्द स्वीकृति उसकी मानसिक दृढ़ता का परिचायक है।

कहानियों में लेखक की शृंगार लीलाओं का शिष्ट और संयत रूप प्रस्तुत किया गया है। पान मुँह में रखने वाली कान्तं की उँगली दाँतों से दबाते हुए कहता है—"ऐसा न करूँ तो तुम सबसे कहोगी कि मेरे पति मुँह में उँगली रखने पर भी नहीं काटता, इतना बोध है।" दाम्पत्य-जीवन का आकर्षण और आनन्द बढ़ती उम्र के साथ कम नहीं हुआ है—"मैं विवाह के आरम्भिक दिनों में उसके सौन्दर्य, शरीर का उभार, रेखाएँ और कोमलता देखकर आनन्दित होता था। बाद को उसके फटकारने, तिरस्कार करने और ताना देने में जो उक्ति-वैचित्र्य, चमत्कार और माधुर्य है, उन्होंने मुझे आकृष्ट किया। मृत्यु समीप होने पर शय्या पर लेटी हुई पत्नी की सेवा करते हुए पन्द्रह वर्षों के दाम्पत्य-जीवन की स्मृतियों से उसका मन वेदना से भर गया—"उसकी लेटी हुई शय्या ने पन्द्रह वर्षों के सुखमय जीवन का स्मरण दिलाया।"

वास्तव में ये कहानियाँ नायिका-केन्द्रित हैं। वह आन्ध्र की मध्यवर्गीय नारी है जिसकी जीवन-परिधि अपने परिवार तक सीमित है। वह समाचार-पत्र तक पढ़ना नहीं चाहती—"कौन कैसा रोता-धोता है, उससे हमारा क्या मतलब है? उनकी बातों से हमारा क्या सम्बन्ध है?" देश की राजनीति और शासन-व्यवस्था में भी उसकी कोई दिलचस्पी नहीं है—"उन विषयों में दिलचस्पी क्यों लें? रोज़ हमारी समस्याओं पर काफी चर्चाएँ हो रही हैं।" नवीन संस्कृति और नये फैशनों से भी वह बहुत दूर रहती है। उसने रामायण-महाभारत, पौराणिक कथाएँ और पुराने गीतों को पढ़ा है। प्राचीन परम्पराओं को वह श्रद्धा की दृष्टि से देखती है तथा प्राचीन महापुरुषों और जीवन को ही आज के लिए आदर्श मानती है। लेकिन पारिवारिक जीवन की परिधि में वह दीपशिखा है जो पूरे पारिवारिक जीवन को आलोकमय बनाती है। तेलुगु के एक महान लेखक ने कहा है कि देश पर पाश्चात्य सभ्यता और संस्कृति के गहरे प्रभाव के वातावरण में भारतीय संस्कृति और परम्पराओं का पालन स्त्रियों के द्वारा हमारे रसोईघरों और पूजा के कमरों तक सीमित रह गया है। कान्तं की कहानियों में तेलुगु संस्कृति और रहन-सहन की अनेक विशेषताओं की भी अभिव्यक्ति हुई है जिसकी प्रतीक नायिका कान्तं है। उसकी दाम्पत्य लीलाओं और शृंगार चेष्टाओं की माधुर्यपूर्ण व्यंजना छोटे-छोटे प्रसंगों में भी दिखाई देती है—"वह मल्लिका की माला को हाथ में लेकर उसे चूमकर, आँखों में लगाकर मेरे हाथों में रखती थी। मेरे हाथों द्वारा वह उसकी सुन्दर जूड़ी में अर्द्धचन्द्राकृति का रूप लेती थी।" यही प्रणय-देवता क्रोध में सास-ससुर, छोटे-बड़े का ध्यान न रखकर जो कहना चाहती थी कह देती थी। (धूप-बारिश कहानी) आवश्यकता और सन्दर्भ के अनुसार हास-परिहास, ताना देने और व्यंग करने में भी वह अत्यन्त पटु है। इन सब का आधार पति का अनजान होना, व्यवहार-कुशलता का अभाव और घर-गृहस्थी न सँभलने की शक्ति है। अनुराग उसके व्यक्तित्व और चरित्र का एक पहलू है तो हास-परिहास में उसकी कुशलता उसकी कुशाग्र बुद्धि दूसरा पहलू है। दुनियादारी विषयों में वह बिल्कुल अबोध् है। ओंगोल जाने वाले पति से अनुराध करती है कि रास्ते में अपनी बहन के अचार बोतल दें। पति कहता है कि गुंटूर विजयवाड़ा—ओंगोल के रेल-रास्ते में नहीं पड़ता तो ताना देती हुई कहती है कि "क्यों नहीं पड़ता, प्रेम (इच्छा) है तो जरूर पड़ता है। इस दुनियादारी अबोधपन के विपरीत सामान्य विषयों में उसकी बुद्धिमत्ता और वाक्पटुता है। लेखक श्री विश्वनाथ सत्यनारायण के पास जाकर फिर साहित्यिक-पत्रिका आरम्भ करने की इच्छा प्रकट करता है तो पाँच मिनट बातें करने के बाद वे कहते हैं कि "क्या तुम फ़ूल हो?" इतना बड़ा दायित्व लेने के लिए। तुरन्त कान्तं ज़ोर-ज़ोर से हँस पड़ी है—"इतनी देर क्यों हुई है? उतनी देर लगी है उनको आपकी बात (बुद्धि का अभाव) समझने के लिए।"

कान्तं के व्यक्तित्व और चरित्र का एक और महत्त्वपूर्ण पहलू उसका वात्सल्य और

त्याग है। वह अपने बच्चों को देखकर आनन्दित होती है। सारे संसार को अपने घर में ही देखती है। नित्य परितृप्ति में देवी मूर्ति की तरह उज्ज्वल प्रकाशित होंती है। अपनी सन्तान के बारे में पता नहीं कितने मधुर सपने देखती है।" "उसका सारा जीवन त्यागमय है। पति और सन्तान की सेवा करने में उसने अपना सौन्दर्य, यौवन और सुख सभी का त्याग किया है।" उसकी मृत्यु पर लेखक-पति कहता है—"मेरे हृदय क्षेत्र में वह अमृतवाहिनी है। अन्धकार में टटोलने वाले मेरे जीवन की वह ध्रुवतारा है। मेरी माँ, बहिन और पत्नी—सभी वही थी।"

कहानी-कला : मुनिमाणिक्यं की कहानियाँ कहानी के रचना-विधान, शिल्प या तन्त्र में समाने वाली नहीं है। आरम्भिक दशा में कहानी का आरम्भ, विकास और चरम सीमा का विधान होता था। परवर्ती प्रौढ़ दशा में मनोवैज्ञानिक, मनो-विश्लेषणात्मक प्रतीकात्मक तथा नये-नये प्रयोग होने लगे हैं। कहानियों को किसी भी प्रकार या टाइप नहीं रखा जा सकता। उनमें यथार्थ, आदर्श और कल्पना का ऐसा सम्मिश्रण है कि वस्तु और दृष्टिकोण के आधार पर भी उनको वर्ग विशेष में नहीं रख सकते। उन्हें पारिवारिक जीवन की कहानियाँ कहें तो उनमें पारिभाषिक सम्बन्धों और समस्याओं से भिन्न उनमें केवल दाम्पत्य-जीवन के माधुर्य का निरूपण। वह माधुर्य सन्निवेशों की माला का समुच्चय से व्यंजित है। दो-चार कहानियाँ ही घटना प्रधान हैं। सन्निवेशों की माला गूँथने में सीधे ऐतिहासिक क्रम का अनुसरण किया गया है। अन्त में प्रायः पति के हारकर समझौता कर लेने में भी मन में मधुर अनुभूति ही होती है। उस हार में एक चमत्कार या अद्‌भुतपन मिला होता है। प्रणय में हार-जीत प्रधान नहीं होते, मानसिक प्रसन्नता मुख्य चीज़ होती है। इसे भी एक फार्मूला मानेंगे तो मुनिमाणिक्यं ने उसको अपनाया है। कथानक में ही वातावरण मिला रहता। वह प्रधानतः हास्य से पुष्ट प्रणयलीला है। वातावरण, कथानक और नायक-नायिका का समष्टि रूप, उन प्रणय लीलाओं को सजीव और साकार बनाता है। सन्तान सहित सभी अन्य सभी पात्र उसमें सहयोगी होते हैं। संवादों की मार्मिकता भी हास-परिहास और व्यंग के द्वारा प्रणयलीला में रंग और आकर्षण भर देती है। कभी-कभी प्रणय की कहानी का अन्त हास्यास्पद स्थिति में हो जाता है जैसे 'बदनसीहत' कहानी में। पात्रों के लिए या कभी-कभी नायक के लिए, ऐसी स्थिति करुण हो सकती है। लेकिन पाठक कान्तं की मनःस्थिति के साथ एकात्मा होकर परिस्थिति या परिणाम का रस लेता है। प्राचीन संस्कृत भाषा-प्रयोग और नवीन अंग्रेजी से प्रभावित भाषिक संरचना की धाराओं के बीच वास्तविक तेलुगु की प्रकृति और उसके शिष्ट व्यावहारिक रूप में रचना की गयी है। दाम्पत्य-जीवन की आत्मीयता प्राकृतिक भाषा के प्रयोग में ही व्यक्त हो सकती है।

उदाहरण के लिए 'बदनसीहत' को लेंगे जो लेखक की श्रेष्ठ कहानियों में एक है। उसमें मधुर दाम्पत्य-जीवन का नुस्खा असफल होकर हास्यास्पद परिस्थितियों की सृष्टि करता है। कहानी के प्रथम भाग में लेखक की मधुर दाम्पत्य जीवन की कहानियाँ

पढ़कर पचास साल का एक व्यक्ति गृह-कलहों से मुक्ति पाने के लिए सलाह पाने लेखक के घर आता है। लेखक का उपदेश है—(1) पत्नी के 'हाँ में हाँ' मिलाना, (2) कोई आर्थिक बात हो तो 'हाँ' कहकर टालते जाना, (3) उसके गुणों की प्रशंसा (4) काव्य भाषा में उपमानों के साथ उसके रूप-सौन्दर्य का वर्णन और अन्त में रोज एक-दो बार चूमना। भारतीय परम्परा के विरुद्ध ऐसे आचरण से असन्तुष्ट होकर भी लेखक के द्वारा सफलता का आश्वासन पाकर लौट जाता है। कहानी के दूसरे भाग में कान्तं उस वृद्ध व्यक्ति का इस तरह मज़ाक करने पर आपत्ति करती है। लेखक कहता है कि प्रशंसा से सभी प्रभावित होते है, विशेषतः स्त्रियाँ। पाश्चात्य देशों में इस तरह के मनोवैज्ञानिक प्रयोग हो रहे हैं। कहानी के तीसरे भाग में उस व्यक्ति की पत्नी रोती हुई आकर शिकायत करती है कि उसका पति उन्मत्त-सा प्रलाप और आचरण कर रहा है। अप्राच्य देशों में ऐसी बातें हो सकती हैं, भारत में नहीं। कान्तं के पति ने जरूर कोई पाश्चात्य मन्त्र-तन्त्र का प्रयोग किया होगा जिसका निवारण भारतीय मन्त्रों से नहीं हो सकता। कान्तं और उसके पति के द्वारा प्रतिक्रिया का आश्वासन पाकर उनको आशीर्वाद देकर चली जाती है। कान्तं पति का परिहास करती है कि उस स्त्री को भी अपने पति की प्रशंसा का उपदेश देना चाहिए था। लेखक पछतावे में मज़ाक सहने की मानसिक स्थिति में नहीं है। यह कहानी शीर्षक के अनुसार बदनसीहत से उत्पन्न पात्रों की दयनीय स्थिति को अभिव्यक्त करती है तो दूसरी ओर पाठक के लिए हास्य का विषय हो जाती है। उसमें दाम्पत्य-जीवन का रस नहीं रसाभास है। कहानी के अन्त में माधुर्य के स्थान पर करुण अनुभूति होती है। लेखक ने कहानी के बीच-बीच में कान्तं के परिहास, ताना देने, व्यंग आदि का प्रयोग करते हुए रसाभास और हास्य के योग में उसे रोचक रूप दिया है। कहानी में इस बात की भी व्यंजना है कि प्रेम की बाह्य और शाब्दिक अभिव्यक्ति नहीं, आत्मीयता और मानसिक भावना ही दाम्पत्य जीवन एवं प्रणय का आधार है। सफल भाव-व्यंजना के अतिरिक्त टेकनिक की कोई विशेष बात नहीं है। भाव-व्यंजना ने संवादों में मूर्त्त और सजीव रूप धारण किया है।

भाव-सौन्दर्य : मुनिमाणिक्यं की अधिकांश कहानियाँ प्रणय-लीला सम्बन्धी हैं। उसमें हास्य का योग कहानियों के आकर्षण को बढ़ाकर अनुभूति को और मधुर बनाता है। कुछ ऐसी कहानियाँ हैं जिनमें रसाभास और हास्य प्रधान हो गया है जैसे बदनसीहत, प्रणय कलह, कोर्ट में कान्तं आदि में। कुछ कहानियाँ ऐसी भी हैं जिनमें हास्य की केवल सांकेतिक व्यंजना है जैसे 'बाहर निकल जाना चाहते' समुद्र स्नान आदि में। इन मनोरंजक कहानियों के बीच कहीं-कहीं लेखक के सामान्य कथनों और तात्विक चिन्तन की झलक मिल जाती है। प्रणय लीला, हास्य और चिन्तन में सुगठित भावपूर्ण उक्तियों में अपूर्व सौन्दर्य मिलता है। (1) प्रणय लीला में कान्तं पारिवारिक जीवन के अनेक कष्टों को सहती हुई भी जीवन को मधुर बनाती है—"मल्लिका के फूल को निर्दयता के साथ तोड़कर सूई से गूँथकर कितना ही कष्ट दें सायंकाल तक उन सब बाधाओं को

भूलकर पूरा हृदय खोलकर विकसित करके परिमल को बिखेर देती है। कान्तं भी वैसा ही है।" उसकी शृंगार लीलाएँ : "वह पति के बाँहों पर हाथ रखकर आवश्यक न होने पर भी जरा दबाकर अपना वक्षस्थल उसके गाल में हुआकर नाना अवस्थाओं के बाद ही वह रनो बोतल (खाट के पीछे की अलमारी से) बाहर निकल नहीं आती थी।" "चाँदनी में सफेद शय्या पर शरत की पूरी रात बिताकर पूरब में आलोक की किरणों के साथ प्रातःकाल होते समय उठते हुए नहीं-नहीं कहते हुए छाती से दबाकर कान्तं का गाढ़ा संश्लेष पति को स्मरण आता रहता है।" "पढ़ी-लिखी न होने पर भी कान्तं को पता नहीं कैसे मालूम हो गयी हैं ये सब लीलाएँ!" दूसरी स्त्री की ओर पति के देखने पर क्रोध में कान्तं के कटाक्ष का यह रूप है—साधारणतः मेरे हृदय को उल्लास और सन्तोष देने वाली वह मुस्कराहट उस दिन इलेक्ट्रिक वाक-सी लगी है।" "उस मुस्कराहट को छूटे (सिक्कों) में करते तो आधे दर्जन भावात्मक गीत, चार खण्डकाव्य और एक बन्ध कविता के साथ युक्त प्रौढ़ काव्य बनते हैं। शब्द में परिवर्तित करते हैं तो एक चढ़ाई आरम्भ करने के पूर्व चलाए हुए तापखाने की ध्वनि है। तेजस्विता में बदलते हैं तो कलुषित हृदयों को जला देने वाला महा तेज है वह।"

आधुनिक हास्य परिस्थितिजन्य, वाक्पटुता (विट) पर आधारित और व्यंग्यात्मक तीन रूप में दिखाई देता है। किसी भी सन्निवेश में कान्तं की बातें और टीका-टिप्पणी परिहास के उदाहरण हैं। सन्निवेश में बेवकूफ (फ़ूल) बनकर पति परिस्थिति को हास्यास्पद बनाता है। कभी-कभी प्रबन्ध नायिकाओं का-सा उपमानों के साथ काल्पनिक वर्णनों से हास्य की सृष्टि करता है। ये वर्णन व्यावहारिक जीवन की दृष्टि से अप्रासंगिक लगते हैं। इसी तरह कामसूत्र का प्रणय कलह हास्यास्पद लगती है। वैद्य शास्त्र के उन्माद के सभी लक्षण लेखक को अपने में दिखाई देते हैं। चिन्मय सूरि के ग्रान्थिक भाषा के व्याकरण के सूत्रों का मज़ाक उड़ाया गया है। प्रबन्ध की नायिकाओं के सौन्दर्य वर्णन पर कान्तं की यह टिप्पणी है—"आकर्णत्त नेत्र उभर आयी हुई आँखें लगते हैं। नीली आँखें मनुष्य के रोगग्रस्त नेत्र होती हैं। क्या आपकी ऊहा में ये ही सुन्दर लगते हैं?" कुछ अवसरों पर कान्तं के अबोधपन के कारण भी हास्य उत्पन्न होता है। उसका लड़का मानचित्र में चीन को दिखा सकने के कारण मार खाकर रोता हुआ घर आया है तो कहती है—चीन क्या है? उसे तूने क्यों ले लिया है? कितनी बार कहा है कि पराई चीज़ को गत लो।" वाक्पटुता में कान्तं सिद्धहस्त है। पति कहता है कि तुम्हारे में सन्देह है कि 'मैं अक्लमन्द नहीं हूँ।' पत्नी उत्तर देती है कि नहीं-नहीं, मुझे सन्देह नहीं, दृढ़ विश्वास है। पति कहता है कि तुम्हारी बहनें बन्दरियाँ हैं, केवल पूँछ की कमी है। पत्नी तुरन्त उत्तर देती है कि आपकी बहनों में वह कमी भी नहीं है। पति लात मारने वाली गाय को बेच देना चाहता है तो कान्तं कहती है कि सहनशीलता से सबको वश में कर सकते हैं। "विवाह के आरम्भिक दिनों में क्या मैंने आप जैसे जिद्दी व्यक्ति को काबू में नहीं कर लिया है?" कान्तं दैनिक समाचार-पत्र पढ़ना व्यर्थ समझती है।

एक दिन पड़ोसिन वृद्धा को पति के सामने अख़बार की खबरें सुनाती हुई कहती है कि समाचार में यह खाली जगह आप जैसी अपढ़ लोगों को देखने के लिए है। वाक्पटुता के इन उदाहरणों में कुछ हल्का व्यंग भी छिपा हुआ है। लेकिन कान्तं पति के हृदय को घायल करने वाला कटु व्यंग नहीं करती। वह उसके स्वभाव के विरुद्ध है। पति उसकी वाक्-चातुरी पर स्वयं हँस लेता है और हारने में आनन्द पाता है। मुनिमाणिक्यं स्वयं कहते हैं कि कान्तं और श्री विश्वनाथ सत्यनारायण ने कभी उनकी कहानियों की प्रशंसा नहीं की है। लोगों की दृष्टि में भी मेरी कहानियों को कोई सम्मान नहीं मिला है। लेकिन लेखक में हीनताग्रन्थि नहीं है, वह तन्मयता के साथ लिखता रहा है।

दाम्पत्य-जीवन के सम्बन्ध में लेखक के कुछ तात्त्विक विचार देखें। छोटी उम्र में मेरी पत्नी मुझे कुछ विशेष सुन्दर नहीं लगती थी।...कभी-कभी सोचता था कि कोई बात नहीं है, मेरी कान्तं औसत सुन्दरी ही है।" यह पति का धर्म है। कान्तं अपना "पति सुन्दर मूर्ति होने का भ्रम बना लिया है। उस भ्रम में आनन्द और तृप्ति के साथ जीवन बिताया है। जो नहीं है, जो नहीं मिलता है, जो असत्य है उस सौन्दर्य का अन्वेषण करके उसे प्राप्त न कर सकने पर रोया नहीं है।" यह पत्नी का धर्म है। अवयव न सँभाल सकने के सशक्त यौवन में भी सौन्दर्य है। वह उफान समाप्त होने के बाद जीवन में जो तृप्ति, गाम्भीर्य और शान्ति आती हैं, उनमें भी सौन्दर्य है। यह दाम्पत्य-यात्रा की परिणति है। "वैसे ही मुझ पर सन्देह करती है मेरी पत्नी। जिसे पति पर प्रेम है उस मानिनी को वैसा सन्देह होना सहज है।" दाम्पत्य-जीवन में यह स्वाभाविक प्रवृत्ति है। "अब पत्नी के साथ वाद-विवाद करना व्यर्थ लगा है। वह हठी नहीं है, लेकिन हठ करती है तो वह यम का हठ है। तब चुप हो गया हूँ कि अवकाश मिलने पर कोई उपाय सोच लूँगा।" यह दाम्पत्य जीवन में समझौते के द्वारा शान्ति पाने का मार्ग है। "पति ने पूछा—तुम मुझे कहाँ मिले हो? ध्यान से बाहर आकर नित्य आनन्द का अनुभव करने वाले योगी की तरह कहा है कि कहीं मिला नहीं है। हम हमेशा ऐसे ही हैं। फिर मुझे अपने आलिंगन में लेकर छाती से लगा लिया है मानो वह मुझे अपने में लीन कर रही है। कहती है हम दोनों ऐसे ही हैं। इससे उसका यह उद्देश्य हो सकता है कि जन्म-जन्म से यह दाम्पत्य ऐसा ही चला आ रहा है।" यह दाम्पत्य-जीवन की सर्वोत्कृष्ट भावना है।

मूल्यांकन : मुनिमाणिक्यं के ज़माने में मध्यवर्गीय जीवन एक ओर सपाट मार्ग पर चल रहा था तो दूसरी ओर आदर्शवादी कल्पना, तात्त्विक चिन्तन और मनोवैज्ञानिक-वैज्ञानिक दिशाओं में अग्रसर हो रहा था। लेखक ने पहले मार्ग को अपनाया है। इसलिए उनकी कहानियों में काम के उद्वेलन या प्रेम की गहराई का आभास नहीं मिलता। उनमें मध्यवर्गीय दाम्पत्य-जीवन के माधुर्य, हास-परिहास और शान्ति की अभिव्यक्ति हुई हो उनकी उपलब्धि और सीमा दोनों हैं। उनमें अभिरुचि मध्यवर्गीय अपने संस्कारों के अनुरूप होती है।

गोपीचन्द : असमर्थुनि जीवयात्र

(असमथ की जीवयात्रा)

(1910-1962)

जीवन के साथ संघर्ष में विकसित पाश्चात्य यथार्थवादी चेतना के विरोध में भारतीय आध्यात्मिक चिन्तन ने जीवन के सम्बन्ध में आदर्शवादी दृष्टि का विकास किया है जिसका गहरा प्रभाव काव्य-साहित्य पर भी पड़ा है। परिणामस्वरूप नायक की परिकल्पना जीवन में सफल समर्थ व्यक्ति के रूप में हुई है। काव्यशास्त्र में नायकों के वर्गीकरण में 'धीर' शब्द जोड़कर (धीरोदात्त, धीर ललित आदि) उसे अभिव्यक्त किया गया है। लेकिन यथार्थ जीवन में सदा बुराई पर अच्छाई की विजय नहीं होती। आधुनिककाल में आकर सुधारवादी और आदर्शोन्मुख साहित्यिक प्रवृत्तियों के बाद नवीन चिन्तनधाराओं के प्रभाव से अनेक रूपों में जीवन की यथार्थवादी चेतना की व्यंजना की गयी है। इनमें दो प्रधान दिशाएँ मार्क्सवादी और हेतुवादी हैं। दोनों कभी-कभी अतिवादिता और अतिरंजना पर अवश्य पहुँच गयी हैं, लेकिन उनमें जीवन की वास्तविकता का प्रयत्न अवश्य हुआ है। सामान्य अर्थ में कह सकते हैं कि मार्क्सवाद का ध्यान जीवन की बहिर्मुखता पर और हेतुवादी दृष्टि का ध्यान बहिर्मुखता से अन्तर्मुखता की ओर प्रस्थान पर केन्द्रित रहा है। तेलुगु साहित्य में परम्परा विरोधी एक लेखक वर्ग एम. एन. राय की हेतुवादी दृष्टि से प्रभावित होकर रचना की है। इस विरोध में एक और साहित्य और नायक की आदर्शवादी आध्यात्मिक एवं समर्थ परिकल्पना छोड़ दी गयी है तो दूसरी ओर जीवन की यथार्थता में असमर्थ की जीवयात्रा का निरूपण किया गया है। यह भारतीय जीवन की परिस्थितियों में ह्रासोन्मुखता का भी व्यंजक है। प्रस्तुत उपन्यास का चयन शिल्प से कहीं अधिक इस नवीन चिन्तन के विकास के प्रतीक के रूप में हुआ है। यह भी ध्यातव्य है कि आज के मनुष्य के असमर्थ और असफल जीवन की कहानी से आधुनिकताबोध की एक दिशा का द्योतन होता है।

असमर्थ नायक तीन प्रकार के हो सकते हैं–(1) जो दलित-शोषित होने के कारण जीवन में सफल नहीं हो सकते। (2) जो अकर्मण्य होने के कारण संघर्ष न करते हुए परिस्थितियों में प्रवाहजीवी होते हैं। और (3) कुछ मानसिक दुर्बलताओं में मन को

नियन्त्रित न कर सकने से जीवन में पतनोन्मुख हो जाते हैं। उपन्यास का नायक सीताराम राव की असमर्थता के मूल में अन्तिम दोनों—अकर्मण्यता और मानसिक दुर्बलता का क्रियाशील रूप दिखाई देता है। हेतुवादी दृष्टि से विचार करने पर नायक संघर्ष और कर्म से दूर रहता है, अपने वंश की प्रतिष्ठा और यश पाने की लालसा में अपने व्यवहार के परिणामों पर विचार नहीं करता, व्यक्त मन में महानता-ग्रन्थि सक्रिय है तो अव्यक्त में जीवन की असफलताओं के साथ हीनता-ग्रन्थि विकसित होती जाती है और अन्त तक सब मिलकर जीवन यात्रा को असफल बना देते हैं। यदि वह अपनी मानसिक चेतना पर असफलताओं के प्रभाव को रोकने का कुछ प्रयत्न करता और जीवन को व्यावहारिक दृष्टि से देखने का प्रयास करता तो शायद मन कुण्ठाग्रस्त नहीं होता। कोई मनुष्य केवल बुद्धिजीवी और हेतुवादी होकर साधारण लौकिक जीवन बिता नहीं सकता। इस कारण ही सीताराम राव के मन में विकृति आ गयी है और उसका जीवन विषादान्त हो गया है।

कथानक को तीन भागों में विभक्त कर सकते हैं—(1) सीताराम राव का व्यक्तिगत जीवन, (2) पारिवारिक जीवन और (3) सामाजिक जीवन। तीनों ऐतिहासिक क्रम में प्रस्तुत न होकर उनके भाव-विचारों और स्मृतियों के माध्यम से मिले-जुले होकर उनकी जीवनयात्रा में पतन की ओर अग्रसर होते हैं (1) प्रथम के अन्तर्गत सीताराम राव मौत के समय अपने पिता के दिये गये वचन के अनुसार वंश की प्रतिष्ठा और कीर्ति की रक्षा में लग जाते हैं। दान-धर्म और ऋण वसूल न करने के कारण उसकी आर्थिक स्थिति बिगड़ जाती है। उसके मन में बार-बार प्रश्न उठता है कि यह जीवन क्या है और मित्रों के साथ उसकी चर्चा में लग जाता है। सब आर्थिक विषयों में उसे धोखा देते हैं। यहाँ तक कि उसका मामा ज़मीन-जायदाद के प्रबन्धक के रूप में लूटने के अतिरिक्त चालीस हजार के ऋण के बदले दस हजार का ऊसर जमीन देते हैं। इस भाग में दो साधारण सन्निवेश उल्लेखनीय हैं—(1) श्रीनय्या दूसरे जिले से इस गाँव में आकर मेहनत से सौ रुपये बचाने के बाद अपने गाँव को वापस जाकर विवाह करके सुखमय दाम्पत्य जीवन बिताना चाहता है। सीताराम राव को आश्चर्य होता है कि इस दाम्पत्य जीवन और बच्चों के पालन-पोषण की जिम्मेदारियों में आखिर जीवन का क्या सुख है। (2) दूसरा सन्निवेश प्रतिष्ठा और यश के नाम पर आर्थिक पतनोन्मुखता को लेकर है। तीन पीढ़ियों से उनके परिवार के हितैषी, वृद्ध रामय्या उनको सावधान करने का प्रयत्न करता है—"ऐसा काम मत करो जिसमें आगे पछताना पड़े। तब पश्चात्ताप के समय हृदय में बिच्छू कनखजूरा, (कॉतर) स्थान बना लेते हैं। अब तुम जिन्हें अच्छे काम समझ रहे हो, वे ही विद्रोही होकर तुम्हारा सामना करते हैं। अब तुम्हारी सहायता पाने वालों को ही अपना विरोधी बना लेते हो। तुम्हारी अच्छाई ही तुम्हारे पतन का कारण होगी।"

दूसरा भाग सीताराम राव के दाम्पत्य जीवन की विषमता, असहाय स्थिति और

उसके परिणाम हैं। पहले भाग में आर्थिक विषयों की उपेक्षा से उत्पन्न गरीबी की हीन दशा ही इन सब का कारण है। विवाह और सन्तान को झंझट और घृणास्पद समझने वाला सीताराम राव गुरुकुल जाते हुए इन्दिरा को देखकर उससे आकर्षित होकर विवाह कर लेता है। दाम्पत्य जीवन के रोमांस की स्मृति वर्तमान स्थिति के विरोध में मधुर स्थिति के रूप में प्रस्तुत किया गया है। लेखक मे आर्थिक दुर्दशा में पारिवारिक जीवन की कटुता की अनेक झाँकियों को संक्षिप्त सांकेतिक रूप में व्यक्त किया है। अपने वंश की प्रतिष्ठा का स्मरण करके सीताराम राव काम करके कमाता नहीं है और उसी गौरव क़ी रक्षा के लिए पत्नी को घर से बाहर नहीं जाने देता। उस वंश से पहले लाभान्वित कुछ जनता और श्रीनय्या कुछ सहायता न करते तो घर का काम-काज ही नहीं चलता। आर्थिक दयनीय स्थिति में सीताराम राव का पतन अकारण अपनी लड़की और पत्नी को मारने की हालत पर आ जाता है। अपनी असमर्थता में उसका मन क्रमशः वेदना, झुँझलाहट और क्रोध की दशाओं को पार कर उन्मत्त हो जाता है। इस प्रसंग में पाँच छोटे सन्निवेश उल्लेखनीय हैं—(1) अपने मामा से आर्थिक सहायता माँगने पर वह कहता है कि तुम्हारे वंश और तुम ने यश कमाने के लिए सारी सम्पत्ति लुटा दी है और उसमें कुछ अंश मुझे भी मिला है तो उसमें कृतज्ञता का प्रश्न कहाँ उठता है। मेरी बहन तुम्हारी माँ जीवन भर यह ताना सुननी रही है कि वह तुम्हारी वंश-प्रतिष्ठा के अनुरूप वधू नहीं है। (2) सीताराम राव का ससुर कहता है कि "वह न जीवन में सुखी होता है और न दूसरों को सुखी होने देता है।" तो उसकी लड़की, सीताराम राव की पत्नी कहती है कि यह बड़े लोगों का लक्षण है। "साधारण लोगों के मापदण्ड से मूल्यांकन न करने पर समझ में नहीं आता।" (3) स्वप्न में शिव-पार्वती का संवाद है जिसमे भोलाशंकर कहते हैं कि मैं अपना यशस्वी नाम सुरक्षित रखना चाहता हूँ, इसलिए शीघ्र प्रसन्न होकर भक्तों को वर देता हूँ। यही सीताराम राव का दृष्टिकोण था जिसके कारण आज परिवार दयनीय स्थिति में है। (4) भूखा सीताराम राव एकान्त में छिपकली से बातें करने का प्रयत्न करता है। यह स्वगत उसकी मानसिक स्थिति का द्योतक है—मैं भी तुम्हारी तरह कीड़ों को पकड़कर सुख से जीवन बिताया है। अब यह हालत हो गयी है। लेकिन तुममें मैं हूँ और मुझमें तुम हो। (5) पत्नी को मारने के बाद रामय्या के पास जाने पर आदर्शवाद के नाम पर सीताराम राव की हीनता और मूर्खता का खण्डन उतना महत्त्वपूर्ण नहीं है जितना यह प्रश्न कि तुमने मेरी नातिन को मारा है? उसमें उसके मन की सारी भावनाएँ व्यंजित हो जाती हैं। तीन पीढ़ियों का सम्बन्ध टूट जाता है और मन में जुगुप्सा और क्रोध की भावनाएँ जागकर भविष्य में दोनों के बीच सम्बन्ध-परिवर्तन हो जाता है। परिवारिक जीवन में विषमता का कारण केवल आर्थिक नहीं है। बड़प्पन की भावना व्यावहारिक ज्ञान का अभाव, कर्म और प्रयत्न की कमी, तालमेल न होना आदि छोटी-मोटी बहुत-सी बातें हो सकती हैं जिनकी ओर

लेखक ने प्रतीकात्मक ढंग से हमारा ध्यान आकृष्ट किया है। पारिवारिक जीवन में सीताराम राव के भावों का आरोह-अवरोह और मानसिक द्वन्द्व, उसे पागल-सा बनाकर पारिवारिक से सामाजिक परिधि की ओर अग्रसर करता है।

तीसरा भाग सामाजिक जीवन में असमर्थ सीताराम राव के अनुभव और परिणाम हैं। परिवार से बाहर आकर वह अपने को एक नवीन रूप में देखता है—उसका आकार पिशाच-सा लगता है। समाज में अपने परिचित-अपरिचित लोगों से मिलने में उसके स्वभाव में एक विलक्षण परिवर्तन होने लगता हैं—सभ्यता और संस्कृति का परदा उठकर मानव-जीवन का वास्तविक रूप सामने आता है। एक अपनी संस्कृति से सन्तुष्ट है तो दूसरा अनार्किस्ट कवि बनता है। एक अपने पिता की महानता को बार-बार कहता जाता है तो दूसरा अपने को महान मानता जिसे स्त्रियाँ अपना सर्वस्व समर्पित करती है। स्त्रियाँ बचपन से ही अपने मान की रक्षा में चिन्तित हैं। रामय्या उसे आदर्श और ज्ञान के रहस्य को न जानने वाला पगल समझता है। वह सचमुच पागल की तरह सोचता है; एक वेश्या और गाँव के बड़े लोगों के साथ असाधारण व्यवहार करने लगता है। उसकी चरम सीमा, ग्रामीण सभा में प्रसिद्ध लोगों की अनैतिकता और प्रवंचना की खुली निन्दा, कुर्सी उठाकर क्रोध में लोगों को मारने के प्रयत्न और रामय्या उसके व्यावहारिक ज्ञान के अभाव और मूर्खता के कारण उसके पतन को समझाता है। रात को श्मशान में जीवन की कथा का परिसमापन है। मान बेचकर परिवार का जिसने पालन-पोषण किया है उसकी चिता जल रही है। सत्य-असत्य, सही-गलत, अच्छे-बुरे का निर्णय कौन कर सकता है? समाधि से उठकर मानो सीताराम राव का पिता शिकायत कर रहा है कि उसने वंश की प्रतिष्ठा का सत्यानाश कर दिया है। प्रताड़ित माता का रोदन-स्वर सुनाई पड़ रहा है। सीताराम राव का जीव आत्ममंथन में तड़प रहा है। उसका आकार अपने से बाहर आकर उसके जीवन का परिहास कर रहा है। क्रोध में उसने उस आकार का गला घोंट दिया है। सबेरे लोगों ने देखा है कि गला घोंटने से सीताराम राव मरा पड़ा है। इस सामाजिक सन्दर्भ में समर्थ-असमर्थ, ज्ञान-व्यावहारिकता, नीति-अनीति, न्याय-अन्याय, गौरव-अगौरव, व्यक्ति समाज, सभ्यता-संस्कारहीनता आदि ऐसे अनेक प्रश्न उठाए गये हैं जो प्रत्यक्ष-अप्रत्यक्ष सीताराम राव के जीवन से या तो सम्बद्ध है या उसे प्रभावित करते हैं। इस तरह एक छोटा-सा कथानक हेतुवादी तर्क-वितर्क में एक व्यापक जीवन-पट का रूप लेता है।

हेतुवादी दृष्टि से प्रेरित और परिचालित कथानक में व्यक्ति, परिवार और समाज के सम्बन्ध में लेखक के विचार ही महत्त्वपूर्ण हैं जो उनके जीवन का आख्यान है। इस वैचारिकता का इतना विस्तार है कि उसका संक्षिप्त संकेत ही यहाँ सम्भव है। कथानक के विकास और उसकी अन्विति में योग देने वाले प्रेरक सूत्र (मोटिफ) भी हेतुवादी चिन्तन के अंग रूप में ही अभिव्यक्त हैं। इसलिए दोनों को मिले-जुले रूप में ही

प्रस्तुति हो रही है। (क) सम्पन्न वंश के व्यक्ति की मानसिकता और भाव-विचार–(1) जब हाथ में रुपये हैं सब दौड़ आते हैं, बाद का हमारा मुँह भी नहीं देखते। (2) खानदानी सम्पन्न सोचते हैं कि उनकी विशिष्ट सृष्टि है, औरों से वे बड़े हैं। उनमें 'मेरे वंश' की भावना और अहंकार मन में समाया रहता है। साधारण व्यक्ति धन कमाकर जीता है। खानदानी धन न होने पर भी कीर्ति के लिए जीता है। अपनी कमजोरी और अज्ञान के कारण उसे जीवन में कष्ट सहना पड़ता है। (3) व्यक्ति परिस्थितियों के हाथ खिलौना हो जाता है। इसीलिए व्यक्ति को संसार में जीने के लिए व्यावहारिक ज्ञान और अनुभव की आवश्यकता होती है। यह सीताराम राव की व्यक्तिगत जीवन और मानसिक चेतना की कहानी है। लेखक उसके पतनोन्मुखता का हेतुवादी विश्लेषण करता जाता है।

(ख) सीताराम राव के दाम्पत्य जीवन की असफलता की कहानी उसके पतन का दूसरा धरातल (स्टेज) है। यहाँ भी मूल कारण धन का आभाव ही है। लेकिन लेखक और नायक अनेक कोणों से हेतुवादी दृष्टि से पारिवारिक जीवन पर विचार करते हैं। वर्ग भेद का अन्तर नायक के माता-पिता में मेल-जोल के अभाव कारण है। आदर्शवादी दृष्टि से परिवार के द्वारा वर-वधू का चयन, एक दूसरे को देखने की व्यवस्था और परस्पर कमजोरियों की चर्चा, विवाह-प्रसंग पशु-प्रदर्शनी-सा लगता है। पहले सीताराम राव स्त्री के रूप से आकृष्ट होने, विवाह और गर्भधारण आदि के क्रम से घृणा करता था। उनके शब्दों में "आप लोग यह सब बहुत बड़ी बात समझ रहे हैं। पशुओं और आप में क्या अन्तर है? इन विषयों में पशु ही अच्छे हैं।" "विवाह के बाद ये बड़े लोग अपने लड़के और दामाद को अच्छे पदों पर नियुक्त कराते हैं। अपने मायके के प्रेममय सब लोगों को छोड़कर विवाह करके जो कन्या पत्नी होकर ससुराल पहुँचती है, उसके साथ कैसा व्यवहार किया जा रहा है? इन सबके कारण पति-पत्नी के जीवन में समरसता स्थापित नहीं होती। "वह चुपचाप पड़ी रहती है। पति का क्रोध, करुण, प्रेम, शोक सभी उसके लिए एक-से लगते हैं। रूप बदला है, लेकिन इन सब भावों की नींव एक ही समझती है। इसीलिए पति के भावोद्वेग को कोई मूल्य नहीं देती। इन सबकी उसे आदत पड़ जाती है। अन्यथा वह पति के साथ दाम्पत्य जीवन बिता नहीं सकती।" "स्त्री-जाति याद दिलाती है कि मनुष्य पशुओं के कितने समीप हैं।" पारिवारिक जीवन की इस कटुता और निर्मम आलोचना के बीच लेखक नायक के जीवन में प्रेम, वात्सल्य और अन्तर्द्वन्द्व दो-चार झाँकियाँ दिखता है, जो पाठक के मानव-मन को सान्त्वना देने के अतिरिक्त जीवन के इस पहलू को आदर्श रूप भी सामने प्रस्तुत करता है। इन्दिरा से आकृष्ट होकर, अपने सिद्धान्तों के विरुद्ध विवाह करके आरम्भिक जीवन की मधुर अनुभूति में सीताराम राव कहता है कि "हमारी तरह निष्कल्मष, पवित्र, निर्मल और अमित प्रेम करने वाले इस संसार में नहीं हैं।" दाम्पत्य जीवन में 'आनन्दो ब्रह्म' की

अनुभूति होती है। "हमारे शरीर अलग होने पर भी आत्माएँ एक ही हैं।" "हम सभी विषय (प्रेम-भाव) पूर्ण हृदयों के साथ चर्चा करेंगे। तब हमारा निर्मल प्रेम निर्विघ्न बढ़ती जाएगी।" अपनी सन्तान के पड़ोस की लड़की के साथ मार-पीट के बाद कहता है—बच्चे झगड़ा करके (प्रेम-द्वेष में) अलग होते, मिलते रहते हैं। इन विवादों में बड़ों का दखल देना गलत है। बच्चों को अपने पैरों पर आप खड़े होने की आदत सीखनी चाहिए। तभी बड़े होने पर जीवन की समस्याओं का सामना करने का धैर्य वे नहीं पाते। बचपन से ही बड़ों का सहारा लेना सिखाने पर उनके बड़े होने पर स्वयं सोचकर काम करने की शक्ति नहीं होती।" पत्नी के साथ संघर्ष, उसे क्रोध में मारना, झगड़े की पूरी बात न जानकर अपनी लड़की को पीटना आदि सन्निवेशों में आत्ममंथन और अन्तर्द्वन्द्व से सीताराम राव की मानवीय संवेदना प्रकट होती है।

(ग) सीताराम राव के सामाजिक जीवन और सम्बन्धों का निरूपण अत्यन्त सीमित हैं। दान-धर्म और ऋण देकर वह समाज की प्रशंसा का पात्र होता है और सम्पत्तिहीन होने पर ग्रामीण समाज से उसका सम्बन्ध टूट जाता है। एक रामय्या के साथ ही उसकी आत्मीयता बनी रहती है जो तीन पीढ़ियों का परम्परागत है। पारिवारिक जीवन से बाहर आकर वह सामाजिक जीवन के कुछ पहलुओं को देखता है जो उसके मन में विभिन्न प्रकार की प्रतिक्रिया, उत्पन्न करता है। व्यक्ति के रूप में और पति के रूप में भी उसके मन में जीवन के सम्बन्ध में अनेक भाव-विचार उठते रहते हैं जो आगे चलकर सामाजिक जीवन की गतिविधि देखने के बाद बहुमुखी और तीव्र रूप धारण करते हैं। लेखक का हेतुवादी जीवन का आख्यान नायक की जीवन यात्रा का अंग बनता है। (1) जीवन-प्रवाह प्रचण्ड वेग से बहता जा रहा है। उसमें मनुष्य अपने-अपने संस्कारों के अनुसार सुख के लिए संघर्ष कर रहे हैं। यह एक महान संग्राम है। इस संग्राम में कायरों और असमर्थों के लिए स्थान नहीं है। असमर्थ और भीरु इस संघर्ष में उतर न सकने के कारण दूर खड़े होकर देखते रहते हैं। (2) जीवन में सब के साथ घूमकर सब जानना चाहिए। बचपन में ही अनुभव प्राप्त करना, तरह-तरह की मानसिकताओं को जानना बहुत श्रेयस्कर है। मनुष्य को मानव की ही तरह व्यवहार करना चाहिए। जितना ही बुद्धिमान क्यों न हो, जीवन को परिस्थितियों के साथ समन्वय कर सकना ही बड़े आदमी का लक्षण है। (3) ज्यादा सोचने से धमनियाँ कमजोर हो जाती हैं। हृदय का कोमल होना ही कष्टों और चाल-चलन का कारण है। शिला-हृदय वालों को ये कोप-ताप और सन्तोष-विकार नहीं होते। वास्तव में उनके मन में भावावेग और उत्तेजना नहीं होती। सभी काम एक ही तरह करते जाते हैं।

(4) बड़े लोग वंश गौरव, परम्परा और सम्प्रदाय के नाम पर जीवन में पिसते जा रहे हैं। बुद्धिहीनता, अज्ञान, अहंकार आदि इसके कारण हैं और उन्हें पतन की ओर ले जा रहे हैं। (5) आप जनता सन्त-स्वामी जो कहते हैं, कहने वाला जैसा भी हो, भेड़ों की

तरह सुनती है; उस पर विचार नहीं करती। यह भूलना नहीं चाहिए कि किसी व्यक्ति के भावों, अभिरुचियों और अभिमतों का निर्णय करने वाला व्यक्तिगत जीवन ही है। तथाकथित धार्मिक लोगों को अपने आचार-व्यवहार को बदले बिना प्रवचन देने का क्या अधिकार है? (6) जीवन में अच्छे-बुरे, नीति-अनीति का निर्णय कौन कैसा करे? मनुष्य अपनी गति से चलता जा रहा है। असत्य, धोखा, हिंसा आदि के द्वारा वह जीने का अपना रास्ता बना रहा है। कन्या परिवार के पालन-पोषण के लिए विवश होकर व्यभिचार कर रही है। पहले मनुष्य को जीना है। नीति, धर्मशास्त्र आदि उनके लिए है जिन्हें जीने की सुविधाएँ प्राप्त हैं। जिन्हें जीना ही मुश्किल है, जीना ही नीति है, धर्म है, शास्त्र है। मनुष्य अभी यह प्रश्न नहीं कर रहा है कि क्यों जीना है? अन्त में बचने वाली चीजें सुख और दुख है। सुखी और दुखी सभी मनुष्य मिट्टी में मिल जाते ही हैं। तो जीवन में क्यों दुखी हों? किसके लिए? (7) मनुष्य आचरण के समर्थन के लिए आदर्शवादी होने का बहाना बनाकर महापुरुषों का उदाहरण देता है। दोनों की स्थिति में अन्तर है और उस तुलना में औचित्य नहीं है। सीताराम राव पत्नी के प्रति अपने नीच व्यवहार के समर्थन में श्रीरामचन्द्र का सीता के प्रति आचरण का उदाहरण देता है। रामय्या के शब्दों में "अपने अनुचित कार्य के लिए पछताने वालों को मुक्ति मिलती है, उसके समर्थन के लिए कारणों को ढूँढ़ने वालों को नहीं।" यह अपनी नीचता पर आदर्श का रंग लगाकर संसार को धोखा देकर जीने का प्रयत्न है। लगाम के बिना चलने वाले घोड़े की तरह सीताराम राव के विचार चारों ओर आत्मसमर्थन में दौड़कर उसे उन्मत्त बनाकर उसके अन्त की ओर ले चलते हैं। मनुष्य की आदर्शवादी दृष्टि उसे उदात्त धरातल पर ले जाने वाली होनी चाहिए। लेकिन आज के जीवन की यथार्थता में आदर्शवादिता चल नहीं सकता। (8) यह संसार हर क्षण बदलता रहता है। कोई नहीं जानता कि यह परिवर्तन क्यों होता है। उसका कोई आदर्श लक्षित नहीं होता। तब मनुष्य क्या करे। कुछ लोग समाज-सुधार और क्रान्ति को बड़े गर्व के साथ सामने रखते हैं। लेकिन परिर्वतनशील समाज की कोई परिपक्व दशा तो नहीं है। तो यह सब वाक्-आडम्बर क्यों? इस परिवर्तन में एक समस्या को सुलझाते हैं उससे दूसरी समस्या पैदा होती है। इसे कुछ परिणामवाद भी कह रहे हैं। इन समस्याओं, कष्टों और बाधाओं का अन्त कहाँ है? (9) सामाजिक जीवन अनेक नियमों, सिद्धान्तों और व्यवस्थाओं से बँधा होता है। मनुष्य इन सब को तोड़कर स्वेच्छामय जीवन में आनन्द का अनुभव करता है। लेकिन उस स्वेच्छा की सीमाएँ हैं और समाज के विकास-परिवर्तन में नये नियम बनते रहते हैं।

(10) उपन्यास का तात्त्विक आधार हेतुवादी दृष्टि है। सीताराम राव के जीवन के माध्यम से उस पर विस्तार के साथ विचार किया गया है। भारतीय दर्शन में शरीर, प्राण और आत्मा की आलोचना हुई है जिसमें अन्तिम शाश्वत है। लेखक प्रश्न उठाता है कि

इतनी साधना, तपस्या और चिन्तन के बाद प्राप्त आत्मज्ञान से इस जीवन में क्या सुख मिल रहा है। हेतुवादी लौकिक दृष्टि में विचारणीय अंश केवल शरीर और प्राण हैं और उनके सुख-दुख को लेकर 'क्यों' का प्रश्न उठता है। जीवन में ऐसा क्यों हो रहा है? सांसारिक जीवन में जड़ और चेतन दो ही पदार्थ हैं। इनका विकास कैसे हुआ है, कौन प्रधान है और अन्त में क्या चेतन जड़ में मिल जाता है। चिन्तनशील चेतन महत्त्वपूर्ण है तो उससे जीवन में सुख-दुख की अनुभूति भी हो रही है। क्या यही जीवन का सत्य है कि "निर्निमित्त पैदा हुए हैं, निर्निमित्त जीने की सुविधा है तो जिएँगे, नहीं तो मरना है।" इस जन्म और मृत्यु के बीच जीवन में मैं कौन हूँ? मनुष्य संसार और समाज के विरुद्ध विद्रोह करके अपनी स्वतन्त्रता की घोषणा करते हुए मधुर वचनों में अपनी असमर्थता को छिपा लेने का प्रयत्न कर रहा है। "जीवन का अनुभव न पाकर, जीवन की गहराइयों को छूकर दिखाने में असमर्थ होकर बातें करने में आत्मवंचना कर रहा है।" लगातार बातें-बातें-बातें, अनन्त संवाद तथा अविराम चर्चाएँ एवं वाग्विवाद—इन्हीं में समय काट रहा है। (11) मानव जाति के इतिहास में जीवन के सम्बन्ध में पता नहीं कितने सिद्धान्तों का प्रतिपादन किया गया है और किया जा रहा है। मनुष्य दूसरों की बातों को ही सत्य मानकर उन पर विश्वास करके काम करता जा रहा है। पहले सृष्टिकर्ता ईश्वर की चर्चा हुई है; फिर कहा गया कि ईश्वर बाहर नहीं मनुष्य के अन्दर ही है और मानव की सेवा ही माधव की सेवा है; आगे ईश्वर पर विश्वास करने वालों का विरोध करके पूरे मानव समाज को एक घोषित किया गया है तथा उसी मानव-समाज में वर्ग संघर्ष आरम्भ हुआ है। परिणामवाद के सिद्धान्त का प्रतिपादन करते हुए मनुष्य जीवन के आगे क्यों का प्रश्न लगाकर सुख या आनन्द का लक्ष्य स्वीकार कर रहा है। क्या ये सिद्धान्त और आदर्श नहीं बदलते? क्या इनके बिना मनुष्य कर्म करते, न करते जीवन नहीं बिता रहा है? जन्म, मरण और दोनों के बीच जीवन—इतना ही सत्य प्रतीत होता है। प्रथम दोनों हमारे हाथ में नहीं है; बचा केवल जीना है जिसके लिए केवल थोड़ा-सा अन्न चाहिए। सब मिलकर खाने के बदले समाज में उस अन्न के लिए इतना छीना-झपटा पैदा किया जा रहा है। किसी देश में अन्न ज्यादा पैदा हुआ है, उसे भूखे देशों को देने के बदले समुद्र में फेंककर, भावों को बढ़ाकर अपने आर्थिक स्तर और सुख को बढ़ाने के प्रयत्न हो रहे हैं। यह सारी सम्पत्ति कोई अपने साथ नहीं ले जाता। मनुष्य को जीना है, मरते दम तक जीना है। (12) मनुष्य पशुदशा से आध्यात्मिक चिन्तन और उससे भौतिक सिद्धान्त की ओर अग्रसर हो रहा है। लेकिन समाज में तीनों तरह के लोग हैं। ज्ञान के विकास के साथ मनुष्य उन्नति के पथ पर है। प्रकृति को अपने वश में करके प्रगतिशील बन रहा है तो ज्ञान के दुरुपयोग के द्वारा प्रकृति और जीवन का नाश भी कर रहा है। ज्ञान दुधारी तलवार है। अपनी असमर्थता और असफलता के समर्थन के लिए ज्ञान के किसी सिद्धान्त का उपयोग नहीं करना

चाहिए। ज्ञान के साथ जीवन की गहराइयों का अनुभव भी चाहिए। तभी काम में सफलता मिलती है। ज्ञान के नये सिद्धान्तों के साथ मनुष्य के आदर्श भी थोड़ा-बहुत बदलते रहते हैं। उनके अनुसार जीवन को बदल लेना चाहिए। क्या है, क्यों है—ये प्रश्न कैसे उठे और उनका उत्तर कैसे प्राप्त हुए; इनको समझे बिना जीवन का बोध नहीं होता। प्रकृति और जीवन का आरम्भ निर्निमित्त है—उनके नियम, प्रयोजन और गम्य का निर्धारण सम्भव नहीं है। चिन्तन रहित आरम्भिक जीवन में कालक्रम में ज्ञान का प्रवेश हुआ है। ज्ञान के विकास के साथ जीवन में अनेक तरह के परिणाम आये हैं। प्रकृति और उसके उत्पातों से भयभीत मनुष्य ज्ञान के द्वारा उस पर विजयी होकर अपने संस्कारों का विकास कर रहा है। अपनी वासनाओं को उदात्त रूप में बदल रहा है। वह परिस्थितियों का दास नहीं रह गया है और अपनी स्वतन्त्र प्रवृत्ति के अनुरूप सामाजिक जीवन को व्यवस्थित रूप देने का प्रयत्न कर रहा है। समाज में अनेक वर्ग हैं और उनमें संघर्ष भी होता रहता है। लेकिन हमें समष्टि रूप को न भूलकर आगे बढ़ना चाहिए। जीवन का परिणाम खण्डित रूप में उसे बदलता नहीं है। (13) जीवन के सम्बन्ध में 'क्यों और कैसे' का विचार न करने पर यह संसार मिथ्या लगता है। उस स्थिति में सीताराम राव के साथ मनुष्य भी सोचने लगता है—जैसा सोचें, जितनी गहराई में जाकर उस पार देखें, मरने तक जीने के अलावा इस संसार में कुछ नहीं कर सकते। लेखक ने नायक की जीवन यात्रा में कथानक के प्रेरक सूत्रों और तात्त्विक चिन्तन को अभिन्न रूप में मिलाकर प्रस्तुत किया है।

उपन्यास कला की दृष्टि से 'असमर्थ की जीवनयात्रा' महत्त्वपूर्ण घटनाओं के आधार पर नहीं, जीवन के साधारण सन्निवेशों पर आधारित रचना है। उसमें जीवन की बहिर्मुखी यथार्थता का निरूपण निमित्त मात्र है, उस यथार्थता में नायक सीताराम राव की मानसिक चेतना, स्पंदनशीलता और भावात्मक एवं वैचारिक प्रतिक्रियाओं की व्यंजना की गई है। उपन्यास के शीर्षक से इस बात की पुष्टि होती है—वह असमर्थ की जीवन यात्रा न होकर जीव यात्रा है। उसे नायक का चरित्र प्रधान उपन्यास भी कह सकते हैं जिसमें उसके बहिर्मुखी जीवन की गतिविधि के निरूपन के साथ भाव परिवर्तन और पतन दिखाया गया है। पतन का कारण उसकी असमर्थता, कर्मण्यहीनता और हीनताग्रन्थि हैं। उसकी हेतुवादी दृष्टि, जीवन के व्यावहारिक पक्ष की उपेक्षा के कारण व्यक्तिगत, पारिवारिक और सामाजिक तीनों क्षेत्रों में सफलता से दूर करती है। वह प्रकृति और जीवन के सम्बन्ध में हेतुवादी दृष्टि से बहुत कुछ सोचता है, लेकिन अपनी कमियों और दुर्बलताओं को समझ नहीं पाता। उसे ज्ञान के साथ व्यावहारिक दृष्टि के समन्वय की आवश्यकता को समझाने का व्यर्थ प्रयत्न करता है। जो हो, कथानक के साथ हेतुवादी तर्क-वितर्क और ज्ञान का ऐसा अपूर्व सम्बन्ध स्थापित किया गया है कि कहीं दूसरे की शुष्कता की अनुभूति नहीं होती। ज्ञान-विज्ञान और कथानक

की आन्तरिक एकता स्थापित की गयी है। कभी पहला दूसरे का प्रेरक लगता है और कभी दूसरा चिन्तन का प्रेरक।

सीताराम राव के जीवन-चरित में विकास-परिवर्तन को लेकर कथानक में अन्विति स्थापित की गयी है। (1) धनी से निर्धन होकर, (2) आर्थिक और पारिवारिक अनेक समस्याओं का सामाना करने में उसका जीवन और मन पतनोन्मुख बदलता जाता है और कथानक गतिशील बदलता है। (3) परिवार से बाहर आकर सामाजिक जीवन में अनैतिकता और भ्रष्टाचारिता को देखकर वह भावोद्विग्न हो जाता है जो कथानक का तीसरा मोड़ है। (4) सभा में मारपीट चरम सीमा है तो (5) आत्महत्या अन्तिम परिणति है। सीताराम राव को प्रवाहजीवी, आत्म-मंथन में संलग्न और भावावेग में उन्मत्त देखते हैं। उसके व्यक्तित्व में असमर्थता के साथ मानवीय संवेदनशीलता और संवेगात्मकता (एमोशन) का योग है। उसके विरोध में रामय्या की पात्र परिकल्पना है जो समर्थ, सन्तुष्ट और व्यवहारकुशल है। सतही दृष्टि से देखने पर इन्दिरा आदर्श भारतीय गृहिणी की तरह कर्मरत, आर्थिक कठिनाइयों में किसी तरह काम चलाने वाली और कष्टों में सहिष्णु लगती है। लेकिन उसका कहीं अधिक प्रखर है। 'बड़े लोगों का व्यवहार ऐसा ही होता है' कहकर पिता के साथ मायका न जाने वाली तथा पारिवारिक सभी परिस्थितियों में मौन-गम्भीर रहने वाली उस नारी की तेजस्विता की लेखक ने मार्मिक सांकेतिक व्यंजना की है। असमर्थ की जीव यात्रा या उसके प्राणों के स्पंदन के निरूपण में सहज ही चरित्र की अपेक्षा व्यक्तित्व और स्वभाव की अभिव्यक्ति पर अधिक ध्यान दिया गया है।

तेलुगु के समीक्षकों ने इसे मनोवैज्ञानिक उपन्यास माना है। फ्रायड या अन्य किसी मनोवैज्ञानिक के सिद्धान्त का या मनोविश्लेषण का आधार लेकर यह नहीं रचा गया है। बहुत करके भावनाओं, संवेगों और मानसिक ग्रन्थियों की अभिव्यंजना में 'सामान्य मनोविज्ञान' का कुछ सहारा लिया गया है। सीताराम राव का जीवन प्रधानतः हीनताग्रन्थि से संचालित होने के कारण शायद इसे मनोवैज्ञानिक उपन्यास कहा गया है। समीक्षक आर. एस. सुदर्शन इस उपन्यास को मनोवैज्ञानिक होने के साथ अस्तित्ववादी दर्शन से भी प्रभावित मानते हैं। अर्थात् असमर्थ सीताराम सब जीवन के विविध सन्निवेशों में व्यक्ति के रूप में अपने अहं या अस्तित्व को पहचानने तथा उस बोध के माध्यम से जीवन के सत्य के अन्वेषण में लगे हैं। असमर्थ नायक के जीवन का विषादान्त उस अन्वेषण की असफलता का द्योतक है। सीताराम राव के स्वगतों में 'अपने पन' के विश्लेषण और आत्म-पहचान का कुछ आभास अवश्य मिलता है। लेकिन क्रमशः अर्द्ध-विक्षिप्तता की ओर गतिशील उसके जीवन को आत्मबोध की साधना मानना कहाँ तक उचित है यह विचारणीय प्रश्न है।

उपन्यास पर हेतुवादी (रेशनलिस्टिक) दार्शनिक चिन्तन के प्रभाव को ऊपर विस्तार

के साथ विचार किया गया है। कही-कहीं प्राकृतवादी विचारधारा भी (नेचरिज्म) लक्षित होती है। उन्मत्त अवस्था में सीताराम राव सभ्यता और संस्कृति का परदा फाड़कर मनुष्य के भावों को अपने नग्न रूप में व्यक्त करते हैं। वेश्या के साथ भेंट में कहा गया है कि ऊपरी चमक-दमक को छोड़कर सब मनुष्यों का व्यवहार एक-सा ही होता है– आवेग में, भूख में, क्रोध में, दुख में और प्रेम में। भूख और काम मानव की प्राथमिक वृत्तियाँ हैं जो सभ्यता अनुसार रंग बदलते हैं। नायक के उन्मत्त भावों और व्यवहार में तार्किक सम्बद्धता नहीं मिलती। वह सचमुच पागल तो नहीं है। भाव-विचारों असम्बद्ध अभिव्यक्ति और अचानक एक से दूसरे में कूद पड़ना अति यथार्थवादी (सर रियलिस्टिक) प्रवृत्ति है। कुल मिलाकर हम इतना ही कह सकते हैं कि लेखक ने उपन्यास में नायक के चरित और मन को अनेक कोणों से देखकर विश्लेषण किया है।

असमर्थ की जीवयात्रा केवल एक असमर्थ व्यक्ति के जीवन की कहानी नहीं है। उसके द्वारा लेखक प्रश्न उठाता है कि जीवन क्या है और क्यों है? आज तक धर्म और विज्ञान उस प्रश्न का सन्तोषजनक समाधान नहीं दे सके। लेखक दार्शनिक और हेतुवादी दृष्टि से उस प्रश्न पर विचार करते हुए उत्तर पाठकों पर छोड़ देता है। मृत्यु से व्यक्ति के देह का अन्त हो जाता है, लेकिन जन्म और मरण के बीच जीवन की समस्या उलझी ही रह जाती है। प्रत्येक व्यक्ति को अपना मन टटोलकर जीवन के प्रश्न का उत्तर पाना है। साहित्यकार का कार्य प्रश्न उठाकर पाठक के मन को सोचने के लिए उत्तेजित करना मात्र है, उत्तर ढूँढ़ना और पाना ग्राहक का काम है जो उसकी मानसिक संस्कारिता पर निर्भर करता है।

आर.एस. सुदर्शनं–संसारवृक्षं

1. प्रस्तावना : सुदर्शनं अंग्रेजी प्रवक्ता और विद्वान हैं। यह तेलुगु साहित्य का सौभाग्य है कि उन्होंने अपने अंग्रेजी साहित्य और समीक्षा के गहरे ज्ञान के साथ लिखते हुए अपनी मातृ भाषा के साहित्य को समृद्ध किया है तथा विविध विधाओं में अपनी प्रतिभा का परिचय दिया है। उनकी रचनाएँ हैं–'अनुबन्धालु' (सम्बन्ध), 'मक्की वसन्तं' (फिर वसन्त), 'असुर सन्ध्या' और 'संसार वृक्षं' उपन्यास हैं। 'कालं तेच्चिन मार्यु' (समय से लाया परिवर्तन) और 'मधुर मीनाक्षी' कहानी-संग्रह हैं। 'निशान्तं' कविताओं का संकलन हैं। साहित्यं लो दृक्य थालु (साहित्य में दृष्टिकोण), समाजमु-साहित्यमु (समाज और साहित्य), साहित्य नेपथ्यं, कवि हृदयं, नूरु समीक्षलु (सौ समीक्षाएँ) और चलं-जीवितं, साहित्यं आलोचनात्मक ग्रन्थ हैं। सुदर्शन स्वभावतः सहृदय, मृदुभाषी, गम्भीर चिन्तक और साहित्य के मर्मज्ञ हैं। उनके व्यक्तित्व की ये सभी विशेषताएँ उनकी रचनाओं और आलोचनाओं में प्रतिफलित हुई हैं। वे अपने विचारों के पक्के तथा निर्भीक सामीक्षक हैं। व्यक्तिवादी सुदर्शन साहित्य में साम्यवादी विचारों का विरोध ही नहीं किया है, बल्कि जीवन और साहित्य में व्यक्ति की साधना तथा समष्टि भावना में एक अन्तर्विरोध मानते हैं। उनकी दृष्टि में दूसरे के द्वारा जीवन और साहित्य का चरम उत्कर्ष तथा सुख-शान्ति-आनन्द सम्भव नहीं है। उन्होंने वादों और सिद्धान्तों से नियन्त्रित साहित्य की प्रतिबद्धता एवं संकीर्णता का विरोध किया है। लेकिन आश्चर्य की बात यह है कि वे स्वयं अस्तित्ववाद से प्रभावित हैं तथा उसके निषेधात्मक पहलुओं को छोड़कर विधायक धर्मों को ग्रहण किया है। अस्तित्ववादी विचारधारा को आगे बढ़ाते हुए उसकी सहज परिणति के रूप में उसे अद्वैत-सिद्धि पर पहुँचा दिया है। इस तरह उनकी रचनाओं का अन्तिम लक्ष्य भारतीय आध्यात्मिक साधना का आनन्द और शान्ति है। अस्तित्ववाद और अद्वैत को मिलाने में लेखक ने अपने अपूर्व कौशल का परिचय दिया है, भले ही तार्किक और दार्शनिक दृष्टि से दोनों का योग तथा उनमें संगति सम्भव नहीं है। संसार वृक्ष (1976) व्यक्तिवादी, अस्तित्ववादी और अद्वैत परिणति का तात्त्विक उपन्यास है।

2. कथानक और पात्र : उपन्यास का नायक, सावित्री का पति, उत्तम पुरुष में अपने जीवन की कहानी सुनाता जाता है। कथानक सीधा-सादा है और उसका कोई

अपना आकर्षण नहीं है। उसके मुख्य मुद्दे हैं–(अ) सन्तन के लिए सावित्री का तड़पना, (आ) नायक अपने भाव-विचारों में डूबा हुआ, अपने परिवेश, परिस्थितियों और जीवन की गतिविधि में मानस-विश्लेषण करते हुए सत्यान्वेष का प्रयत्न करता, (इ) नायक के भाई उसकी सम्पत्ति अपना बना लेने के लिए अपनी सन्तान में से एक लड़के को गोद लेने का आग्रह करना, (ई) नायक अपने वैवाहिक जीवन में एक बार आकर्षित हेमा सुन्दरी के साथ हिंसा और क्रान्ति में अटल विश्वास रखने वाले डॉक्टर वीर भद्रराव का विवाह, (उ) बीमार सावित्री की वीरभद्र राव की चिकित्सा, दोनों का सन्निहित सम्बन्ध, नायक के मन में शंका, डॉक्टर के द्वारा नायक के वीर्य के जीव कणों के परीक्षण के बाद सन्तान का जन्म असम्भव होने की घोषणा तथा उसके बाद सावित्री गर्भवती होना, (ऊ) पत्नी के चरित्र पर शंकाग्रस्त नायक का घर छोड़कर चले जाना, (ऋ) पारिवारिक जीवन बिताते समय हेतुवादी होने पर भी कदिरि के पास नकल चेरुवु में एक संन्यासी से मिलकर उसकी अद्वैत-चर्चा से प्रभावित होना, गृहत्याग के बाद पुणे के एक सहज सहजीवन के आश्रम में पहुँचकर वहाँ की असहज प्रवृत्तियों से घृणा उत्पन्न होने पर कलकत्ता जाकर वहाँ के एक स्वामी जी के मौन तथा स्पर्श मात्र से मानसिक आनन्द और शक्ति प्राप्त करना, (ए) उसी मानसिक परिवर्तन में एक डॉक्टर उसके वीर्य में सन्तान उत्पन्न करने वाले जीवकणों के अस्तित्व की सूचना देकर शंकाग्रस्त व्याकुल मन की दूर करना तथा प्रथम डॉक्टर के परीक्षण में कहीं कोई गलतफहमी होने का अभिमत प्रकट करना तथा (ऐ) नायक अपनी पत्नी सावित्री के पास घर वापस आना और मानसिक आनन्द एवं शान्ति के साथ अद्वैतानुभूति।

कथानक की कुछ घटनाएँ कारण-कार्य सम्बन्ध के बिना सिनेमा की कहानी की तरह भ्रान्तिमूलक, आकस्मिक और संयोगवश (एक्सिडेंटल) लगती हैं। लेकिन भाव-विचारों के कारणभूत छोटे-छोटे सन्निवेश अत्यन्त स्वाभाविक, सहज और सजीव हैं। सन्निवेशों के अतिरिक्त उपयुक्त वातावरण-सृष्टि के द्वारा भी कथानक की पुष्टि हुई है जिनमें विशेष उल्लेखनीय है–(क) पारिवारिक जीवन, सम्बन्ध एवं आर्थिक कठिनाइयाँ, (ख) सामाजिक जीवन की विषमताओं से उत्पन्न आर्थिक व्यवस्था, कटुता, विद्रोह और क्रान्ति के भाव विचार तथा (ग) भारतीय जीवन-विधान और उसकी भूमिका में सन्त-साधुओं एवं आश्रमों का अभिलषणीय-अनभिलषणीय योगदान। उपन्यासकार का लक्ष्य भारतीय व्यक्तिगत, पारिवारिक, सामाजिक और आध्यात्मिक एक झाँकी–उसकी सीमाओं और उपलब्धियों के साथ प्रस्तुत करने की है।

चिन्तनशील तात्त्विक उपन्यासों में कथानक तथा पात्रों के व्यक्तित्व एवं चरित्र का उतना महत्त्व नहीं होता। सावित्री का व्यक्तित्व एक मध्यवर्गीय गृहिणी का है जिसमें काफी ओजस्विता है। एक ओर वह पति की अकर्मण्यता पर ताना देती है तो दूसरी ओर पति की परिस्थिति को समझने वाली सेवामयी सहयोगिनी भी है। सन्तान न होने

की मानसिक वेदना के बावजूद पुत्र को गोद लेने के संकल्प की दृढ़ चारित्रिकता भी उसमें है। उसका पति, उपन्यास का नायक परिस्थितियों में बह जाने वाला प्रवाहजीवी नहीं है। उसका व्यक्तित्व अन्तर्मुखी भावनाशील एवं चिन्तनशील है। वह जीवन को एक तटस्थ द्रष्टा के रूप में अनुभव करता रहता है। परिस्थिति के प्रतिकूल और कटु होने पर उससे अपने को बचा लेने की दृढ़ संकल्प शक्ति उसमें है। वह असमर्थ पलायनवादी न होकर जीवन के विविध अनुभवों में से उसके सत्य को पाने का प्रयत्न करने वाला सधक है। वह हेतुवादी है जो जीवन की हर एक बात का तार्किक विश्लेषण करता है। पत्नी का डॉक्टर के साथ स्नेहमय हास-परिहास के व्यवहार और गर्भ धारण पर शंका में ही उसकी मानसिक दुर्बलता प्रकट होती है। लेकिन इसके परिणामस्वरूप गृह त्याग में ही वह जीवन के लक्ष्य अद्वैत की स्थिति पर पहुँच पाता है। डॉक्टर वीरभद्र के व्यक्तित्व और चरित्र में ऐसी दृढ़ता है कि वह अपने विचारों पर स्थिर ही नहीं रहता, बल्कि पिता के धर्म-परिवर्तन पर आक्षेप करके विरोध करने वालों का डटकर सामना करता है। रूढ़ धार्मिक-सामाजिक संस्कारों और अन्धविश्वासों पर उसका विश्वास नहीं है। वह हिंसा और दबाव को सृष्टि या प्रकृति का नियम मानता है और हेतुवादी दृष्टि से समर्थन करता है। उसका व्यक्तित्व अपने ढंग का विलक्षण है। हेमसुन्दरी यौवन के प्रथम उद्वेलन में बह जाते अपने को बचा लेती है, परिस्थितियों से समझौता करके उस प्रथम आकर्षण या प्रेम को भूल जानी है। अपने प्रथम प्रेमी से फिर मिलने के अवसरों से दूर एक साधारण मध्यवर्गीय पत्नी बनती है।

3. संवाद और भाषा-शैली : उपन्यास में संवाद और भाषा-शैली को चार रूपों में विभाजित कर सकते हैं। (क) कथानक से सम्बद्ध प्रसंगों में वे सरल और स्वाभाविक रूप में होते हैं। हेमसुन्दरी के साथ प्रेम के सम्बन्ध में नायक कहता है : "यह अच्छा नहीं है कि सभी समय सत्य ही बोलना चाहिए। झूठ न बोलने के लिए सन्तुष्ट होकर छोड़ देना चाहिए।" "अच्छा, पति-पत्नी के बीच रहस्य क्या है! कुछ छिपा दिया है, सोचने से और भी शंकाएँ ज्यादा होती है न! असल में क्या हुआ है, कहिए, परेशान न करके।" "ठीक है, कहता हूँ। हेमा के साथ स्नेह दोनों में प्रेम का रुप लिया है। जागकर मैंने ही एक स्टेज में फुलस्टाप रख दिया है।" "पुरुष का स्वभाव छोड़ा नहीं है। आप भी (अवैध) शृंगार पुरुष ही है! (तेलुगु मुहावरा : ग्रन्थसांग) मैं विश्वास नहीं करती। सच बोलिए। उस लड़की ने दुतकारा है क्या?" शुद्ध व्यावहारिक प्राकृतिक भाषा का प्रयोग करते हुए इस तरह के वार्तालाप में भी उपन्यासकार मानव-स्वभाव और जीवन के किसी न किसी सत्य की ओर संकेत करता है। (ख) हेतुवादी तार्किक प्रसंगों में संवाद और भाषा-शैली ओजस्वी तथा कटु हो जाती है। कथा नायक : "तो क्या हिंसात्मक प्रवृत्ति को बढ़ा लेना ही कर्त्तव्य है क्या?" डॉक्टर वीरभद्र : "कौन कह सकता है कि बढ़ा लेना ही कर्त्तव्य है। सबको अपना-अपना निर्णय कर लेना चाहिए। मैं

कहता हूँ कि आवश्यक होने पर हिंसा करने में संकोच नहीं करना है; हिंसा भी एक विशिष्ट अनुभूति है और सहज प्रवृत्ति है। आप जो कहते हैं, वह संस्कृति और सभ्यता हिंसा के बिना निर्मित नहीं हुए हैं। युद्ध, धार्मिक व्यवस्था, राज की व्यवस्था, सामाजिक व्यवस्था सभी हिंसा पर ही निर्मित हुए हैं। यह भ्रान्ति है कि मानव-समाज अहिंसा और आत्मीयता पर निर्मित होकर चल रही है—नहीं तो उसे पाक्षिक सत्य कहेंगे।" उपन्यास में धार्मिक और सामाजिक परम्पराओं, विश्वासों तथा संस्कारों पर इस प्रकार के अनेक हेतुवादी वाद-विवाद मिलते हैं जो अन्ततः लेखक के जीवन-दर्शन को समझने में सहायक सिद्ध होते हैं। (ग) कदिरि के पास स्वामी जी के साथ भेंट में चर्चा भाषिक संवादों से परे अद्वैत अनुभूति को व्यंजित करता है। डॉक्टर वीरभद्र भौतिक दृष्टि से आक्षेप करते हैं : "क्या सभी अनुभव के अनुसार कह रहे हैं? (संसार में) दिखाई पड़ने वाले साधू-संन्यासी, धर्म प्रचारक ये सब भगवान को देखकर ही कह रहे हैं? या तोते की तरह बातें दोहरा रहे हैं?" स्वामीजी : "अनुभूति के स्वरूप को पहचानना कठिन ही है! सबकी अनुभूति एक ही है, विचार भिन्न हैं। इसीलिए कहा है कि सत्य विचारों में नहीं है। जो जैसा प्रचार करें। (सब) एक ही है।" दूसरी ओर कथा नायक का प्रश्न है : "आप जो कह रहे हैं कि अनुभव एक ही है, वैसी अद्वैत स्थिति क्या मैं कभी पा सकता हूँ?" "स्वामीजी मेरी ओर कुछ क्षण एकाग्र दृष्टि से देखा है। मैंने उस दृष्टि से दृष्टि मिलाकर समाधान के लिए प्रतीक्षा की है। मेरे हृदय में कुछ आनन्द-तरंग जैसी ऊँचा उमड़ा है। ऐसा लगा है कि स्वामी जी के कहे बिना ही समाधान कह दिया है—मैं जो चाहता हूँ वह पा सकूँगा। शायद यही है, विचारों से परे अनुभूति का धरातल!" स्वामीजी "...अद्वैत स्थिति की अनुभूति मन की नहीं हैं। उसके परे ही है। उसे पाने के लिए लालायित व्यक्ति को वह अवश्य स्वीकार करती है।" आध्यात्मिक या तात्त्विक संवादों में भाव स्पष्ट रूप नहीं लेता। भाषा प्रतीक बनकर उसकी व्यंजना करती है। (घ) कभी-कभी कथा नायक (लेखक) के भाव-विचार विश्लेषणात्मक और व्याख्यात्मक होते हैं। ये भावों के विकास को मिलाने वाले सूत्र हैं जिन्हें नायक के आत्म कथन या स्वागत कह सकते हैं। "वस्तु पर दृष्टि मनुष्य की भावना के अनुसार बदलती रहती है। प्रकृति का वर्णन अंग्रेजी कवि भी करता है, भारतीय कवि भी। शेली पश्चिम की हवा (वेस्ट विंड) का वर्णन करता है तो उसमें ग्रीक-संस्कृति दिखाई देती है। रवीन्द्र करते हैं तो वैष्णव संस्कृति का स्फुरण होता है। अभ्युदय (प्रगतिवादी) कवि वर्णन करता है तो वर्ग-भेदों का विद्वेष और निर्दयता ध्वनित होती हैं। विप्लव कवि (क्रान्तिकारी के लिए वह झंझावात होती है। प्रकृति की हर वस्तु पर हमारी दृष्टि में इस तरह के संस्कार की भावना कोई अवश्य रहती है। "प्रकृतिपरक दृष्टि भेद की यह व्याख्या आगे जीवन के सम्बन्ध में व्यक्तियों के भाव-विचारों और दृष्टिकोणों में अन्तर की सूचक भूमिका है। ऐसे सन्दर्भों में भाषा-शैली गम्भीर और अर्थगौरव से भरी होती है। उपन्यास के संवादों और

भाषा-प्रयोग में सन्दर्भोचित वैट वैविध्य है।

4. शीर्षक : भारतीय आध्यात्मिक साधना में अश्वत्थ वृक्ष की महती भूमिका है। गीता में भगवान का कथन है कि वे सभी वृक्षों में अश्वत्थ हैं–'अश्वत्यः सर्व वृक्षाणाम्!' आगे इस बात की व्याख्या भी की गयी है–

ऊर्ध्व मूल मधः शाख मश्वत्थं प्राहुख्ययम!
छन्दासि यस्य पर्णानि यस्तं वेद स वेदवित!!

भगवान अव्यय या शाश्वत है और चेतना के ऊर्ध्वगामी प्रसार से ही उसे प्राप्त करते हैं। इसीलिए संसार के कारणभूत भगवान को अश्वत्थ के प्रतीक में ऊर्ध्वमूल और अव्यय कहा गया है। आध्यात्मिक प्रतीकत्व के अतिरिक्त लौकिक दृष्टि से लोगों का विश्वास है कि उसकी पूजा से सन्तान होती है जिसे आधुनिक अन्धविश्वास कहेंगे। लेखक ज्ञान के प्रतीक अश्वत्थ के सम्बन्ध में कहते हैं–"भगवद्गीता में संसार का अश्वत्य वृक्ष के रूप में वर्णन किया गया है। कर्म के बन्धन उसके उसकी फैली हुई जड़ें हैं। वास्तविक मूल ऊपर कहीं है। वह दिखाई नहीं देता। असंगत्व रूपी तलवार से जड़ों को दृढ़तापूर्वक विच्छेद करने के लिए कहा गया है। ऊपर जाने का रास्ता देख लेने के लिए कहता है। मूल पुरुष की शरणागति के लिए कहता है। कितना सुन्दर वर्णन है!" संसारवृक्ष उपन्यास में नायक के स्वप्न में अश्वत्थ का दर्शन होता है। इसे लेकर हेतुवादी दृष्टि के प्रश्न, कथानक में पत्नी की सन्तानहीनता और उसके परिणाम की समस्या तथा जीवन में आध्यात्मिक निर्लिप्त साधना के महत्त्व–तीनों पर विचार हुआ है।

5. तात्त्विक चिन्तन : 'संसार वृक्ष' प्रधानतः अस्तित्ववादी दर्शन से प्रभावित उपन्यास है। लेकिन उसमें हेतुवादी, व्यक्तिवादी और अद्वैत-साधना की चिन्तन-धाराएँ इस तरह घुल-मिल गयी है कि उनको अलग करना सरल काम नहीं है। हेतुवाद और व्यक्तिवाद अस्तित्ववाद की भूमिका के रूप में है तो अद्वैत की अनुभूति उसकी परिणति है।

(I) हेतुवाद वैज्ञानिक दृष्टिकोण है जो पौराणिक अन्धविश्वासों और आधुनिक विचारों को सभ्यता के परीक्षण के बिना स्वीकार नहीं करता। स्वप्न में अश्वस्थ और नागसर्प के दर्शन के सम्बन्ध में नायक (लेखक) का विचार है–"मानव-समाज बनकर उसके बढ़ते जाने पर, मनुष्य हेतुवाद के द्वारा प्रकृति को अपने प्रयोजन के लिए सँवारता जा रहा है।" "अश्वस्थ प्रतीक है। प्रतीक को ईश्वर के रूप में कैसे स्वीकार करें? इसे विकृति कहता हूँ। हममें जमे हुए अज्ञान और मूढ़ता ये ही हैं। तत्त्व-विचार का पहले जितना विस्तार हुआ था, उसे अब उतना ही गलत समझकर अन्धविश्वासों और मूर्तियों में बदलकर बैठे हैं।" "कुछ भाव प्रतिमाओं और प्रतीकों के रूप में समझ में आ सकते हैं। लेकिन उसी से उनको महत्त्व देना, उनकी पूजा करना मूढ़ता की ओर ले जाता है।" "वस्तुओं को नैसर्गिक दृष्टि से देखने के कारण ही विज्ञान बढ़ा है।

प्रकृति पर अधिकार और उसकी व्यवस्था करना सम्भव हुआ है। मनुष्य स्वतन्त्रता प्राप्त करके जगत में अपने को एक व्यक्ति के रूप में स्थिर खड़ा हो पा रहा है। अन्यथा मन और जगत एक ही रूप में दिखाई पड़ने पर मूर्ति पूजा में पतित होकर जानवर की तरह जीवित रहता। स्थाणु और जानवर का अन्तर गति है। वह जिस तरह विकास में ऊपर की सीढ़ी है, उसी तरह जानवर और मनुष्य का अन्तर विवेक है—जगत से मन को अलग करके देख सकने का विवेक है।"

(II) व्यक्तिवाद प्रजातन्त्रात्मक व्यवस्था में व्यक्ति की स्वेच्छा, स्वतन्त्रता और जीवन-मूल्यों पर राजनीतिकर शासकीय या समाष्टिगत प्रतिबन्धों और नियन्त्रण को स्वीकार नहीं करता। व्यक्ति की साधना भौतिक से मानसिक चेतना और उन्नति की ओर अग्रसर होती इसमें वह सांस्कृतिक-मानवीय मूल्यों की उपेक्षा नहीं कर सकता तो सामाजिक चेतना तथा व्यक्ति एवं समाज के घनिष्ठ सम्बन्धों को विस्मृत करके प्रगतिशील नहीं होता। नायक के शब्दों में "मैं व्यक्तिवाद से आगे समाजवाद और साम्यवाद का समर्थन करता हूँ। वही मनुष्य का समष्टि रूप में साधने की एकता है। पर मैं मार्क्स के भौतिकवाद को स्वीकार नहीं करता। पहली वस्तु पदार्थ (मैटर) हो या मन (माइंड) कोई बात नहीं है। दोनों—पदार्थ और मन—एक दूसरे को प्रभावित की बात पर ध्यान देने वाला मन ही है, इसलिए मन ही प्रधान है। मेरा भौतिकवाद नहीं, मानवतावाद है।" लेकिन सामाजिकता निरपेक्ष व्यक्तिवाद अपने में सिमटकर संकुचित हो जाती है और कभी-कभी सामाजिक जीवन में स्वार्थी। तब लगता है कि "एक-एक व्यक्ति एक द्वीप है, एक किला है जो दूसरों के लिए दुर्भेद्य।" दूसरों के मन को समझना कठिन अवश्य है, पर व्यक्ति को चारदीवारी में मन और जीवन को बन्द रखना नहीं चाहिए।

उपन्यास में साम्यवादी आर्थिक-राजनीतिक व्यवस्था, हिंसा और क्रान्ति का विरोध भी दिखाई देता। अस्तित्ववादी वैयक्तिक जीवन-दर्शन एवं साधना के विचार मार्क्सवादी विचारधारा के बिल्कुल विरुद्ध पड़ती है। हिंसा के सम्बन्ध में डॉक्टर वीरभद्र के विचार : मिलावट रहित शुद्ध प्रजातन्त्र और हिंसा साहित्य केवल स्वप्न है। सम्पन्नों की व्यवस्था का राजनीतिक रूप प्रजातन्त्र है। श्रमिकों की व्यवस्था का राजनीतिक स्वरूप पार्टी का नियन्त्रण है।...हिंसा करना और हिंसा-पीड़ित होना किसी प्रकार मानव-प्रवृत्ति के विरुद्ध नहीं है। जो भी मात्रा से अधिक होने पर कठिन ही है, लेकिन वे मनुष्य की सहज अनुभूति के अंग हैं।" नायक के शब्दों में "गाँधीजी ने अहिंसा को शास्त्र और शस्त्रों बनाया है तो वीरभद्र राव तात्त्विक दृष्टि से उसी तरह हिंसा को पीठस्थ कर रहा है।" इस तरह के अनेक विचारों के कारण साम्यवादी सीमक्षकों की दृष्टि में वंशवृक्षं प्रतिक्रियावादी रचना है।

(III) अस्तित्ववाद के अनेक विचारों की सफल अभिव्यंजना इस उपन्यास में हुई

है। "अमृत के जीवन और आनन्द की नरक-यातना का कोई अर्थ, दिशा या कारण-कार्य सम्बन्ध दिखाई नहीं दिया है। जैसा अस्तित्ववाद कहता है, हम एक ऑब्सर्ड संसार में जी रहे हैं। कल्पित मेधागत अर्थ, सामयिक कल्पनाओं और ऊहापोह को छोड़कर जीवन के स्वरूप को वे समझ नहीं पा रहे हैं।" प्रस्तुत कथानक के सन्दर्भ में लेखक ने अस्तित्व के निम्नलिखित मुद्दों की ओर संकेत किया है—(अ) समष्टि से अलग व्यक्ति की विशिष्टता, जीवन में निर्लिप्तता और अकेलेपन का बोध है। "मैं का अर्थ कौन है? मैं और यह शरीर एक नहीं है। मैं और यह सुखानुभूति एक नहीं है। यह शरीर मेरा ही है, यह सुखानुभूति भी मेरी ही है। मुझे दोनों पर ममता है। लेकिन 'किसी का होना' अलग है और 'तादात्म्य' अलग। अब मृत्यु (शरीर का नष्ट होना), या प्रेम (दाम्पत्य-सुख, आत्मीयता की अनुभूति) मुझसे बाहर हैं; मुझे अपने में लेकर मुझे नष्ट करने वाले रूप में नहीं है! इस तरह सोचकर देखें तो यह इदमित्थं कहना सम्भव नहीं है कि 'मैं' का अर्थ क्या है? उसकी परिभाषा नहीं हो सकती। यह 'मैं' सबसे बाहर, सबे अतीत ही रह रहा है। देशकाल के सब व्यवहारों का 'मैं' केवल द्रष्टा ही है।" "कोई भी विषय हो निर्लिप्त रहना और उसे बढ़ाते जाना मेरी प्रवृत्ति है। वह मेरा आदर्श भी है।" "कुछ भी मेरे नहीं हैं; मैं किसी का नहीं हूँ; मैं एकाकी (अकेला) हूँ। बाधा (वेदना) मेरा स्वरूप है।" (आ) स्वेच्छा और वरण या स्वयं निर्णय अस्तित्ववाद के आधारभूत तत्त्व हैं। सामाजिक जीवन में स्वेच्छा और वरण की सबसे जटिल समस्याएँ उत्पन्न होती हैं सेक्स, प्रेम और दाम्पत्य-जीवन को लेकर "विवाह बिल्कुल फाँसी की रस्सी की तरह किसी तरह हिलने की गुंजाइश के बिना एक बन्धन नहीं होना चाहिए। स्त्री और पुरुष दोनों को स्वेच्छा होना चाहिए। अर्थात् वह दो व्यक्तियों के बीच सहज रूप में बना बन्धन होना चाहिए।" "विवाह सहजीवन है, इसलिए व्यक्तित्व सम्बन्धी अन्य विषयों का अवगाहन भी आवश्यक होता है—माने शिक्षा, बुद्धिमत्ता आदि।" "जब पत्नी को एक व्यक्ति के रूप में देखते हैं, उसके स्वयं निर्णय के अधिकार को स्वीकार करते हैं, सेक्स को प्रतिबन्धों एवं नियमों से रहित एक सामान्य सहज प्रवृत्ति मानते हैं, जब समाज का भय नहीं रहता, ईर्ष्या और बाधा नहीं होतीं। यह सच ही है। विवाह-बन्धन के लिए आधार सेक्स न होकर प्रेम होता है, पति-पत्नी के बीच ईमानदारी, समझदारी और परस्पर सम्मान अवश्य होते हैं। तब किसी भी समस्या का समाधान हो जाता है।" (इ) अस्तित्ववाद के अनुसार जीवन में वेदना, भविष्य का भय और मृत्यु व्यक्ति के अपने विशिष्ट व्यक्तित्व और अस्तित्व की पहचान में बाधक है। "जीवन में वेदना, दर्द, और नुकसान कहाँ नहीं है, कहाँ नहीं है?" कोई न कोई भावना, एक विशेष संस्कार, उससे सम्बन्धित ऊहापोह इतनी मानसिक विकलता के कारण बन रहे हैं।" लेकिन जीवन में वेदना किसी की अपनी होती है, दूसरों का नहीं हो सकता। सावित्री, अमृत, आनन्द सभी के सम्बन्ध में यह बात लागू होती है। व्यक्ति को उसी

वेदना में 'अपने आप' का अन्वेषण करना है। साँप को मारने से सावित्री का भय दूर हो गया है। "विश्वास करके एक ही बार मरता हूँ न। भय से, सन्देह से सारे जीवन को मौत बना लेना है क्या?" मौत से परे कोई 'मैं' का अस्तित्व या आत्मा है। इसके अभाव में मौत अन्त का भय होकर व्यक्ति को व्याकुल कर देती है। "मैं अलग नहीं है तो इसका अर्थ है शरीर के साथ नष्ट हो जाते हैं। शरीर के अतीत एक अजर-अमर आत्मा के अस्तित्व का भाव एक तृप्ति देता है। (ई) जीवन में निरर्थकता, अकर्मण्यता और शून्यता को बोध अस्तित्ववाद का निषेधात्मक पहलू है। निर्लिप्तता से इस भावबोध का विकास होता है। सावित्री अपने पति की अकर्मण्यता पर ताना देती रहती है। पति कहता है कि "निर्लिप्तता को बढ़ा लेने के निरन्तर प्रयत्न में मैं कार्यवादी (कर्मठ) न हो सकना एक तरह से सच ही है। लेकिन जीवन को इस तरह द्रष्टा या साक्षी के रूप में देखने की साधना के साधना के द्वारा ही 'मैं' या अस्तित्व की पहचान हो सकती है। 'मैं' की आनन्दानुभूति के क्षणों से विमुक्त होकर लौकिक जगत में उतर आने पर शून्यता का अनुभव होता है। डॉक्टर वीरभद्र राव अकर्मण्य कदरी के स्वामी को गोली मार देने को कहता है तो सावित्री के पति को लगा है कि स्वामीजी से प्राप्त आनन्दानुभूति की भावना समाप्त होकर स्वप्न में से जाग उठा है। "कोई शून्य भाव मुझे घेर लिया है। मुझमें जो परिवर्तन हुआ है वह समझ नहीं सका...।"

(उ) अस्तित्ववाद वस्तु और सैद्धान्तिक विचारों से अनुभूति को प्रधानता देता है। "वस्तु में कुछ नहीं है। वह हृदय में जो स्पंदन उत्पन्न करता है उसमें है मूल्य। उस स्पंदन को सही रूप में न समझकर हम ग़लती करते हैं—वस्तु और स्पंदन में तादात्म्य का भावन करके वस्तु को अपना बना लेने की लालसा को प्रधानता देना। अपना बनाकर प्राप्त करना—मुख्यतः स्त्रियों के बिषय में—उसे खोना ही होता है। उस स्पंदन का नाश करना ही होता है।" "अनुभव की सीमाएँ नहीं हैं, होनी नहीं चाहिए।" "सत्य विचारों में नहीं है, अनुभव में है।" (ऊ) लेखक ने अस्तित्ववाद के साथ भारतीय तात्त्विक चिन्तन को भी मिलाकर 'मैं' आत्मा, मन, जीवन और आनन्द का आख्यान किया है। 'मैं' अहं दावा है। एक शारीरिक और मानसिक निरन्तरता (कंटिन्युटी) को चिह्न है। 'मैं' जब आत्मा के स्तर ऊर्ध्वोन्मुख होता है, परिवर्तित होता है तब मन की सीमाएँ नहीं होतीं। जीवन के ये अर्थ और गलतफहमियाँ व्यक्ति के रूप में मुझे तृप्ति नहीं देतीं। समाज में जो भी क्रान्ति आवें, व्यक्तिगत सन्तोष के बिना उस समजा ने क्या सधा है? शारीरिक आवश्यकताओं की पूर्ति होने मात्र से सन्तुष्टि प्राप्त नहीं होती। ऐसा लगने वाली मानसिक अनुभूति कि मैं अलग हूँ और शरीर अलग है—यह वास्तव में आत्मा के स्वरूप को समझना नहीं है। वह आत्मज्ञान नहीं है। वह एक मानसिक स्थिति मात्र है।" "आत्मा है, होता है। पर उसे जानना कैसा है? आज मेरे शरीर को दण्ड क्यों मिला है वह मन को मालूम नहीं है, मन कह नहीं सकता—लेकिन आत्मा को

मालूम है। वह ज्ञान धीरे-धीरे मन के लिए भी गोचर हो सकता है।...आत्मा से एकलय होने पर मन कालक्रम में जान सकता है। यदि आत्मा नहीं है, उस सिद्धान्त को नकारते हैं तो मनुष्य और उसका जीवन अर्थहीन और प्रयोजन शून्य हो जाते हैं।" "आत्मा के अन्वेषण का मार्ग क्या है? बन्धनों को तोड़ना है। अर्थात् कर्त्तव्यों से पलायन नहीं है। शरीर और मन के अपने बनाए कृत्रिम बन्धनों से मुक्त होने पर आत्मा स्वयं प्रकाश्य होती है।" यह भारतीय प्रवृत्ति मार्ग है। "प्रश्न है, क्या मैं कभी-भी अद्वैतस्थिति प्राप्त कर सकता हूँ? स्वामीजी के मौन-उत्तर से मेरे हृदय में कोई आनन्द-तरंग सा बहुत ऊँचा हो उठा है। शायद यही है विचारों से परे अनुभूति का धरातल!" कदरी के स्वामीजी ने कहा है—वह अद्वैत स्थिति सामाजिक-परिणाम के रूप में प्राप्त नहीं होता। जैसा आप समझते हैं, मानसिक रूप में भी प्राप्त नहीं होता। अर्थात् विचारों और अभिमतों का वैयक्तिक रूप में संस्कार करते जाने पर भी मिलता नहीं। संसार और मन एक दूसरे के लिए दर्पण की तरह होते हैं। लगता है कि एक दूसरे के साथ खींचतानी कर रहे हैं। यह अर्थहीन प्रश्न है कि इन दोनों में कौन वस्तु है और कौन प्रतिबिम्ब है? यह समाधान-रहित प्रश्न है। वास्तव में दोनों एक ही चीज है। अलग दो के रूप में दिखाई देना भ्रान्ति है। वैविध्य, संघर्ष, वैरुध्य, परिवर्तन—ये सब इस चीज में दिखाई देने वाले सहज लक्षण हैं। इसलिए अद्वैत स्थिति कहलाने वाली अनुभूति मन की नहीं है, उससे परे है। वह स्थिति प्राप्त करने की लालसा रखने वाले को वह अवश्य स्वीकार करती है।" (ऋ) सहज मार्ग में वेदना से मुक्त होकर आनन्द पाना ही अस्तित्ववाद का लक्ष्य है। "जीवन का अर्थ सहज प्रवृत्ति के साथ जीने के अतिरिक्त क्या और कुछ नहीं है? नहीं है; कुछ है, यह सोचना भ्रान्ति है। इस तरह सोचकर परेशान होना ही सभ्यता का मनुष्य पर लादा हुआ भार है।" प्रकृति-सहज व्यथाओं की, जिनका निवारण पशु नहीं कर सकते, मनुष्य अपनी बुद्धि के विवेक के द्वारा निवारण कर पा रहा है। जगत से मन को अलग करके देखने की शक्ति के द्वारा यह सम्भव हुआ है।" मनुष्य अपने आप को बाँधकर उनका अतिक्रमण करने का प्रयत्न कर रहा है। "जीवन का अर्थ मेघा से सम्बन्धरहित आनन्द है। वह पशु के स्तर पर, सहज प्रवृत्ति जैसा खींचती है वैसा जीने से दुख और क्लेश दूर हो सकते हैं, पर वह आनन्द कैसे होगा? इन्द्रिय सुख अर्थात् आहार, निद्रा और मैथुन आनन्द नहीं है। पशुओं में जो नहीं है, वैसी एक विशिष्ट जागृति जब मानव में होती है, उन्हीं क्षणों में इन्द्रिय-सुख भी आनन्द होता है। अन्य या वह निरा सुख है।" "मेरा और तुम्हारे का भाव भूल जाएँगे तो हमारी चारों ओर अब तक हमारे न पहचाने कितने ही सौन्दर्य और आनन्द दिखाई देते हैं।" "इस संसार में ऐसे कौन हैं जो हमारे नहीं हैं? सूर्योदय, चाँदनी की रातें, पेड़-पौधे, नदियाँ—आनन्द देने वाली सभी हमारी ही हैं। कोई शाश्वत नहीं है। किसी के अपने नहीं हैं। इस सत्य को समझते हैं तो दुख भी नहीं होगा और न असूया।" इस चिन्तन पर भी भारतीय

दार्शनिक दृष्टि का प्रभाव है। (ऋ) अस्तित्ववाद का चरम लक्ष्य सांसारिक प्रतिबन्धों को पारकर 'अपने आप में' (Being in itself) जीते हुए अस्तित्व की चेतना, आलोकमयता और आनन्दानुभूति की पहचान है। व्यक्ति का व्यक्तित्व जितना उदार और उदात्त हो, कुछ परिधियों में, कुछ परिस्थितियों द्वारा सँवरकर अपने आप को संकुचित चेतना हो जाता है। धार्मिक सम्प्रदायों में इसे 'अहं' कहते हैं। मनोवैज्ञानिक 'ईगो' कहते हैं। उन परिधियों और परिस्थितियों का अतिक्रमण कर सकने वाली चेतना ही 'आत्मा' है। आत्मा के धरातल पर क्या-क्या सध सकते हैं, उसका अनुमान करना मुश्किल है।" साधना में पहले कहीं भी जाऊँ, जो भी करूँ यह गोचर संसार और व्यावहारिक जगत मानसिक दृश्य की तरह स्पृश्यास्पृश्य, हल्का-सा, परदे पर चित्र-सा लगता था। "वास्तव में जीवन में इतने सिद्धान्त अनावश्यक हैं। सिद्धान्तीकरण रुक जाता तो भावना (फ़ीलिंग) और ऐन्द्रिय संवेदन (सन्सेशन) चेतना को पुनरुज्जीवित करते हैं। संसार नये आलोक में दिखाई देता है। तब साधारण क्षण ही आनन्दायक ही लगते हैं।" साधना के कुछ समय बाद "हृदय के केन्द्र में एक कान्ति गोचर होती थी। उसके बाद मेरी चारों ओर एक कान्ति का वलय है। केन्द्र से वलय तक एक स्पंदन है। कुछ समय बीतने पर वह भी बदल गया है। कान्ति-वलय कान्ति-मण्डल होकर, केन्द्र उसके साथ एक-एक स्थान और सभी स्थानों पर एक साथ रहने की अनुभूति होने लगी है। उसके उपरान्त कान्ति-मण्डल में ध्यान आरम्भ करने के कुछ समय में ही तादात्म्य का भाव है—शान्ति और कान्ति है, और कुछ नहीं है। मुझमें आनन्दानुभूति ने इस तरह एक रूप धारण किया।" इस वर्णन में भी अस्तित्ववाद और भारतीय आध्यात्मिक साधना का योग है।

(IV) भारतीय दार्शनिक चिन्तन और अद्वैत-दर्शन उपन्यास का चौथा कोण है। जीवन में निर्लिप्तता और उसके प्रति द्रष्टा की भावना गीता से ली गयी है। सहज प्रवृत्ति मार्ग का अनुसरण कश्मीरी शैवागमों का दार्शनिक सिद्धान्त है। ध्यान केन्द्रीकरण, मौन और स्पर्श के द्वारा संवाद या आनन्दानुभूति का संक्रमण भारतीय आध्यात्मिक साधना-मार्गों में, विशेषतः कर्मयोग और भक्तियोग में महत्त्वपूर्ण स्थान रखते हैं। यौन-संयोग में ऐन्द्रिय एवं मानसिक सहज परितोष से परे आध्यात्मिक अद्वैत स्थिति का आनन्द पाने की साधना विभिन्न शक्त सम्प्रदायों की विशेषता है। कलकत्ता के बाबा कहते हैं कि "सृष्टि माया नहीं, लीला है। संन्यास और वैराग्य के बदले प्रपत्ति, प्रेम, सहानुभूति का प्रवचन करते हैं। मेधापरक ज्ञान के बदले हृदयपरक भक्ति और समर्पण को प्रमुखता देते हैं।" यह अद्वैत के मायावाद के स्थान पर श्री वैष्णव सम्प्रदाय की स्वीकृति है। बंगाल के पीड़ितों की सेवा में नायक की साक्षीभूत रूप में धर्म-निर्वाह करने वाली शान्त मानसिकता स्तब्धता नहीं है। ध्यान में बैठने पर अन्तर्मुखता में आनन्द की चेतना का स्पर्श हो ही रही है। विवेकानन्द ने अद्वैत में इस तरह की

क्रियाशीलता, चेतना और आनन्द के भाव को जोड़ा है। एक तरह से यह अद्वैत और कर्म योग का सम्मेलन है। पीड़ितों की इस सेवा में नायक के मन में करुणा की भावना नहीं उनमें से एक होकर तादात्म्य भाव से उन्हें समझने का प्रयत्न होता है। यह भेदभाव-रहित अद्वैत की और प्रस्थान की प्राथमिक दशा है।

उपन्यास में नायक के द्वारा अद्वैत-सिद्धि और आनन्द-प्राप्ति के तीन प्रयत्न किये गये हैं। पहले कदरी के साथ भेंट करने में उनके नायक की ओर देखने में कोई अनिर्वचनीय आनन्दानुभूति मन में हुई है। उसे लगा है कि अद्वैत स्थिति मन के परे है। दूसरे पुणे के आश्रम में कुछ ऐन्दिय और मानसिक विकृतियों के बावजूद सहज प्रवृत्ति मूलक सह-जीवन बिताना ही अद्वैत आनन्द पाने का मार्ग होने का बोध होता है। तीसरे कलकत्ता के बाबा का उपदेश है–"तर्क मत करो। प्रश्न मत करो। जय करते हुए ध्यान के द्वारा मन्त्र को स्वयं आत्मसमर्पण करो। मन को बाँधने का प्रयत्न मत करो। मन में उत्पन्न भाव-विचारों के पीछे दौड़ो भी मत। सब का ध्यान रखो। मन्त्र के साथ लगे रहे। मन्त्र ही ईश्वर है। मन्त्र ही आत्मा है। मन्त्र ही तुम हो।..." बाबा ने स्पर्श मात्र से अद्वैत की जो आनन्दानुभूति दी है, नायक उस क्षणिक अनुभूति को स्थायी बना लेने की साधना करता है। उपन्यास के अन्त में वह कहता है कि "डॉक्टर वीरभद्र राव ने पीब निकलने वाले कुत्ते को मारकर मुझमें विभ्रन उत्पन्न करके मुझे आकृष्ट किया है। उसी ने मुझे जाग्रत किया है। उसी दिन के वीरभद्र राव ने मेरे मन में सर्प होकर (स्वप्न में) मेघ की तरह चलित होकर, अद्वैत की अनुभूति की वर्षा करके मेरा प्रक्षालन कर मुझमें विलीन हो गया है। वीरभद्र राव और कोई नहीं है, मेरे अन्दर रहने वाले ही हैं। वीरभद्र राव आकर चला गया है। मैं रह गया हूँ। पेड़ पर भूरे रंग की चिड़िया गा रही है। उस गीत में संसार चेतन होकर अपने में मधुरिमा भर रहा है। "हिंसा और शंका से रहित होने पर भी मनुष्य अद्वैत की स्थिति पर पहुँचकर सारे संसार में अद्वैत-भावना का आनन्द अनुभव करता है। यह अद्वैत की दार्शनिक व्याख्या न होकर उसका व्यावहारिक आख्यान है। साहित्य-रचना की दृष्टि से यह से यह उचित ही है। लेखक ने अस्तित्ववादी चेतना को अद्वैत आनन्दानुभूति में परिणत करके दिखाया है। दोनों एक नहीं है। अन्तर्मुखी साधना के प्रतिपादक आस्तिक ईसाई साधक कर्क गार्ड के विचार भी दार्शनिक दृष्टि से अद्वैतवादी हैं।

उद्देश्य : मानव-जीवन के सम्बन्ध में विभिन्न और कभी-कभी परस्पर विरोधी वैयक्तिक; पारिवारिक, सामाजिक, राजनीतिक, सांस्कृतिक और दार्शनिक सिद्धान्तों के आलोक में जीवन के लक्ष्य का आख्यान उपन्यास का लक्ष्य प्रतीत होता है। इसलिए उसे तात्त्विक उपन्यास कहना सर्वथा उचित है। लेखक का दृष्टिकोण मानवतावादी और प्रगतिशील है। हमारी संस्कृति के मूलतत्त्व के साथ आधुनिक भावों के समन्वय में ही प्रगति सम्भव है। आज मनुष्य और मनुष्य के बीच प्रेम, आत्मीयता और विश्वास

उत्पन्न होने के लिए एक प्रगाढ़ एवं स्पष्ट संस्कारिता का समाज में ह्रास हो रहा है। पुराने और नये का संघर्ष ही इसका कारण हो सकता है।" उस संस्कारिता और भावों में क्रान्ति के बिना जाति का पुनरुज्जीवन, या साम्यवाद की स्थापना असम्भव है। "मार्क्सवाद की सामाजिक क्रान्ति के द्वारा मानव की भौतिक आवश्यकताओं से सम्बन्धित समस्याओं का समाधान हो सकता है, लेकिन व्यक्ति की आन्तरिक व्यथाओं को वह कैसे सुलझा सकेगा?... "अस्तित्ववाद उन्हें पहचान कर एकान्त और स्वेच्छा के द्वारा व्यक्ति जीवन का एक अर्थ बना लेने को कहता है।" दूसरी ओर "अमेरिका में समष्टि जीवन और सभ्यता से दूर कुछ लोग नये मार्ग में जीने के प्रयोग कर रहे हैं। लेकिन वे यान्त्रिक और औद्योगिक सभ्यता के विरोध में या विवाह-व्यवस्था को सुधारने के प्रयत्न में हो रहे हैं। हमारे यहाँ के "आश्रमों की तरह व्यक्ति की स्वेच्छा के आधार पर सर्वतोमुखी रूप में नहीं हो रहे हैं।" "सेक्स का अनुभव किसी भी स्नेह की पराकाष्ठा है।" "समाज में उसे इतना दबाने के कारण ही उसका इतना आकर्षण और प्रधानता है। औरों की तरह वह भी एक प्रवृत्ति है। प्रेम के बिना एक सेक्स ही बहुत समय तक स्थिर नहीं रह सकता।" "निर्लिप्तता से तुम कुछ भी सध नहीं सकते। जीवन के अनुभव को तिरस्कृत करने की मानसिकता बदलती है। सब कुछ सहज ही है। जीवन का स्वागत करो।" जीवन में मानसिक अनुभूति से भी परे कुछ है, इसीलिए साधक साधू-सन्त साधारण मनुष्य से ऊपर के धरातल पर पहुँच पा रहा है। उसका साध्य अपने अस्तित्व की चेतना की पहचान है या अद्वैत-भावना है। लेखक ने उपन्यास के मुखपृष्ठ पर दो उद्धरण देकर स्पष्ट किया है कि शरीर और मन का अपना कोई अस्तित्व नहीं है। (ZEN Buddhism by Alan Watt) सब प्राणियों में एक आन्तरिक अवकाश है जिसमें बाहर मेरे अन्तर में विकास पा रहा है। (Rainer Maria Rilke)

(V) शिल्प : तात्त्विक उपन्यास में शिल्प का आकर्षण, कथानक की संरचना पर कम निर्भर करता है। वंश वृक्ष के कथानक के अंश प्रधानतः सावित्री के मन में मातृत्व की आकांक्षा, डॉक्टर के व्यक्तित्व से प्रभावित होना, गर्भवती होने पर पति की शंका और अन्त में उसका निवारण है। इस सरल और सीधे-सादे कहानी में आकर्षण केवल पति के आनसिक द्वन्द्व का है कि सावित्य बेईमानी करके सत्य को न छिपाती तो क्या वह क्षमा न कर देता। इस सन्दर्भ में वह कई बार सोचता है–"क्या सावित्री को संकोच नहीं हुआ है कि वह गलती कर रही है? क्यों नहीं, सोच-विचार करने पर मुझे स्मरण हो रहा है कि नाग सर्प घर में घुसने के बाद सावित्री की मानसिक विकलता।" "क्या डाक्टर के समष्टि-विवाह की बात कहने पर सावित्री ने घृणा नहीं की है? असम्भव नहीं कहा है?...सावित्री ने वैसा ही किया है। मैं साहचर्य के लिए और डॉक्टर मातृत्व के कारण सच्चे सेक्स के लिए हो गये हैं! अच्छा है!" "डॉक्टर वीरभद्र राव के साथ स्नेह बढ़ाना, उसकी ओर आकर्षित होना, डॉक्टर के रूप में उसके साथ विचार-विमर्श करना

और उसके द्वारा मेरे मन में बोया हुआ एक असत्य का बीज अहन्ता की दीवारों को ढहाकर अद्वैत-सिद्धि उत्पन्न करने की बात–यह सब एक लीला है!"

वास्तव में उपन्यास का शिल्प कथा नायक की चिन्तनशीलता और उसके विकास पर आधारित है। उसके प्रधान बिन्दु हैं–(1) चेतन और संवेदनशील मन है। (2) हेतुवादी भौतिक दृष्टि और विश्वास है : मन में सन्देह है कि मानसिक प्रशिक्षण, संकल्प बल और उन पर आधारित भ्रम को छोड़कर आत्मा, शरीर और उसके उपांग मन से भिन्न एवं अलग कोई आत्मा नहीं है।" (3) लौकिक दृष्टि से हिंसा-अहिंसा का संघर्ष और राग-विराग का द्वन्द्व है। (4) विरक्त मन का अद्वैत की ओर प्रथम प्रस्थान है : "मनुष्य की शक्ति-युक्ति निश्चित होती है। वे साधन ही हैं, पर सीमाएँ और अवरोध नहीं हैं उनके उपयोग की रीति-नीति की वास्तव में कोई सीमाएँ नहीं हैं।" अद्वैत आनन्द की स्थिति मन से परे है। "जो चाहते हैं, वे अवश्य होते हैं, पर जैसा चाहते हैं वैसा नहीं। अनुभव एक ही है, पर (उसके सम्बन्ध में) विचार कितने हैं!" (5) मनुष्य की साधना में सामाजिक एवं पारिवारिक अनेक रूढ़ बन्धन जो उसकी प्रकृति बदलने में बाधक हैं तथा उनकी आड़ में वह अपनी मर्यादा की रक्षा कर लेता है।" मनुष्य की प्रकृति का इदमित्थं कहकर कैसे निर्णय कर सकते हैं? परिस्थितियों की प्रबलता के अनुसार उसके स्वरूप को बदलना उसके द्वारा व्यवहार एक आचार-व्यवस्था का रूपायन ही दिखाई देता है। मानव-प्रवृत्ति का एक निश्चित स्वरूप नहीं है।" "समाज में आत्मसम्मान की उचित रक्षा कर लेने के लिए आचार और विश्वास कितने ही उपयोगी हैं। (6) पारिवारिक बन्धनों से मुक्त होकर पुणे के आश्रम में सहज जीवन और साधना भी नायक को मन से परे अभीष्ट लक्ष्य की ओर नहीं ले जा सकता। (7) कलकत्ता के अन्तिम प्रस्थान में ही नायक अस्तित्व की चेतना और अद्वैत-स्थिति पर पहुँचकर अपनी साधना में सिद्ध हो पाता है। यहाँ मानसिक परिवर्तन के बाद डॉक्टर वीरभद्र राव के ये विचार ध्यान देने योग्य हैं–"मन अर्थात् विचार और स्पंदन–दोनों स्पर्श में लीन करने पर ही मनुष्य अनुभूति की परवशता पर पहुँच सकता है। संकल्प शक्ति स्पर्श की अवहेलना करके उपेक्षा करने से मनुष्य सुख की परवशता से दूर हो रहा है।...मन ऐन्द्रिय अनुभूति की प्राथमिकता स्वीकार करने पर व्यक्तिगत असन्तृप्ति समाप्त हो जाती है।...यह अनुभूति के केन्द्रत्व का अन्वेषण है।...शाश्वत केवलता या कैवल्य केवल मृत्यु में ही प्राप्त हो सकता है।" यह अद्वैत अलौकिक आनन्दानुभूति के विरोध में लौकिक आनन्दानुभूति की पराकाष्ठा का प्रतिपादन है। लेखक ने अपने चिन्तन और विचारों को एक व्यवस्थित विकास क्रम में एक सैद्धान्तिक प्रबन्ध के रूप में प्रस्तुत नहीं किया है। सन्निवेशों और सन्दर्भ में नायक की अनुभूति से उत्पन्न चेतना और भाव-विचारों के रूप में उनकी अभिव्यंजना है। पाठक उपन्यास के अन्त में जाकर अपनी कल्पना के द्वारा उनकी एकसूत्रता को पहचान लेता है।

उपन्यास के बीच-बीच में चेतना-प्रवाह के टेकनिक का भी प्रयोग हुआ है, पर मनोवैज्ञानिक अर्थ में नहीं, व्यक्त चेतना में ही उद्‌बुद्ध भाव-विचार कहीं-कहीं अचेतन मन-सा भी अप्रत्यक्ष स्पर्श कर लेते हैं। सन्तान न हो सकने की वेदना में अकेला बैठकर नायक 'एकान्त' के उधेड़बुन में बहता जाता है–"पेड़ पर एक भूरे रंग की चिड़िया आकर बैठती है। बहुत ही सुन्दर लगती है। मधुर गा लेती है। उस गीत का कोई अर्थ नहीं है, अन्वय नहीं है। मेरे मन में उस गीत के समतुल्य भाव नहीं है। स्मृतियाँ नहीं हैं। लेकिन वह गीत मुझे कुछ क्षणों के लिए परवश करता है। मुझे उस चिड़िया का नाम भी नहीं मालूम है। यह पढ़े-लिखे का अज्ञान है। गाँव में किसी से भी पूछें; पेड़ों का, लताओं का और चिड़ियों का नाम बताएँगे और पहचानेंगे। लेकिन शिक्षा पाने के कारण मैं पूरा नगरवासी हो गया हूँ। वह चिड़िया कौन है, मुझे मालूम नहीं है।

अकेला आती है और जाती है। क्या इसका जोड़ा नहीं है? क्या चिड़ियों में भी सन्तान की उत्पादन शक्ति-रहित होते हैं? इस चिड़िया के लिए अपना कहलाने वाला घोंसला एक, स्थिर निर्वाह कहने एक जगह नहीं है।" पाठक इस उद्धरण का एक से अधिक अर्थ लगा सकता है।

पग-पग पर तात्त्विक आख्यानों से भरा विचारोत्तेजक उपन्यास है वंशवृक्षं।

गुडिपाटि वेंकटाचलम् : व्यक्तित्व और कृतित्व
(1894-1979)

1. **प्रस्तावना :** पारिवारिक जीवन, स्त्री-पुरुष सम्बन्ध और सेक्स के क्षेत्र में चलं के समान क्रान्तिकारी विचारों का लेखक तेलुगु-साहित्य में ही नहीं, समस्त भारतीय-साहित्य में शायद ही कोई दूसरा होगा। परम्परावादियों ने उनके विचारों को भारतीय संस्कृति के विरुद्ध कहकर घोर विरोध किया, नई पीढ़ी के युवकों ने अपने माता-पिता की आँखों से बचाकर दिलचस्पी और मस्ती के साथ उन रचनाओं को पढ़ा और मार्क्सवादियों ने उनके विचारों को साम्यवाद में नारी की भूमिका के विरुद्ध मानकर उपेक्षा की। 1915 से 1940 तक प्रायः यही स्थिति रही। बाद को मार्क्सवादी रंगनाथकम्पा ने साम्यवादियों का विरोध करते हुए चलं के विद्रोह के कुछ पहलुओं को मार्क्स के सिद्धान्तों के अनुरूप माना और नये समीक्षकों ने चलं के विचारों से असहमत होते हुए भी उनकी रचनात्मक प्रतिभा को स्वीकार किया। आजकल स्त्री की स्वतन्त्रता और पुरुष के साथ समानता के समर्थक चलं के भाव-विचारों को अपने आन्दोलन को प्रेरणादायी और स्फूर्तिदायी मान रहे हैं। आधुनिक भारतीय साहित्य में चलं के समान विवादास्पद लेखक और कोई नहीं है।

चलं के विचार जितने क्रान्तिकारी और उग्र थे, उनका स्वभाव और व्यक्तित्व उतना ही कोमल था। स्त्री-स्वेच्छा के समर्थक लेखक ने अपने विचारों को सन्तान और बहिनों पर थोपने का प्रयत्न नहीं किया। बड़े स्नेह और प्रेम के साथ उनके प्रति व्यवहार किया और कभी किसी बात के लिए उन्हें दण्ड न देकर अपनी-अपनी इच्छा के अनुसार अभीष्ट मार्ग पर चलने दिया। स्त्री के स्वतन्त्र जीवन में धर्म, जाति आदि किसी प्रतिबन्ध न मानने वाले ने विवाह के बिना अपनी लड़की का एक मुसलमान के साथ सहवास को स्वीकार किया। परम्परावादी अपनी पत्नी के रास्ते में कोई रुकावट नहीं डाली। जीवन में धोखा खाकर अपने पास आयी हुईं स्त्रियों को धर्म और जाति की उपेक्षा करके प्रेम से घर में स्थान दिया। उनका विरोध व्यक्ति से नहीं समाज से था। समाज ने उनका जाति-बहिष्कार किया तो चलं ने समाज का। वे भावनाशील टाइप के व्यक्तित्व के थे, इसीलिए स्त्री के दमन के सभी रूपों से उनका विरोध था और उनके में उन पीड़ितों के प्रति पार सहानुभूति और प्रेम था। उनकी 'कथनी और करनी' में कोई

अन्तर नहीं था। उनकी आत्मकथा पढ़ने से स्पष्ट हो जाता है कि उनकी साहित्यिक नायिकाओं की तरह उनके जीवन में भी अनेक प्रेम के सम्बन्ध थे। उनमें दुराव-छिपाव की हिपोक्रेसी बिल्कुल नहीं थी। इस स्पष्टवादिता के कारण सनातनी परम्परावादियों का विरोध और उग्र होता गया। इन परिस्थितियों में चलं ने कहा है कि "इस जीवन के साथ सदा युद्ध (संघर्ष) होता आया है और उस युद्ध का इतिहास ही मेरे जीवन का इतिहास है।" उन्होंने अपने साहित्य को निजी जीवन का 'बै प्रोडक्ट' (आनुषंगिक उत्पादन) कहा है।

व्यापक अर्थ में चलं को लौकिक जीवन में और बाद को आध्यात्मिक स्तर पर सत्य, सौन्दर्य और आनन्द के अन्वेषक और उनके लिए साधक कह सकते हैं। काम के परितोष में भी उन्होंने सौन्दर्य और आनन्द को ढूँढ़ा है। उनके अकेलेपन की अनुभूति सामाजिक संघर्ष और बहिष्कार का ही परिणाम नहीं है, लेखक की अन्तर्मुखी भावना से भी उसका सम्बन्ध है। लेखक के ही शब्द हैं–"परायी स्त्री से संयोग ही नहीं, उस तरह की अभिलाषा भी पाप है। मेरा रोमांस मेरे रक्त में ही पैदा हुआ। बहुत प्रयत्न करके भी इस श्रृंगार की अभिलाषा को जीत नहीं सका।" "वह श्रृंगार-भाव पुराना होने पर नये के लिए तड़पना था। यह न महान प्रेम है और न केवल काम वासना है।" रत्नम्मा के साथ सम्बन्ध में ईश्वर से प्रार्थना करते थे कि इस सम्बन्ध को पवित्र बनावें। उसमें ये भाव उठने लगे कि वह निर्वीर्य और दैव द्रोही हो रहा है और उसका 'मन चंचल' है। उसकी दृष्टि में स्त्री-सौन्दर्य और प्रकृति-सौन्दर्य में अन्तर नहीं है। "स्त्री से प्राप्त होने वाले आनन्द को आकाश के नीलेपन से, पानी की शीतलता से, घास की मृदुता से, फूलों की उज्ज्वलता से पाना चाहिए।...इस सब सौन्दर्य के पीछे एक ही शक्ति है। वह हमारे अधरों को मिलता नहीं, हमारे अधिकार के वश में नहीं होता।" "अत्यन्त तृप्ति के साथ प्रेम करने वाली स्त्री के बाहु-बन्धन में भी एक अकथनीय वेदना होती है।" इस अन्वेषण और साधना में लेखक को पता नहीं कितने अन्तर्द्वन्द्वों और बाह्य संघर्षों का सामना करना पड़ा है। इस अन्तर्मुखी और बहिर्मुखी संघर्षों के कारण उनके भाव-विचारों अनेक परस्परी विरोधी स्वर भी सुनाई पड़ते हैं। साम्यवाद तथा अन्य स्थूल सिद्धान्तों के सम्बन्ध में विचारों की भिन्नता की बात छोड़ दीजिए, उनके काम-दर्शन में दैहिक, मानसिक और आध्यात्मिक भाव-संघर्ष एवं विरोध की झलक मिलती है।

चलं ने पितृ सत्तात्मक व्यवस्था में नारी की परतन्त्रता और शोषण को स्पष्ट करने के लिए 'स्त्री' शीर्षक सैद्धान्तिक ग्रन्थ की रचना की। उस व्यवस्था में नारी का जीवन परिवार की सेवा, खिलाना-पिलाना, पति के परितोष, सन्तान को जन्म देना और उसका पालन-पोषण तक सीमित रह गया। घर के अन्दर और बाहर उसके व्यक्तित्व, स्वेच्छा, चेतना, अपने काम की तृप्ति, सामाजिक क्रियाकलाप का कोई मूल्य नहीं गया। लेखक

ने सभी क्षेत्रों में पुरुष की समानता, अपने जीवन के लक्ष्यों को निर्धारित करने की स्वतन्त्रता तथा अभीष्ट के अनुसार उन्मुक्त काम की तृप्ति की स्वेच्छा का आग्रह करते हुए नारी को विद्रोह करने की प्रेरणा दी। इस पुस्तक में विवाह और काम की भी विस्तृत चर्चा की गयी। सभी-पुरुषों के सभी प्रकार के सम्बन्धों में स्वेच्छा और प्रजातन्त्रात्मक दृष्टि को महत्त्व दिया गया। "स्वेच्छा का अर्थ अपने फ्रीडम में दूसरा बाधा न दें और हम दूसरों के फ्रीडम में रुकावट न डालें।" दूसरे सैद्धान्तिक ग्रन्थ 'बिड्डल शिक्षण' (सन्तान का प्रशिक्षण) में आज के माता-पिता के नियन्त्रण और स्वतन्त्रता रहित स्कूली शिक्षा के स्थान पर काम सहित जीवन के विविध पहलुओं की जानकारी के साथ बलंचों के निजी व्यक्तितव के स्वच्छन्द और स्वेच्छापूर्वक के विकास पर बल दिया गया। चलं के उपन्यासों, कहानियाँ, नाटकों और एकांकियों में इस व्यापक जीवन पट का निरूपण नहीं हुआ है। उनमें प्रधानतः काम के उद्वेलन के विविध रूप-रंग दिखाई देते हैं। पति से असन्तुष्ट प्रेमी के साथ, भाग जाने वाली, पति के साथ दूसरे प्रेमी को भी स्वीकार करने वाली, एक साथ पति और अनेक प्रेमियों का सहवास एवं सहजीवन बिताने वाली, प्रेम के लिए देहदान करने वाली आदि अनेक प्रकार की नारियों का सजीव चित्रांकन करने में लेखक सफल हुआ है। आकर्षण पर आधारित इस काम-तत्त्व के अतिरिक्त प्रेम की प्रेरणा की भी अभिव्यक्ति भी कहीं-कहीं हुई है। 'प्रेम पत्र' और 'म्यूजिंग्स' में भावात्मक और वैचारिक चिन्तन अवश्य ही बहुमुखी है। रमण महर्षि के आश्रम में पहुँचने के बाद जो रचनाएँ हुई हैं, उनमें पहले भी भावात्मक तीव्रता और कलात्मक चेतना नहीं है। एक व्यक्ति चलं ने समाज में एक व्यापक आन्दोलन से अधिक हलचल मचा दी। उसका कारण स्त्री-पुरुषों के सहज काम के आकर्षण को महत्त्व देकर विवाह व्यवस्था पर प्रहार करना है। यह सही है कि चलं ने स्पष्ट कभी नहीं कहा है कि समाज अपने पात्रों की तरह अनेक काम के सम्बन्धों के साथ वैसा आचरण करें या विवाह व्यवस्था का विच्छेदन हो। लेकिन अपने समय विवाह-सम्बन्धों की दुर्दशा और स्वच्छन्द काम के आकर्षण के प्रतिपादन में विवाह के विरुद्ध विचार अप्रत्यक्ष व्यंजित हो गया है जिसकी प्रतिक्रिया समाज के द्वारा लेखक और उसकी रचनाओं का बहिष्कार है। जीवन में काम के सृजनात्मक महत्त्व को अस्वीकार नहीं कर सकते। फ्रायड ने उसे जीवन की द्योतक शक्ति माना है। भारतीय दार्शनिक चिन्तन में भी विशेषतः कश्मीरी शैवागमों में ईश्वर की कामकला से सृष्टि का विकास माना गया है। लेकिन काम को लैंगिक आकर्षण का संकीर्ण अर्थ देकर उसे अतिवादी सीमा पर ले जाना अव्यवस्था को ही जन्म देता है। शायद चलं की काम की अवधारणा के मूल में व्यक्तिगत, पारिवारिक और सामाजिक जीवन में काम की असफलता, दमन और विकृत रूप की प्रतिक्रिया और प्रतिहिंसा की भावना हो।

चलं के पात्रों की मानसिकता असामान्य (एबनार्मल) और विलक्षण (एक्सेन्ट्रिक)

हो सकती है, लेकिन रचनाएँ यथार्थवादी ही हैं। उनके वातावरण, घटनाओं और सन्निवेशों में कहीं भी अस्वाभाविकता नहीं है। कलाकार व्यक्त या गोचर यथार्थ का ही निरूपण नहीं करता, कभी-कभी व्यक्त के अन्दर पैठकर उसकी मूलभूत चेतना को पकड़ने का भी प्रयत्न करता है जैसा कि चलं ने किया है। लेकिन उस प्रयत्न में लेखक ने जीवन के सामाजिक परिप्रेक्ष्य की उपेक्षा की है। घर के कमरों में बन्द काम को निर्जन मैदानों में समाज की आँखों से दूर रखा है। विवाह से बाहर काम के सम्बन्धों के चित्रण के अनेक उदाहरण विश्व-साहित्य में मिल जाते हैं। लेकिन चलं की तरह ऐकान्तिक और अतिवादी रूप में नहीं है। जब लेखक काम को दैहिक धरातल से ऊपर ले जाकर चिन्तनशील हो जाता है तो जीवन की यथार्थता में गहराई और तात्त्विकता के आयाम जुड़ जाते हैं जैसे उसके म्यूजिंग्स में। चलं की यथार्थवादी प्रवृत्ति की विशेषताएँ, जीवन के कुत्सित-कुरूप का निस्संकोच उद्‌घाटन, सच्चाई, ईमानदारी तथा विधायक रूप में जीवन की अनुभूतियों की तीव्रता हैं।

चलं की रचनात्मकता के प्रेरणास्रोतों, उनके व्यक्तिगत प्रेम-सम्बन्ध, पारिवारिक जीवन की परिस्थितियाँ, बहिनों के जीवन की करुण गाथाएँ और उस समय सामाजिक-पारिवारिक जीवन की गतिविधि है। उन पर पाश्चात्य साहित्य और चिन्तन का ऐसा गहरा प्रभाव पड़ा है कि उनकी रचनाधर्मिता के सम्बन्ध में अनेक ग़लतफ़हमियाँ पैदा हो गयी हैं। उनकी रचना को प्रभावित करने वाले प्रमुख लेखक हैं—मोपासा, हेवलाक एल्लिस, बर्ट्रेंड रसेल और मीटर लिंक। अंग्रेजी प्रभाव उनके शब्दों के निस्संकोच प्रयोग और वाक्य-रचना पर भी हैं। उनके अनेकानेक रचनाओं केवल पाश्चात्य रचनाओं के भावानुवाद हैं—दैवमिच्चन भार्य (ईश्वर प्रदत्त पत्नी—अंग्रेजी) चुक्कम्मा (नार्वेजियन), जानकि आवेदन (जानकी की वेदना—रूसी), देवी प्रसन्नं (मीटर लिंक), सत्यं (मोपासा), स्वर्ग नरकालु (स्वर्ग और नरक – जे.बी. प्रेस्ट्ली) और चिवरिकुण्ड (आखिरी घड़ा—अहोबलाचारी के नाटक का अनुवाद)। अपनी विचारधारा की अभिव्यक्ति के लिए अनुकूल होने के कारण, अनुसरण या अनुवाद का स्पष्ट उल्लेख करते हुए लेखक ने उनको अपनाया है। चलं ने अपने समय के नारी-उद्धारक समाज-सुधारकों से कोई सम्बन्ध नहीं रखा क्योंकि उनकी क्रान्तिकारी विचारधारा उनसे नहीं मिलती थी। 1915-1920 के बीच ब्रह्मसमाज से प्रभावित थे पर उसे कालक्रम में परम्परावादी होते देख उससे अलग हो गये। मार्क्सवाद के बारे में उन्होंने कुछ पढ़ा नहीं है। लेकिन रूस की राज्यक्रान्ति के बाद पुरुषों के समान स्त्रियों के समान अधिकार और उनकी स्वतन्त्रता की बात सुनकर मार्क्सवाद की प्रशंसा की परन्तु बाद को उस विचारधारा में व्यक्ति की स्वेच्छा और स्वतन्त्रता की जानकारी प्राप्त होने पर अपने आदर्शों के विरुद्ध मानकर उसका विरोध भी किया। स्वतन्त्रता-संग्राम से भी वे दूर रहे। उसके दो कारण हैं—(1) उसमें राजनीतिक अधिकार, समाज-सुधार और किसान-मज़दूरों की समस्याओं

को लेकर आन्दोलन और संघर्ष होते रहे। नारी-समस्या पर परम्परागत परिधि में चलते ढंग से ही विचार हुआ, (2) लेखक के नारी-सम्बन्धी क्रान्तिकारी विचारों का खण्डन करने वाले स्थानीय राष्ट्रीय-आन्दोलन के नेता ही थे। इन सब कारणों से चलं व्यक्ति से स्वयं संस्था बनकर अपने इने-गिने मित्रों के साथ स्त्री सम्बन्धी सामाजिक रीति-नीति से लड़ते रहे।

जीवन में कापतल को वरीयता देने के कारण चलं को योगात्मक आनन्दवादी (हेडानिस्टिक) नहीं कह सकते। वे काम के ऐन्द्रिय आनन्द से पड़े बहुत ऊपर देखने वाले थे। समाज को उत्तेजित करने और सोचने पर विवश करने के लिए ही उन्होंने काम के इतिवृत्तों को चुना है। रमणाश्रम जाने के पहले चलं ने भौतिक जगत से परे ईश्वर के अस्तित्व पर कुछ नहीं कहा। परम्पराओं, रस्म-रिवाजों और आचार-नैतिकता का विरोध करते हुए भी वे कभी-कभी गाँव के मन्त्र-तन्त्र जानने वालियों से अपने भविष्य के बारे में सुनने जाते थे। काम, प्रेम और आनन्द की गहराई जानने के प्रयत्न को कामाध्यात्म-दर्शन कह सकते हैं। जो दो चलं को ईश्वर के अस्तित्व में अविश्वासी (एग्नास्टिक) कहना उचित नहीं लगता। उनके आध्यात्मिक जीवन-परिवर्तन पर आगे विचार होगा। चलं की व्यावहारिक भाषा-शैली के प्रभाव से तेलुगु गद्य-रचना के क्षेत्र में भावाभिव्यंजना की अपूर्व क्षमता आयी है जो परवर्ती समस्त लेखकों को प्रेरणा और स्फूर्तिदायिनी सिद्ध हुई है। कवि न होने पर भी उनकी भावात्मक गहराई और वैचारिक क्रान्तिकारिता ने रोमांटिक काव्य प्रवृत्ति से लेकर नवीनतम क्रान्तिकारी कविता, स्त्रीवाद कविता और दलित कविता तक की रचनाओं को किसी न किसी रूप में अनुप्राणित रहा है। चलं के अभाव में आधुनिक तेलुगु साहित्य का इतनी द्रुतगति से प्रसार और बहुमुखी उन्नति की कल्पना नहीं की जा सकती।

2. विचारधारा : किसी लेखक की साहित्य-सर्जना को सही परिप्रेक्ष्य में समझने के लिए उसके जीवन-दर्शन, दृष्टिकोण या विचारधारा की जानकारी अत्यन्त आवश्यक है। चलं ने 'स्त्री' और 'सन्तान के प्रशिक्षण' पर दो सैद्धान्तिक ग्रन्थों की रचना की है जो जीवन के प्रति अपने दृष्टिकोण को व्यक्त करते हैं। लेकिन उनमें चर्चित जीवन के विविध पहलुओं और समस्याओं की अभिव्यक्ति साहित्य-सर्जना में प्रतिबिम्बित नहीं है। चलं-साहित्य के आधारभूत चार तत्त्व हैं—नियमों, बन्धनों और निषेधों से मुक्त नारी के व्यक्तित्व का विकास; सेक्स सहित जीवन के सभी विषयों में स्वयं निर्णय लेने की स्वेच्छा; पारिवारिक-सामाजिक जीवन में परम्परागत मान्यताओं से मुक्त स्वतन्त्रता तथा पुरुषों के साथ समान अधिकार। इनके सम्बन्ध में 1920-1940 में जो स्थिति की आज कानूनों के द्वारा वह कुछ अवश्य बदल गई है। उच्च शिक्षा के द्वारा नारी के व्यक्तित्व का विकास; विवाह और दाम्पत्य-जीवन में निर्णय लेने की स्वेच्छा और तलाक; समाज के विरुद्ध भी अपनेपन की समर्थक व्यक्तिवादिता तथा राजनीतिक-सामाजिक क्षेत्रों में

सक्रियता और समान अधिकार—परिवर्तन के द्योतक हैं। लेकिन यथार्थ जीवन में ये कागज़ी कानून हैं। कुछ उच्च शिक्षित मध्यवर्गीय परिवारों में ही नारी सच्चे अर्थ में समभागिनी है।

नारी-केन्द्रित चलं-साहित्य में आकर्षण, काम और प्रेम का ही चित्रण किया है। प्रेम के संवेगात्मक (एमोशनल), रोमांटिक या कल्पनाशील, मानसिक (प्लॉटनिक) और आध्यात्मिक रूपों में पहले की और ही लेखक का झुकाव है, जिसमें भाव की तीव्र अनुभूति (पॉशन) होती है। चलं के अनुसार "प्रेम में कामना और विविधता न ही तीव्रता (इंटेंसिटी) प्रधान है।" स्त्री का साहचर्य और प्रेम पुरुष को पूर्णता की ओर ले जाता है। काम के सम्बन्ध में चलं के विचार क्रान्तिकारी हैं। उनके पात्र अतृप्त काम के कारण आकर्षित व्यक्ति के साथ भाग जाती हैं, पति के अतिरिक्त अन्य पुरुष के साथ काम-सम्बन्ध रखती हैं तथा एक साथ अनेक पुरुषों से प्रेम करते हुए काम-सम्बन्ध के साथ सहजीवन भी बिताती हैं। यह काम की विच्छृंखलता है जो किसी धर्म, संस्कृति, सभ्यता और समाज में मान्य नहीं है तथा वह समाज के व्यवस्थित रूप लेने के पहले आदिम स्त्री-पुरुषों के सामूहिक जीवन की ओर प्रस्थान है।

चलं की आपत्ति स्वेच्छा रहित नारी-जीवन पर है। इस शताब्दी के आरम्भ में परिवार की दासता में बँधी हुई नारी इस शताब्दी के अन्त तक आते-आते शिक्षित और कार्यालयों में करने वाली होकर भी अपनी इच्छा और व्यक्तित्व के विरुद्ध पति की अभिरुचि के अनुसार फैशनों को अपना रही है। यह क्या परम्परा से प्रगति है? यह चलं-साहित्य की पृष्ठभूमि है। चलं के शब्दों में "हत्या करने वाला शरीर को मार डालता है, यह पति आत्मा का नाश करता है।" चलं का कहना है कि नारी शिक्षा से नहीं लोकज्ञान या व्यावहारिक ज्ञान से ही अपनी स्थिति में उन्नति कर सकती है।

चलं-साहित्य को पढ़ते समय बार-बार पाठक के मन में यह प्रश्न उठता है कि क्या चलं विवाह और सच्चरित्र को जीवन में कोई मूल्य नहीं देते? विवाह में मौलिक प्रश्न काम-प्रेम और सुरक्षा (सेक्यूरिटी) का है। चलं के पात्र प्रेम को ही वरीयता देती है। काम की पूर्ति या प्रेम के लिए परिवार को त्याग देना सामाजिक परम्परा पर आघात करने वाला है तथा चलं अपने रूढ़ परम्परा-विरोध में यही चाहते हैं। लेकिन हमें यह भूलना नहीं चाहिए कि पाठक अपने रूढ़ संस्कारों को छोड़कर सहृदय बनने का जितना भी प्रयत्न करें, बद्धमूल संस्कारों से मुक्त होकर रचना को स्वीकार नहीं करता। लेखक रावण को नायक बनाकर रावणायण लिख सकता है, लेकिन राम के चरित्र को गिराकर नहीं जो पाठकों को रसास्वादन में बाधा देता है। काम के परितोष और प्रेम के अभाव में केवल सुरक्षा के आधार पर दाम्पत्य जीवन, नारी को असन्तुष्ट करके घर से बाहर निकल जाने के लिए विवश कर देता है। पारिवारिक जीवन में दासता की अनुभूति होने पर संघर्ष और विद्रोह अनिवार्य हो जाता है। चलं के शब्दों में "दासता का बोध होना ही नहीं चाहिए। होता है तो समर अनिवार्य

है। देशों में, जातियों में और स्त्रियों में भी वही बात है।" चलं के पात्र केवल कामप्रेरित होकर भाग नहीं जाते। उनके पारिवारिक और दाम्पत्य जीवन में दयनीय स्थिति और स्वेच्छा का अभाव भी उनके लिए असह्य हो जाते हैं।

चलं वैवाहिक जीवन और सच्चरित्र के महत्त्व से अनभिज्ञ हों, ऐसी बात नहीं है। दोनों नारी की स्वेच्छा पर आधारित होकर ही ग्राह्य बनते हैं। उनके पात्रों की तथाकथित चरित्रहीनता इसी स्वेच्छा के अभाव और परिस्थितियों की प्रतिकूलता के कारण है। चलं के शब्दों में "पवित्रता स्त्री का भूषण ही है। वह अत्यन्त आवश्यक है। तुच्छ अभिलषाओं के वश में न होकर इन्द्रियों पर विजय प्राप्त करना, उसकी मानसिक शक्ति का विकास करके उसके स्वभाव को उज्ज्वल और उन्नत बनाता है। अपनी मृदुता को, अपने मनोलावण्य को और अमूल्य निर्मलता को विवेक रहित जिसे चाहे उसे—अपात्र को तात्कालिक रूप में उसे समर्पित करना, एक मिनट के काम के लिए व्यर्थ करना मूर्खता का काम है।...सर्वोन्नत अपनी पवित्रता को, मृदु-मधुर अपने शरीर को, योग्यता और रहस्यमयता को अपात्र पति को भी न देने वाला धैर्य और आत्माभिमान की आदत डाल लेना स्त्री का कर्त्तव्य है।" "व्यभिचार करने या न करने की स्वेच्छा होने पर ही पतिव्रता या चरित्रहीन होने की सम्भावना है। वास्तव में दुश्चरित्र होने की स्वेच्छा में पवित्रता क्या है?" "सभी के प्रति करणीय स्त्री के कर्त्तव्य हैं, पर अपने सम्बन्ध में आचरणीय विधि-विधान नहीं हैं।"

चलं के साहित्य में कामप्रेरित या पारिवारिक जीवन में दयनीय नारी-जीवन का निरूपण है, उदात्त प्रेम और सच्चरित्र की गाथाएँ नहीं हैं। पतन की कहानी है, उत्थान की नहीं है। चलं ने नारी को प्रेयसी के रूप में देखा है। पत्नी और माता के रूप में नहीं। इसलिए एक समीक्षक का आक्षेप है कि चलं-साहित्य में वात्सल्य-भावना की झलक भी नहीं मिलती।

3. उपन्यास : चलं के 8 उपन्यास हैं—शशिरेखा, दैवमिंच्चिन भार्य, (ईश्वर प्रदत्त पत्नी—भारतीय सन्दर्भ में भावानुवाद), मैदानं (मैदान), विवाहं (विवाह), ब्राह्मणीकं (ब्राह्मणत्व), अरुणा, अमीना और जीवितादर्शं (जीवनादर्श)। इन उपन्यासों में स्त्री की स्वेच्छा, उन्मुक्त प्रणय, परम्परागत विवाह की व्यवस्था में काम और प्रेम का अभाव, पुरुष सत्तात्मक व्यवस्था में नारी स्वेच्छा और स्वतन्त्रताहीन खिलोना हो जाना आदि लेखक के प्रिय (पेट) विषयों का प्रतिपादन लक्षित होता है। रचनाओं के ऐतिहासिक विकासक्रम को देखने से पता चलता है कि विद्रोह और विच्छृंखलता की भावनाओं में आरम्भिक तीव्रता कुछ कम होती गयी है।

कला की दृष्टि से इन उपन्यासों की प्रधान विशेषता भावों का उद्वेलन है। उन भावों में मुख्य आकर्षण, सेक्स, प्रेम और परिस्थितियों में नारी की विवशता है। और प्रेम इस तरह मिल-जुल गये हैं कि शंका होती है किसका प्रतिपादन हो रहा है? कहीं

लेखक सेक्स का ही उदात्तीकरण तो नहीं कर रहा है? सेक्स के प्रतिपादन में तीव्रता और स्वेच्छाचारिता तथा प्रचलित सांस्कृतिक परम्पराओं एवं सामाजिक चेतना पर आघात के अनुसार रचना की अनुकूल और प्रतिकूल प्रतिक्रियाएँ दिखाई देती हैं। खुल्लमखुल्ला वैचारिक विरोध के कारण 'मैदान' पर प्रतिकूल प्रतिक्रिया चरम सीमा पर पहुँच गयी है।

कुछ विशिष्ट उपन्यास : (अ) 'मैदान' खुलेपन का प्रतीक है—परम्परागत संस्कारों से उन्मुक्त सेक्स का या घर की चहारदीवारी से बाहर खुले मैदान की प्राकृतिक गोद में प्रणय-व्यापार का। पहली गोपनीयता भारतीय संस्कृति की और दूसरी बहिर्मुखी अभिव्यक्ति पाश्चात्य सभ्यता की विशेषता है। किसमें अधिक रमणीयता है—व्यंजना में या प्रकाशन में, यह व्यक्तिगत अभिरुचि का विषय है। लेखक दूसरे के समर्थक हैं। कथानक के मुख्य अंश हैं—वकील की पत्नी राजेश्वरी अमीर से आकृष्ट होकर घर छोड़कर उसके साथ मैदान में जीवन बिताना, गर्भिणी होने पर अपनी इच्छा के विरुद्ध अमीर के आग्रह से गर्भ-विच्छिति, अमीर का मोह दूसरी स्त्री के प्रति होने पर दोनों का मिलाना, उनके साथ रहने वाले मीरा के साथ राजेश्वरी का प्रेम तथा अमीर का जलन एवं ईर्ष्या हैं। इस प्रणय-व्यापार में सामाजिक सन्दर्भ बिल्कुल विस्मृत है और अमीर नारी-जीवन पर पुरुष के आधिपत्य का ही प्रतिनिधि है। उपन्यास में समाज की आलोचना और परम्परागत संस्कारों का विरोध कथानक से निरपेक्ष लेखक के विचार मात्र हैं। उपन्यास के आरम्भ में ही राजेश्वरी कहती है—"कोई कहे कि मैं भाग गयी हूँ तो मुझे बहुत कष्ट होता है।" अपने काम के सम्बन्ध में राजेश्वरी के कथन और अन्यों की आलोचना देखिए जो वास्तव में लेखक के ही विचार हैं—"अमीर ने, मेरे अमीर ने क्या किया है? मानव को, मुझे देवत्व और अमृतत्व प्रदान किया है। असतोमासद्गमय। तमसो मा ज्योतिर्गमय। मृत्योर्मा अमृतं गमय। कहकर मेरा पति पढ़ने वाला उपनिषद् का मन्त्र स्मरण आया है।" "खाना बनाने और रात के उन मिनटों के लिऐ मेरे पति के साथ जिया था। अमीर के साथ उसके लिए नहीं है। अमीर की आँखों में आराधना देखने के लिए, उससे बातें करके उसकी ओर देखने के भाग्य के लिए गयी हूँ।" "इस तरह प्रेम का बदलना, प्रेम में शंकाओं का उत्पन्न होना, एक साथ ही दो पर प्रेम होने की भावना की अनुभूति, वह प्रेम दोनों पर विभिन्न रूप में विभिन्न कारणों से उत्पन्न दिखाई देना—यह सब आप जैसे लोग नहीं मानते। कहेंगे कि शरीर में चरबी बढ़ जाने से वैसी ही होती है पशुवांछा। कुछ पुस्तकों में लिखते हैं कि इस तरह दो पर प्रेम होना असम्भव है। अपनी नीति के अनुशासन से सृष्टि पर ही, संसार के सभी हृदयों पर ही प्रशासन करते हुए उसे दबाने का प्रयत्न करते हैं। आपकी हवा की बातें हैं और मेरे रक्त के अनुभव हैं।" इस तरह काम के आध्यात्मीकरण, आदर्शीकरण और समाज की आलोचना को क्या प्रेम कह सकते हैं?—यह विचारणीय प्रश्न है। इस उन्मुक्त काम पर व्यंग्य करते हुए

कथाकार गोपीचन्द ने एक कहानी लिखी है कि मैदान में बेघर-बार और खाने-पीने के अभाव में जीवन कैसे बिताया जा सकता है। चलं के समर्थकों का उत्तर है कि आदर्शों के लिए लड़ने वाले, क्रान्तिकारियों की तरह जंगल में भी उनके बिना जीते हैं। क्या दोनों आदर्श एक ही तरह है? समाज के प्रति विद्रोह के साथ काम की पूर्ति की स्वेच्छाचारिता वैसा ही आदर्श है? मुझे लगता है कि रूढ़ियों के विरोध में चलं अतिवादिता पर चले गये हैं। व्यक्तिगत मोक्ष को छोड़कर भारतीय संस्कृति ने लौकिक जीवन में धर्म, अर्थ और काम के क्रमिक लक्ष्यों को आदर्श माना है। काम से पहले अर्थ का स्थान है और दोनों पर प्रथम धर्म का अनुशासन होना चाहिए। अर्थ की कठोर विषमताओं प्रेम स्थायी नहीं हो सकता। 'मैदान' की एक और कमी समाज-निरपेक्ष जीवन की अभिव्यक्ति है।

(आ) सामाजिक जीवन की गतिविधि से प्रत्यक्ष सम्बद्ध चलं का एकमात्र उपन्यास 'ब्रह्मणीकं' है जिसमें जीवन के परिवर्तन अत्यन्त स्वाभाविक हैं। अपनी सन्तान की प्राण रक्षा के लए सुन्दरम्मा अपने शील को भी खो देती है। जब पता चलता है कि नाथुडु डॉक्टर नहीं है, उसके तेजस्वी रूप से भयभीत वह पीछे हटते-हटते दीप की ज्वाला में जलकर मर जाता है। पता नहीं क्या हुआ है, सुन्दरम्मा अपनी सन्तान के ऊपर गिर पड़ी हुई है। "बाहर घायल नहीं है, अन्दर विष नहीं है। ब्राह्मण्य का अन्तिम माहात्म्य ब्राह्मणीकं है। इस कलियुग में सुन्दरम्मा के साथ समाप्त हुआ है। (इ) अनेक पुरुषों से एक साथ सम्बन्ध रखकर उस काम में प्रेम और शान्ति न पाकर अचानक अन्तर्ध्यान होने वाली अरुणा है। उपन्यास और नायिका दोनों विलक्षण हैं "सभी पुरुष स्त्री को काम के साधन के रूप में देखते हैं, किसी पुरुष से उसे सच्चा प्रेम नहीं मिला है। यही अरुणा के अन्तर्ध्यान का एक मात्र कारण नहीं है। नारी की रहस्यमयता, उसके समग्र स्वरूप एवं स्वभाव को समझने में पुरुष की सीमाएँ, लौकिक एवं ऐन्दिय से मन का ऊर्ध्वगामी प्रस्थान तथा चलं के अरुणाचलं की ओर गमन की व्यंजना—इन सब की प्रतीकात्मक अभिव्यंजना उपन्यास के अन्त में ध्वनित होती है। (ई) पंक में खिले हुए कमल की तरह अमीना के मलिन जीवन में चलं ने सौन्दर्य और कोमलता को भर दिया है। इस उपन्यास में लेखक ने काम-सम्बन्धों और लौकिक विषयों से ऊपर उठकर वास्तविक स्वेच्छा की ओर झुके हैं जिसकी प्रतीक अमीना है। उसमें कलात्मक अभिव्यंजना के साथ मनोवैज्ञानिक चेतना-प्रवाह की अभिव्यंजना-पद्धति भी बीच-बीच में परिलक्षित होती है। (उ) चलं के अन्तिम उपन्यास 'जीवितादर्श' में कामातुर पुरुष-पात्रों के स्थान पर आदर्श नायक देशिकाचारी की कल्पना की गयी है जो पहाड़ पर निवास करते हुए आत्मोन्नति, शान्ति और आनन्द पाने की साधना करता रहता है। यह चलं की अन्तिम आध्यात्मिक साधना का द्योतक है।

उपन्यास-कला : चलं के लिए उपन्यास एक साधनमात्र हैं जिनके द्वारा वे

भाव-विचारों को व्यक्त करना चाहते हैं। टेकनिक या शिल्प की दृष्टि से उन पर विचार करना व्यर्थ है। उनमें कलात्मक चेतना की अभिव्यक्ति न हुई हो, ऐसी बात नहीं है। भावों की सौन्दर्यात्मकता और समाज पर चोट करने वाली व्यंग्यात्मक वैचारिकता में कला का आकर्षण है। काम-प्रेम की व्यंजना में कोमलता है और विचारों के प्रतिपादन में ओजस्विता है।

बहुत छोटे आकार के इन उपन्यासों में कथानक के समतुल्य चर्चाएँ और आलोचनाएँ हैं। नायिकाएँ अपने काम के समर्थन में जो कहती हैं वह सब स्वयं लेखक का समर्थन या उसकी आलोचना है। एक 'ब्राह्मणीकं' को छोड़कर प्रायः अन्य उपन्यासों का कथनक समाज-निरपेक्ष है। जिस आकर्षण काम और प्रेम का प्रतिपादन हुआ है। उसमें यथार्थता, सजीवता और तीव्रता की अनुभूति अवश्य होती है। कथानक आरोह-अवरोह, घुमाव-फिराव या शिल्प क़े नये प्रयोग कम दिखाई देते हैं। उपन्यास का अन्त अवश्य मार्मिक होता है—प्रायः करुण स्थिति में। केवल 'अरुणा' में वह रहस्यात्मक है और "जीवितादर्श" में प्रशान्त। कथानक की तीन दिशाएँ हैं— काम के परितोष के लिए पति को छोड़कर प्रेमी के साथ भाग जाना, पति के अतिरिक्त दूसरे प्रेमी के साथ सम्बन्ध और एक साथ अनेक प्रेमियों के साथ सहवास। तीनों रूपों कवि ने रंग भरकर भावों को काव्यात्मक रूप दिया है। ऊपर प्रतीकात्मकता और चेतना-प्रवाह की ओर जो संकेत हैं वे केवल शिल्प की बातें न होकर भाव के प्रभाव और मार्मिकता को बढ़ाने के लिए हैं।

पुरुष-पात्रों के व्यक्तित्व में प्रौढ़ता नहीं है और चरित्र में कामातुरता है। ईर्ष्या, जलन, प्रतिहिंसा आदि अन्य भावनाएँ काम से ही सम्बद्ध है। एक 'जीवितादर्श' का नायक धीर प्रशान्त है। स्त्री-पात्रों का व्यक्तित्व तेजस्वी है, पर परिस्थितियों के कारण उनमें मानसिक दुर्बलता आ जाती है। परम्परागत नैतिक दृष्टि से उन पात्रों के चरित्र पर विचार करना व्यर्थ है। कोई नायिका अपने काम-प्रेम का समर्थन करती है तो कोई परिस्थितियों का शिकार होकर अपने शील को खो बैठती है। समाज से दूर रहने वाली नायिकाओं में बाह्य संघर्ष का कोई प्रश्न नहीं उठता। पारिवारिक और आर्थिक परिस्थितियों से संघर्ष करने वाली सुन्दरम्मा जैसी एकाध पात्र ही है। काम-प्रेम के सम्बन्धों में मानसिक द्वन्द्व अवश्य दिखाई देता है। 'मैदान' की राजेश्वरी गर्भस्राव तथा अमीर एवं मीरा के साथ प्रेम को लेकर दुविधा में पड़ जाती है—"ऐसा लगता है कि दो महासमुद्रों के बीच पतली रस्सी पर चल रही हूँ...।" उपन्यास और स्त्री-पात्रों के जीवन के अन्त को देखकर यह कहना उचित नहीं है कि यह सब उनके गलत काम या प्रेम के आदर्शों का दुष्परिणाम है और पात्र जीवन में असफल हो गयी हैं। शशिरेखा और पद्मावती आत्महत्या कर लेती हैं, राजेश्वरी जेल जाती है, सुन्दरम्मा मानसिक आघात से मर जाती है, लालसा पारिवारिक लौकिक जीवन से दूर हो जाती है तथा अरुणा अचानक

अन्तर्धान हो जाती है। ये सब जीवन-संघर्ष में हारे व्यक्ति नहीं हैं, बल्कि परिस्थितियों के या मानसिक असन्तोष के शिकार हैं। ये उनके जीवन के सहज परिणाम हैं।

लेखक ने उपन्यासों में ही नहीं, अपनी सर्जना की सभी विधाओं ऐसे जीवन्त संवादों का प्रयोग किया है कि मानो सजीव व्यक्ति बोल रहे हैं। भाषा-शैली के व्यावहारिक रूप की व्यंजकता का अनुवाद कविता के अनुवाद से भी कठिन है। गद्य-रचना की भाषा में ऐसी शक्तिमत्ता (फोर्स) लेखक के अपने भाव-विचारों में आत्मविश्वास (कन्विक्शन) के कारण है।

चलं के स्त्री-पात्र उनके विचारों के ही प्रतिबिम्ब हैं। उनके मन का अन्तर्विरोध उन पात्रों में भी है। उनकी दृष्टि भी स्त्री प्रेरक और चोदक शक्ति है। जीवन में उनके पात्रों की भूमिका भी वही है। चलं जीवन भर में आदर्श स्त्री का अन्वेषण करते रहे। उनके स्त्री पात्रों में स्वेच्छा और प्रेम के लिए विद्रोह के बावजूद वे काम के आकर्षण में फँस जाती हैं और चलं अपने आदर्श स्त्री की सृष्टि नहीं कर सके हैं। उनकी वेदना राधा की खोज नहीं कर पायी है।

4. कहानियाँ : चलं की करीब-करीब सौ प्रकाशित कहानियाँ हैं। उनके उपन्यासों से तुलना करने पर तीन बातें स्पष्ट हो जाती हैं–(1) उपन्यासों में आकर्षण, सेक्स और प्रेम की तीव्र अभिव्यंजना कहानियों में कुछ मन्द हो गयी हैं। (2) स्त्री के प्रति पारिवारिक और सामाजिक जीवन में अन्याय एवं उस पर अत्याचार की आलोचना में उतनी कटुता नहीं है। (3) वैसे चलं रचना में रूप-योजना और शिल्प की रमणीयता की अपेक्षा मन को झकझोर देने वाली भाव-व्यंजना को अधिक महत्त्व देते हैं, पर उपन्यासों की अपेक्षा छोटे आकार की कहानियों में शिल्प की कसावट कुछ अधिक दिखाई देती है। बहुत-सी कहानियाँ अपने भाव-विचारों के प्रचार की दृष्टि से लिखी गयी लगती हैं, लेकिन सहज कलात्मक चेतना से प्रेरित जीवन की विभिन्न संवेदनाओं की अभिव्यंजना का अभाव भी नहीं है। चलं की श्रेष्ठ कहानियों में कल्याणी, एक फूल खिल उठा (ओ पुव्वु पूसिंदि), सुशीला, उसका त्याग (आमे त्यागं), जलसी, उसके अधर (आमे पेदवुलु), नाथुडु लड़की (नाथुडु पिल्ल), शेषम्मा, मैंने क्या किया (नेनें चेसानु), जानकी, वह रात (आ रात्रि) हम्पी की कन्याएँ (हम्पी कन्यलु) आदि उल्लेखनीय हैं।

शिल्प की दृष्टि से चलं की कहानियों को आठ भागों में विभक्त कर सकते हैं–(1) जीवन के संघर्षों से दूर ऐकात्तिक आदर्श प्रेम का प्रतिपादन (कल्याणी, एक फूल खिल उठा), (2) आकर्षण, सेक्स और प्रेम का निरूपण (वह रात, अकेलापन-ओंटखिनं), (3) पारिवारिक जीवन और आकर्षण-प्रेम का संघर्ष (सुशीला, नाथुडु लड़की), (4) परिस्थितियों के कारण नैतिक पतन (रेड्डी रंगम्मा, भाग्य ऐस जल उठा–कर्ममिट्ला कालिन्दी) (5) संयोग (बेचान्स) सेलिंगिक सम्बन्ध (सीता की माँ–सीत बल्लि, विकास ही नहीं हुआ–एदगने लेदु) (6) विलक्षण मानसिक स्थिति और उन्माद

(पत्नी-भार्य, शेषम्मा) (7) टेकनिक या कथानक के मोड़ में चमत्कार (क्या धोखा दिया–मोसं चेसिंदा?) (8) सामाजिक और पारिवारिक विभिन्न सन्दर्भों के अनुसार सन्निवेशों की योजना में अलग-अलग तन्त्रों का प्रयोग। यह कथानक का वर्गीकरण न होकर उसके आधारभूत मूल तत्त्वों की ओर संकेत हैं जिस पर कहानी का शिल्प-संयोजन हुआ है। कहानियों में भी पुरुष-पात्रों के व्यक्तित्व और चरित्र में कोई विशेष आकर्षण नहीं है। स्त्री पात्रों में उपन्यासों की तुलना में ओजस्वी व्यक्तित्व, स्वेच्छा के आग्रह की तीव्रता और अहं (इगो) की प्रबलता कम दिखाई देती हैं। सफल कलात्मक कहानियों में सन्दर्भ और पात्र के अनुरूप संवादों और भाषा-शैली का मार्मिक प्रयोग दिखाई देता है।

चलं की कहानियों में दो-तीन बातें विशेष ध्यान देने योग्य हैं। वे उपन्यासों की तरह समाज-निरपेक्ष नहीं हैं। बहुत-सी कहानियों में सामाजिक और पारिवारिक संघर्ष और उन संस्थाओं के द्वारा स्त्री पर अत्याचार की अभिव्यक्ति है। स्त्रियों का शारीरिक एवं मानसिक उत्पीड़न ही नहीं, बल प्रयोग और मान भंग की गाथाएँ भी हैं। राजनीतिक आन्दोलनों से दूर चलं ने सत्याग्रह, दलित और धार्मिक समस्याओं को कथानक या पृष्ठभूमि के रूप में ग्रहण करके पाँच कहानियाँ लिखी हैं–सुशीला दलित समस्या (हरिजन समस्या), दलित लड़की (मादिग अम्मायि) और हिन्दू-मुसलमान।

कहानी के क्षेत्र में चलं के योगदान को समझने के लिए उनके कुछ विशिष्ट कहानियों पर विचार करेंगे। 'कल्याणी' के कण्ठस्वर के माधुर्य से अभिभूत सिनेमा वालों, रेडियो वालों और प्रशंसकों से बचने के लिए वह दोरैकन्नु के साथ एक निर्जन नदी के द्वीप में निवास करने लगती है जहाँ प्राकृतिक सौन्दर्य, प्रेम और कला का अद्भुत सम्मेलन है। साधारण लौकिक जीवन बिताने वाला आनन्द उस अपूर्व अनुभूति को समझ नहीं पाता और अपने यौवन काल के भावात्मक गीतों के लिए पचास हजार पाकर सन्तुष्ट है। लेकिन दोरैकन्नु के शब्दों में "हमारे मिलने से मानव के लिए असाध्य आनन्द को प्राप्त किया है। सारा समय एक आलोक होकर मेघों की तरह अपने में गला लिया है। (2) 'एक फूल खिल उठा' प्रतीकात्मक रूप में जन्म से लेकर यौवन की सफलता तक नारी जीवन की कहानी है। वह कहानी नहीं, उसके रूप में कविता है जो फूल और नारी के रूप की विभिन्न छायाओं, सूक्ष्म भावनाओं, गहरी अनुभूतियों तथा उन सब के मर्मस्पर्शी प्रभाव को व्यक्त करती है–कान्ति, कान्ति, सारे संसार में कान्ति, पूरे आसमान को आनन्द से भरती कान्ति, लहरों की तरह कान्ति उमड़ गिर पड़ रही है जगत पर।....कली की उस हँसी ने धूप को कान्ति दी है। उस मादकता से, उस माधुर्य से आसमान को आनन्द से भरती कान्ति, लहरों की तरह कान्ति उमड़ गिर पड़ रही है जगत पर।....कली की उस हँसी ने धूप को कान्ति दी है। उस मादकता से, उस माधुर्य से आसमान को नीचे उतर आना है न! (3) 'सुशीला' के दाम्पत्य-जीवन में पति नारायणप्पा के सात्त्विक अनुराग और विश्वास के बीच सुलेमान

के साथ तूफानी प्रेम-सम्बन्ध, सत्याग्रह करके जेल से मरणासन्न अस्थिपंजर के रूप में पति को देखकर आत्मसंघर्ष में सुशीला के वचन तूफान के बाद प्रशान्त जीवन-सागर का स्मरण दिलाते हैं। सुलेमान से कहती है कि यह "तुम पर प्रेम की तरह नहीं है। यह भक्ति से मिला प्रेम है कि उन पैरों की धूल सिर पर डालने योग्य नहीं हूँ। पति से कहती है कि यदि मैं ही पवित्र होकर आपकी सेवा करने योग्य होती, इस चिन्ता को छोड़कर और कोई चिन्ता नहीं है।"(4) समाज में प्रचलित नैतिक मानवीय मूल्यों और सच्चे मानवतावादी मूल्यों के अन्तर और दूसरे की महानता को व्यक्त करने वाली कहानी "उस (स्त्री) का त्याग है। (5) इस गम्भीरता से कुछ नीचे उतरकर टेकनिक पर आधारित हल्के प्रसंगों को देख लें। हे (ओरेय—एकवचन में सम्बोधन) वेंकटाचलं" कहानी में एक प्रौढ़ व्यक्ति रेलयात्रा में किसी दूसरे को लेखक चलं समझकर फटकारता है कि काम सम्बन्धी यह क्यों बकवास लिख रहे हो। आजकल के लड़के और लड़कियाँ 'बतरस' को छोड़कर वास्तविक काम (कर्म) क्या समझते हैं? (6) 'धोखा दिया क्या?' कहानी में हनुमन्तराव ललिता का प्रेम पाने में असफल होकर विरागी हो जाता है। उसका मित्र, लेखक ललिता से मिलकर, उसके आकृष्ट होकर अपनी ओर कर लेने के लिए पाप-पुण्यों को मानवकल्पित और स्त्री-पुरुषों के आकर्षण को स्वाभाविक कहता है। ललिता सोचकर दूसरे दिन उसके प्रेम-प्रस्ताव का उत्तर देने का वादा करती है जिससे वह विशेष प्रसन्न हो जाता है। सबेरे उसे हनुमन्तराव का धन्यवाद का पत्र मिलता है कि तुम्हारे समझाने से मेरी सुन्दरी ललिता मेरे साथ चले आने के लिए तैयार हो गयी है और हम चले जा रहे हैं। लेखक ने ललिता की निगूढ़ शब्दों का दूसरा अर्थ कर लिया था। क्या उसने धोखा दिया है? (7) चलं के स्त्री-पात्रों में काम और अहं की प्रबलता दिखाई देते हैं। कम सहज वृत्ति (इंसिटिंक्ट) है जो व्यक्ति के अनुसार न्यूनाधिक क्रियाशील रहती है। अहं व्यक्तित्व में आत्मविश्वास के साथ विकसित भाव है। यह व्यक्तित्व की प्रौढ़ता या उसके विकास के अनुसार होता है। इन दोनों को फ्रायड के लिबिडो और इगो के साथ जोड़ा भी जा सकता है, लेकिन वे मनोविश्लेषण के अनुसार अचेतन मन के अंग हैं। चलं ने सामाजिक स्तर पर व्यक्त मन क्रियाशील दिखाया है, विशेषतः उपन्यास-साहित्य में। 'वह रात' कहानी में राजय्या का माँ बेटी के साथ लैंगिक सम्बन्ध, 'जानकी' में विवाह-बन्धन और प्रेम का संघर्ष तथा 'पत्नी' (भार्या) में रुक्मिणी में कामेच्छा का अभाव और उसके प्रति घृणा—लौकिक जीवन और मन की प्रतिक्रियाएँ हैं। (8) अतृप्त काम से पागल-सा होकर 'शेषम्मा' का सबको गाली-गलौज़ देकर अपने और पराये लोगों के जीवन और मन को अशान्त करने के मूल में अचेतन में अव्यक्त काम-वासना का अनुदात्त रूपान्तरण हो सकता है। (9) 'चाँदनी के बगीचे' (वेन्नल तोटलु) के गाँव के पटेल के घर, रात की चाँदनी में दूर से आती हुई उस स्त्री को देखकर श्रीधर राव के मन में बचपन, यौवन और प्रौढ़ावस्था के तीन स्वप्नों

का स्मरण होता है तथा उसे बिना लौकिक जीवन का वैभव और पारिवारिक जीवन निस्सार लगता है। उसकी सहजवृत्ति कहती है कि जीवन में महान परिवर्तन होने वाला है। अचेतन मन के संस्कारों की स्वप्नों में अभिव्यक्ति और सहज वृत्तियों के अन्तर्ज्ञान को जोड़कर दो मनोविश्लेषणात्मक प्रवृत्तियों के आधार पर कहानी रची गई है।

चलं की कहानियाँ प्रधानतः काम सम्बन्धी होने पर भी उनमें पर्याप्त वैविध्य है। कुछ कहानियों में मानस-विश्लेषण की गहराई है तो कुछ इनी-गिनी कहानियों में कलात्मक चेतना का अपूर्व उन्मेष है।

5. नाटक : कथा-साहित्य की तरह नाट्य-साहित्य में सामाजिक मान्यताओं एवं परम्पराओं का विरोध तथा विद्रोह की भावना उतने तीव्र रूप में नहीं है। प्रकथनात्मक शैली में लेखक अभीष्ट रूप में अपने विचारों को प्रत्यक्ष कह सकता है। संवादात्मक शैली में लेखक का उद्देश्य केवल अप्रत्यक्ष रूप में व्यंजित हो सकता है और वह भी संवादों की सुसम्बद्धता और उनके द्वारा कथानक के विकास को ध्यान में रखकर। चलं के नौ नाटक हैं। उनमें 'विडाकुलु' (तलाक), 'मंगम्म' 'त्यागं' 'पद्मराति' और मृत्युवु सामाजिक नाटक हैं। इनमें नाटकीय अंश जीवन की नग्न यथार्थता की अभिव्यक्ति। भारतीय या पाश्चात्य नाटक-कला की दृष्टि सामान्य है। स्त्री के व्यक्तित्व, स्वेच्छा, विवाह-बन्धन, तलाक, काम-प्रेम के लिए त्याग आदि विषयों को लेकर समस्या—नाटक की तरह तर्क-वितर्क होता है। 'पुरूरव' और 'शशांक' पौराणिक नाटक हैं। पहले में सौन्दर्य और प्रेम की तथा दूसरे में तरा एवं शशांक के विवाह-बन्धन-रहित प्रणय लीला की अभिव्यंजना है। जयदेव में इतिहास, भक्ति और उदात्त प्रेम की अपेक्षा शृंगार की ही व्यंजना है। 'चित्रांगि' ऐतिहासिक पुरुष राजराजचोल को लेकर प्रचलित लोककथा नाटकीय रूप का है जिस कथा को लेकर पहले भी नाटक लिखे गये।

चलं के नाटक न भारतीय विधान के अनुरूप हैं और न उनमें पाश्चात्य ढाँचे का अनुसरण किया गया है। लेखक जब अपने अभीष्ट लक्ष्य की पूर्ति के लिए नाटक की रचना करता है, उसका रूप-विधान उस लक्ष्य के अनुरूप स्वतन्त्र रूप ग्रहण करता है। भारतीय नाटक में काव्य की तरह रस साध्य है और कथानक साधन है। इसलिए कथानक के विकास में फल की प्राप्ति की आशा बनी रहती है। कथानक इस रूप में न रहने पर भी पुरूरव नाटक को व्यापक अर्थ में रस प्रधान कह सकते हैं। पाश्चात्य नाटक जीवन का यथार्थ प्रतिबिम्ब है जिसका कथानक चरमसीमा पर पहुँचकर सुखान्त या दुखान्त होता है। कथानक में कार्य, संघर्ष और अन्तर्द्वन्द्व प्रधान तत्त्व हैं। चलं के नाटक सुखान्त और दुखान्त दोनों रूपों में है, लेकिन सामाजिक दृष्टि के साथ विरोध और उसके प्रति विद्रोह के कारण अन्तर्वाहिनी के रूप में वेदना की अनुभूति दोनों प्रकार के नाटकों में होती है। सौन्दर्य और प्रेम के आदर्श रूप का अन्वेषण भी इस वेदना का एक कारण है जैसे पुरूरव, जयदेव आदि में। विद्रोही नाटकीय पात्रों के जीवन

में क्रियाशीलता और संघर्ष का अभाव नहीं हो सकता। लेकिन जीवन के प्रति लेखक के निषेधात्मक दृष्टिकोण के कारण पाठकों में उनकी प्रतिक्रिया सदा अनुकूल नहीं होती। विद्रोह में अन्तर्द्वन्द्व का प्रश्न ही नहीं उठता। पुरूरव, जयदेव आदि सौन्दर्य और प्रेम के अन्वेषकों में यथार्थ और आदर्श को लेकर या प्रेम और कर्त्तव्य को लेकर कुछ मानसिक द्वन्द्व दिखाई देता है। कथानक का विकास; कार्य, संघर्ष और द्वन्द्व को लेकर लक्ष्य की ओर अग्रसर होता है। उसमें चढ़ाव और उतार का प्रश्न नहीं उठता। कथानक के माध्यम से पात्रों के चरित्रोन्मीलन की अपेक्षा उनके व्यक्तित्व की दृढ़ता या दुर्बलता की अभिव्यंजना पर लेखक ने अधिक ध्यान दिया है। काव्यात्मक नाटकों में संवाद माधुर्य और कल्पना की क्रियाशीलता से अत्यन्त सजीव एवं आकर्षक हैं। अन्य नाटकों में संवाद, घटना या क्रिया के पक्ष-विपक्ष में तर्क-वितर्क से ओजस्वी हैं। सामाजिक एवं पौराणिक या यथार्थोन्मुख—काव्यात्मक प्रवृत्ति में पात्रों के स्वभाव के अनुरूप भाषा का औचित्यपूर्ण प्रयोग हुआ है। सामाजिक मान्यताओं के विरुद्ध विद्रोह के कारण आम सामाजिक प्रेक्षकों के लिए इन नाटकों का मंचन सफल नहीं हो सकता। सीमित, शिक्षित और सहृदयों के लिए ही उनका अभिनव विशेष रस-संचार करने वाला है, विशेषतः पुरूरव, चित्रांगी आदि।

कलात्मक दृष्टि से चलं के दो श्रेष्ठ नाटकों के रचनाविधान का विश्लेषण करें। 'चित्रांगी' अशोक की छोटी रानी तिष्यरक्षिता की कथा का प्रतिरूप है। दोनों की मूल प्रेरणा नारी की सहजवृत्ति काम की क्रियाशीलता है। नाटक अन्य विधाओं से भिन्न जीवन के मूलभूत तत्त्वों पर आधारित होता है। लोककथा के अनुसार राजराज नरेन्द्र की छोटी रानी चित्रांगी अपने सौतेले पुत्र सारंगधर की ओर आकृष्ट होती है, उसके तिरस्कार पर बदला लेने के लिए राजा से सारंगधर के द्वारा अपने बलात्कार की शिकायत करती है तथा उस अपराध के लिए सारंगधर के हाथ-पैरों का खण्डन होता है। कथा के एक रूपान्तर में एक सिद्ध खण्डित हाथ-पैरों को जोड़कर जीवित करता है और सारंगधर सिद्ध-सम्प्रदाय में दीक्षित हो जाता है। इस काम-केन्द्रित कथा को नाटककार ने प्रेम कथा का आदर्श रूप दिया है और उसमें आवश्यक नाटकीय तत्त्वों का संयोजन किया है। कथानक को पाँच भागों में विभक्त कर सकते हैं—(1) चित्रांगी और और सारंगधर का प्रेम एवं हास-परिहास तथा विवाह का निर्णय, (2) चित्रांगी और उसके चचेरे भाई के द्वारा अपमानित राजराज नरेन्द्र के अन्तरंग सलाहकार जगन्नाथ षड्यन्त्र करके राजा के साथ विवाह के लिए विवश करना, (3) सारंगधर, उसकी माता रत्नांगी और चित्रांगी के चचेरे भाई सुबुद्धि की वेदना, (4) इस प्रतिहिंसा से भी सन्तुष्ट न होकर जगन्नाथ की पत्र-सृष्टि जिसमें चित्रांगी सारंगधर से मिलने के लिए अनुरोध करती है और दोनों रानी के निवास में मिलते हैं तथा (5) उस अपराध के लिए सारंगधर के हाथ-पैरों का खण्डन और उसी स्थल पर जाकर चित्रांगी की आत्महत्या। घटनाओं और सन्निवेशों की

द्रुतगति से कथानक का विकास ही नहीं होता, वह पात्रों की मानसिक चेतना और उनके भाव-विचारों को भी प्रभावित करती है। सारंगधर, उसकी माता रत्नांगी और सुबुद्धि वेदना-व्याकुल हैं और राजराज नरेन्द्र जगन्नाथ की सलाहों से संशयग्रस्त है। वेदना के बावजूद एक चित्रांगी ही अपना मानसिक सन्तुलन बनाये रखती है। परिस्थितियों के साथ पात्रों के संघर्ष के अतिरिक्त सुबुद्धि और जगन्नाथ के विरोधी द्वन्द्व में पहला दूसरे की हत्या कर देता है। प्रेम और पितृवाक्य-पालन को लेकर मानसिक अन्तर्द्वन्द्व केवल सारंगधर में है। विवाह के बाद चित्रांगी सारंगधर से सीधे प्रश्न करती है कि क्या तुम अपने पिता की हत्या करके राजा बनकर मुझे रानी बना सकते हो? या मैं राजा की हत्या कर दूँ हो मुझे स्वीकार करके रानी बनाओगे? दोनों स्थितियों का सामना करने के लिए वह तैयार नहीं है। पात्रों में चित्रांगी का व्यक्तित्व तेजस्वी और चरित्र में दृढ़ता है; सारंगधर के व्यक्तित्व और चरित्र दोनों में दुर्बलता है; सुबुद्धि के व्यक्तित्व में दृढ़ संकल्प और चरित्र कर्मवीर का है, जगन्नाथ के व्यक्तित्व और चरित्र में कुटिलता एवं कार्य कुशलता है, राजराज नरेन्द्र में दूसरों की सलाह पर विश्वास करने की दुर्बलता के कारण उसके व्यक्तित्व और चरित्र में राजोचित ओजस्विता नहीं है तथा रत्नांगी सह धर्मचारिणी पत्नी, वात्सल्यमयी माया और वेदनाव्याकुल नारी है। लेखक ने कामान्ध चित्रांगी के परम्परागत रूप को प्रेम और त्याग का मूर्त आदर्श नारी ही नहीं, अपनी तेजस्विता से सब को प्रभावित करने वाली बनाया है। लोककथाओं में बदला लेने वाली चित्रांगी निर्दोष और प्रेम के लिए आत्मबलिदान करने वाली आदर्श रूप में प्रस्तुत की गयी है। जीवन को ट्राजडी बनाने वाले तीन कारण हैं—परिस्थितियाँ, अहं एवं महत्त्वाकांक्षा तथा मानसिक दुर्बलता। सारंगधर की मानसिक दुर्बलता, व्यक्तित्व एवं चरित्र में अस्मिता (या आत्मसामर्थ्य) का अभाव तथा झुकने की नम्रता के कारण उसका और उससे सम्बन्धित लोगों का जीवन दुखान्त हो गया है। ओजपूर्ण संवादों के बीच में चित्रांगी के विविध के प्रकार के प्रेम एवं आत्मीयतापूर्ण सम्बोधन, सारंगधर के प्रति उसकी भावना को व्यक्त ही नहीं करते, अपूर्व आकर्षण से भरे भी हैं।

नाटक का मूल उद्देश्य प्रेम और विवाह का संघर्ष है जिसमें दूसरे पर पहले की विजय होती है। चित्रांगी कहती है—"एक बार पूरे मन से प्रेम करने के बाद दूसरों की पत्नी कैसे हो सकती?...क्या उस ब्राह्मण के मन्त्रों ने मुझे दूसरे का बनाया है? उतने शक्तिशाली मन्त्र मेरे मन को क्यों नहीं बदले हैं?" "सारंग! मैं तुम्हारी हूँ। मन, शरीर, आत्मा सभी तुम्हारे हैं। तुम मना करते हो तो तब अकेलापन ही मेरा पति है।" इस प्रेम के विरोध में लौकिक दृष्टि से सारंगधर के विचार हैं—"जब कहना है कि तुम मेरी हो, यह बात गुप्त रूप से कहना पड़ता है जिससे कोई न सुने। निर्भय होकर स्वेच्छा से मिलने में आनन्द है, इस डरते-डरते चोरी से मिलने में प्रेम की क्या अनुभूति है?" "चित्रा! तुम मेरी नहीं हो, अब इस संसार में मेरी नहीं हो। वे मन्त्र, समाज और धर्म ने

तुम्हें दूसरों की बनाया है। तुम ये सब भूल सकते हो। प्रेम में मेरा स्वभाव उतना उदार नहीं है। मैं भूल नहीं सकता कि मैं जो कर रहा हूँ वह पाप है।" इसके उत्तर में चित्रांगी का कथन भी ध्यातव्य है–"तुम पुरुष हो। स्त्री के लिए प्रेम के अलावा और कोई जीवन नहीं है। तुम्हारे लिए राज, विजय की अभिलाषा, देश का शासन तथा आगे विवाह और सन्तान हैं। मेरे लिए? तुम्हें छोड़कर और कोई संसार नहीं है।" सारंगधर के मन में प्रेम और धर्म का संघर्ष है, उसका प्रेम लौकिक धर्म एवं पाप के विचार से ऊपर उठा नहीं है। इसके विपरीत चित्रांगी की दृष्टि में प्रेम लौकिक धर्म और नियमों से परे जीवन का सर्वोच्च मूल्य है। इस सन्दर्भ में नाटक के प्रतिपाद्य, उच्चतम प्रेम के स्वरूप को समझना आवश्यक है। प्रेम में सभी बाधाओं को पार कर जाने वाले चित्रांगी के व्यक्तित्व के सम्बन्ध में सुबुद्धि का कहना है कि प्रेम की मधुर बातें करने वाले सारंगधर क्या जानता है? "उसके अभीष्ट के विरुद्ध कुछ कहकर खड़े रहोगे तो पता चलेगा कि वह लज्जा और अबोधपन कहाँ चले जाते हैं। रामायण में नाटकी उससे अच्छी है!" प्रखर व्यक्तित्व और सौन्दर्य, प्रेम के आधारभूत तत्त्व हैं। सांरगधर कहता है कि "मुझे ऐसा लगता है कि इस धूप में तुम्हारा सौन्दर्य मिल जाता है। तब सौन्दर्य को छोड़कर तुम नहीं रहोगे न?" अब प्रेम सम्बन्धी विभिन्न भाव-विचार देखें। चित्रांगी : "जीते जी, यह ज़मीन और आसमान भी हमें अलग नहीं कर सकते!" "मेरा प्रेम कहीं नहीं जाता। तुम पर से कहीं नहीं जाता। मेरे हजार विवाह हों, हजार वर्ष अलग रहें, मेरा प्रेम छूटता नहीं। कभी तुम मुझे छोड़ सकते हो, लेकिन मैं कभी तुम्हें नहीं छोड़ूँगी।" "सारंग! स्त्रियों की बात ही ऐसी है, एक बार प्रेम करती हैं तो बस ऐसा ही है। और किसी के लिए हमारे हृदयों में स्थान नहीं है।" "सारंग! तुम्हें समर्पित इस शरीर को आग को छोड़कर और कोई छू नहीं सकता। जिस गर्दन को तुमने छुआ है और कोई उसे छूकर जीवित रह सकता!" "पुरुष स्त्री को केवल प्रेम देता है, स्त्री अपना सारा जीवन ही दे देती है।" चित्रांगी के ये कथन उसके प्रेम को ही नहीं, नारी मात्र के प्रेम को व्यक्त करते हैं। स्पष्ट ही यह प्रेम लौकिक और ऐन्द्रिय है, लेखक के इन्द्रियातीत प्रेम के रहस्य का अन्वेषण नहीं है।

पुरूरव काव्यात्मक नाटक है जिसमें सौन्दर्य और प्रेम सम्बन्धी धारणाओं की भावनाशील एवं कल्पनाशील अभिव्यक्ति हुई है। वह संवादात्मक काव्य मात्र नहीं है क्योंकि रचना में सौन्दर्य और प्रेम को लेकर अन्तर्मंथन हुआ है जो नाटकीय तत्त्व है। नाटक में इतिवृत्त और कार्य का अभाव नाटकीय अभाव है। सूक्ष्म रूप में संघर्ष की ओर संकेत है। अपनी उपेक्षा से वेदना में पहले की प्रियतमा छोटी रानी मृणालिनी मर जाती है तो पुरुरव के मन में प्रेम और पारिवारिक कर्त्तव्य का संघर्ष होता है। प्रशासन का कार्य न सँभालने से पुरुरव का मित्र आदित्य और प्रजा उर्वशी को छोड़ देने की आवाज़ उठाती है तथा पुरूरव प्रेम के बन्धन से मुक्त होकर राजधर्म के पालन की ओर उन्मुख

होता है। प्रेम से लौकिक धर्म को अधिक महत्त्व मिलने के कारण उर्वशी का अन्तर्धान हो जाता है। सूच्य घटनाओं को छोड़कर नाटक की कथा में केवल तीन बातें हैं—शापग्रस्त उर्वशी का रहस्यमय रूप में भू पर अवतरण एवं संयोग, लौकिक धर्म प्रधान होने अन्तर्धान एवं वियोग तथा अन्त में कई वर्षों के बाद पुरूरव की विरह-वेदना में प्रेम-साधना पूर्ण होने पर पुनर्मिलन का आश्वासन देना। इस नाम मात्र की कथा में पुरूरव का प्रेम, अनेक शंकाओं, अन्तर्द्वन्द्व और मोड़ों में प्रस्तुत की गयी है तथा उर्वशी उसे प्रेम के आदर्श रूप को समझाती रहती है। आगे उस प्रेम का विश्लेषण प्रस्तुत है।

पुरूरव देवलोकों में भी विख्यात वीर, रूपवान और उन्नत आत्मा है। देवलोक की सदा यौवन-भरी उर्वशी की ऐसी लावण्यमयी तेजस्विता है जिसकी स्वप्नों में भी मनुष्य कल्पना नहीं कर सकता। प्रेम का आधार सौन्दर्य है। पुरूरव की दृष्टि में उर्वशी का सौन्दर्य "तुम्हारा शरीर सदा गतिशील जल पर आलोक की छायाओं की तरह रूप बदलता दिखाई देता है। कुछ पहले नाच रही हो तो मेरे नेत्र निर्णय नहीं कर पाये हैं कि वह आलोक ही कम्पित हो रहा है या तुम्हारा सुन्दर शरीर गतिशील है।..." लेकिन उर्वशी कहती है कि इस गोचर "आकार से मैं अलग हूँ, यदि तुम मेरी असली वास्तविक तेजस्विता को देख पाते तो?" शरीर में सौन्दर्य के उन्मेष से उत्पन्न आकर्षण काम मात्र है जो "सृष्टि शक्ति के साथ शरीर को हाथों में लेकर दबाकर, पीकर, आँखों में रक्त के विजृंभण के साथ मन को आच्छादित कर देता है।" सौन्दर्य की "तीव्र अनुभूति में दो शरीरों का ही नहीं, सृष्टि ही सृष्टि के साथ सम्मिलित हो जाती है। करोड़ों जीवों का आनन्द अकेले अपने में ही अनुभव कर पाते हो। सौन्दर्य और प्रेम की अनुभूति में अनेक लौकिक बाधाएँ हैं। उर्वशी पुरूरव से कहती है "इन कपड़ों और आभूषणों के साथ अपने अहंकार भी वहीं छोड़कर आओ।" "मुझ से (सौन्दर्य-प्रेम से) इस संसार में कोई, कोई धर्म, कोई आसक्ति तुम्हारे में अधिक महत्त्व का नहीं होनी चाहिए। लौकिक जीवन में भय, रोग और मृत्यु के कारण भी मनुष्य प्रेम का अलौकिक आनन्द नहीं पाता। सौन्दर्य और प्रेम की प्रतीक उर्वशी पुरूरव से प्रेम में अद्वैत अनुभूति के रहस्य का उद्घाटन करती है।" "अब मैं ही तुम्हारे लिए हूँ। तुम्हारा, तुम्हारा समय, तुम्हारी नीति और तुम्हारी आत्मा में ही हूँ।" "मुझे क्या समक्ष रहे हो? प्रेम मूर्तिमान होकर तुम्हारी रीति-नीतियों में आया है। मुझसे अपना अलगपन दूर करके मुझे अपने आप दे सकते।...क्योंकि तुम्हारे मन से एक होने की शक्ति मेरे मन को है, तुम्हारे देह से ही नहीं।" "मैं ही तुम्हारा संसार हूँ। मैं ही तुम्हारा अन्वेषण हूँ। मुझसे ही तुम्हें समस्त सृष्टि के रहस्यों का बोध होना है।" उर्वशी अनेक कोणों से प्रेममय जीवन का आख्यान करती है और पुरूरव को जीवन के अर्थ, प्रेम के प्रभाव और उसके द्वारा जीवन के नये विकास की ओर संकेत करती है।" "जब मैं तुम्हारे अन्दर के अगाध अन्तर को स्पष्ट करती हूँ तो तुम्हें लगेगा कि अब तक तुम जिये ही नहीं हो।" "मैं तुम्हें प्रेम में लालन

करने के लिए नहीं, तुम्हें जलाकर, गलाकर, शुभ्र करके देवत्व देने शापग्रस्त होकर आया हूँ।" "इस संसार में तुम्हें मेरे अतिरिक्त ऐश्वर्य, आनन्द और तृप्ति क्या है?" "व्यापक रूप में उन्नति करने पर सब समझ सकते हो। समझने का अर्थ क्या है? अनुभव की पात्रता प्राप्त करना है।" "जीवन का अर्थ है हर पग पर गति है। गति का अर्थ त्याग है; आगे बढ़ते मार्ग में निरन्तर पहले को छोड़ते जाना है। उसमें भी प्रेम के जीवन का अर्थ बहुत तीव्र गति है। क्षण-क्षण तीव्र परित्याग है।" "देखो यह चाँदनी, वह गीत और तुम्हें घेरकर मेरे हाथ। इनमें प्रश्न और वाणी के बिना खेड़े न हो सकना कितना दुर्भाग्य है! आओ, पास आओ, तुम बड़े भाग्यशाली हो। तुम्हारा राज्य नहीं, तुम्हारा ऐश्वर्य नहीं, आखिर मैं भी नहीं—इसका कारण है। तुम्हारी आँखें बन्द करके मेरे अन्दर में से खिलाकर इस विश्व के रहस्य में आँखें खोल देती हूँ।" उर्वशी कहती है कि प्रेम में पूर्ण आत्मसमर्पण अनिवार्य है—"प्रेम के लिए अपने को और अपने ऐश्वर्य को समर्पित करना पर्याप्त नहीं है। अपनी स्वेच्छा को, अपनी बाहरी स्वेच्छा को नहीं; अपनी आत्मा की स्वेच्छा को, अपने क्रोध को, धर्म को अभीष्ट को, कर्त्तव्य को समर्पित करो।" इस प्रेम में पुरूरव अनुभव करता है कि "जीवन का अनुभव अनन्त है, निरन्तर सुन्दर यात्रा है, कभी भी अन्तरहित आनन्द का अनुभव है।" "क्या अनुभव प्राप्त किया है! माधुर्य, शृंगार और आनन्द ने तुम्हारे शरीर से अलग होकर, किसी सहायता के बिना, उनके निज स्वरूप के साथ मुझमें नाचकर समुद्र की लहरों की तरह डुबो दिया है। तुम मेरे हाथों में नहीं हो। मैं इस शरीर से बँधा नहीं हूँ। ऐसा लगा है कि तुम भी दस पृथ्वी और आकाश की तरह सारे अवकाश में भरकर मुझ से मिलकर अनुभव प्राप्त किया है। चारों ओर महान आलोक है। पर वह आलोक नहीं है। आलोक से हमें प्राप्त होने वाला अनुभव है।" लेखक की दृष्टि में सौन्दर्य और प्रेम का निरन्तर अन्वेषण होता रहता है। उस अन्वेषण में वेदना है और उस वेदना में मन अभीष्ट के लिए व्याकुल पुकारता रहता है। उर्वशी ने अपने आत्म नाथ के लिए दिशाएँ निःशब्द प्रतिध्वनित करने वाले अन्वेषण के परिणामस्वरूप पुरूरव से मिल पायी है। वह वियोग में पुरूरव से कहती है कि इस व्यथा और अशान्ति में उर्वशी को पुकारते रहो जिससे दिशाएँ प्रतिध्वनित हों। "मैं तुम्हारी प्रतीक्षा करूँगी। मैं व्यापक सत्य हूँ, तुम्हारी हूँ। तुम्हारा जीवन एक क्षण है। उर्वशी के साथ अनुभव अनन्त है।" "सौन्दर्य प्रेम और वेदना की यह कलाकृति पाठक के लिए रमणीय काव्य है; उन्हें गोचर रूप में प्रत्यक्ष कर लेने वाले सहृदय के लिए नाटक है। नाटक के मंथन के लिए सात्त्विक और ओजस्वी भावों का कुशल अभिनय करने वाले नट चाहिए।"

6. एकांकी : चलं के कुल सैंतीस एकांकी नाटक हैं जिनमें 27 सामाजिक हैं और 10 पौराणिक हैं। सामाजिक एकांकियों की वस्तु के अन्तर्गत सामाजिक जीवन के अनेक पहलुओं और समस्याओं की अभिव्यक्ति हुई है—जैसे स्त्री का व्यक्तित्व, अपने

जीवन के सम्बन्ध में स्वतन्त्र निर्णय लेने का अधिकार, समाज के द्वारा स्त्री को शोषण-दमन, सामाजिक अन्याय और अनैतिकता, समाज का कलुषित-कुत्सित दृष्टिकोण आदि। स्पष्ट ही लेखक ने, जीवन और समाज के स्वस्थ एवं उच्चतर मूल्यों की अपेक्षा, उनके विधायक पक्ष को छोड़कर अवमूल्यों के निषेधात्मक पर ज्यादा ध्यान केन्द्रित किया है। यह भी ध्यान देने की बात है कि काम-सम्बन्धों की ओर संकेत होने पर भी एकांकियों में कथा-साहित्य की तरह काम का आकर्षण केन्द्रबिन्दु नहीं है और न उसका विशेष विस्तार है। पौराणिक एकांकियों में चार बातों की ओर ध्यान आकृष्ट होता है—परम्परागत आदर्श पात्रों में चारित्रिक दोषों का निरूपण, प्रतिद्वन्द्वी एवं उपेक्षित पात्रों की महानता की अभिव्यक्ति, पौराणिक कथाओं की हास्यास्पद रूप में प्रस्तुति तथा उन्हें नये आधुनिक रूप में ढालने की प्रवृत्ति है।

एकांकी कला की दृष्टि से चल की रचनाओं में कार्य या घटनाओं की अन्विति और कथानक का संक्षिप्त रूप में केन्द्रीकरण अवश्य मिलते हैं। लेकिन सावित्री, सत्यं आदि में वस्तु का विस्तार अनेक दृश्यों में विभक्त होकर एकांकी के एक अंक और एक दृश्य की परिधि तक सीमित नहीं है। अनेक दृश्यों में वस्तु के इस विस्तार के कारण तेलुगु में उन्हें नाटिका की संज्ञा दी गयी है। संस्कृत में तीन अंकों के उपरूपक नाटिका तेलुगु नाटिका से बिल्कुल भिन्न है। वह एकांकी का ही रूपान्तर है जिसमें वस्तु का अधिक प्रसार दिखाई देता है। कभी-कभी दृश्यों में विभाजित न होने पर वस्तु का नाटिका के समान विस्तार मिलता है। जैसे शिवं में। नाटककार अपने प्रतिपाद्य और लक्ष्य के अनुसार एकांकी को बड़ा या छोटा रूप देता है तथा कभी वस्तु के प्रसार और उसकी गतिविधि के अनुरूप दृश्य-विभाजन करता है। लेकिन अन्विति और केन्द्रीकरण एकांकी के अनिवार्य धर्म हैं। सावित्री की मूल कथा में नाटकोचित व्यापकता है लेकिन चलं ने उसे एकांकी बड़ी नाटिका के आकार में समेटकर अपने कला-कौशल को प्रकट किया है। लेखक ने अपनी नाटिकाओं में स्थान और काल की एकता पर भी सदा ध्यान नहीं दिया है। नाटकीय मंचन की सुविधाओं के विकास में आधुनिक काल में वे रसानुभूति में बाधक नहीं बनते। कभी-कभी कथानक की आवश्यकताओं को दृष्टि में रखकर एकांकी के छोटे-बड़े दोनों रूपों में स्थान और काल का परिवर्तन आवश्यक भी हो जाता है।

कलात्मक दृष्टि से चलं के एकांक नाटकों पर विचार करते हैं तो कुछ विशिष्ट कलाकृतियों को छोड़कर शेष लेखक के भाव-विचारों की अभिव्यक्ति के साधन मात्र हैं चाहे वे पौराणिक हों या सामाजिक। उनकी सफल रचनाओं के चार वर्ग हैं—(1) जहाँ एकांकी का प्रधान पात्र अपने तेजस्वी व्यक्तित्व से पाठकों को अपनी ओर आकृष्ट करते हैं जैसे सावित्री और भानुमती; (2) जहाँ सामाजिक विषम परिस्थितियों में पात्र की वेदना पाठकों के मन पर गहरी चोट करती है जैसे सत्यं और शिवं तथा (3) जहाँ

परिस्थितियों और पात्रों को हास्यास्पद रूप में ढालकर जीवन के सत्यासत्य की सांकेतिक सूचना दी गयी है जैसे नरसिंहावतार और हरिश्चन्द्र। इन पात्रों के प्रति हमारी परम्परागत श्रद्धा के बावजूद पात्रों के चरित्र की दुर्बलताओं को देखते हुए प्रसंग को टेढ़ा करके (ट्विस्ट करके) प्रस्तुति की गयी है उस टेकनिक का हम आस्वादन करते हैं; (4) काल्पनिक प्रसंगों के द्वारा संचलन पैदा करते हुए हास्य और सामाजिक जीवन की अभिव्यक्ति है जैसे 'यमुडि मुंदु चलं' (यम के सामने चलं) अब उदाहरण के रूप में कुछ एकांकियों का विश्लेषण करें।

पातिव्रत्य की नहीं, प्रेम की नाटिका है सावित्री। नाटककार ने परम्परागत कथा को नया रूप दिया है। यम सावित्री के प्रेम की तीन परीक्षाएँ लेता है। यमलोक में सत्यवान चन्द्रिका के अपूर्व सौन्दर्य की ओर आकृष्ट होता है। सावित्री पुरुष की इस मानसिक दुर्बलता से मुक्त करके उसे अपने साथ ले जाती है। यम सत्यवान के रूप में सावित्री से गले मिलने का प्रयत्न करता है तो सावित्री की आत्मा पहचान लेती है कि वह पराये पुरुष का स्पर्श है। यम, एक रात सावित्री उसके साथ प्रणयलीला में बिताती है तो सत्यवान को सजीव भूलोक में भेजने की शर्त लगाता है। सावित्री के मन में पातिव्रत्य और प्रेम का अन्तर्द्वन्द्व होता है, पर वह यम की शर्त को मानकर रात में उसे मार डालने का प्रयत्न करती है। यह प्रेमगाथा काव्यात्मक रूप में प्रस्तुत की गयी है। भावात्मक प्रसंगों को छोड़कर प्रेम सम्बन्धी मान्यताओं की अभिव्यंजना का यह रूप है। सावित्री कहती है कि मैं "प्रेम माधुर्य में गलकर तुम में लीन हो जाऊँगी।" "समस्त जीवन के आधार प्रणय का सार लेकर केन्द्रीकरण करके मृत्यु को वह नवजीवन पिलाकर हलाहल को अमृत बनाऊँगी।" "प्रेम के लिए असाध्य सृष्टि में नहीं है।" "प्रेम से उज्ज्वल इसके हृदय में रक्त का प्रसार रुक गया है तो पेड़ों में रस, प्राणियों में साँस, जीवन-नदियों में निर्मल उदक, नक्षत्रों में कान्ति सब स्तम्भीभूत हो जाएँगे।" "मैं प्रेम करती हूँ तुम से! तुम्हीं से? कोई परिवर्तन न होने वाले, कोई परिवर्तन असम्भव तुम से!" "प्रेम में रुकावटें आती हैं तो उन सब को हट जाना ही है।"

भानुमती एकांकी में चार प्रसंग हैं—दुर्योधन की अवहेलना पर द्रौपदी का पश्चात्ताप, भानुमती के द्वारा कौरव और पाण्डवों के बीच संघर्ष को रोकने का प्रयत्न दुर्योधन से उसकी भेंट तथा जुए में द्रौपदी को भी हारने पर उस दासी को भानुमती के भवन से दुश्शासन को खींचकर राजसभा में ले जाना। इन प्रसंगों में भानुमती के प्रौढ़ व्यक्तित्व के उन्मीलन के साथ उसके कथनों में अर्थ-गाम्भीर्य भरा हुआ है। पाण्डवों के सम्बन्ध में दुर्योधन से—"सिंह कितने समय तक सेवा करेंगे? क्या उन्हें अपने आस्थान रख सकेंगे?" "अत्याचार की प्रतिक्रिया अत्याचार होता है।" "स्त्री का क्रोध मत बढ़ाइए।...हम ही आग्रह करती हैं तो सर्वनाश के बिना तृप्त नहीं होतीं।" धर्मराज के सम्बन्ध में—"जेठ जी ने कैसे अपनी पत्नी को जुए की बलि के रूप में अर्पित किया

है। किसी दोष रहित परिपूर्ण व्यक्तियों में एक दोष साधारणों की तरह दबा नहीं रहता। वह विनाश का कारण बनता है।" लेखक ने द्रौपदी के व्यक्तित्व में भी औन्नत्य की व्यंजना की है।

तीन दृश्यों की 'सत्यं' नाटिका में नायिका सत्यं वेश्या है। बोब्बिलि युद्ध में बैलगाड़ी से भागने वाले उच्च वर्ण के लोगों को अपना खाना देकर उन्हें भूख से बचाती है; मार्ग में मुस्लिम सरदार से उन्हें बचाने के लिए अनिच्छापूर्वक आत्मसमर्पण करती है; लेकिन अन्तिम दृश्य में भूख, प्यास और थकावट से मूर्छित उसे अकेली छोड़कर बाकी तथाकथित उच्च वर्णों के लोग बैलगाड़ी में चले जाते हैं। लेखक सूचना रूप में यह प्रश्न पाठकों के मन में उठाता है कि वास्तव में सत्य क्या है तथा वह उच्चवर्गीय उस निर्दय सामाजिक जीवन में है या समाज-बहिष्कृत वेश्या के करुण हृदय में है? इसी तरह शिवं की सच्ची भावना का प्रश्न एकांकी 'शिवं' में उठाया गया है। नाथुडु की लड़की ब्राह्मण पंतुलु से गर्भिणी बनती है तो दोनों परिवार न विवाह के लिए तैयार हैं और न उसे अपने घर में रखना चाहते हैं। मेडिसिन पढ़ने वाली आधुनिक सभ्यता में पली हुई पंतुलु की बहन सुशीला अपने शील की रक्षा न करने के लिए नायुडु की लड़की को ही दोष देती है। सुशीला का साथी मेडिकल विद्यार्थी शिवं और पुरानी परम्परा की होने पर भी मानवीय संवेदना से भरी पंतुलु की दादी महालक्ष्मम्मा नायुडु की लड़की को ले जाकर शरण देते हैं। चाहे पुरानी परम्परा के लोग हों या आधुनिक सभ्यता के, मानवीय सहानुभूति के अभाव में शिवत्व नहीं हो सकता। सहृदयता में ही मानवता का कल्याण है। तीन दृश्यों की सुन्दरं नाटिका में घर के काम-काज और सन्तान से विमुख, कलाओं को अपना जीवन समर्पित करने की भावना से प्रेरित नायिका सुन्दरं अपने पति को छोड़कर उसकी कलात्मक चेतना को प्रोत्साहित करने वाले अपने चाचा से विवाह करना चाहती है। इस दूसरे विवाह के सम्बन्ध में नैतिक और जनेटिक प्रश्नों को छोड़ दें तो भी पाठक के मन में दो संशय रह जाते हैं। माता-पिता ने जितना ही आग्रह किया हो, तो भी स्वतन्त्र प्रवृत्ति की इस नायिका सुन्दरं ने पहले विवाह की स्वीकृति क्यों दी है। फिर, क्या सौन्दर्य ललित कलाओं, प्रकृति एवं मानवीय रूप तथा कोमल भावनाओं और कल्पनाओं में ही होता है, धर्म-कर्म में नहीं? रोमांटिक दृष्टि में सौन्दर्य का क्षेत्र सीमित है।

नरसिंहावतारं एकांकी में हिरण्यकश्यप नरसिंह के रूप का मजाक करता है और अपने कार्यों के समर्थन में कहता है कि उसने देवों को लूटकर गरीबों में बाँटा है तथा ब्राह्मणों के द्वारा निम्नवर्गों के लूट-मार को रोका है। लेकिन नृसिंह को मृत्यु रूप में देखकर भयभीत होता है और मारा जाता है। प्रह्लाद के स्तोत्र को सुनकर डाँटता है कि भक्ति के नाम पर अकर्मण्य होकर क्यों मुफ्त खाना चाहते हो और क्यों तुमने पितृवाक्य का पालन नहीं किया है? लेखक ने सभी पात्रों को हास्यास्पद स्थिति में

डालकर रसाभास के द्वारा आनन्द देने का प्रयत्न किया है। चार दृश्यों की नाटिका हरिश्चन्द्र में चन्द्रमती स्वयं पति पर आक्षेप करती है कि उसका सत्यव्रत यज्ञ की लालासा मात्र है और विश्वमित्र उसकी दुर्बलता से लाभ उठाकर पूरे परिवार को कष्ट दे रहा है। प्रसिद्ध गम्भीर कथा को लेखक ने हास्य, व्यंग्य और वेदनामय नया रूप दिया है। प्रेमलेखलु (प्रेमपत्र)

मेरी दृष्टि में प्रेमपत्र और म्यूजिंग्स तेलुगु-साहित्य के इतिहास में अविस्मरणीय रहेंगे। उनमें लेखक के सामाजिक, काम और प्रेम सम्बन्धी विचारों से मतभेद हो सकता है, लेकिन सौन्दर्य, रस और कला की जो व्यापक गहरी और उदात्त अनुभूति उनमें प्राप्त होती है, वह अद्वितीय है तथा अपने-अपने विधाओं में संसार की श्रेष्ठ रचनाओं में गिने जा सकते हैं। वे दोनों क्रमशः 280 और 628 पृष्ठों के ग्रन्थ हैं जिनके वैविध्य को देखते हुए दो-तीन पृष्ठों में विश्लेषण एवं मूल्यांकन सम्भव नहीं है। लेखक की दृष्टि में "इस सृष्टि का सारा सौन्दर्य एक बड़ा प्रेम पत्र है।" ये प्रेमपत्र अंशतः कल्पित है और अनेक सन्दर्भों में लेख के वास्तविक जीवन पर आधारित हैं। इसीलिए उस समय जीवित और मृत व्यक्तियों के नाम के केवल प्रथम अक्षर दिये गये हैं। काम के आकर्षण और प्रेम को परिवर्तनशील ओर कालक्रम में समाप्त होने वाले मानने के कारण अनेक प्रेयसियों का उल्लेख किया गया है। इस बात की उपेक्षा करके हमें प्रेम में सच्चाई और ईमानदारी को देखना है जो इन प्रेमपत्रों को कवितात्मक बना देती हैं। मूलतः आलम्बन या प्रेयसी कौन है? कवि मुखपृष्ठ पर 'एंकि पाटलु' से उद्धृत करता है कि "यदि संसार पूछें, यह एंकी कौन है तो धूप-छाँह की ओर उँगली उठाकर दिखाओ! (देखिए एंकी के गत पर लेख)। अन्तिम पृष्ठ पर रवीन्द्र का उद्धरण है—"सभी नक्षत्रों के साथ आसमान और अनन्त वैभव के साथ यह संसार मिलें तो भी मैं अब भी और कुछ माँगूँगा। लकिन यदि केवल वह नारी मेरी हो जाएगी तो मैं इस पृथ्वी के अल्पतम कोने से सन्तुष्ट हो जाऊँगा। इन दोनों उद्धरणों के बीच रहस्यमय सौन्दर्य और प्रेम की अनेक मधुर कल्पनाएँ हैं।

आरम्भ में अपनी प्रेयसी की कल्पना के सम्बन्ध में लेखक कहते हैं—"सृष्टि की विरह-वेदना ने अपने माधुर्य के भार से स्वयं विभक्त होकर हम दोनों को जन्म दिया है। मात्र जन्म के समय उसी एक मुहूर्त में हम एक थे।...तब से तुम्हारे लिए ढूँढ़ रहा हूँ।...दिखाई नहीं देते, लेकिन मेरे लिए चिर-परिचित हो। तुम्हारा रूप अगोचर है। तुम्हारा स्वभाव मनोभाव से परे है।...मेरा अन्वेषण करने आने वाली तुम्हारी पादों की ध्वनि मेरे हृदय में प्रत्येक क्षण ध्वनित हो रही है।...तुम्हारे रहने से मेरे लिए यह संसार इतना सुन्दर और हृदयाकर्षक है। अन्यथा इस नये संसार के साथ मेरा क्या सम्बन्ध है?...एक स्थान तुम्हारे अधर का लावण्य, एक स्थान तुम्हारी आँखों का कालापन, दूसरे स्थान तुम्हारी कमर की लचक, अन्यत्र तुम्हारे शरीर की चमक, और एक स्थान तुम्हारे

कण्ठ का माधुर्य, और एक जगह तुम्हारे वक्षस्थल का उभार देखकर तुम्हारे प्रेमपत्रों को स्वीकार कर रहा हूँ, उनकी अनुभूति पा रहा हूँ और आनन्दित हो रहा हूँ। एक हृदय में तुम्हारा प्रणय-माधुर्य, एक हृदय में तुम्हारे लीलाविनोद की ओसक्ति, दूसरे हृदय में तुम्हारा मातृपार्दव, और एक हृदय में तुम्हारे आनन्द की परवशता देखकर आकर्षित हो रहा हूँ, स्वीकार करके उनका अनुभव कर रहा हूँ और आनन्दित हो रहा हूँ। लेकिन निराशा है, यह सब तुम कैसे हो सकते हो?...तुम हो, तुम से अलग हुआ हूँ, तुम्हारे लिए ढूँढ़े बिना एक क्षण भी नहीं रह सकता, (संसार के) इन लोगों का मुझे ज़रा भी परवाह नहीं है, तुम मुझे समाचार भेज रही हो, जहाँ जिससे प्रेम करूँ वह तुम्हीं से है–इन लोगों को क्या मालूम है? मृण्मय आत्मा (मन) में तम से निर्मित मेधाएँ तुम्हें और मुझे क्या समझ सकते हैं?"

इस भूमिका के बाद लेखक ने प्रेमपत्र लिखने के लिए आवश्यक पृष्ठभूमि और मनःस्थिति पर विचार किया है। प्रेम पत्र का अर्थ प्रिय मित्रों को लिखना है और यदि उन मित्रों स्त्री-पुरुष का लिंगभेद होता है तो उस पत्र में अधिक रोमांस, काव्यात्मकता और कोमलता अधिक दिखाई देती हैं। साहित्य में स्थान पाने के लिए पत्र का प्रेमपत्र होना आवश्यक है। निर्व्याज स्नेह और स्वच्छ हृदयों के बिना प्रेम पत्र नहीं लिखे जा सकते। उस प्रेम को अभिव्यक्त करने की अभिलाषा, अभिरुचि और प्रतिभा होनी चाहिए। जब पत्र लिखना साधन न होकर साध्य नहीं होता, प्रेमपत्र में कविता का आविर्भाव नहीं होता। वैसे पत्रों की रचना के लिए महान संस्कारिता, उदार शिक्षा, व्यापक ज्ञान, आत्मा का औन्नत्य, दोनों के बीच परस्पर गौरव, तीव्र आकर्षण अपने मानसिक आवेग एवं उदात्त भावों को शब्द-रूप देने की कुशलता तथा दूसरों में यह विश्वास कि वे पत्र की भाव-व्यंजना समझ सकेंगे–इतनी बातों की आवश्यकता है। पति-पत्नी के लेख प्रायः समाचार देने के साधन होते हैं। यदि पत्नी सचमुच प्रेम पत्र लिखती तो उसे पढ़कर फाड़ देने को कहती है। "उसके मन में अपार भय है कि प्रेम की तेजस्विता से संसार आलोकित हो उठा है, प्रेम के रूपों से दिशाएँ प्रतिध्वनित हो रही हैं और अभिव्यक्त प्रेम की बात प्रकट हो जाती है।" साहित्य के अन्य रूपों से पत्रों की महानता इस बात में है कि उसमें लेखक निस्संकोच अपने हृदय के रहस्यों को, दूसरों के सम्बन्ध में अपने वास्तविक अभिमतों को स्वेच्छा और नैसर्गिकता के साथ प्रस्तुत करता है। अन्य साहित्यिक रूपों की रचना दूसरों के लिए, धन या यश के लिए ही होती है। अपने लिए लिखे जाने वाली आत्माभिव्यक्ति प्रधान कलाकृतियाँ बहुत कम होती हैं। प्रेमपत्र लिखने की प्रबल प्रेरणा वियोग में ही जन्म लेती है। उसकी कारण प्रेमपत्र करुण होता है। कालिदास का मेघ सन्देश प्रेमपत्र ही तो है। 'प्रिया' कहकर मोहम्मद रफीक़ एक बार आह भरता है तो हमारा हृदय एक कण्ठ में (खुलकर) आसमान की तरफ़ देखकर ढूँढ़ने लगता है। "जब प्रियतमा समीप नहीं है, उसके साथ

आत्मीय (इंटिमेट) संवाद ही प्रेमपत्र है।"

प्रेमपत्र दो हृदयों का संवाद, संगीत या कविता मात्र नहीं है। वह दो के बीच प्रेम का ऐकान्तिक सूत्र ही नहीं, सृष्टि, मानव-जीवन समाज और परिवार से सम्बद्ध है और उनसे प्रभावित होता है। यह प्रभाव कभी प्रेम का उत्कर्ष करता है तो कभी उससे अवरोध उत्पन्न होता है। इसीलिए चलं के प्रेमपत्रों में केवल प्रेम के विविधि रूपों में अभिव्यंजना न होकर उनमें दर्शन और भक्ति सहित मानव-जीवन के सभी पहलू समाविष्ट हो गये हैं। उनमें स्त्री-पुरुष सम्बन्ध ही नहीं, विवाह और सन्तान के प्रश्न भी उठते हैं। समाज की आलोचना के बीच काव्यात्मकता की झलकें ही नहीं, अपने और अन्य कवियों की अंग्रेजी कविताएँ भी उद्धृत हैं जो प्रेम की प्रकृति और स्वरूप को स्पष्ट करते हैं। प्रेम के जीवन-सापेक्ष और सामाजिक सन्दर्भ में महत्त्वपूर्ण बात आलोचना से कहीं अधिक लेखक के मन के भाव-विचार तथा सौन्दर्य, कला, और जीवन-दर्शन है। लेखक चाहता है कि प्रेम उसकी "स्वेच्छा और आत्मा की परिपूर्णता (सेल्फ फुलफिलमेंट) में बाधा न दें। तुम्हारी उदारता के मन्त्र से मेरे सभी अनुभव फूलों में परिवर्तित हो गये हैं, हमारे प्रेम-देवता के पादों पर। तुम्हें ही मालूम है, कैसे?" "ये स्नेह न होते तो मुझ में एक भाग सूखकर नष्ट हो जाता—वह सर्जनात्मक (क्रिएटिव) पक्ष हो सकता या रोमांटिक पक्ष हो सकता।" हम प्रेम में तृप्त होकर या तृप्ति के बिना (दोनों या कोई एक) नये आनन्द के लिए ढूँढ़ते हैं। काल को आगे बढ़ना है, (नहीं चाहते) फिर न बदले। यह मन का तमाशा है।" "हमारे अभीष्ट के अनुसार बदलना है। हमारा अभीष्ट क्या है? ठोस सोचो। नहीं मालूम है। मालूम होता तो सारे संसार को जान लेते।" मैं सपना देखता हूँ न, हमने जो अनुभव किया उससे महान आनन्द होना चाहिए। यदि वह प्राप्त होता तो हमारे अनुभवों की निरन्तरता (कॉन्टीन्यूएशंस) होनी चाहिए।"

प्रेम पत्रों का प्रथम भाग 'अर्द्धांगी को' लिखा हुआ है। साधारणतः सारहीन विषयों के इन पत्रों को लेखक ने भावात्मक रूप दिया है। जीवन में उसे समभागिनी बनाकर उसके व्यक्तित्व को उसके भावों और क्रियाकलापों का स्मरण करते हुए उसके भाव-प्रतिमा को, उसके रूप-सौन्दर्य का उल्लेख करते हुए उसके प्रति अपने आकर्षण को तथा वियोग में उसके छोटे पत्रों एवं उपेक्षा को मूर्त्त रूप दिया गया है। तेलुगु-सम्प्रदाय के विरुद्ध एकवचन के स्थान पर बहुवचन का प्रयोग पति की सम्मान-दृष्टि का परिचायक है। लेखक (पति) प्रत्येक दिन के अपने क्रिया-कर्म को, विभिन्न परिस्थितियों में अपनी प्रतिक्रियाओं, भाव-विचारों और अनुभूतियों को अभिव्यक्त करते हुए प्रेम-पत्र के जीवन-पट को व्यापक ही नहीं बनाता, अपनी सच्चाई और ईमानदारी की व्यंजना के साथ पत्नी के प्रति अपनी आत्मीयता, स्नेह, साहचर्य-भावना, सहृदयता, अनुराग आदि में अपनी आत्मा को खोल देता है। एक उदाहरण—"मेरे मन को बहुत अद्‌भुत-सा लग रहा है कि तुम्हें पत्र लिख रहा हूँ। यही मेरा प्रथम और अन्तिम होगा या मेरे जीवन को ही तुम्हारे

पैरों पर अर्पित करने वाला प्रेमपत्र होगा।...लेकिन चँदोवे अँधेरे में अन्धकार को चीरते हुए मेरी ओर तुम देख रही हो, यह जानने के बाद निश्चय होता कि मेरे लिए ढूँढ़ रहे हो। यह मुझे विवेक से परे निर्णय दे रहा है।...सोचता हूँ तुम जैसे व्यक्ति को–रूप में, बातों में, स्तर में, गुण में इस अल्प (हीन) को सभी दृष्टियों से सुपीरियर (ऊँची) कैसे, कितने समय तक प्रेम करती है। सच ही है। वे दो दिन झूठे नहीं थे! लेकिन उसकी तीन मुस्कराहटों पर, चार अनुराग के कोने के कटाक्षों पर क्या अपने जीवन का प्रेम-महल का निर्माण करना चाहते हो? यद्यपि वे अब भी तुम्हें याद करती तुम लोगों के स्नेह के लिए कोई भी सन्दर्भ और सफलता का होना असम्भव होने पर, ये आशाएँ क्यों?...इस तरह सोचने पर भी, भाग्य में कोई न छुड़ाने वाला विश्वास, मुझमें निष्कारण धैर्य तुम्हारे अनुराग में शाश्वता का आरोप करके आशाएँ रख (देख) रहा हूँ।...तुम कौन हो, कैसे हो, मैं नहीं जानता। आँखों की कान्ति, अँधेरे में काले-चमके बालों को छोड़कर! जानना क्यों? रूप ही है तो क्या! मेरे विचार, मेरा आत्म विश्वासं, रक्त-प्रसार रुक गये हैं। जीवन में कभी न भूलने वाली, पूरे भविष्य में मूर्छित कर देने वाली घटना हो गयी है। फिर शाम को मेरे पीछे "तैरना मैं क्यों न जानती, आँसुओं के नाले में" जब तक नहीं कहा, तुम को पहचान नहीं सका हूँ।...स्नेह में देवत्व की ऊँचाई पर पहुँचने, या विरह में जलकर भस्म हो हवा में मिल जाने के लिए–किसी के लिए तुम्हारा अपना हूँ।" यह अर्द्धांगी प्रेयसी है या प्रेयसी अर्द्धांगी होने वाली है, दोनों स्थितियों में साधुवाद की पात्री है!

प्रेमपत्र का दूसरा भाग 'तुम्हें-मुझे ही' है। सामाजिक सब बन्धनों से मुक्त प्रेयसी को प्रेमपत्र लिखने में सहज ही कल्पना की अधिक क्रियाशीलता और प्रेम की ऊँचाई की अभिव्यंजना है। स्थायी रूप में एक प्रेयसी को सम्बोधित होने पर भी बीच-बीच में दूसरों के साथ प्रेम की चर्चा भी मिलती है। यह लेखक की विचारधारा के अनुरूप है कि जीवन में आकर्षण और विरले व्यक्तियों में ही स्थायी होता है। इस विचारधारा में लेखक को समाज की नैतिक और काम सम्बन्धी मान्यताओं की आलोचना के लिए अनेक अवसर मिले हैं। 'अर्द्धांगी' को प्रेमपत्र की तुलना में प्रेमी के प्रेयसी के पत्रों में विशेष स्वच्छन्दता और उन्मुक्तता है। यह हम और तुम के बीच आपसी सम्बन्ध की बात है। इसमें दूसरों का दख़ल क्या है? सृष्टि, संसार और समाज में रहते हुए, कहीं-कहीं उनसे प्रेरणा और आनन्द लेते हुए भी, उनसे अलग अपने प्रेमलोक में कल्पना का आनन्द कुछ दूसरा ही होता है। दूसरे भाग के आरम्भिक पृष्ठ पर अंग्रेजी उद्धरण है–संसार की अभिलाषाओं और सम्मान की मुझे क्या चिन्ता है? क्योंकि मेरा आनन्दमय हृदय तुम से मदमस्त और अभिसिंचित है। अहे सजीव हर्षातिरेक के अन्तरतम दाक्षासव!" प्रेयसी की भावना और लेखक की अनुभूति के कुछ उदाहरण प्रस्तुत हैं। "मैं भूल नहीं सकता कि सोने के लिए भी विराम न जानने वाली मेरी यह

हृदय-यात्रा तुम्हारे लिए है। कितना ही तुम से दूर होने का प्रयत्न करूँ, किसी तरह किसी रूप में मेरी दृष्टि को अपनी ओर घुमा लेते हो। तुम नहीं आते, मुझे जाने नहीं देते। मेरी दृष्टि बदलकर, मदमस्त करके स्वप्नों में लालन करके, मधुर गानों से झुमाकर, संसार के लिए व्यर्थ बनाया है।...मृगतृष्णा के सौन्दर्य के लिए तप्त होकर, मुझे छोड़कर, सूखकर लय होने वाले इस अभागे को देखकर दिशाएँ हँस पड़ी हैं, तारे रोये हैं। योगियों के हृदय में उनके द्वारा जलाने वाली क्रान्ति तुम्हारी मुस्कराहट है। मुझे कैसे मिलेगा? संसार में ढूँढ़ने वाले मुझे?" प्रेम, संसार के द्वारा उसकी आलोचना फिर भी और उन्नति की साधना का प्रयत्न देखिए। "अनुभव से नये विज्ञान और नये पाठ को सीखे बिना, गति और उन्नति के अभाव में एक ही वृत्त में वही काम करते रहने से दूसरी मृत्यु न ही है। खाना, सोना, लेटना, फिर सब वही है।...हमारे अनुराग में से निरन्तर नई-नई कान्ति और सौन्दर्य देख सके हैं। इसीलिए इतने समय तक हमें उन्नत तृप्ति दे सका है।" "मनुष्यों का इतनी मूर्खता और क्रूरता दिखाना, खण्डन और द्वेष, हर बात में दख़ल देना, अफवाहों का आशेप—और किसी प्रकार का सुख न पा सकने के कारण, समझता हूँ।...दया आती है, अधन्कार में ढूँढ़ने वाले मनुष्यों को देखकर,—सबसे अधिक मेरे ऊपर!" "मैं क्या जानता हूँ, तुम्हारे प्रेम को छोड़कर। और दूसरा सुख, आनन्द कहाँ है! पर क्या असल में है क्या! हमारे प्रेम को, हमारे विरह को, हमारी मृत्यु को अर्थ देने वाला नया सत्य!" "हमारे इतने वर्षों के अनुभव से शेष बचा क्या है? अभी उसी तरह का स्नेह, देह थक जाने तक, बेकार बरबाद होने तक उन अनुभवों की स्मृतियाँ और बाद का मधुर स्नेह। बस उतना ही, हमारे लिए प्रेम पत्र और स्मृतियाँ इतना ही बचेगा।" "मैं समझता हूँ, तुम न होते तो मैं कितने ही वर्षों के पहले मर जाता। अपने से प्रश्न करता हूँ कि जीवित होकर क्या लाभ है, समाधान मिलता है 'तुम्हारे लिए, तुम्हारे प्रेम के लिए'। तुम न होते तो वास्तव में क्या करता! मेरी कहानियों के लिए, मेरे प्रयत्नों के लिए रहस्यमय प्रोत्साह तुमसे है। मेरे उत्साह और मेरे धैर्य के लिए तुम ही करण हो...मेरा आनन्द सदा तुमसे है, बाकी संसार मेरे सम्बन्ध में जो भी सोचें उससे मेरा क्या सम्बन्ध है?" "जितना ही आलिंगन करूँ, जितना ही तुम्हारी आँखों में देखूँ, तुम्हें पा नहीं सकता। यदि कहोगी, इससे अधिक क्या चाहिए तो मैं कुछ भी नहीं कर सकता। जानता नहीं हूँ, लेकिन विश्वास है कि और कुछ साधने का सान्निध्य है, इससे अधिक तेजस्वी संयोग है। वह मेरे वश की बात नहीं है, यह व्यसन (आदत) छूटता नहीं है।" समाज लेखक के काम-प्रेम सम्बन्धों को व्यभिचार कहकर धिक्कारता है, लेकिन वे उसी स्नेह और प्रेम में अद्वैत की अनुभूति पाते हैं। "कभी मुझे आत्मसाक्षात्कार हुआ है तो वह तुम्हारे अधरों पर, अपने मैं अपने को बचा लिया है तो वह तुम्हारी आँखों में। इस तरह तुममें एक हो गया हूँ कि मैं नहीं हूँ, मैं एक आनन्द हूँ, एक अनुभूति हूँ। मेरी नसों में विश्व का संगीत कम्पित हुआ है।

तुम्हारे हाथों के बीच मेरी देह ने गलकर, अन्तर्धान होकर तुम्हारे छोड़ने पर रूप प्राप्त किया है।...नहीं, इतने उन्नत भाव का नाश नहीं होता। हमारे अनुभूत बाधा से हमारा विरह मधुर रूप में हमारे हृदयों को आवृत्त किया है।...सौन्दर्य और प्रेम का तात्पर्य यही समझता हूँ—जो मैं नहीं हूँ उसे अपना बनाना है या शायद 'मैं' 'वह' हो जाने का प्रयत्न है! तुम से प्रेम करना, तुम्हारी कामना, सम्भवतः इस संसार को अपना बना लेने की ही कामना है।" "आदर्श प्रेम में व्यक्तित्व का नाश होना चाहिए। 'मैं-तुम' का भाव ही अदृश्य हो जाना है। लेकिन, उसका अर्थ पूछते हो तो कुछ दूर मन के लिए गोचर होता है, पर शब्दों में तुमसे कह नहीं सकता। यदि वही सच है तो, फिर यात्रा आरम्भ करूँ। इस नये अन्वेषण में अन्त कहाँ है? वास्तव में है क्या?" समष्टि रूप में कह सकते हैं कि लेखक की प्रेयसी गार्हस्थ्य वातावरण से ऊपर उठकर मानसिक और आत्मिक धरातल पर पहुँच जाती है। साहचर्य और स्नेह का अवलम्बन लेकर प्रेम 'हम-तुम' या 'अहं और यह' के समन्वय में समाप्त हो जाता है। आरम्भिक स्थिति में चाहे जितना काम-वासना का आकर्षण हो, अन्ततः अहं का इदम् के साथ समन्वय ही रहस्यवाद है। लेखक के जीवन में अन्तिम आध्यात्मिक परिणति की तरह प्रेमपत्र भी शारीरिक अभिलाषा से प्रेम के सर्वोच्च शिखर पर पहुँच जाते हैं और पहुँचा देते हैं।

7. म्यूजिंग्स : म्यूजिंग्स का सामान्य अर्थ मानसिक ऊहापोह है जो स्वच्छन्द और बन्धन रहित है। ललित निबन्ध में भी ये दोनों विशेषताएँ मिलती हैं, लेकिन उसमें विषय या शीर्षक को लेकर एकसूत्रता का आभास मिलता है। म्यूजिंग्स का लेखक स्वच्छन्द चेतना-प्रवाह में एक विषय या बात से दूसरे में छलाँग मारता दिखाई देता है। प्रेमपत्रों में चलं ने काम और प्रेम की परिधि में सारे जीवन-जगत् को समेट लिया है जबकि म्यूजिंग्स का क्षेत्र ही सारी सृष्टि है। उसमें ईश्वर, सृष्टि, प्रकृति एवं नारी सौन्दर्य, प्रेम, विषय-वासनाएँ, धर्म-दर्शन, सभ्यता-संस्कृति, कला-कविता, सामाजिक एवं पारिवारिक व्यवस्था, मानवीय संवेदना एवं जीवन मूल्य, वैयक्तिक चेतना एवं आदि जीवन-जगत का ऐसा कोई पहलू नहीं है जिन पर विचार-विमर्श न हुआ हो। म्यूजिंग्स के पाँच खण्ड हैं। प्रथम दो में लेखक की कलात्मक चेतना अधिक उभरी हुई है। और वैचारिक चेतना एवं विभिन्न व्यवस्थाओं की आलोचना अपेक्षाकृत कुछ अधिक दबी हुई है। 1942 से लिखे हुए तीन भागों में वैचारिकता और आलोचना प्रमुख हो गयी है। बीच-बीच में लेखक का कलाकार झाँकता हुआ दिखाई देता है। रमणमहर्षि के सम्पर्क में आने के बाद लेखक अधिक चिन्तनशील और सत्य का अन्वेषक हो गया हो। इतना अवश्य स्वीकार करना पड़ता है कि प्रथम दो भाग भावात्मक हैं और शेष प्रधानतः वैचारिक। म्यूजिंग्स के 628 पृष्ठों के एक आलेख के अंश के रूप में वस्तु-वैविध्य का विश्लेषण और विवेचन सम्भव नहीं है। इसलिए कलाकार, चिन्तक, आलोचना, दार्शनिक तथा अन्वेषक के रूप में लेखक के भाव-विचारों के कुछ उदाहरण प्रस्तुत करेंगे।

चिन्तन, आलोचना और दर्शन के क्षेत्रों में उनके विचारों से सहमत होना सम्भव नहीं है। अपने समय की परिस्थितियों को दृष्टि में रखकर प्रतिक्रिया और विरोध से उत्पन्न तीव्र भावावेग से वे प्रभावित हैं। भारतीय दर्शन, संस्कृति और जीवन के सम्बन्ध में उनके विचार निषेधात्मक दृष्टिकोण से प्रभावित हैं। उनकी मूलभूत प्राचीन तात्त्विक चेतना से वे अपरिचित नहीं हैं, लेकिन मध्यकालीन और आधुनिक उनकी पतनोन्मुखता और दुर्दशा को लेकर खण्डन एवं विरोध में लग गये हैं। इन परवर्ती दोनों कालों में भी अपवाद स्वरूप महानता के उदाहरणों पर उनका ध्यान नहीं गया है। परम्परावादी लेखक के द्वारा संस्थाओं, सनातन विचारधाराओं एवं रस्म-रिवाजों के खण्डन को अनैतिक-अश्लील कहकर विरोध कर रहे हैं तो दूसरी ओर मार्क्सवादियों को अर्थ से काम-प्रेम का महत्त्व और सामाजिक दृष्टि से व्यक्ति भी स्वेच्छा एवं स्वतन्त्रता सह्य नहीं है। सच्ची आधुनिक चेतना भारतीय और पाश्चात्य, स्वेच्छा और नियमन, बन्धनहीन काम की विशृंखला और प्रेम, सत्य और असत्य, संस्कृति और संस्कारहीनता, परम्परा और नवीनता आदि के बीच मानववाद और मानवीय संवेदना का समर्थक है तथा वैज्ञानिक दृष्टिकोण के आधार पर उसका विकास चाहती है।

(1) कलाकार के रूप में चलं ने सृष्टि-सौन्दर्य, नारी-सौन्दर्य, कविता और कला की आत्मा, वेदना और करुणा, मानवीय संवेदना आदि की गहरी अनुभूतियों को व्यक्त किया है। विशाखपट्टण का ऐसा सौन्दर्य है कि "लहरें पहाड़ी पत्थरों से टकराकर छिटकाने पर हृदय हिलकर झूम उठता है।" कोललेर के व्यापक सरोवर में "पानी दिखाई न देता उन फूलों में। मीलों तक जहाँ देखें फूल हैं। तरह-तरह के फूल। पत्तों को भी जगह न हो इतने फूल। रंग-बिरंगे फूल। फूलों और लताओं को चीरते हुए पानी की नीली छाया को धूप में चमकता हुए नाव की यात्रा है।" "एक-एक कोने से देखने पर साधारण विषय भी अद्‌भुत या विकृत दिखाई पड़ते हैं।" दरवाजे के पास खड़े मेरे पैरों के पास ठण्डे, धीरे-धीरे पीले कनेर का फूल ऊपर से आ बैठा है। उसका मुँह मेरी ओर कुतूहल से देख रहा है कि क्या करूँगा। उसने मेरे बूटों के पैरों से कुचल डालने का भय दिखाया नहीं।" "रात में वर्षा की एक झड़ी के बाद सबेरे उठकर हमारे आँगन में देखते हैं तो 'आये हैं, आये हैं' कहकर तालियाँ बजाते खल-खल हँसते नृत्य करते दिखाई देते हैं, घास के बीच में से ऊपर उठे हुए हजारों नये पौधे। उनके जंगल न बनने के लिए उखाड़ने की अवस्था होने पर, पत्तों को बहुतायत में खोलकर सबेरे के आलोक में, ठण्डी हवा में झूमते उन पौधों को उखाड़कर एक क्षण में शव बनाने के मेरे दुर्भाग्य पर चिन्ता होती है।" "जीवन का अर्थ ही सौन्दर्य है। घास के तिनके से लेकर कीड़ों से नये सौन्दर्य के अन्वेषण में परिणत हुए हो। संसार ने जन्म-जन्मान्तरों से तुम्हारा पालन-पोषण किया है कि अपने सौन्दर्य की छटाएँ देखने योग्य प्रियतम के रूप में विकास पाने के लिए।" कवियों ने स्त्री के सौन्दर्य-वर्णन के लिए पता नहीं कितने

उपमानों को जुटाया है, लेकिन मैकेल आर्गन और गाल्सवर्थी की तरह उसकी "आत्मा की तेजस्विता को व्यक्त नहीं किया है जो मन को कल्लोलित करके उसकी चिन्ता को न छोड़ सकें, और जो उसके सान्निध्य में आकृष्ट करता रहें। यह सौन्दर्य स्त्री की लीला में है। एंकी की तरह यहाँ रहने को कहती है और घर में घुस जाती है। कुछ और कहती है मानो मेरी बात सुनी ही नहीं है।" "ये खेल ही अगले क्षण क्या करती है, कैसे बदल जाती है यह जानने नहीं देते। यह मिस्टरी (रहस्यमयता) ही नहीं है तो स्त्र कितनी अन-इन्टरिस्टिंग (अनाकर्षक) टेम (मन्द) और इनसिपिड (प्रेरणा रहित) व्यक्ति हो जाती! वह हृदय को जलाती है। लेकिन उस जलन में कितना माधुर्य है!" सौन्दर्य और प्रेम सतही स्तर पर आनन्ददायी होने पर भी उनकी गहराई में जाने पर उनके मूल तक पहुँच न पाने की वेदना ही रह जाती है। "विशेष तृप्ति के साथ जिस स्त्री के साथ प्रेम करता हूँ उसके हाथों में भो अकथनीय वेदना होती है। हृदय कराह उठता है—क्या है? क्यों है? कौन हूँ? कितना नश्वर है? उस आलिंगन में भी विरह होता है कि "बस, इतना ही है? सृष्टि के सौन्दर्य को देखकर चिन्ता है। शरीर के सौन्दर्य को देखकर बाधा है।"

सृष्टि और स्त्री में सौन्दर्य की तरह कविता और कला में भी लेखक सौन्दर्य और आनन्द का अन्वेषण करता है और सच्चे सौन्दर्य की पहचान का पहचान करता है। कलाकार ने "जिस क्षण आलोक प्राप्त किया है, उस आलोक में नीति और नित्य जीवन को उज्ज्वल बनाने का प्रयत्न नहीं करता, वह कलाकार कागज पर जितनी महान कालकृति की कल्पना करें वह (वास्तव में) महान कलाकार नहीं होता। उसकी उँगलियों से कल्पित सौन्दर्य, अपने हृदय में खींचकर अपने मुख और बात को तेजस्वी बनाना है।...कलात्मक जीवन बिताना ही सर्वोत्कृष्ट कला है। मुख में जो कला है वह सभी कलाओं में महान कला है।" इसी महान जीवन से मानवीय सभी गुण-धर्म और उस जीवन के आलोक में सौन्दर्य और औन्नत्य का विकास होता है। यही कला और जीवन का परमार्थ है। कवि या कलाकार की आत्मा गूँज उठने से ही कलाकृति महान होती है। चलं ने इस दृष्टि से भारतीय और पाश्चात्य अनेक कवियों और कलाकारों का आख्यान किया है। तेलुगु साहित्य के संन्दर्भ में उनके कुछ विचारों को देख लें। एक के गीतों में सौन्दर्य, प्रणय और सहज लीलाओं को व्यापक प्रकृति और जीवन के सही परिप्रेक्ष्य में व्याख्या करने वाले प्रथम समीक्षक चलं ही हैं। स्वयं उन्होंने खेद प्रकट किया है कि एंकी के प्रेम को पण्डित वर्ग ने शृंगार रस के अन्तर्गत स्वीकार किया है तो परवर्ती गीतों में कवि ने लोक नायिका को 'देवी' के रूप में प्रतिष्ठित करके काव्य की सहज आत्मा को ही समाप्त कर दिया है। कृष्णशास्त्री की कविता का मज़ाक करते हुए जब समीक्षकों ने कहा है कि वे क्यों रोते हैं और रोना ही चाहते हैं तो कौन क्यों रोकें। चलं कहते हैं कि उनका रोना अपने लिए ही नहीं हैं, आपके—हमारे लिए हैं, सारे संसार

के लिए है। श्री. श्री. इसलिए महाकवि नहीं हैं कि वे मार्क्सवादी हैं, बल्कि इसलिए कि पीड़ित-शोषितों की वेदना उनकी आत्मा में प्रतिबिम्बित होकर कविता के स्वरों में गूँज रहीं है। प्राचीन कवियों में श्रीनाथ का शिल्प-रचना-विधान अपूर्व है, पर पोतना की तरह (जिसकी रचना में वैसी शिल्प-चातुरी नहीं है) उसमें कवि की आत्मा की गूँज नहीं है। जब कर्नाटक संगीतकार त्यागराज कहते हैं, "हरि, मैं क्यों ढूँढूँ" और "किस स्थान पर तुम्हारा आवास है" तो उनकी स्वर लहरी में आत्मा की साधना, व्याकुलता और दीक्षा व्यक्त होकर उनके राग, संगीत और साहित्य को एक गहराई प्राप्त होती है। मनुष्य की आत्मा को अपनी कविता या कला के द्वारा आसमान की ऊँचाई पर पहुँचाने वाले कवि या कलाकार को फिर नीचे पृथ्वी पर गिर जाने की सम्भावना से बचने के लिए आवश्यक है कि "वह अपनी प्रेरणादायिनी काव्य-प्रतिभा के आत्मार्पण करना अत्यन्त आवश्यक है।" काव्य के सच्चे आत्मानन्द का विवेचन, कबीर के सम्बन्ध में उद्धरण से समाप्त करेंगे।" "कबीर आनन्द में अमृत की बात कहते हैं तो शृंगार से मुझे प्राप्त होने वाले आनन्द से अधिक निश्चय और अनुभव को रोक न पाने के कारण, दल न लेने के कारण, उन्मुक्त गाता हुआ लगता है।...मुझे उस अनुभव में उतना सत्य और विश्वास दिखाई देता है। लेकिन कबीर ने जो अमृत चखा है, उसके लिए (आवश्यक) विद्या और पात्रता कैसे प्राप्त करें?"

2. चिन्तक : साहित्यकार जीवन-जगत के सौन्दर्य और रस का उद्‌घाटन ही नहीं करता, अपनी कल्पना में उनसे आपूर्ण नये लोकों की सृष्टि ही नहीं करता, बल्कि उससे आगे बढ़कर जीवन के सम्बन्ध में चिन्तनशील होकर पाठक के विचारोत्तेजन का काम भी करता है। कुछ समीक्षक रमणीयता से वैचारिक चेतना के विकास को सर्जना का सर्वोच्च धर्म मानते हैं। कबीर, वेमना, चलं आदि कुछ ही साहित्यकार इस धरातल पर पहुँच सके हैं। जीवन-जगत का ऐसा कोई पहलू नहीं है जिस पर म्यूजिंग्स में चिन्तन न हुआ है। जन्म-जीना-मृत्यु, जीवन के सुख-दुख आदि पहलुओं पर भौतिक और आध्यात्मिक दोनों दृष्टियों से विचार हो सकता है। चलं पहले की ओर अधिक झुके हुए हैं, पर वे भौतिक सुख-सुविधाओं से ऊपर उठकर जीवन के उच्चतर मूल्यों की ओर अग्रसर होते गये हैं। कुछ उदाहरण प्रस्तुत हैं। व्यक्तिवादी लेखक की दृष्टि मैं स्वेच्छा सर्वोपरि है। "सामने धूप में पक्षियों को उड़ते देखकर मन में आशा होती है कि मैं भी कोई काग या तोता होता तो कितना सन्तोष मिलता। क्या सचमुच उनमें वह सन्तोष है या उनका स्वेच्छा-विहार, चीखने का कोलाहल, आकाशयान, पेड़ों के समूह में, छायाओं में शान्त बातें करते देखना—देखकर मेरा मन उनमें जो सुख और निश्चिन्तता नहीं है, उन पर आरोप कर रहा है?" इस स्वेच्छा का प्रतिबन्ध समाज है। लेकिन व्यक्ति और समाज में विच्छृंखलता को रोकने का आत्मसंयम अन्तर्लीन है। "व्यक्तियों और समाजों में भी कोई महान आन्तरिक विवेक है। जितने जिस पर खींचे अपनी

आत्मरक्षा का कौशल मनुष्य में है। कोई जितना कहें, अपना मन ही चाहे जिधर डुला दें, अन्ततः अपने अन्दर के विवेक पर ही निर्भर करता है। समाज भी वैसे ही है।" हम जितना भी प्रयत्न करें व्यक्ति और समाज परिवर्तन की सभी आवाज़ों को स्वीकार नहीं करता, उतना ही ग्रहण करता है जितना आवश्यक है।

जीवन के हर पहलू में व्यवस्था के लिए नियम बनते हैं। लेकिन वास्तव में मनुष्य "नियम, नियम जो कहते हैं वह अपने को बचाने के लिए हैं (सेविंग वन्स फेस)। सच्चे नियम मनों में ही होते हैं, लेकिन बाहर प्रकट नहीं होते। इसलिए आवश्यकता होने पर किसी के जाने बिना ही उन्हें आसानी से छोड़ सकते हैं।" स्त्री-स्वेच्छा के समर्थक चलं विवाह-व्यवस्था के सम्बन्ध में कहते हैं—"आज स्त्री के स्वेच्छा पाने के लिए वर्तमान सभी रुकावटों को हटा दें, तो भी परिवार को छोड़कर जाने वाले ज्यादा नहीं होंगी। कालक्रम में स्वेच्छा की आदत होने पर कुछ बाहर निकल सकती हैं।... विवाह हो या न हो (स्त्री-पुरुषों में) सम्बन्ध समाप्त नहीं होते। स्त्री-पुरुष केवल मोह के कारण ही—विवाह हो या न हो—कुछ समय मिलकर एक साथ जीवन बिताने के बाद स्थिर-रूप में सम्बद्ध हो जाना मानव-स्वभाव में ही है। कोई कुछ बदल नहीं सकता।" "पुरुष पर अन्धी आराधना में स्त्री जब तक तृप्ति पाती रहती है, कोई चलं जितने ही कारण दिखावें, उससे हटा नहीं सकता। विवाह का उद्देश्य ही समाप्त होने पर भी, सेंटिमेंटों और अलसता की झालाओं को पकड़कर लटकाने वालियों को अपने हेतुवाद और अब हेलना से केवल साफ़-सुथरा कर सकते हैं।"

सभ्यता और संस्कृति के सम्बन्ध में लेखक का विचार है कि इस देश में कलात्मक चेतना (ईस्यटिक सेन्स) पूरा नष्ट हो गया है। "सुन्दर प्राकृतिक प्रदेशों में भी कूड़ा फेंक देते हैं।" जीवन से कोमल और अबोध आनन्द क्रमशः हटता जा रहा है। नागरिक सभ्यता में नसों को पीटकर, खींचकर, तीव्ररूप में झकझोरने के बिना हृदय स्पंदित नहीं होते। गाँवों की जड़ता नागरिक नीचता और विकृति में परिवर्तित हो रही है। "क्या इस नई नागरिक नीचता और बाधाजनक अशान्ति से नई विशालता, विज्ञान और आनन्द देने वाला टाइम विकसित होगा?" आज का जीवन कितना विकृत हो गया है। "मैंने धर्म और जाति को छोड़ दिया है। लेकिन ऐसा लगता है कि ये सब बाहरी बातें हैं। इन धर्म और जाति के क्रियाकलाप और उनको छोड़ देना कोई महान कार्य नहीं है। लेकिन उनको न छोड़ना अल्पता, भीतत्व और अन्धत्व है। इन सब से महान, वास्तव में मनुष्य का चरित्र है।" "सचमुच यह जीवन कितना दुर्भर है।...जिस कोण से देखें, मौत को देखकर भयभीत होने का कोई कारण नहीं दीखता। लेकिन कारण दीखे बिना ही हमारी हेतुवादिता और शक्ति के विरुद्ध विद्रोह करके मन काम करता जाता है।...शायद इस मन को वश में करने के लिए ही योग, जप, तप आदि इन सब की व्यवस्था की गयी है।"

3. आलोचक : मानव-जीवन पर विचार करते समय उसके उन भावों और कमियों की ओर ध्यान आकृष्ट करना तथा उनका विरोध या खण्डन आलोचना है। इस अर्थ में आलोचना शब्द का संकीर्ण अर्थ में प्रयोग कर रहे हैं। आज भाषा के व्यवहार में जीवन की आलोचना का तात्पर्य किसी विषय के विधायक गुण-धर्मों को छोड़कर निषेधात्मक दोषों का निरूपण हो गया है। आजकल राजनीति, प्रशासन, उद्योग, वाणिज्य-व्यापार, यहाँ तक कि धर्म और शिक्षा-दीक्षा के क्षेत्रों में भी कहीं सच्चाई और ईमानदारी दिखाई नहीं देतीं। व्यक्तिगत विषयों में भी आत्मव्यंजना ही हो रही है। आदर्श, धर्म, न्याय और नीति केवल मुखौटे हैं। ऐसी स्थिति में आलोचना का अर्थ-परिवर्तन और आलोचक का लक्ष्य बदल जाना स्वाभाविक है। चलं ने अपने म्यूजिंग्स में पता नहीं कितने विषयों का भण्डाफोड़ करके उनकी असलियत को दिखाने का प्रयत्न किया है। इस प्रयत्न में सन्दर्भ के अनुसार वेदना, हास-परिहास, व्यंग्य, विरोध, खण्डन आदि भाव व्यक्त हुए हैं। विषय-विस्तार के कारण कुछ नमूने के उदाहरण ही प्रस्तुत हैं (अ) सौन्दर्य, प्रेम आदि उच्चतर मूल्य : "कवित्व, सौन्दर्य, प्रेम—इस तरह के मूल्य आज के मनुष्यों के मन में नहीं हैं। कुछ लोग दिखावे के लिए अभिनय करते है कि वह महानता उनमें है।" "सौन्दर्य को और आनन्ददायी भ्रम को समाप्त करने वाले ज्ञान से क्या लाभ है?" "कई लोग परिवर्तन के लिए समुन्दर के किनारे आते हैं।...उनसे अधिक फैशन के रूप में या अपना बड़प्पन दिखाने के लिए है।...देखिए, आज शाम को बीच गये हैं बहुत सुन्दर है।" लोग सौन्दर्य के आनन्द के लिए नहीं, उससे वंचित होने (मिस) की प्रेरणा या चिन्ता से यात्रा या काम करते रहते हैं। (आ) जीवन की धुरी अहं, आत्मविश्वास और विवेक है। आजकल हर क्षेत्र में नेतागिरी की पूजा में (हीरो वर्शिप) में वे समाप्त ही नहीं हो रहे हैं, व्यक्ति के व्यक्तित्व का ही तिरोभाव हो रहा है। "धार्मिक ग्रन्थों में कोई बात आ गयी है तो उसकी अच्छाई-बुराई पर विचार करने की शक्ति लोगों में पूरा नष्ट हो गया है। यदि कोई प्रश्न करें कि क्या वह सत्य है तो वे पथभ्रष्ट हो जाते हैं।" यह स्वस्थ बात है कि मैं अपने ही समान इतना महान हूँ और तुम मेरी तरह महान हो। लेकिन बड़े लोग पहली बात ही कहते हैं। तुम कवि हो तो मैं किसान हूँ, तुम गायक हो तो मैं धोबी हूँ। क्यों, मैं तुम्हें क्यों बड़ा मानूँ? यह कथन महान आत्मगौरव को व्यक्त करता है।" (इ) तेलुगु भाषियों के दो दुर्गुण हैं—दूसरों की महानता को स्वीकार न करना और हास-परिहास बोध का अभाव। "यदि गाँधीजी या रवीन्द्र आन्ध्र प्रदेश में जन्म लेते तो लगता है कि उनके तप कोई सुने न होते। आखिर भगवान (रमण महर्षि) ही क्यों न हो।" मन हँसने और न हँसाने की प्रवृत्ति के कारण हर बात को हल्के रूप में लेकर टाल देते हैं। (ई) चलं ने बीच-बीच में विधायक रूप में भी जीवन और उसके पहलुओं की आलोचना की है। "सत्य चाहे जिसमें हो; किसी भी बात पर भक्ति या गौरव न होने की अपेक्षा मूर्खतापूर्ण अन्ध-भक्ति का जीवन अधिक श्रेष्ठ और शान्तिदायक

है। कोमल दृष्टि और विज्ञान का तात्पर्य दूसरों में दोष देखने की अपेक्षा उनका औन्नत्य देखकर, उसे स्वीकार कर आनन्दित होना है। धर्म के बाह्य आडम्बरों, रस्म-रिवाजों और आचार-व्यवहारों के घोर विरोधी चलं कहते हैं—"इस संसार में अवतरित सभी महान प्रवक्ता कला के स्वरूप हैं। उनके वचन संगीत हैं। उनका चाल-चलन नृत्य है। उनका कटाक्ष ही शृंगार है। उस शक्ति का, उस सत्य का सामना न कर सकने के कारण और अपने जीवन में क्रान्ति न चाहने के कारण, मनुष्य उन (महापुरुषों) का नाश करने का प्रयत्न करते हैं।"

4. दार्शनिक : भर्तृहरि वेमना आदि के जीवन से स्पष्ट हो जाता है कि ऐन्द्रिय भोग की परम सीमा पर मनष्य दार्शनिक बन जाता है। यह केवल वैराग्य की बात है। ऐन्द्रिय आनन्द मनुष्य को पूर्णकाम नहीं कर सकता। वह उसके मूल में जाकर गहराई से चिन्तन करते हुए आनन्द के मूल उत्स तक पहुँचना चाहता है। इस प्रयत्न में भौतिक मूल्यों से ऊँचे मूल्यों का अन्वेषण करके दार्शनिक हो जाता है। भर्तृहरि और वेमना शृंगार से असंतृप्त होकर विरागी हो गये थे। यह जीवन के प्रति निवृत्ति मूलक निषेधात्मक दृष्टिकोण। चलं का जीवन आर्थिक विषमताओं और समाज-बहिष्कार के कारण क्रान्तिकारी रहा है। वे जीवन के संघर्ष में हार मानकर वैराग्य की शरण में जाने वाले नहीं थे। घात का और तीव्र प्रतिघात करने गये हैं जिससे समाज तिलमिला उठा है। दूसरी ओर उनका शृंगार केवल ऐन्द्रिय काम के परितोष पर आधारित नहीं है। वह व्यक्तित्व, स्वेच्छा, सौन्दर्य, आकर्षण और प्रेम के पहलुओं से जुड़ा है। इसीलिए आरम्भ से ही काम की तृप्ति में एक अतृप्ति और चिन्ता—कहीं-कहीं वेदना तक—की अनुभूति पाते रहे हैं। काम का अनुभव स्थूल भौतिक धरातल पर था, सौन्दर्य और प्रेम की अनुभूतियों में मानव-जीवन और मन की गहराइयों में जाने का प्रयत्न हो रहा था। यहीं चलं की आध्यात्मिक और दार्शनिक दृष्टि की नींव पड़ी है। ऊपर के तीनों कवियों के जीवन, व्यक्तित्व और कृतित्व के तुलनात्मक विश्लेषण से ज्ञात होता है कि चलं का मार्ग न आरम्भ में और न बाद को रमण महर्षि के आश्रम में जाने पर निवृत्ति मूलक है। वे मार्ग को छोड़कर दूसरे मार्ग को ढूँढ़ने वाले नहीं हैं, भले ही वह मार्ग सीधे जाने वाला न होकर अनेक मोड़ों के साथ अग्रगामी हो। उनकी साधना बीच में भंग हुआ-सा, परिवर्तित-सा लगने पर भी सूक्ष्म अनुसंधान, उसकी निरन्तरता को ही व्यंजित करता है।

मनुष्य के सामने पेंचीदे दार्शनिक प्रश्न अहं (मैं), सृष्टि और ईश्वर को लेकर हैं। संसार के सभी धर्मों और दर्शनों ने अपने-अपने ढंग से उनके स्वरूप और सम्बन्ध पर विचार किया है। जीवन में सौन्दर्य और प्रेम को सर्वोपरि मानने वाले चलं ने सृष्टि और ईश्वर को सौन्दर्य-प्रेम मन तथा अहं को उनका अन्वेषक मानकर सन्तुष्ट नहीं हुए हैं। जीवन में धर्म-दर्शनों के विकृत रूप को देखकर उन पर प्रहार करने में ही अधिक

संलग्न लगते हैं। उदाहरण के लिए अद्वैत संसार का सर्वश्रेष्ठ दार्शनिक सिद्धान्त है। चलं की दृष्टि अद्वैत सिद्धि से जीवन में माया की विकृति भूमिका पर ही अधिक केन्द्रित रही है। दर्शनों के सही स्वरूप को न समझने के कारण, उनके कुछ पहलुओं के कारण मानव-जीवन में उत्पन्न समस्याओं को देखकर या अपनी सौन्दर्य-प्रेम दृष्टि की सीमाओं के कारण चलं का दार्शनिक रूप उतना व्यापक और उदार न रहा। चलं विज्ञान का आधार लेकर दार्शनिक उलझनों को सुलझाना चाहते हैं। उन्होंने उत्पत्ति (आरिणिन) परिणय, विकास, परिवर्तन, आकर्षण, सापेक्षता आदि जिन वैज्ञानिक सिद्धान्तों की चर्चा की है और जिनके आधार पर मानव-जीवन का आख्यान किया है उनका वैचारिक वार्षिक प्रतिपादन भारतीय दर्शनों में। दोनों में अन्तर इतना ही है कि विज्ञान प्रयोगों के आधार पर तथ्यात्मक रूप में उनका निरूपण करता है जबकि दर्शन केवल चिन्तन और कहीं-कहीं तर्क के आधार पर।

अब चलं के कुछ दार्शनिक विचारों को देखें। "यह मन ज्ञान के अर्जन के लिए एक मात्र साधन है। ज्ञानार्जन का प्रोत्साहन भी मन ही करता है। जितना भी जानें, प्रश्न करता है कि उसके बाद क्या है?...इस सृष्टि की उत्पत्ति कैसे हुई है? उसका अन्त क्या है? यह सब देखने वाला मैं कौन हूँ? फिर मन क्या है? मन के अलावा और क्या-क्या है? मेरा धर्म क्या है?" तात्पर्य एक शब्द में इस सृष्टि या जीवन का अर्थ क्या है।" मनोविज्ञान के अनुसार भी ये सुख-दुख हमारी नसों के कम्पन से ही उत्पन्न हो रहे हैं। बाहर के संसार के अभाव में भी नसों का कम्पन करा सकने वाले व्यक्ति को अपनी इच्छा के अनुसार आनन्द प्राप्त हो सकता है, न! शायद वही है योगानन्द का रहस्य।" "ईश्वर पर भक्ति, भय, मूर्खता और अपने लाभ से न होकर अव्याज नम्रता के साथ अपने में या बाहर जो विज्ञान, सौन्दर्य या शक्ति है, उसके सामने प्रणत होना महान आलोक और प्रगति का मार्ग है।"

चलं के अनुसार मनुष्य तीन प्रकार के हैं—कर्म सिद्धान्त को मानकर जीवन-प्रवाह में बह जाने वाले हैं। (2) जीवन के प्रति विद्रोह करते हुए अपनी इच्छा के अनुसार जीवन-जगत को चलाते हुए सफल या असफल होने वाले हैं। (3) इन दोनों मार्गों को छोड़कर दूसरों के दबाव, भय या भक्ति के कारण जीवन को यथार्थ रूप में स्वीकार करने वाले हैं। इन दब्बू और बुद्धू लोगों के प्रति लेखक के मन में घोर विरोध की भावना है। भगवान रमण महर्षि के द्वारा ईश्वरीय भावना के आख्यान के बाद इस तीसरे वर्ग के प्रति विरोध और द्वेष की भावना कुछ शान्त हुई। भगवान के सान्निध्य में मौन बैठने रहने के बाद लेखक को कैसे लगा? कोई विशेष बात न होने पर भी, हमारी ऊहा के आकर्षण से बढ़कर, अणुमात्र भी बल प्रयोग के अभाव में, इदमित्थं न कह सकने के आकर्षणा का अनुभव हुआ है। वास्तव में उसे आकर्षण भी नहीं कह सकते—क्योंकि वह कुछ नहीं करता, कुछ प्रयत्न नहीं करता, कुछ नहीं बोलता और कुछ हिलता-डुलता नहीं है।

चलं को यदि दार्शनिक कहेंगे तो व्यावहारिक जीवन के आख्याता, जीवन के मूल प्रश्नों को उठाने वाले और जीवन के गम्य या लक्ष्य पर विचार करने वाले रूप में।

(इ) **अन्वेषक :** चलं का सारा जीवन अन्वेषण में ही बीता है—पहले सौन्दर्य, शृंगार और प्रेम के तथा बाद को आध्यात्मिक शान्ति और आनन्द के अन्वेषण में। दोनों में अन्ततः व्यथा ही मिली है। पहले के भौतिक सुख से मन अतृप्त हो सकता है और वह उससे ऊँचे आध्यात्मिक धरातल पर पहुँचकर सुख-शान्ति पाने का प्रयत्न स्वाभाविक है। लेकिन फिर वेदना की ही अनुभूति होती है तो उसका कारण दृढ़ विश्वास का अभाव ही हो सकता है। पर लेखक की आस्था दोनों धरातलों अचंचल और दृढ़ है। ऐसी स्थिति में यही कहा जा सकता है कि मनुष्य का अन्वेषण कभी समाप्त होने वाली नहीं है, उसकी जिज्ञासा कभी शान्त नहीं होती तथा अशान्ति एवं वेदना अन्वेषण के अनिवार्य अंग हैं।

लौकिक अन्वेषण के उदाहरण : "अनन्त आकाश, कहीं, किसी के लिए, अप्राप्य के लिए आह्वान देने वाले ये नक्षत्र...जीवन का अर्थ मिट्टी से जन्म लिया यह शरीर मात्र नहीं है, किसी तरह ऊपर से बरसने वाली चकमकाहट से सघन लिपटा हुआ है...वे नक्षत्र आँखों के सामने हर रात इतना निरन्तर ज्वलित नहीं होते मानव का इतिहास और किसी तरह होता। मैं समझता हूँ कि उसका स्वभाव ही और धूल-धूसरित होता।" "हम जिस जीवन को देखते हैं, वह हर क्षण परिवर्तित होता, उफनता, दबता और नटखट होता। इन लोगों के जीवन को केवल लहरें कहता। उनके नीचे, पीछे बड़ा गहरा समुद्र है। लोग लहरों को देखकर समझ रहे हैं, सारा समुद्र इतना ही है। वह समुद्र चुप नहीं रहता। इन लहरों को कल्लोलित करना। उमड़ना-पीछे हटना, उफान, तूफान, कभी-कभी मिलने वाले मोती—इन सब के बारे में कुछ न कुछ कहकर तभी लोग भूल जाते हैं। उस समुद्र की बात बहुत थोड़ा समझकर कहने वाले सयनिष्टों, कवियों, गायकों के लिए यह समय नहीं है। उनकी वाणी को सुनने की आसक्ति भी कम होती जा रही है।" "मनुष्य को चाहिए सुख। लेकिन वह सुखी भी उस सुख में स्थायी न होकर, अशान्ति में, बाधा में और किसी के लिए ढूँढ़ते देखते हैं। यह दुर्बलता नहीं है। इस तरह का अन्वेषण सृष्टि के परिणाम के प्रयत्न में अणु से भी दिखाई देता है। इन सुखों में, आलोक में कई तरह की स्थितियाँ (स्टेज्स) दिखाई देती हैं। किसी भी स्थिति में यह अन्वेषण और उस अन्वेषण में बाधा दिखाई देती है।" चाहे आसमान के तारे हों, समुद्र की लहरें हों या जीवन में सुख हो, लेखक उनके पीछे अव्यक्त की ओर आकृष्ट होकर अज्ञात का अन्वेषण करना चाहता है।

रमण महर्षि के आश्रम में जाने के बाद चलं आध्यात्मिक अन्वेषक हो गये हैं। यहाँ दो बाते ध्यातव्य हैं—(1) आध्यात्मिक दिशा में प्रस्थान के बाद भी उनमें सौन्दर्य, शृंगार और प्रेम में उतना ही दृढ़ विश्वास है जितना विषय-वासनाओं को छोड़कर

आध्यात्मिक आनन्द पर प्राचीन ऋषियों का है। शृंगार पर भक्ति और उसके आलोक में आनन्द पर विश्वास ने ही आज वेदान्त में भक्ति और आलोक का रूप लिया है। यह निवृत्तिमार्गी साधना नहीं है। आध्यात्मिकता से लेखक का तात्पर्य परिधि और लोपरहित स्वतन्त्रता की निरन्तर तीव्र साधना है जैसा पहले के काम-प्रेममय जीवन में उन्होंने स्वेच्छा का प्रयत्न किया है। (2) आध्यात्मिक अन्वेषण कभी समाप्त नहीं होता, स्तर पर स्तर (स्टेज) वह जीवन भर आगे बढ़ता जाता है।

आध्यात्मिक अन्वेषण के कुछ नमूने देख लें। "ईश्वर से अलग होकर अपना अलग व्यक्तित्व होते समय से आत्मा स्वयं जाने बिना तीव्र विरह में रहती है। स्वर्ग से ढकेले हुए देवता की तरह, शापग्रस्त यक्ष की तरह, अज्ञान से परिवेष्टित होकर फिर अपने स्व-स्थिति को जाने का मार्ग न समझकर अन्वेषण करती है। इस अन्वेषण के लिए उसके उपकरण दस इन्द्रिय और मन हैं।" मन में ईश्वर की झलक पाकर भी "अन्दर की आत्मा कहती रहती है कि यह नहीं है, यह नहीं है, और कोई कुछ है, वह कैसा है भूल गयी हूँ, पर यह तो बिल्कुल नहीं है। इसीलिए मनुष्यों का सदा अन्वेषण है।... लेकिन यह ईश्वर का प्रेम रबर की रस्सी की तरह खिंचती रहती है।" इस ईश्वर की प्राप्ति की साधना में प्रयत्न की वेदना के अतिरिक्त और क्या है?" मैं कुछ नहीं पा सका हूँ, मेरी साधना सफल नहीं हुई है तो क्या है? इस जीवन में कुछ अप्राप्य के प्रयत्न में समय बिताने के अलावा और क्या बचा है! मामूली प्रयत्नों से तृप्ति और आशाओं से मैं जो जी नहीं सकता था! यह आध्यात्मिक प्रयत्न बाधा और थकावट है।... सभी प्रकार की मायाओं से कम मायामय और सार्थक इस आध्यात्मिक माया में जीवन बिताने में अधिक विवेक दिखाई देता है।...यह आध्यात्मिक प्रयत्न मूर्खता, अर्थहीन लग सकता है, लेकिन आज उससे और कोई शरण नहीं है। उतना ही नहीं मेरे अनुभूत अल्पता में उससे अधिक आनन्द और शान्ति इस जीवन में और कहीं मिलेंगे, वह निश्चित है। लेखक के सामने प्रश्न है कि यह शान्ति, प्रेम और सत्य क्या है? "मुझे प्रेम चाहिए।...मनुष्यों का अमित प्रेम चाहिए।" भगवान के सान्निध्य को छोड़कर शान्ति और कहाँ है? प्रेम के बिना अशान्त और अस्थिर होकर भी उस प्रेम के बन्धन से मुक्त होना चाहता हूँ। 'धर्म मेव जयते' में धर्म क्या है, जय क्या है? धर्म नैतिक आचरण मात्र नहीं है तो उसका वास्तविक अर्थ क्या है। क्या इस संसार में सदा धर्म की ही विजय होती है? धर्म सत्य है तो कौन-सा सत्य है? इन सन्देहों में पड़े हुए "मुझे भगवान (रमण महर्षि) ने हाथ पकड़ लिया है, अन्यथा मेरा जीवन मोपासा के 'नेकलेस' (कहानी) के समान बड़ा ट्राजडी हो जाता" इस सत्य की मीमांस में "आज भी कुछ दिखाई नहीं देता, छुड़ी व छुड़ाई व्यथा को छोड़कर।"

चलं ने म्यूजिंग्स के विधायक और निषेधात्मक दोनों पहलुओं का विवेचन किया है। अपने भाव-विचारों को समाज पर थोपने का प्रयत्न किया है तो उसकी दुर्बलताओं

और कमियों को दिखाने में भी सफल हुए हैं। सौन्दर्य, आकर्षण, सेक्स की ऐन्द्रिय एवं मानसिक अनुभूतियों की व्यंजना की है, पर उस धरातल से उपन ऊपर मानवीय वेदना, सत्य, शान्ति और आनन्द के उच्चतर मूल्यों की ओर अग्रसर हुए हैं। यह दूसरी बात है कि भगवान रमण महर्षि के सान्निध्य में भी उनकी साधना साध्य तक पहुँच नहीं सकी है तथा लौकिक एवं अलौकिक दोनों स्तरों पर प्रश्न और व्यथा रह गये हैं। प्रश्न करने, उत्तर के लिए तड़पने और प्राप्ति की साधना में ही जीवन प्रगतिशील होता है। अन्ततः चलं क्या चाहते हैं? "मानव के हृदय में ही मनुष्य को स्वर्ग का रहस्य खोलकर दिखा सकने वाला प्रवक्ता का जन्म होना चाहिए।" "मनुष्य जो जान नहीं सका और जानना नहीं चाहता वह तुम्हारे हृदय में क्या हो रहा है! यह नहीं है कि तुम क्या हो रहे हो? तुम्हारी प्रेरक शक्तियाँ (मोटिव्स) क्या हैं?" अन्तिम प्रश्न है कि तुम अपने को भूलकर अब तक किसी से प्रेम किया है!

9. अन्य विधाएँ : (क) चलं के पत्र : चलं ने चिन्ता दीक्षितुलु (साहित्यकार) जलसूत्रं रुक्मिणीनाथ शास्त्री (साहित्यकार) चिन्नाराव (महास्थान शीर्षक) जग्गाराव (श्रीरमणस्थान शीर्षक) वजीर रहमान (कविगा चलं–कवि के रूप में चलं शीर्षक), सूर्य प्रसाद, जीवन, कुरंगेश्वरराव, बी. वी. नरसिंहाराव, वीरेशलिंगं, रामजोगाराव, जवाहर तथा अन्य मित्रों को समय-समय पर जो पत्र लिखे हैं, वे तेरह पुस्तकों के रूप में प्रकाशित हुए हैं। इनमें प्रायः मानव जीवन के सभी पहलुओं पर लेखक ने अपने भाव-विचारों को प्रकट किया है। पत्रों के कुछ अंश सामान्य हैं तो कुछ साहित्यिक दृष्टि से अमूल्य हैं। पत्र काव्य-साहित्य की तरह कल्पित न होकर वास्तविक होने के कारण उनमें साहित्यकार की ईमानदारी और सच्चाई के साथ निजी आत्माभिव्यक्ति दिखाई देती है। चलं के पत्रों में विषय के वैविध्य के साथ आत्मीयता, सच्चाई, निजता, भावों की कोमलता, तीव्रता एवं गहराई, गम्भीर चिन्तनशीलता, विचारोत्तेजन, कलात्मक अभिव्यंजना तथा भावानुरूप सशक्त भाषा-शैली आदि अनेक विशेषताएँ उनके साहित्यिक मूल्य को द्योतित करती हैं। उन पत्रों पर चलं के व्यक्तित्व और उनके दृष्टिकोण की गहरी छाप है। रमणाश्रम में जाने के पहले के पत्रों में दृष्टि लौकिक है और परवर्ती पत्रों में कवि का मन ऊँचे धरातल पर आध्यात्मिक अनुभूति एवं चिन्तन को व्यंजित करता है। लौकिक और आध्यात्मिक दोनों स्तरों पर जीवन की गहराई में पैठने का प्रयत्न हुआ है।

चलं के पत्रों में चिन्ता दीक्षितुलु जी को लिखित पत्रों का बाकी से अलग अपना विशिष्ट स्थान है। उनमें प्रेमपत्रों के समान आत्मीयता है जो पत्रों के कथ्य से ही नहीं अनेकानेक प्रकार के सम्बोधनों से भी स्पष्ट हो जाता है। उस आत्मीय सम्बोधनों में दुलार, स्नेह, प्रेम, नटखटपन, हास-परिहास, सम्मान, मार्गदर्शक के प्रति श्रद्धा आदि अनेक भावनाएँ अन्तर्निहित हैं। कुछ उदाहरण : मेरे प्रिय हृदय और श्वास कोश, नश्य, सूँघक सह-दुख भाजक, दार्शनिक, गृह निवासी, सन्त, जामाता-दास, अधिकारी सेवक,

कवि, जाग्रत इत्यादि। दीक्षित और चलं दो भिन्न ध्रुव हैं—विधायक (पॉजिटिव) और निषेधात्मक। एक भारतीय आध्यात्मिक एवं सांस्कृतिक परम्परा के प्रेमी और दूसरे अनेक प्रति विद्रोही। सौन्दर्य, काम और प्रेम की गहराइयों में जाकर भी असंतृप्त एवं अशान्त चलं को रमणाश्रम में जाकर शान्ति और आनन्द पाने की साधना की और प्रेरित करने वाले दीक्षित जी ही थे चलं के मन में उनके प्रति सम्मान की भावना थी दीक्षित जी के मन चलं के प्रति वात्सल्य था। इसीलिए जीवन-भर सत्य के अन्वेषक चलं ने यह चुनौती स्वीकार की है। दीक्षित जी ने बड़ी नम्रता के साथ कहा है कि चलं के पत्रों में निष्कपटता, प्रेम, हास्य और वेदना से प्रभावित होकर उनका संग्रह करके रखा है। उनसे चलं के हृदय की गहराई, व्यापकता और रचना के प्रेरक भावोद्वेलन समझे जा सकते हैं। अपनी पुस्तक 'प्रेम पत्र' में चलं ने लिखा है कि दीक्षित जी उनकी ही पाठशाला में आये हैं। "एक वही इस अन्धकार में कान्ति की रेखा है। अभिमतों और आचारों में कोई समता न होने पर भी हम दोनों के बीच यह सम्बन्ध विचित्र लगता है। मुझमें मेरी आत्मा में सम्भावनाओं पर उनका अपरिमित विश्वास है। अपने को और तुम्हें (स्त्री) मेरा मित्र स्वीकार करके मुझमें अटल विश्वास रखने वाली उनकी आत्मा का औन्नत्य कितना महान है, यह सोचने की बात है।"

अब संक्षेप में चलं के पत्रों में अभिव्यक्त कुछ भाव-विचारों का प्रतिपादन करेंगे।

साहित्य : (1) अच्छा साहित्य दो तरह का है—(अ) सुन्दर चित्र की तरह दीवार से लटकने हुए मन को सौन्दर्य से भरने वाला है। (आ) गरजकर, चीर-फाड़कर अच्छे या बुरे के लिए जीवन को प्रभावित करने वाला है। (2) लेखक दो तरह के हैं—(क) एक महान ग्रन्थ (मास्टर पीस) छोड़कर जाने वाले हैं। (ख) स्वयं आप कोई महान ग्रन्थ एक न लिखने पर भी साहित्य को नया जीवन देने वाले हैं। बहुत ही कम ये दोनो काम करने वाले होते है। (3) साहित्यकार दो प्रकार के हैं—(अ) स्वयं व्यथित होकर उस व्यथा को कागज पर लिखने वाले हैं। (आ) लिखने की इच्छा से किसी एक समस्या का आधार लेकर लिखने वाले हैं। (4) मन चंचल न होकर स्थिर खड़े होने पर एक ही सौन्दर्य को देखता रह सकता है। कवियों और चित्रकारों के लिए यह एक सीमा तक साध्य होता है। इसीलिए वे दूसरे न देख सकने वाली गहराइयों को देख पाते हैं। (5) मनुष्य का सुख (प्रत्येक शक्ति का सुख) समष्टि रुप में संसार का सुख, ये दोनों अलग-अलग हैं। श्री. श्री. दोनों को और दोनों प्रकार के सुखों को मिलाकर लिखता है। उसी कारण उसका हृदय विशाल है—उसी कारण उसके विचारों में उलझन है। (6) चलं व्यथा को नहीं भूलता। दीक्षित अच्छे को नहीं भूलता। जानकीराम सौन्दर्य को नहीं भूलता। उसी कारण चलं की वाणी में उतनी शक्ति है, दीक्षित की वाणी में उतना माधुर्य है और जानकीराम की वाणी में उतना लालित्य है।

सौन्दर्य, शृंगार और प्रेम : (1) सुन्दर वस्तु सदा आनन्ददायक ही है। लेकिन वे

बहुत ही कम हैं। इस संसार में वैसी वस्तुओं और उससे वास्तविक मुख्य बात यह है कि उन वस्तुओं से, सौन्दर्य से आनन्द पाने वाले बहुत अधिक नहीं हैं। (2) एक प्रकृति का दृश्य है। एक अच्छा फोटोग्राफर उसका फोटो लेता है। मनुष्यों को वास्तविक दृश्य देखने पर फोटो में जो सौन्दर्य है वह दिखाई नहीं देता। (3) आन्ध्र की ज़मीन पर सौन्दर्य है, लेकिन आन्ध्र के लोगों की आँखों (दृष्टि) में सौन्दर्य नहीं है। (4) हमारे हृदय की प्रगाढ़ भावना में आत्मा से आलोक लेता है। एक साधारण मनुष्य समझने वाली स्त्री से एक रसिक प्रेम करता है तो शीघ्र ही उस स्त्री में पहले दिखाई न पड़ने वाला सौन्दर्य आ जाता है। वह संसार की आँखों को भी दिखाई देता है। (5) कुछ लोगों में वास्तव में शृंगार या प्रेम गहराई में नहीं जाता। उनके लिए कोई खतरा नहीं है। कुछ धीर, मनोबल रखने वाले भी इन खतरों के अधीन हो जाते हैं। (6) 'इस देह से मनुष्य शृंगार से अधिक और किसी में ज्यादा अनुभव प्राप्त नहीं करता। कला सम्बन्धी आनन्द अधिकांश मन का है। मानसिक से अधिक आन्नद आध्यात्मिक है। शृंगार में आनन्द का शारीरिक भाग कम है और मन का भाग अधिक है। अर्थात् महान कला से प्राप्त आनन्द से निश्चय ही शृंगार अधिक आनन्द देता है। शृंगार में शरीर और मन एक होकर वह आध्यात्मिक सीमाओं का स्पर्श करने लगता है। (7) प्रेम के अनुभव के लिए बुद्धिमत्ता बहुत आवश्यक है; स्त्री में मना करने की शक्ति भी। (8) प्रेम की अनुभूति न होना ही अच्छा है। प्रेम होता है तो वह बहुत बड़ा बन्धन है। कहीं कुछ लोगों को छोड़कर प्रेम की आवश्यकता ही नहीं है। (9) स्त्री पर प्रेम से अन्य प्राणियों पर प्रेम महान है। चाहे किसी से हो, अपने से अधिक किसी से प्रेम करना ही प्रधान है। (10) प्रेम बहुत व्यापक होकर उसके प्रेम करने वाली स्त्री का और किसी से बलात् विवाह कराने पर या मर जाने पर भी वह प्रेम करता ही रहता है। ऐसे लोगों के लिए शरीर उतना प्रधान नहीं है। (11) ईर्ष्या बहुत ही सहज है। प्रेम के लिए वह एक शक्तिशाली बन्धन है। प्रेम का अर्थ साधारण स्तर का प्रेम है। महान धरातल (प्लेन) पर पहुँचे हुए प्रेम में ईर्ष्या नहीं होती। (12) प्रेम का अर्थ ही हृदय का माधुर्य है? उस माधुर्य के बिना प्रेम नहीं हो सकता। हृदय की शून्यता में प्रेम कहाँ है?

मानव जीवन : (1) मनुष्य चाहे जिस पर विश्वास करे, जिस पर सन्देह करे, यह सच है कि उसके हृदय में सत्य का अन्वेषण है और अपने से उन्नत किसी के लिए किसी न किसी रूप में निरन्तर उसके लिए हाथ आगे बढ़ाता है। (2) हमारा विचार गलत हो सकता है, गलत है तो अनुभव के साथ सही हो जाता है। लेकिन वह अनुभव हमारा अपना होना चाहिए। दूसरों का अनुभव हमारा नहीं है। (3) किसी भी विषय में पूरा डूबकर उसके तार्किक और मानसिक पर्यवसानों तक अन्वेषण करके देखने वाला शीघ्र ही सत्य के मार्ग पर पहुँचता है, यह मेरा विश्वास है। (4) असत्य को जीतकर सत्य पर स्थिर हो जाएँगे तो सारा संसार हमारा मित्र हो जाता है। (5) वास्तविक सत्य

के अनुसार यह सब एक स्वप्न है, इसलिए हम जो सोचते हैं वह कोई भी पूर्ण सत्य नहीं है। जिसे मृत्यु कहते हैं वह भी स्वप्न में एक भाग है। इस कारण उसमें भी सत्य नहीं है। (6) जो मार्ग हो, जो विश्वास हो, मन वाणी और कर्म से विश्वास करके स्वलाभ की अभिलाषा के बिना अपने को समर्पित करते हैं, तब सत्य प्राप्त होता है। कहाँ, कहा? कहकर मन को झकझोरना है। (7) आजकल स्वतन्त्रता का अर्थ धन है।... धन के बल से अपमानों का शिकार न होकर जीवन चला सकते हैं! लेकिन धन के दास हो गये हैं तो हजारों वर्षों के बाद भी विमुक्त नहीं होते। (8) संसार को लात मारने वाले को देखकर संसार आवश्यक दूर तक अपने आप चला जाता है। (9) धन से सफलता न पाने वालों के लिए धन विषतुल्य है। ऐश्वर्य वालों के लक्षण अलग हैं, उनके मुख पर ही धन की तेजस्विता उज्ज्वल चमकती है। (10) ऐश्वर्य में रहने वाले खोखलेपन को दूर से ही पहचानने वाला मन सब ऐश्वर्या से महान ऐश्वर्य है। (11) जब तक मनुष्य नहीं बदलते, देश नहीं बदलेगा। मनुष्यों का मन धर्म और भक्ति की दिशा में बदलना है। (12) ईश्वर ने बहुत से मनुष्यों को सभी तत्त्वों (एलिमेण्ट्स) से नहीं बनाया है। एक कीचड़ से ही बनाया है वह भी कई बार सड़े-गले कीचड़ से। लेकिन हर प्रतिमा में अपने में से एक हीरा जड़ा है। (13) पशु-पक्षी उत्तम हृदय वालों को छोड़कर दूसरों से प्रेम नहीं करते। (14) यह मुख्य बात नहीं है कि कितना और क्या सहायता की है, बल्कि हमारा हृदय कितना कोमल हुआ है, और कहाँ तक उसके साथ एक हो सके हैं। (15)अतीत सुन्दर लगता है क्योंकि मन सुख को ही याद करता है। सच्चा सुख पाते समय मन को सुख की अनुभूति का स्फुरण नहीं रहता। इसलिए वर्तमान का सौभाग्य नहीं जानते। (16) जब तक व्यथा के वशीभूत नहीं होते व्यथा स्वास्थ्यकर और शुभ है। (17) शिक्षा ऊपरी चमकीला संस्कार ही देता है; सच्चा, सहज और गहरा संस्कार नहीं। वही जन्म से ही प्राप्त होता है और परिसर से बढ़कर उज्ज्वल होता है। (18) द्वेष और मोह की कलुषित प्रेरणा से चलं की कुछ स्त्रियाँ उसके सर पर चढ़कर सवार हुए हैं। प्रेम और शक्ति से प्रोज्ज्वल गाँधीजी से प्रेरणा पाकर उनकी पाद-धूलि के लिए बैचैन हो उठे हैं।

आध्यात्मिक चेतना : (1) मनुष्य को ईश्वर अपने समीप लेने के लिए वैराग्य, भक्ति, योग अनेक मार्ग होने पर भी वह अधिक प्रयोग करने वाली व्यथा है। जो हम सोचते हैं उसका सर्वनाश होना, किसी भी दिशा में मार्ग दिखाई देना इत्यादि। कुछ लोगों को ही वह सुख में दर्शन देना है। (2) परिस्थितियाँ हमे ढकेलती हैं तो ईश्वर के पादों के आश्रय में जाना कोई बड़ी बात नहीं है। वह विवशता है। जब हम परिस्थितियों और परिसरों को लात मारकर जाना ही गौरव की बात है। (3) मानव प्रयत्न के बाद ईश्वर की शरण में जाकर शान्ति से मानव प्रयत्न जारी रखने में ज्यादा विवेक है। (4) हम जो वास्तविकता, स्वप्न आदि देख रहे हैं, वे सब जिस पर आधारित होकर गतिशील

दौड़ रहे हैं वह आलोक ही ईश्वर है। इन सब के पीछे शुद्ध आलोक-चेतना ईश्वर है। हमारे छोटे मस्तिष्कों को ग्राह्य होने के लिए, हमारी दृष्टि धारण कर सके; इसलिए इतने रूपों में ईश्वर हमारा आलिंगन कर रहा है। (5) शान्ति कहें, आनन्द कहें, वे ईश्वर के नाम हैं वह उनका स्वरूप है। उसी रूप में हमारे हृदयों में आलोकित हो रहा है। इसीलिए हमें उनकी उतनी आकांक्षा है। (6) ईश्वर एक ज्ञान नहीं, अनुभव है। मन को नहीं, उदय को ही ज्ञात है। कहने के लिए, सुनने के लिए कुछ नहीं है। (7) प्रेम, सौन्दर्य, दया और सूनृत इन रूपों में ईश्वर का मनुष्य के मन में साक्षात्कार होता है। मनुष्य माया में जितना अधिक·फँसता है, ईश्वर का माधुर्य उतना कम होकर प्रेम द्वेष में, सौन्दर्य कुरूपता में, दया क्रूरता में और सूनृत असत्य में परिवर्तित होता है। इसीलिए ईश्वर में विश्वास न होने वाले में भी प्रेम, दया आदि हों तो उसमें ईश्वर प्रकाशित होता रहता है। (8) गाते समय संगीतकार क्या जान-बूझकर उचित ताल का प्रयोग करता है? वह अपने आप होता रहता है। उसी तरह इस सृष्टि के विकास में कोई गति के क्रम का उल्लंघन नहीं होता। कहीं अन्याय नहीं होता। सौन्दर्य का, सम्पूर्णत्व का, लोपराहित्य का भंग नहीं होता। (9) ऐसा लगता है कि इस आत्मा के अन्वेषण के समान कष्टसाध्य, मूल्यवान, विचित्र और आकर्षक और कोई नहीं है। न पाने पर भी यह शिकार दिलचस्प और व्यथाजनक है। इस प्रयत्न का अर्थ है, अपने ही हाथों से शरीर की नहीं, मन की हत्या है। (10) मन की मलिनता देखकर उससे घृणा करना ही पहली सीढ़ी है, बहुत बड़ी सीढ़ी है। उस तरह देखने के बाद वह मलिनता बहुत समय तक टिक नहीं सकती। जो हो, विश्वास मन की नहीं, हृदय की बात है। सच्चे विश्वास का कोई कारण दिखाई नहीं देता; प्रेम की तरह, मनुष्य में महानता की तरह, फूल में परिमल की तरह। (12) बुद्धि के बढ़ने पर हृदय को चीरता है—मन को चाकू की तरह चीरना नहीं चाहिए, आग की तरह जला देना ही। (13) किसी एक धर्म का दृढ़तापूर्वक पालन करते हैं तो बस बाकी धर्म उसके साथ ही रहते हैं। किसी धर्म को संकुचित रूप में लेने पर ही अन्य धर्मों का अलग अनुष्ठान आवश्यक होता है। (14) किसी मनुष्य को महान ज्ञानी होने के लिए पहले उसका शरीर स्वस्थ एवं योगसाधक होना चाहिए। पूर्वजन्म और इस जन्म के संस्कार जल जाने चाहिए तथा अहं का नाश होना है। (15) किसी महान आध्यात्मिक अनुभव के लिए व्याकुल होकर, कैसे उसे पाना है न जानकर असहाय स्थिति में ईश्वर की सहायता माँगने का कुछ अर्थ है। बहुत-से लोगों को अपने साधारण व्यवहारों को निबाहने की शक्ति नहीं है। इसलिए ईश्वर को पकड़े रहते हैं। (16) ज्ञान, सत्य, सौन्दर्य, आनन्द, शान्ति ये सब एक के ही नाम हैं। वह तुम्हारे हृदय में ही है। उसका ढक्कन उठाओगे तो तुम्हीं सब हो जाते हो। उसका ढक्कन मन है। उस मन को रोकोगे तो हृदय में एक हो जाते हो तुम। विचारों को रोको, वही साधना है। (17) तप और ध्यान का अर्थ संसार को

छोड़कर किसी कोने में बैठना नहीं है। सारे संसार को प्रेम में आलिंगन करने की शक्ति का अन्वेषण है। (18) आध्यात्मिक साधना की पहली सीढ़ी गुरु को सम्पूर्ण समर्पण है। (19) सत्य, कभी नष्ट न होने वाली, और कुछ न माँगने वाली एक यह आध्यात्मिक शान्ति ही है। उसे जब तक प्राप्त नहीं करेगा, मनुष्य को और किसी तरह की शक्ति नहीं मिलेगी।...तप्त होकर जीवन में जले लोगों को ही यह आध्यात्मिक आनन्द दिखाई देता है। जीवन की व्यथाओं का अर्थ यही है। (20) आध्यात्मिक आनन्द कला के आनन्द से महान है। वह निरन्तर साथ रहने वाला है। (21) सन्तोष पाने के लिए बाहरी वस्तुओं का आधार कितना चाहिए, यह तुम्हारे संस्कारों पर निर्भर करता है। किसी आधार के बिना अनुभूत होने वाला आध्यात्मिक आनन्द ही है। (22) सुखों पर से मन को हटाने पर उन सुखों के कारणभूत वास्तविक आनन्द दिखाई देता है। मनुष्य रंगीन मेघों को ही देखना चाहता है क्योंकि उनके पीछे सूर्य को देखने की शक्ति उसकी आँखों में नहीं है।

चलं के पत्रों से उपर्युक्त उद्धरण उनकी आरम्भिक लौकिक दृष्टि और परवर्ती आध्यात्मिक चेतना दोनों को व्यक्त करते हैं। उन उद्धरणों के द्वारा चलं की चिन्तनशीलता की एक संक्षिप्त रूपरेखा मात्र प्रस्तुत की गयी है। उन पत्रों में भावात्मक प्रसंगों, व्यंग्य, हास्य और वाग्वैदग्ध्य के भी अनेक उदाहरण मिल जाते हैं जिनका विस्तार के भय से उल्लेख नहीं किया गया है। समग्र मानव जीवन का आख्यान करते हुए वैविध्यपूर्ण और साहित्यिक पत्र-लेखन की यह क्षमता शायद ही तेलुगु के अन्य किसी साहित्यकार में है। चलं ने पत्र-लेखन को एक महत्त्वपूर्ण विधा के रूप में प्रतिष्ठित किया है।

(ख) आत्मकथा : (1) समसामयिक जीवन में किसी व्यक्ति के अपने अनुभवों की आत्माभिव्यक्ति आत्मकथा है। उसके कथ्य में मानवीय संवेदना एवं जीवन-मूल्यों का प्रतिपादन हो, कथन में सच्चाई और ईमानदारी हो तथा रूप-विधान कलात्मक हो, तभी आत्मकथा साहित्य के क्षेत्र में मूल्यवान हो सकती है। इस कसौटी पर चलं की आत्मकथा सफल रचना है। चलं सामाजिक रीति-नीति के प्रति विद्रोही तथा सौन्दर्य, कम एवं प्रेम के क्षेत्र में सत्य के अन्वेषक थे जिनका अन्वेषण कालक्रम में लौकिक से आध्यात्मिक होता गया है। चलं के शब्दों में ही उनके अनुभव सामाजिक जीवन का आख्यान और रचना का दृष्टिकोण देखेंगे। इस समाज में संस्कारिता है तो सभी लोगों में होती है। आज वही नहीं है। आज पढ़ने वाले लोगों में कहीं विकास दिखाई नहीं देता। सदा वे पढ़ी हुई पुस्तकों को दोहराते हैं या उद्धृत करते हैं। (2) "इस जीवन के साथ मेरी लड़ाई होती आयी है। इस लड़ाई का इतिहास ही मेरा इतिहास है।...इस संसार की सारी व्यथा से, सारे अन्धकार से मेरा निरन्तर संघर्ष है; इसीलिए मेरा इतिहास बाधार्णव है, एक शोकार्णव है।" (3) "मैंने जो काम किया है, जो रचनाएँ लिखी हैं, वे सब लोगों के सुधार के लिए नहीं हैं, स्वयं अपने के संस्कार के लिए हैं।"

सामाजिक-पारिवारिक जीवन की गति-विधि और अपने कटु अनुभवों ने चलं को विद्रोही और स्त्री को स्वेच्छा का आग्रही बनाया है। अपनी बहिन के अनुभवों को देखने के बाद, "समझ सका हूँ कि ससुराल में स्त्री किन कष्टों को सह रही है और ससुराल वाले किस तरह उनके मस्तिष्कों का ऑपरेशन करते हैं। उसी दिन स्त्री संरक्षण के आन्दोलन का आरम्भ हुआ है। स्त्री-जीवन-सुधार का अर्थ मालूम हुआ मुझे।" स्त्री स्वेच्छा के आग्रह में लेखक विवाह के बन्धनों से मुक्त काम और रोमांस का समर्थन करने लगे हैं। उनका कहना है कि "मेरा रोमांस अपने रक्त में ही जन्मा है। जितना ही प्रयत्न करूँ इस शृंगार की कामना को आज तक जीत नहीं सका।" पहली बार रत्नम्मा के साथ काम-सम्बन्ध में "ऐसा लगा है कि यह सारा शृंगार काम से जुड़े होने के कारण पाप है।" लेकिन शृंगार के लिए आतुर अपने मन को जीतनीहीं सके और एक सम्बन्ध पुराना होने पर नया सम्बन्ध बना लेते थे। वे जानते हैं कि यह शृंगार न केवल काम है और न महान प्रेम। उन्होंने अपने सब काम और शृंगार के सम्बन्धों को आत्मकथा में स्पष्ट स्वीकार करते हुए लिखा है कि उनके कारण वे किस प्रकार की झंझटों में फँसे हैं और उनकी पत्नी रंगनायकम्मा कितनी दुखी हुई है। अपनी रचनाओं की तरह जीवन में भी वे सौन्दर्य, शृंगार और प्रेम का अन्वेषण करते रहे हैं, लेकिन उनको जीवन में उनके मूलभूत सत्य और शान्ति प्राप्त नहीं हुए हैं। इसी अन्वेषण में वे लौकिकता से आध्यात्मिकता की ओर उन्मुख हुए हैं और रमणाश्रम में अन्तिम जीवन बिताया है। आत्मकथा चलं की वेदना, साधना और अन्वेषण की सजीव कहानी है। वह चलं के व्यक्तित्व और उसके माध्यम से कृतित्व को समझने में सहकारी है।

(ग) निबन्धकार : कुछ पुस्तकों की भूमिकाओं, फुटकल निबन्धों के अतिरिक्त चलं के निबन्ध-संग्रह विषादं, आनन्द, कवि हृदय, निर्विकल्पं, धर्मसाधन, भगवान स्मृतुलु आदि हैं। प्रथम दो संग्रहों में जीवन के विविध पहलुओं की व्याख्या, तृतीय में काव्य और कला का विवेचन, चतुर्थ में ईसाई धर्म का आख्यान तथा अन्तिम दोनों संकलनों में भगवान रमण महर्षि के आश्रम में स्मृतियों और धर्म-साधना पर विचार हैं। ये सब विषय-प्रधान, वैचारिक, आख्यानात्मक या साधनापरक लेख हैं, निबन्ध नहीं हैं। उन पर लेखक के व्यक्तित्व की छाप या वैयक्तिकता की अपेक्षा लेखक के दृष्टिकोण के अनुरूप विषय पर विचार-विमर्श की प्रधानता है। लेखक के गम्भीर, चिन्तन में विचार सूक्ति रूप धारण करके मन पर गहरा प्रभाव डालने। कुछ उदाहरण : विषाद–"त्याग ऐसा हो जो किसी को त्याग के रूप में ज्ञात न हो। ज्ञात होने पर वह अपने लिए और दूसरों के लिए विषतुल्य है।" "दूसरों के चाल-चलन से आँखें फेरकर, वर्तमान आनन्दों को देखकर तृप्त होना सीखे बिना हृदय को जला देने वाला यह द्वेष नष्ट नहीं होता।" आनन्द–"धर्मबद्ध जीवन बिताने को कहने का यह अर्थ नहीं कि आप धर्म या समाज का उद्धार करें, बल्कि आप अपना उद्धार करें।" "धर्म को हमारे महान सन्देहों को दूर

करना चाहिए। वह हमारे जीवन और विश्वास का समन्वय करे। संसार में नई समस्याएँ आरम्भ होती हैं तो उनको स्पष्ट करना है और जीने के लिए नया उत्साह देना है।" यदि किसी को कुछ देखने की आँखें हैं तो यह संसार सौन्दर्यमय अवश्य दिखाई देता है। इसलिए ये प्राणी कितने प्रकार कितने सुख का अनुभव करके सन्तुष्ट होते, सृष्टि का उद्देश्य उतना पूरा होता।" कवि हृदय—"हृदय को अपील किये बिना कुछ भी कला नहीं है। हृदय को अपील करने वाली कला हृदय में ही जन्म लेती है। आज के मनोजनित निर्माण को कला कहने से वास्तविक कला को पहचानने की दृष्टि समाप्त हो गयी है।" "कलाकार को यश घेर लेता है तो वह विष हो जाता है। कुछ लोगों को छोड़कर बाकी के लिए उनका कला का जीवन उससे समाप्त है। उसमें कोई उन्नति नहीं होती। लेकिन लोगों की प्रशंसाओं में खोखलापन वह पहचान लेता है तो, वह उसके जीवन को जलाकर उसकी कला को आलोक देता है।" निर्विकल्प—"गुरु-शिष्यों का प्रेम प्रेयसी-प्रिय के प्रेम से, माता-सन्तान के प्रेम से प्रबल है। वह इस संसार से, जन्म से, हृदयों से बढ़कर काम करता है।" "धर्म के दो भाग हैं। इन दोनों भागों के बिना धर्म पूर्ण नहीं होता। एक सामाजिक और दूसरा दैविक है। सामाजिक भाव मनुष्य को समाज के कल्याण के लिए जीने के लिए, जीकर ईश्वर का प्रिय बनने का प्रयत्न करता है। दैविक भाग, ईश्वर को हृदय में लाकर, उसे समीप बनाने का प्रयास करता है। इसी भाग को आध्यात्मिक भाग कहते हैं।" चलं के निबन्धों में वैयक्तिक स्पर्श भावात्मकता और स्वच्छन्दता न हो, पर उनमें निजता, सच्चाई, ईमानदारी और चिन्तन की गहराई है।

(घ) कवि : "चलं गीतालु (चलं के गीतों और सुध (सुधा) चलं के मौलिक कविता-संग्रह हैं जो आध्यात्मिक हैं। इनकी तुलना में चलं की गद्य-रचनाओं में अधिक काव्यत्व—तीव्र भावानुभूति और कल्पना की कलात्मक अभिव्यंजना मिलता है। आध्यात्मिक कथ्य को अधिक महत्त्व देने वाले शायद इन गीतों और मुक्त छन्द में भाव-व्यंजना का ज्यादा मूल्य आँकते हुए आनन्द पायेंगे। काव्यात्मक गद्य और आध्यात्मिक कविताओं के कुछ प्रस्तुत हैं जिस से पाठक स्वयं तुलनात्मक मूल्यांकन कर लें—

1. सावित्री! कितना प्यारा है नाम! मुझे मालूम है पहले! सावित्री! फूल पर परिमल, नन्हे बच्चे के छोटे अधरों पर मुस्कराहट, प्रेयसी के लिए रेगिस्तान में घूमने वाले प्रणयोन्मत्त पर करुणाशील शुक्र की कान्तिरेखा! यह नाम मेरे हृदय में गीत गा रहा है। सावित्री...अब जानने के लिए कुछ नहीं है। (सावित्री नाटिका)

2. हँसते तुम्हारे हाथों की हिलोर से हवा में मेह भँवर काटकर मृदुल नया आकार धारण कर रहे हैं। झूमते तुम्हारे देह से रगड़कर सूर्य की कान्ति कभी न जानने वाले तेज से प्रकाशित हो रही है। तुम्हारे यादों की ध्वनियों से काल नई गतियों को सीख रहा है। तुम्हारे हिलने से ही बस, आकाश से दिव्य-वीणा रव और मृदंग-वादन सुनने

का अनुभव हो रहा है। अब सहा नहीं जाता। (पुरूरव नाटक—उर्वशी-वर्णन)

3. यामिनी शिरोज-दीप्त-ज्वालाकुसुम
तेजोतलय पर गिर अदृश्य हो गये
रवि-किरणांगुली नखक्षतों से
श्यामलाकाश लाल हो उठी
अरुणाचलेश्वर वाम भाग में
कुंकुम पूजा हो रही, जागो! (सुधा-1)

4. अहिंसा-रिन्तमित सुहृत में
द्वेष बुझाने यित्नशील गाँधी अमृत गान से
दुर्भेद्य हृदय कपाट को खटखटाया रवि
मौन से ज्ञान बाँटा
साक्षात् दक्षिणामूर्ति रमण
आकर जाने का पता भी दिखाई नहीं देता
संसार में! (सुधा-18)

5. बीते अनन्त में हम नहीं ये
आने वाले अनन्त में हम नहीं होंगे
इस अगाध आद्यंत रहित शून्य में
एक ही क्षण
यह मैं कहने वाला आलोक! (सुधा-36)

चलं ने रवीन्द्र के गीतांजलि आदि पाँच काव्य-संकलनों और उमर खरयाम का सफल भावात्मक अनुवाद भी किया है जो आध्यात्मिकता, रहस्यवाद और उदात्त प्रेम की ओर उन्मुख उनकी परवर्ती साहित्यिक अभिरुचि को प्रकट करता है। चलं कविता में बौद्धिक संवेदनों और चिन्तनशील चेतना की अपेक्षा भावात्मक उद्वेलन एवं आवेग को सच्ची कविता की पहचान मानते हैं।

9. आध्यात्मिक परिवर्तन : चलं का आध्यात्मिक चिन्तन किसी व्यवस्थित दार्शनिक रूप में नहीं है। उन्होंने अद्वैत, विशिष्टाद्वैत और द्वैत तीनों दर्शनों से तथा ज्ञान, योग, कर्म और व्यक्ति के चारों मार्गों से विचार सूत्रों को ग्रहण किया है। उनकी विशेषता जीवन-सापेक्ष व्यावहारिक रूप में उनका प्रतिपादन है जिससे पाठक को समझने में कोई कठिनाई नहीं होती। साधना में धर्म के बाह्य आचारों से बचकर जिनके कारण समाज में धर्म के नाम पर इतनी विकृतियाँ फैल गयी हैं, हृदयपूर्वक आत्मा की अनुभूति को महत्त्व दिया है। कबीर की तरह धर्म के कथनों या धार्मिक-सूत्रों को नहीं निजी अनुभूति को ही प्रामाणिक मानते हैं। लौकिक जीवन में सौन्दर्य और प्रेम के लेखक ने आध्यात्मिक स्तर पर भी उन्हीं के माध्यम से परम सौन्दर्य एवं सत्य स्वरूप ईश्वर के

अन्वेषण में लग गये हैं। वेदना, त्याग और प्रेम ईश्वर के साथ सम्बन्ध स्थापित करने वाले सूत्र हैं। चलं का साधना-मार्ग अन्वेषणात्मक है—"मैं कौन हूँ?" का उत्तर है। इस साधना के गुरु भगवान रमण महर्षि हैं जिनका व्रत ही सब कुछ समझा देता है अपने सान्निध्य मात्र से। मैं और मेरे लोक में लोक के अलगाव को छोड़कर एक हो जाने से परम आलोकमय सत्य का अनुभव हो जाता है। पहले इस लोक से संचालित न होकर उस पर अधिकार कर लें, अपने लोक की सृष्टि कर लें, मैं में अहंकार का विसर्जन करके माया से मुक्त हों तभी आध्यात्मिक अनुभूति होती है। इस साधना में गुरु के मौन और वाच्य कथनों की महत्त्वपूर्ण भूमिका है। गुरु का कथन है कि पहले तुम कितने वास्तव हो यह समझ लो; यह संसार माया है या वास्तव, यह आसानी से स्पष्ट हो जाएगा। मैं से बाहर निकलने पर यह प्रकट हो जाएगा कि मैं और संसार में अन्तर्निहित एक ही वास्तव है।" (म्यूजिंग्स) साम्प्रदायिकता से मुक्त चलं के आध्यात्मिक चिन्तन में ईसाई वेदना, पश्चात्ताप और प्रेम को, बौद्धधर्म की सार्वजनिक करुणा को तथा इस्लाम के सामाजिक समता-भाव को उचित स्थान मिला है। व्यावहारिक क्षेत्र में धर्म के अन्धविश्वासों और उसके नाम पर सामाजिक कुरीतियों की चलं ने कटु आलोचना की है।

चलं की दस आध्यात्मिक रचनाएँ हैं—चलं के गीत, सुधा (कविताएँ) तेलुगु रव्वलु (आलोक के स्फुलिंग-कहानियाँ), भगवद्गीता (अनुवाद और आख्यान), अक्षर मणिमाला, धर्मसाधना (निबन्ध) भगवान स्मृतुलु (भगवान की स्मृतियाँ—निबन्ध), जीसस जीवितं (ईसा का जीवन) निर्विकल्पं (ईसाई धर्म पर निबन्ध) और मार्ता (उपन्यास)। इनके अतिरिक्त दीक्षित जी आदि सभी मित्रों को लिखे गये परवर्ती पत्रों में रमण महर्षि के प्रभाव और अपनी साधना और अनुभूति की विस्तार से अभिव्यंजना हुई है। आत्मकथा और म्यूजिंग्स के अन्तिम भाग में भी भगवान की महानता और उनके भाव-विचारों का उल्लेख है। इनमें आध्यात्मिक चिन्तन की विशेष दिशाओं का निरूपण पहले किया जा चुका है। अब संक्षेप में चलं के आध्यात्मिक चिन्तन के कुछ उद्धरण प्रस्तुत किये जा रहे हैं। ईश्वर : (1) "ईश्वर ने इस संसार की सृष्टि नहीं की। यह सब उनकी अभिव्यक्ति (मेनिफेस्टेशन) है। जिस तरह दीप से कान्ति आयी है, सूर्य और सूर्यकान्ति का जो सम्बन्ध है, वैसा ही सम्बन्ध सृष्टि का उनके साथ है। लेकिन वे सर्वशक्तिशाली जीवन्त ईश्वर हैं।" (आत्मकथा) केवल तार्किक, वैज्ञानिक, बौद्धिक अन्वेषण से अनुभव-वेद्य ईश्वर को पा नहीं सकते। (2) इतने वर्ष मैंने ईश्वर-प्रदत्त सब शक्तियों से मेरे थोड़े-से विज्ञान से ढूँढ़ा, पढ़ा, पूछा, तिरस्कार किया है। लेकिन मुझे कहीं कुछ समझ में नहीं आया है। मुझे तृप्त करने वाला समाधान नहीं मिला है। इसलिए यह बौद्धिक तृष्णा कहीं न कहीं ले जाती मनुष्यों को।" (आत्मकथा) "नास्तिक ईश्वर के अस्तित्व पर प्रश्न करके तर्क करता है, ढूँढ़ता है और विश्वासों का परिशीलन करता है। ईश्वर को

इनकारने के पर्याप्त कारण हैं। उसमें रामचन्द्रराव-जैसे (गोरा) नास्तिक प्रचारक क्षण-क्षण ईश्वर पर सोचना अनिवार्य है।" (गोरा षष्टपूर्ति अभिनन्दन ग्रन्थ में निबन्ध) माया : "संसार में सौन्दर्य, प्रेम, सुख सब ईश्वर की छायाएँ हैं। उन्हीं से ईश्वर हमें आकृष्ट करता है, अपना स्परण दिलाता है। लेकिन आखिर ईश्वर को जानने के लिए ये सौन्दर्य और आकर्षण ही मनुष्य पुरोगमन के लिए बाधाएँ हो जाते हैं। वही माया है।" (गीतांजलि की भूमिका) प्रकृति और पुरुष : इस प्रकृति का ईश्वरीय स्पंदन गानों से, नृत्यों से, सौन्दर्य से, वर्षा से मनुष्य को अपने अन्दर बुला रहा है।" (गीतांजलि की भूमिका) धर्म : "हर एक युग में किसी न किसी धर्म में एक प्रवक्ता का अवतार होकर वह प्रवचन कर रहा है—इस व्यथा से बचने का मार्ग। लेकिन वह मार्ग सीमित कुछ लोगों को छोड़कर बाकी के बोधगम्य नहीं है, ईप्सित नहीं है, साध्य नहीं है। इसलिए मानव जाति की वह आशा, वह स्वप्न और वह तपन वैसे ही रह गये हैं।" (गीता पर विचार) "धर्म के पुराने होने पर उसके अधिकारी बनते हैं। उनसे प्रश्न करने वाले अधिकारी नहीं हैं। धर्म सजीव न होकर आचार और मन्त्र-तन्त्र के रूप में स्थिर हो जाता है। (निर्विकल्प) 'मनुष्य को माधव के रुप में देखने पर ही मानव सेवा माधव सेवा होती है।" (निर्विकल्प) भक्ति : "संसार दिखाई पड़ने वाली भक्ति में अधिकांश मनुष्य की इच्छाओं से उत्पन्न होती है। इच्छाओं की पूर्ति की प्रार्थना करने वाली हीन भक्ति भी व्यर्थ नहीं है। उस वरदान की कृतज्ञता से ईश्वर में मन संलग्न होते हैं।" (गीता पर विचार) साधना : "मन निर्मल न होने पर उस साधना के फैल भी मलिन होने है।' (गीता पर विचार) 'मन द्वन्द्वों को छोड़कर काम नहीं करता। इसलिए उसके द्वारा प्राप्त ज्ञान भी सदा सापेक्ष है।" (गीता पर विचार) "मनुष्य सोचता है कि वही कर रहा है, व्यवस्था कर रहा है। मनुष्य जब जानता है कि यह सब वह नहीं, ईश्वर कर रहा है और तटस्थ हो जाता है, तज उसे ज्ञानोदय होता है।" (गीता पर विचार) "मनुष्य प्रकृति के गुणों के वशीभूत होकर चल रहा है। उस प्रकृति के गुणों से बचने का उपाय एक ज्ञान के नेत्र ही जानते हैं।" (गीता पर विचार)

समीक्षकों ने चलं के जीवन-दर्शन और दृष्टिकोण में परिवर्तन पर काफी विचार-विमर्श किया है। इतना निश्चित है कि भर्तृहरि और वेमना की तरह भोग की अतिवादिता से घृणा उत्पन्न होकर उन्होंने निवृत्तिमार्गी वैराग्य को ग्रहण नहीं किया। लौकिक और आध्यात्मिक दोनों स्तरों पर उनकी दृष्टि प्रवृत्तिमार्गी ही रही है। इसलिए इस परिवर्तन को सहज विकास ही मानना चाहिए। रमणाश्रम में जाने पर अपनी पहले की काम एवं शृंगार की पुस्तकों के सम्बन्ध में पूछने पर उन्होंने उत्तर दिया है कि दोनों के स्तर भिन्न हैं—एक आध्यात्मिक और दूसरा लौकिक। लौकिक सामाजिक जीवन में इतना कल्मष भर गया है कि आश्रम से उस जगत में जाने पर वैसी ही पुस्तकें और अधिक प्रभावशाली रूप में लिखेंगे। (आत्मकथा) लेकिन यह मनोवैज्ञानिक दृष्टि से सम्भव नहीं

है—विकसित मन पहले की स्थिति में नहीं जा सकता। वास्तव में चलं के मन और रचनाओं में एक अन्तर्विरोधी स्वर आरम्भ से ही दिखाई देता है। एक ओर वे काम और शृंगार के ऐन्द्रिय धरातल पर रचना करते हैं तो दूसरी ओर रचना में मन, सौन्दर्य एवं प्रेम के उदात्त धरातल पर क्रियाशील है जो कभी प्रकट हो जाता है और कभी अन्तर्लीन है। ध्यान देने की दूसरी बात लेखक का मानसिक संघर्ष है। उन्होंने समाज की प्रतिकुल प्रतिक्रिया की उपेक्षा की बात बार-बार अपनी रचनाओं और पत्रों में लिखी है। लेकिन अननुमोदन ने प्रतिहिंसा के रूप में और जोर से समाज पर प्रहार करता गया है। 'स्त्री' के द्वितीय संस्करण की भूमिका में उन्होंने स्पष्ट स्वीकार किया है कि लोगों की आलोचना से क्रुद्ध उन्होंने आत्मसमर्थन (सेल्फ एश्शर्शन) में रचना की है। "इसीलिए उन दिनों की पुस्तकों में अतिशयोक्तियाँ एकपक्षीय कथन (वन सैडेड स्टेटमेंट्स), द्वेष से भरी गालियाँ और अनावश्यक शृंगार भरे रहते थे।" इसीलिए अरुणाचल के आश्रम में जाने के बाद शान्त मन से फिर उस तरह की रचना सम्भव नहीं थी।

चलं के मानसिक परिवर्तन में बहिर्मुखी और अन्तर्मुखी दोनों प्रकार के कारण हैं। अपनी शैक्षिक मान्यताओं के विरुद्ध होने और अपने सामाजिक आदर्शों की अवहेलना से अध्यापन की नौकरी छोड़ देने से उत्पन्न आर्थिक परेशानियाँ हैं। (2) समाज की धार्मिक मान्यताओं के विरुद्ध उनकी रचनाओं उन्मुक्त काम की अभिव्यंजना के कारण ब्राह्मण-समाज ने उनका जाति-बहिष्कार किया जिसके कारण सामाजिक सम्बन्ध ही समाप्त नहीं हो गये हैं, मन में व्याकुलता बढ़ गयी है। (3) ऊपर के दोनों कारणों से परिवार में क्षोभ और अशान्ति थी जिससे अर्द्धविक्षिप्त-सी होकर उनकी पत्नी रंगनायकम्मा अरुणाश्रम में चली गयी और सपरिवार वहाँ आ जाने के लिए पति को लिखती रही। आत्मकथा में चलं ने इन आर्थिक, सामाजिक और पारिवारिक विष्रमताओं के कारण अरुणाश्रम हमेशा के लिए चले जाने का उल्लेख किया है। पत्नी के क्षोभ का एक कारण आर्थिक और सामाजिक परिस्थितियों के अतिरिक्त पति के बदलते अनेक काम-प्रेम के सम्बन्ध भी हो सकते है। जीवन की इन बहिर्मुखी गतिविधि से महत्त्वपूर्ण चलं की मानसिक चेतना है। (4) धर्म के नाम पर समाज के अत्याचारों, परम्पराओं और रस्म-रिवाजों का विरोध करते हुए भी सच्चे धर्म के प्रति उनका दृष्टिकोण निषेधात्मक नहीं था। वे कभी नास्तिक नहीं थे, पर अस्ति-नास्ति के विवादों से आरम्भिक जीवन में दूर रहे। (5) जीवन और साहित्य में काम और शृंगार से वे कभी सन्तुष्ट नहीं रहे और सौन्दर्य एवं प्रेम की गहराइयों में जाकर जीवन के सत्य के अन्वेषण में संलग्न हुए। उसी सत्य की खोज में वे अरुणाश्रम गये। (6) बाहर और अन्दर उनका मन व्याकुल और अशान्त था दीक्षित जी ने भी उन्हें अरुणाश्रम में साधना के द्वारा सत्य, शान्ति और आनन्द पाने की प्रेरणा दी। चलं के आध्यात्मिकता की ओर उन्मुख होने का मूल कारण उनके में आरम्भ से ही वर्तमान सत्यान्वेषण है।

(क) स्त्री-बिड्डल शिक्षण (स्त्री और सन्तान का प्रशिक्षण) : ये दोनों साहित्यिक रचनाएँ नहीं हैं, लेकिन चलं के दृष्टिकोण को समझने में विशेष उपयोगी हैं। (क) स्त्री : व्यावहारिक दृष्टि से नारी-जीवन के विविध पहलुओं पर किसी तरह के छिपाव-दुराव के बिना, ईमानदारी के साथ, व्यापक और गम्भीर विवेचन शायद ही और किसी भारतीय ग्रन्थ में मिलेगा। लेखक ने अपने प्रत्यक्ष अनुभवों और अपने समय के सामाजिक जीवन की गतिविधि के आधार पर 1925 में ही इसकी रचना की। लेखक के विचारों से अनेक स्थानों पर हम सहमत नहीं हो सकते, पर वे नवीन चिन्तन की प्रेरणा देने वाले हैं। नारी के उद्धार के लिए तड़पते हुए लिखी हुई इस रचना में अनेक भ्रामक विचार हो सकते हैं, लेकिन इस तरह की आन्तरिक वेदना अन्यत्र दुर्लभ है। स्त्री के व्यक्तित्व, सेक्स और प्रेम पर इतने कोणों से विचार करने वाले साहित्यकार और वैज्ञानिक बहुत ही कम होंगे। चलं ने समाजशास्त्र, मनोविज्ञान और विज्ञान का अध्ययन करके उसके आधार पर नहीं सामाजिक जीवन के प्रत्यक्ष व्यावहारिक ज्ञान के आधार पर इस ग्रन्थ को लिखा है। सब्ज ही उसमें कुछ अशास्त्रीय बातें हो सकती हैं। लेखक के भाव-विचारों में विच्छृंखलता भी मिलती है। जब चलं के समकालीन रोमांटिक साहित्यकार नारी का आदर्शीकरण करके कल्पनालोकों में विहार कर रहे थे इन्होंने उसे पृथ्वी पर लाकर उसके वास्तविक स्वरूप को सामने रखा है।

अपनी 'आत्मकथा' में अपनी बहिन के कटु अनुभवों का उल्लेख करते हुए चलं ने लिखा है—"ससुराल में स्त्री किस तरह के कष्टों का अनुभव करती है और वे किस तरह स्त्रियों के मस्तिष्क का ऑपरेशन करते हैं—वह समझ में आया है। उसी दिन स्त्रियों के संरक्षण का आन्दोलन आरम्भ हुआ है। मुझे पता चला है कि स्त्री जीवन-सुधार का अर्थ क्या है।" इसी प्रेरणा से स्त्री की समस्याओं पर लिखते हुए आरम्भ में वे कहते हैं—"स्त्री का भी शरीर है, उसे व्यायाम देना चाहिए; उसका मस्तिष्क है, उसे ज्ञान देना है, उसका हृदय है, उसे अनुभव देना चाहिए—इस बात को न पहुँचने वाले यह देश में क्या मेरी लिखी हुई बातें समझ सकेगा?" "पवित्रता स्त्री का भूषण ही है। वह अत्यन्त आवश्यक है। तुच्छ अभिलाषाओं के वशीभूत न होकर इन्द्रियों पर विजय प्राप्त करना उसकी मानसिक शक्ति का विकास करके उसके स्वभाव को उज्ज्वलता और उन्नति प्रदान करती है।" इस वैचारिक भूमिका को दृष्टि में रखकर चलं के विचारों का, उन्हीं के शब्दों में प्रतिपादन किया जाएगा।

(अ) पितृ सत्तात्मक व्यवस्था में "स्त्री के सम्बन्ध में इस समाज के नियम अत्यन्त भयानक हैं।" उसमें स्त्री का जीवन दासता का है। "लोग कहते हैं कि उसमें पुरुष भी दास है तो सभी उस दास की दासी है, न?" (आ) "विवाह : धर्म, मूर्खता, नीति, शंका और बल-प्रयोग—इनसे संगठित हुआ है यह विवाह-बन्धन" "मैं जो परिवर्तन चाहता हूँ, वह विवाह में अव्यवस्था और अन्याय समाप्त होना चाहिए। इन कुरीतियों को छोड़ने

मात्र से वास्तव में समाप्त हो जाने वाला दुर्बल नहीं है विवाह। (म्यूजिंग्स) जन्म से ही बालिका के लिए आदर्श विवाह है।...वह कह नहीं सकती कि मैं विवाह नहीं करूँगी। समाज यह सपने में भी नहीं सोचता कि पुरुष के प्रति आकर्षण का अनुभव न करने वाली स्त्रियाँ, अपने स्वभाव के अनुरूप पुरुष न दिखाई पड़ने से निराश स्त्रीयाँ पुरुष की दासता न चाहने के कारण विवाह छोड़ देने वाली स्त्रियाँ, अपने आदर्श के अनुरूप उन्नत पुरुष न मिलने से विवाह न करने वाली स्त्रियाँ तथा अपने किन्हीं आदर्शों, कामों और अभिरुचियों के होने से पति एवं सन्तान को समय न दे सकने से विवाह की बात भूल जाने वाली स्त्रियाँ हो सकती हैं।" "मनुष्य को बाधा देने वाली परिस्थिति, संस्था और धर्म–जितना ही महान क्यों न हो उनका निर्मूलन होना चाहिए।" स्वेच्छा, काम और प्रेम, विवाह के आधारभूत तत्त्व हैं। लेकिन चलं ने प्रथम दोनों को अतिवादिता और विच्छृंखलता की स्थिति पर ही नहीं, हास्यास्पद धरातल पर पहुँचा दिया है।" सब अपने-अपने हृदय की परीक्षा कर ले तो मालूम होगा कि एक ही समय अनेकों पर मोह (काम) होना, उसमें ज्यादा और कम होना असहज नहीं है। पहले राजा अनेकों के साथ मोह में विवाह करते थे, न।" "जब पति पास नहीं है, जब पति से सम्पूर्ण तृप्ति प्राप्त नहीं होती तब स्त्री की शरीर की काम-वासना की पूर्ति के लिए वेतन पर नौकर को रख लेने की परिस्थिति को समझकर पति में स्त्री के नैतिक अभिमतों से सहानुभूति दिखाने उदारता होनी चाहिए।" मानव-जीवन में सेक्स की भूमिका और उसमें स्वेच्छा के लिए विद्रोह करने की आवश्यकता के सम्बन्ध में चलं लिखते हैं–"सेक्स का अर्थ जीवन-सूत्र है। बचपन से बुढ़ापे तक वे जानें या न जानें–सब को प्रोत्साहित करके उनका पालन करता है। हम में वह प्रबल चोदन नहीं है और वह नहीं चाहिए–यह कह कर कितनी ही आत्म-प्रवंचना कर लेने से कोई लाभ नहीं है। स्वेच्छा के बिना काम के सम्बन्धों में सच्चा आकर्षण नहीं है और उसके लिए हर एक को समाज के साथ संघर्ष करना चाहिए।

आकर्षण और सेक्स के बाद अगला कदम प्रेम है। "विवाह हो या न हो, एक स्त्री के लिए एक ही पुरुष के लिए एक ही स्त्री का आदर्श बहुत ऊँचा है।" लेखक प्रश्न करते हैं कि मनुष्य परिणत होकर, चित्त-संस्कार प्राप्त करके, आत्मा की उन्नति पर सारे संसार में धर्म कार राज स्थापित हुए बिना ऐसा क्या सम्भव है?" इस जीवन में प्रेम या उन्नत शृंगार न पाने वाले, "इस संसार में विशेष धन का संग्रह करने वाले क्रान्तिकारी और भक्त हैं। ये सब इस प्रेम या उन्नत शृंगार की अभिलाषा तृप्त न होने से उसके लिए टटोलने वाले हैं।" वास्तव में ये सब उदाहरण फ्रायड के अनुसार काम के रूपान्तरण या उदात्तीकरण के उदाहरण हैं।

स्वेच्छा और व्यक्तित्व नारी-जीवन के केन्द्र बिन्दु हैं। स्वेच्छा के बिना, बन्धनों में व्यक्तित्व का विकास सम्भव नहीं है। व्यक्तित्व के विकास में आर्थिक स्थिति और

शिक्षा का महत्त्वपूर्ण स्थान है। "सबसे, शिक्षा से स्त्री का स्वतन्त्र कमाई मुख्य है। मनुष्यों को या देशों को कुचल डालने के लिए आर्थिक असमानता मुख्य सूत्र है। इसीलिए प्रधान रूप से स्त्री दासी हुई।" "इस आर्थिक स्वतन्त्रता की आवश्यकता पहचानने के लिए, उसकी पात्रता पाने के लिए और उसे बनाये रखने के लिए शिक्षा ही मूल तत्त्व है। पुरुष को मालूम है कि यह शिक्षा ही स्त्री में परिवर्तन लाकर स्त्री को स्वतन्त्र बनाती है।" इसीलिए स्त्री को नवीन वैज्ञानिक शिक्षा न देकर परम्परागत नैतिक शिक्षा देने या उनके लिए अलग गृह-विज्ञान की शिक्षा देने के प्रयत्न हो रहे हैं। लेकिन लेखक आशा व्यक्त करते हैं कि "यह नई स्वतन्त्रता कितनी ही भारी क्यों न हो, पुरुष के अधिकार में दबाकर रखने वाले पुराने ढंग के पारिवारिक जीवन में फिर स्त्री का लौट जाना थोथी बात है।" अन्त में निष्कर्ष रूप में चलं कहते हैं कि, "मैंने इस पुस्तक में जो सामाजिक त्रुटियाँ दिखाई हैं वे इस देश में ही नहीं सारे संसार में दिखाई देती हैं। अनेक पीढ़ियों से पुरुष स्त्री के साथ जो व्यवहार कर रहा है वह अन्याय (अनुचित) ही है।

(ख) सन्तान का प्रशिक्षण : इस ग्रन्थ में लेखक ने सन्तान के लालन-पालन, शिक्षा-दीक्षा, अनुशासन आदि पर विचार किया है। वे चाहते हैं कि बच्चों को लिंगभेद के बिना सच्चे प्रेम के साथ ज्ञान-विज्ञान की जानकारी देनी चाहिए। परम्परा के नाम पर उन्हें अन्धविश्वासों में रखना उचित नहीं है। कुछ समीक्षक इस पुस्तक पर बर्ट्रेण्ड रसेल की पुस्तक 'शिक्षा पर' (ऑन एजुकेशन) का प्रभाव मानते हैं। चलं ने बच्चों के प्रशिक्षण के सम्बन्ध में जो व्यापक सुझाव दिये हैं वे उस पुस्तक में नहीं हैं। इससे अधिक महत्त्वपूर्ण बात यह है कि सारे संसार अनेक मनोवैज्ञानिक बच्चों की शिक्षा और प्रशिक्षण पर अनेक दिशाओं में अनुसंधान कर रहे हैं और लेखक के सुझाव वैज्ञानिक दृष्टि से कहाँ तक मान्य हो सकते हैं? यह अनधिकार चेष्टा न करके सन्तानों के प्रशिक्षण के सम्बन्ध में चलं के विचारों के मुख्य सूत्रों को प्रस्तुत करेंगे।

(अ) जन्म : "बच्चे स्वस्थ और सहज जीवन बिताना चाहिए!" "इच्छा नहीं है तो बच्चे को जन्म नहीं देना चाहिए। यदि किसी कारण जन्म लेने की गुंजाइश है तो उसके लिए तैयार रहना चाहिए। जन्म लेने के बाद अपनी सारी शक्ति लगाकर उसे सुखी रखना चाहिए और उसे बचाना चाहिए। माता के लिए, जीने की इच्छा रखने वाले उस बच्चे की आसक्ति के लिए—वैद्य शास्त्र, ज्ञान और बुद्धि की सहायता लेनी चाहिए।" "बच्चे ने इस संसार में सुखमय जीवन बिताने के लिए ही जन्म लिया है—इस बात को, मनुष्यों को, हर मानव और जीवी को सुखी बनाने का प्रयत्न करने की बुद्धि रखने वाले सभी को ध्यान में रखना चाहिए। संसार में इस सम्बन्ध में परिवर्तन होना है और उसके लिए प्रयत्न करना है।" (आ) बचपन में प्रशिक्षण : "छोटे बच्चों को सही प्रशिक्षण देने वाले माता-पिता को सदा प्रसन्न, दयामय और सहिष्णु होना

चाहिए।" "बच्चों में जिन अच्छे गुणों का विकास चाहते हैं बड़े उन गुणों की आदत डालकर आचरण में रखना चाहिए। उनमें जिन बुरे गुणों का वर्जन चाहते हैं, स्वयं उनको छोड़ देना चाहिए। कोरे उपदेशों और मारने से काम नहीं चलता।" "माता-पिता पर बच्चों को भक्ति और प्रेम बड़ों के व्यवहार से विकसित होते हैं, बलात् नहीं।" "नटखटपन और हठीलापन जिन कारणों से उत्पन्न होते हैं, उन पर समझकर उन्हें हटाना चाहिए।" "बच्चों का पालन-पोषण स्वस्थ ज्ञानवर्धक रूप में होना चाहिए।" "बच्चे के साथ ऐसा व्यवहार करना चाहिए कि यह सारा संसार और उसमें जो उत्साह, धर्म और आनन्द है, उसी का है।" (इ) अनुशासन : बच्चों के हठ को दूर करने की "नीति सिखाने का काम आसान नहीं है और सदा साध्य ही है। कभी-कभी कठोर होकर उसे रोकना पड़ता है।" बच्चे को चोट लगने पर "उस दर्द में वह रोता है तो न्यूसेन्स (दूसरों के लिए बाधाजनक) न होकर और कहीं जाकर रोना चाहिए। पास बैठना, व्याकुल होना, हाथों में उठा लेना बहुत बड़ी गलती है।" "यों ही अपने बच्चों से, कष्टों से बड़े लोग सहानुभूति की दृष्टि से देखना चाहिए—ऐसी आशा-आकांक्षा भयों से हटाना आवश्यक है।" (ई) शिक्षा : बच्चों को धन कमाने के लिए और अधिकार प्राप्त करने के लिए आवश्यक शिक्षा देना व्यर्थ है। उससे सुख-शान्ति नहीं मिलती। "प्रकृति शास्त्र (सेन्स-विज्ञान) में बच्चे को विश्वास उत्पन्न करना चाहिए। उसे समझाना आवश्यक है कि हर एक बात मनुष्य जान सकता है तथा प्रत्यक्ष एवसपेरिमेन्टों को छोड़कर दूसरे विषयों में अन्धविश्वास रखने की बातों में कई असत्य होते हैं। शास्त्रों और मनुष्यों के कहने से नहीं, अपने आप देखकर स्वबुद्धि से विचार-विमर्श करके जानने की आदत डालनी चाहिए।' 'बचपन से ही बच्चों को विवाह और प्रेम के सम्बन्ध में सच्चा एवं रमणीय अभिमत देना चाहिए।" "बच्चों को अपने शरीर पर और शील (चरित्र) पर असीम गौरव (श्रद्धा) होना है। प्रेम और दूसरों से प्रेम करने का अनुभव अत्यन्त अद्भुत और उन्नत दिखाई देना चाहिए। उन्हें मालूम होना है कि पूर्ण रूप से प्रेम किये बिना, अपना सारा मन समर्पित किये बिना अपने शरीर को दूसरों के स्वाधीन करना अत्यन्त नीच काम है।" (उ) स्त्री शिक्षा : "इस तरह की बातें नहीं करनी चाहिए कि बच्ची विवाह के लिए ही पैदा हुई है और किसी की पत्नी के रूप में ही जन्म हुआ है। उसका जीवन सदा पराधीन है, पुरुषों की सेवा करना उसका कर्त्तव्य है—इस तरह की बातें कहकर उसके द्वारा छोटे-बड़े भाइयों की सेवा नहीं करानी चाहिए। वह कुछ कहती है तो सावधान नहीं करना चाहिए कि याद रखो, तुम लड़की हो। यह नहीं सिखाना चाहिए कि स्त्री का विधेय (आज्ञापालक) होना और उससे चाकरी लेना बालक का हक़ है।" "यदि स्त्री-पुरुषों की परिस्थितियों में अन्तर है तो रहने दीजिए। आप उसकी परवाह मत कीजिए। ऐसा कीजिए कि ये भेदभाव आपके मन में ही न हो। अपने बच्चों को स्त्री-पुरुष के भेदभाव के बिना पालन-पोषण करते हैं तो पर्याप्त है। वे बच्चे भी भेदभाव

रहित हो जाते हैं।"

अन्त में लेखक लिखते हैं–"यह पूरी पुस्तक सन्तान को कष्ट न देने और आप उनसे बाधा रहित होने का मार्ग दिखाने के लिए ही लिखा है।" "आप यह सब मेरा पागलपन भले ही समझें, आपको जितना पसन्द आता है, वहाँ तक ही आचरण में रखिए।"

ये दोनों सैद्धान्तिक ग्रन्थ होने पर भी अनेक अवसरों पर वैचारिक निबन्धों की तरह अनुभूतिमूलक चिन्तन, व्यावहारिक भाषा-शौली की ओजस्विता एवं शक्तिमत्ता तथा चुस्त वाक्य-गठन से साहित्यिक लगते हैं। (मुझे खेद है कि उस भाषा-शैली का हिन्दी में सफल रूपान्तर नहीं कर सका हूँ।) सैद्धान्तिक चर्चा में लेखक की व्यक्तिगत मान्यताओं के प्रति पूर्वग्रह भी अभिव्यक्त हैं जो परम्परागत और आधुनिक किसी सामाजिक दृष्टि के लिए मान्य नहीं हो सकते।

10. कलात्मक चेतना : चलं की कलात्मक चेतना सच्चे अर्थ में स्वच्छन्द है। मम्मट के शब्दों में सृष्टि के समस्त नियमों से मुक्त है। (नियति कृत नियम रहितां अनन्य परतन्त्रां) उनकी कला में अर्थपूर्ण शब्दों से भाव छलकता रहता है। शब्दार्थों में भाव की संवेगात्मक एवं बिम्बात्मक अभिव्यंजना पाठकों को भाव की सजीव अनुभूति देती है। हम चलं के भाव-विचारों से बौद्धिक स्तर पर सहमत हों या न हों, उनकी कला के प्रभाव को अस्वीकार नहीं कर सकते। आधुनिक तेलुगु साहित्य में माध्यम भाषा पर ऐसा अधिकार और उसका सफल प्रयोग अन्य किसी साहित्यकार में शायद ही दिखाई देता है। उनके शब्द बोलते हैं, अभिव्यक्त नहीं करते। भावों का सम्बन्ध व्यक्ति-मन और व्यक्तित्व से है। चलं के मन के भाव-विचारों का उनकी अनुभूति और व्यक्तित्व-सापेक्ष कलात्मक उन्मीलन उनके प्रेमपत्र, म्यूजिंग्स और अनेक मित्रों के नाम साहित्यिक पत्रों में दिखाई देता है। यहाँ कलात्मक चेतना की प्रत्यक्ष अभिव्यक्ति है। साहित्य की अन्य विधाओं में पात्रों के व्यक्तित्व और अनुभूति की सापेक्षता में कलात्मक चेतना की व्यंजना है। एक साहित्यकार की वाणी की कला है और दूसरा पात्रों के जीवन की कलात्मक वाणी है। साहित्यकार और पात्रों के विद्रोह एवं खण्डन-मण्डन में भी वही कलात्मक चेतना की ओजस्वी वाणी है। इसलिए उन भावो-विचारों से असहमत पाठक चीखकर चिल्ला उठता है या तिलमिला जाता है। असहमत होकर भी वह रचना से बँधा रहता है। चलं के स्त्री पात्र अपनी स्वेच्छा और मुक्त काम-सम्बन्धों के लिए समाज के विरुद्ध विद्रोह में अपने तेजस्वी व्यक्तित्व को प्रकट करती हैं, भले ही यह विद्रोह जीवन में अन्ततः सफल हों या असफल। लेकिन वे स्त्री मात्र हैं, बीच-बीच में प्रेयसी रूप में। वे न पत्नी हैं और न माता। पत्नी, प्रेयसी और माता की समष्टि में ही स्त्री की पूर्णता है। इसलिए ऐसा लगता है चलं की स्त्री की परिकल्पनापूर्ण नहीं है। फलतः कलात्मक चेतना भी खण्डित लगती है। पुरुष पात्र मनसा स्त्री के अनुगामी साधारण व्यक्ति हैं।

पुरूरव नायक होकर भी दुविधाग्रस्त है। एक 'जीवितादर्श' उपन्यास में नायक देशिकाचारी का धीर प्रशान्त रूप अपवाद है। जहाँ रचनात्मक प्रक्रिया में चलं की कलात्मक चेतना के उत्कर्ष के सम्बन्ध में दो मत नहीं हो सकते, उस चेतना में पूर्णता नहीं है। उसका कारण स्पष्ट ही कला की जीवन-सापेक्ष दृष्टि में समग्रता और समन्वय का अभाव है।

चलं की कलात्मक भावाभिव्यंजना की पहली विशेषता उसकी सहजता है। नियमबद्ध कृत्रिम जीवन के विरोध में उनकी भाव-व्यंजना की सहजता स्वाभाविक है। एक साक्षात्कार में पूछे जाने पर कि आप समाज में एक व्यक्ति के द्वारा परिवर्तन ले आना असम्भव मानते हुए भी विद्रोही रचनाएँ क्यों की है, तो उन्होंने उत्तर दिया है कि कौवे क्यों काँव-काँव करते हैं? वह उनका स्वभाव है। उसी स्वभाव से विवश होकर सहज प्रेरणा में उन्होंने सूचना की है। भाव-व्यंजना की दूसरी विशेषता शक्तिमत्ता (फोर्स) है जो अपने भाव-विचारों में दृढ़ विश्वास (कन्विक्शन) से उत्पन्न है। इसीलिए उनकी रचना में आत्म-समर्थन (सेल्फ एश्शर्सन) की भावना भी है। कला में भावात्मक स्पंदनशीलता, सच्चाई और ईमानदारी अन्य विशेषताएँ। उन्होंने जो अनुभव किया है, सामाजिक जीवन की जो प्रतिक्रियाएँ उनके मन में उत्पन्न हुई हैं उन्हीं को उन्होंने व्यक्त किया है, भले ही समाज या अन्य लोगों की दृष्टि में उनके भाव सत्य और कल्याणकारी न हों।

चलं के भाव-विचार किसी दर्शन या व्यवस्थित सिद्धान्त के आधार पर विकसित नहीं हैं। लेकिन रूढ़ सामाजिक नियमों के विरोध, स्वेच्छा और स्वतन्त्रता के तार्किक प्रतिपादन में चलं जीवन के एक तात्त्विक आख्याता अवश्य लगते हैं। तात्त्विक चेतना कला को गहराई देती है। उनके तात्त्विक जीवन-दर्शन के विधायक बिन्दु हैं—स्वेच्छा-स्वतन्त्रता, सौन्दर्य, प्रेम, आलोक, आनन्द और शान्ति हैं। लौकिक और आध्यात्मिक दोनों स्तरों पर इन जीवन-मूल्यों की महत्ता स्वीकार करने में किसी को कोई आपत्ति नहीं है। विद्रोह और समाज की कटु आलोचना के निषेधात्मक पहलू को लेकर ही सारा वाद-विवाद है। हम कह चुके हैं और चलं ने स्वीकार भी किया है कि समाज के प्रहार से उन्होंने और अधिक अतिरंजनापूर्ण समाज के नियमों और मान्यताओं पर चोट करने वाले रूप में रचना की है। रूढ़ धार्मिक और सामाजिक नियमों के विरुद्ध हर एक युग में चिन्तकों और साहित्यकारों ने लिखा है। लेकिन किसी ने सामाजिक जीवन की आधारभूत व्यवस्था (बेसिक स्ट्रक्चर) को ही चुनौती दी है और न सभ्यता एंव संस्कृति का पर्दाफाश करने में ऐसी नग्न यथार्थता को प्रस्तुत किया है। जब लेखक उस नग्नता को सैद्धान्तिक चोला पहना देता है तो वह समाज के लिए दुस्सह हो जाता है। नियम बदल सकते हैं लेकिन नियम रहित स्वेच्छाचारिता सामाजिक जीवन ही सम्भव नहीं है तथा मनुष्य सभ्यता के पूर्व शक्ति के बल पर स्वेच्छाचारी (जंगली) जीवन की स्थिति पर पहुँच जाता है। कला या साहित्य में निषेधात्मक पहलू—कुरूपता—तभी

ग्राह्य होता है जब उसके द्वारा एक विधायक मूल्य का प्रतिपादन हो। 'मैदान' में पति को छोड़कर अमीर के साथ भाग जाने वाली कामेश्वरी कहती है कि "मुझसे कोई कहे कि मैं भाग गयी तो मुझे बहुत कष्ट होता है।" और बाद को मैदान में अपने भोगमय जीवन के सम्बन्ध में अनुभव करती है कि "वह एक सुन्दर दिव्य स्वप्न की तरह, उस रेगिस्तान में पूण्य भूमि की तरह ईश्वर के लिए मेरी मंगल आरती की तरह" लगती है तथा उसे स्वस्ति के उपनिषद वाक्य भी याद आते हैं। शृंगार लीला के इस आदर्शीकरण में लेखक क्या साबित करना चाहते है। शृंगार लीला की उन्मुक्त अनुभूति उपनिषदों की मुक्तावस्था हो सकती है? शाक्त सम्प्रदाय मध्ययुग में शृंगार या कम लीला के माध्यम से आध्यात्मिक साधना का प्रयत्न करके विकृत और असफल हो गये हैं। कामेश्वरी के भाग जाने या अपने ही सुख को लक्ष्य या साध्य मानने पर किसी को कोई विशेष आपत्ति नहीं हो सकती। लेकिन काम का आदर्शीकरण और उसे आध्यात्मिक रूप देना जीवन-मूल्यों को उलटाने का प्रयत्न है। स्वयं लेखक ने अरुणाचल आश्रम की साधना में काम और आध्यात्मिक अनुभूति में आनन्द का अन्तर पहचाना होगा। इस तरह का अनुचित आदर्शीकरण के कारण ही चलं की कलात्मक चेतना के उत्कर्ष में स्थान-स्थान पर विघात उत्पन्न हुआ है।

चलं की रचनाओं के विरोधी आलोचक उनकी सफलता का कारण भाषा-शैली मानते हैं। कलात्मक अभिव्यंजना में कथ्य रूप का अलगाव नहीं हो सकता। केवल समीक्षा की सुविधा के लिए रूप और माध्यम भाषा-शैली की अलग चर्चा की जाती है। चलं ने अपने समय के तेलुगु उपन्यास, कहानी, नाटक और एकांकी को यथार्थवादी चेतना तथा विशिष्ट व्यक्तिगत-सापेक्ष पात्र-परिकल्पना द्वारा प्रौढ़ एवं सजीव रूप दिया है। प्रेमपत्र और म्यूजिंग्स नये रूपों के विकास में चलं का अपना योगदान है। अपने साहित्य-धर्म-सम्पन्न पत्रों के द्वारा चलं ने साहित्य के इतिहास में पत्र-लेखन को भी स्थान दिलाया है। ओजस्वी, शक्तिशाली और सजीव व्यावहारिक भाषा-शैली के प्रयोग में चलं के साथ तुलनीय और कोई आधुनिक साहित्यकार नहीं है। शब्दों, शब्द समूहों और वाक्य में इतना अर्थ भर देते हैं कि उस अर्थ के भार को वहन करने की क्षमता कभी-कभी भाषा में नहीं रह जाती। इस अर्थ-गौरव या गुरुता के कारण भाव को समझने में कुछ कठिनाई हो सकती है और अनुवाद में वाक्य का कुछ विस्तार करना पड़ता है। विशेषतः कृदंतों के प्रयोग से उपवाक्यों का इतना लम्बा ताँता बनता है कि चार-छह पंक्तियों के वाक्य में कर्ता और कर्म को ढूँढ़ना पड़ता है। कथा-साहित्य और नाटक-साहित्य में ऐसे लम्बे वाक्य केवल भावात्मक प्रसंगों में मिलते हैं। प्रेमपत्र और म्यूजिंग्स में तो भाव-विचारों के गुंफ के साथ वाक्य भी स्थान-स्थान पर लम्बे हो गये हैं। कलात्मक दृष्टि से यह वाक्य-संरचना, भावों की प्रसारगामिता, आवेग या अनुभूति की तीव्रता को व्यक्त करती है। निराला जी की तरह कारक-लोप और समासों के प्रयोग से भावों को

सघन रूप में व्यक्त करने का प्रयास हुआ है। कभी-कभी छोटे वाक्य में ही अनन्त भाव की व्यंजना हो जाती है—"यह संसार, यह सारा सृष्टि-सौन्दर्य ही एक बड़ा प्रेम पत्र है" 'प्रेम पत्र' पुस्तक में अभिव्यक्त सौन्दर्य एवं प्रेम को लेखक ने एक वाक्य में समेट लिया है। खण्डन-मण्डन की तीव्रता में चलं का हास्य और व्यंग्य उसके व्यक्तित्व के एक नये पहलू को सामने रखता है। सम्मान की "इन सभाओं के आयोजन से ऐसा लगता है कि उन्हें कुछ जीवन का आधार मिलता है, जैसे हम टीचरों को ट्यूशनों से।" पहले की बदनामी के बाद समाज में चलं की प्रतिभा की पहचान हुई और लोग उनके सम्मान की बात करते हैं तो चलं कहते हैं—देखो मेरा सम्मान करने को कह रहे हैं, मैंने क्या अपराध किया है। "पहले चलं की रचनाओं को प्रकाशित करने वाले पत्रिकाओं के सम्पादक जब उनकी रचनाओं की माँग स्वयं करने लगते हैं तो स्वर्गीय अपने मित्र राममूर्ति को याद करके लिखते हैं—"राममूर्ति कितना प्रसन्न होता! या इतने मर्यादावादी और कीर्तिवान हुए हो; तुम भी न मरकर (संसार में) शेष रहकर प्रतिष्ठा के शिकार हो गये हो, कहकर दुखी होता!" चलं की रचनात्मक प्रक्रिया में भाव और भाषा-शैली के अन्तरंग सन्निकट सम्बन्ध को लेखक के द्वारा ही उद्धृत रोमा रोलां (Roma in Rolland) के इन शब्दों में व्यक्त हो जाता है—"जो कहना है उसे सीधे और स्पष्ट कहने वाले शब्द और शैली, ये ही हैं। जो कहना है उस दृढ़तापूर्वक सम्पूर्ण रूप में समझा दो। जो सोच रहे हो उसे ठीक सच्चाई के साथ सोचो। जो सचमुच अनुभव किया वही कहो। तुम्हारे हृदय की लय अपनी रचनाओं में अभिव्यक्त होने दो। आत्मा ही शैली है।' चलं की भाषा-शैली को उनके भाव-विचारों से अलग नहीं कर सकते। उनकी शैली लेखक की आत्मा का ही प्रतिफलन है। चलं की कथनी और करनी में जिस तरह कोई अन्तर नहीं है, जिस तरह उनके जीवन और रचनाओं का स्वर एक ही है, उसी तरह उनके भाव-विचारों और भाषा-शैली में अभिन्नता है।

हिन्दू धार्मिक और सामाजिक जीवन और सभ्यता में कुछ ऐसी परम्पराएँ और रस्म-रिवाजें हैं जो आधुनिक मनोवैज्ञानिक, वैज्ञानिक और वैद्य शास्त्र की दृष्टि से अनुचित हैं और उन्हें छोड़ देनी चाहिए। पाँच हजार वर्ष पुरानी सभ्यता में पता नहीं कितनी आवश्यक-अनावश्यक बातें जुड़ती गयी हैं जिनका आधुनिक दृष्टि से परीक्षण कर लेना है। हिन्दू या भारतीय सभ्यता और संस्कृति को एकदम नकारना विवेकहीनता है। इस शताब्दी के आरम्भ में हमने भारतीयं आध्यात्मिक चेतना और साधना को आधुनिक आलोक में स्वीकार किया है और अनेक बाह्य संस्कारों को छोड़ दिया है। इसी तरह भारतीय सभ्यता और संस्कृति में परिवर्तन होते जा रहे हैं। चलं ने 1920-1950 के बीच जो धार्मिक, सांस्कृतिक और सामाजिक दुराग्रहों को देखा है और उनसे विद्रोह किया है उनमें बहुत कुछ परिवर्तन हुआ है और हो रहा है। हिन्दू धर्म में जो स्वेच्छा है वह अन्य धर्मों में नहीं है। इसलिए शिक्षा के साथ परिवर्तन असम्भव नहीं है। लेकिन

पुरानी आदतों के छूटने में समय लगता है। दूसरी ओर हमारी सभ्यता और संस्कृति में सब कुछ त्याज्य नहीं है। भारतीय दृष्टि को कालिदास ने बहुत पहले ही स्पष्ट किया है कि प्राचीन सब कुछ साधु और न वन सब अग्राह्य नहीं है। इसे ध्यान में रखकर चलं के धार्मिक और सामाजिक परम्पराओं के विरुद्ध विद्रोह को सही परिप्रेक्ष्य में समझना चाहिए। स्वयं चलं ने परवर्ती जीवन में आध्यात्मिक साधना के महत्त्व को स्वीकार किया है। सारांश यह है कि सामाजिक-सांस्कृतिक दृष्टि से चलं के विद्रोह का मूल्य नकारात्मक ही है।

चलं के विद्रोह के दो मुख्य पहलू, अपने जीवन के लक्ष्यों का स्वयं निर्णय करने की स्त्री की स्वेच्छा और उसके काम एवं प्रेम के सम्बन्धों में बन्धनहीन मुक्तता है। आजकल शिक्षित परिवारों में स्त्री की स्वेच्छा पर अधिक प्रतिबन्ध नहीं है और पति-पत्नी दोनों शिक्षित होने पर परस्पर सहयोगी जीवन बिता रहे हैं। हिन्दू सभ्यता और संस्कृति में काम पर धर्म का प्रतिबन्ध अवश्य है जो चलं स्वीकार नहीं करते। दूसरी ओर काम को गोपन और दमन का विषय माना गया है। काम का गोपन उसे अश्लील मानने के कारण ही नहीं है, उसमें मर्यादा की उदात्तता और रहस्यमय आकर्षण भी है। काम का दमन आध्यात्मिक साधना का अंग है। पाश्चात्य सभ्यता में गोपन और दमन का विशेष महत्त्व नहीं है। मुस्लिम भोगवादी दृष्टि में दमन की कोई भूमिका नहीं है, पर गोपन हिन्दू सभ्यता से अधिक है। देश, काल, समाज और व्यक्ति के अनुसार काप के गोपन और दमन का मूल्य बदलता रहता है। चलं ने अपनी रचनाओं में काम और प्रेम के जिस उन्मुक्त रूप का चित्रण किया है उसमें काम की उत्तेजना कलात्मक चेतना पर हावी हो जाता है। विवेक रहित नवयुवकों के लिए ऐसी रचनाएँ एक हद तक हानिकारक भी हो सकती है। इसीलिए टी. एस. इलियट ने 'साहित्य और धर्म' नामक निबन्ध में आजकल के कामोत्तेजक उपन्यासों को पढ़ने के सन्दर्भ में सावधानी बरतने पर बल दिया है।

चलं की रचनाओं का लक्ष्य समाज-सुधार नहीं है। एक रेडियो साक्षात्कार में उन्होंने स्पष्ट स्वीकार किया है कि जब महान प्रवक्ता अपने आत्मबलिदान से भी समाज में परिवर्तन नहीं कर सके हैं तो क्या अपनी रचनाओं से उसे बदल सकता हूँ? कुछ लोगों ने आक्षेप किया है कि चलं स्त्री को समाज के विरुद्ध विद्रोह के लिए प्रोत्साहित करते हैं, लेकिन विद्रोह के बाद कोई मार्ग नहीं दिखाते। उनका कहना है कि किसी भी आन्दोलन में कोई मार्ग या गम्य स्पष्ट सामने नहीं होता। पहले स्त्री अपने मन में दासता की भावना से मुक्त हो तभी कर्त्तव्य का प्रश्न उठता है। चलं मानव-मन को झकझोरकर उसमें स्वतन्त्रता की नींव डालना चाहते हैं। वे यह भी स्वीकार करते हैं कि प्रत्येक व्यक्ति को अपने विश्वासों और विचारों के अनुसार आचरण करने का अधिकार है। चलं की प्रेरणा और सूचनाएँ समाज के सभी लोगों के लिए नहीं हैं और न वे उनसे

बँधे हैं। वास्तव में साहित्यकार प्रश्न उठाता है और समाधान पाठकों पर छोड़ देता है। कम से कम चलं ने निर्भय होकर जीवन की नग्न यथार्थता को सामने रखते हुए भावी साहित्यकारों को आदर्शवादिता, काल्पनिकता और भावुकता से मुक्त होकर जीवन का सामना करने की शक्ति दी है और उन्हें साहित्य-रचना में यथार्थता की जमीन पर स्थिर खड़े होने का मार्ग दिखाया है। साहित्यकार के रूप में चलं इस अन्धकारमय जीवन से व्याकुल थे। "इस संसार में इतना महान अन्धकार जमा हुआ है कि वह जीवन को डुबो देता है जैसे समुद्र में जितनी मशालें जलाकर फेंक दें वे बुझ जाती हैं" (आलोके स्फुलिंग)। इस अन्धकार को दूर करके लौकिक सामाजिक जीवन में नई चेतना का आलोक भरना ही चलं की रचना का मुख्य लक्ष्य है। उसके लिए उन्होंने समाज सर्वाधिक शोषित और स्त्री की समस्याओं को चुनकर अपनी संवेदना को व्यक्त करते हुए उन्हें कलात्मक रूप दिया है। समाज की प्रतिक्रिया से चिढ़कर स्त्री की कामोत्तेजना को अतिरंजित रूप प्रस्तुत किया व्यक्तिगत स्तर पर वे सौन्दर्य और प्रेम के अन्वेषक में व्याकुल थे ही सामाजिक जीवन में उस सौन्दर्य और प्रेम के आधारभूत नारी की स्थिति को देखकर और भी व्याकुल हो उठे हैं। शायद इसीलिए वे रमणाश्रम में सत्य और शान्ति की खोज में गये हैं। अपने पत्रों में लिखा है—"मेरे जीवन को इस जमीन पर ही अमृत से भरने वाली स्त्री दी है भगवान ने मुझे।" "भगवान के अनुग्रह से मैं शान्ति पाऊँगा या उसी प्रयत्न में मर जाऊँगा।" चलं की व्यक्तिगत वेदना, स्त्री के प्रति समवेदना और उसे ऊपर उठाने की साधना ने— एक ही शब्द में लेखक के लक्ष्य ने उनकी कलात्मक चेतना में नये प्राण फूँक दिये हैं; उनके कामोत्तेजक चित्रांकन के बावजूद।

विश्वनाथ सत्यनारायण

(1895-1976)

1. प्रस्तावना : विश्वनाथ जी आधुनिक तेलुगु साहित्य के क्षेत्र में 'चल' की तरह विवादास्पद साहित्यकार हो गये हैं। उनके समर्थक और विरोधी लेखक की विचारधारा को लेकर मण्डन-खण्डन में इस तरह डूब गये हैं कि उनकी प्रतिभा, सर्जनात्मकता और रचनाओं की गहराई में जाकर सन्तुलित सही मूल्यांकन कम हो रहा है। विश्वनाथ जी की रचनाधर्मिता अपने समय की धार्मिक एवं सामाजिक परम्पराओं तथा आधुनिक पाश्चात्य सभ्यता एवं चिन्तन के भारतीय जीवन पर प्रभाव के संघर्ष में विकसित हुई है। आरम्भ में परम्परा में शिक्षित-दीक्षित चेतना ने अपनी परिधि में ही सही आधुनिकता को स्वीकार किया है। उसी मार्ग पर चलते तो शायद वे भारत के महान साहित्यकारों में गिने जाते और साहित्य को भारतीय उदात्तता के चरम धरातल पर पहुँचा देते। भारतीय शास्त्र-ज्ञान, परम्पराओं और संस्कृत-तेलुगु काव्य का जितना व्यापक एवं गहरा अध्ययन उन्होंने किया है, शायद ही किसी अन्य भारतीय साहित्यकार ने किया होगा। वह व्युत्पत्ति उनकी सर्जना को व्यापक, गम्भीर और उदात्त बना देती। आधुनिकता से क्रमशः प्राचीनता की ओर उन्मुख होती गयी उनकी प्रतिभा के कारण देर से उन्हें ज्ञानपीठ पुरस्कार मिला है तथा विश्व के नोबुल पुरस्कार के सम्बन्ध में उन पर विचार ही नहीं हुआ है। साहित्य के क्षेत्र में सच्ची पहचान के लिए परम्परा से प्रभावित और प्रेरणा ग्रहण करने पर भी आधुनिक सन्दर्भ में गहरी मानवीय स्पंदनशीलता एवं संवेदना की पकड़ आवश्यक है। परम्परा की चर्चा में इलियट के साथ विश्वनाथ जी की तुलना उचित नहीं है। इलियट ने धार्मिक चेतन से मुक्त आधुनिक साहित्य की अनैतिक विच्छृंखलता का विरोध किया है। ("धर्म और साहित्य" लेख) धार्मिक क्षेत्र में वे विश्वनाथ जी की तरह पुनरुत्थानवादी नहीं हैं। साहित्यिक परम्परा के सम्बन्ध में उनका कहना है कि परम्परागत अभिव्यंजना-पद्धति और भाषिक संरचना को छोड़कर शून्य में आधुनिक नये प्रयोग सम्भव नहीं हैं। ("परम्परा और प्रयोग" लेख) उन्होंने अपनी काव्य-रचना में प्राचीन एवं पूर्ववर्ती अनेक स्रोतों से प्रेरणा और सामग्री ग्रहण की है, लेकिन उनका भाव-बोध सामयिक जीवन पर आधारित आधुनिक और सार्वजनीन सत्य का प्रतिपादक है। विश्वनाथ जी की रचनाओं के सम्बन्ध में यह बात नहीं कही जा सकती। उनमें प्राचीन परम्पराओं की पुनः प्रतिष्ठा और पाश्चात्य

सभ्यता के प्रति मोह के विरोध के प्रसंग ही नहीं मिलते, आधुनिक उदारतावादी मानवीय संवेदना की स्वीकृति एक सीमित परिधि में ही हुई है। अपने समय के अन्य क्लासिकल कवियों की तरह वे परम्परागत रचना-पद्धति में कविता कर सन्तुष्ट नहीं है। साहित्य की सभी विधाओं में परम्परा और नया प्रयोग अपनाने में उनकी प्रतिभा व्यक्त होती है तो वैचारिक प्रतिबद्धता के कारण उनकी कलात्मक चेतना ससीम होकर आधुनिक चेतना के उन्मुक्त प्रसार में बाधा पड़ती है।

प्राचीन परम्परागत पद्धति में शास्त्रों, धार्मिक सम्प्रदाय और साहित्य के अध्ययन से कहीं अधिक अपने समय की सामाजिक एवं साहित्यिक विचारधाराओं ने विश्वनाथ जी में तीव्र प्रतिक्रिया उत्पन्न कर उन्हें क्रमशः अधिकाधिक प्राचीन परम्परा की ओर उन्मुख किया है। चलं ने सेक्स सम्बन्धी अपने विचारों से भारतीय दाम्पत्य जीवन की जड़ें काटकर अपनी सशक्त साहित्य के द्वारा युवा पीढ़ी में हलचल मचा दी है। मार्क्सवादियों ने भारतीय धार्मिक चेतना, सामाजिक दृष्टि और तेलुगु की समृद्ध प्राचीन काव्य परम्परा को बुर्जुवा शोषण कहकर उन्हें पूरा नकारने का प्रयत्न किया है। एम.एन.राय से प्रभावित हेतुवादियों ने प्राचीन सभी परम्पराओं, रस्म-रिवाजों और व्यवस्था का खण्डन और पुराणों का विकृत अर्थ करते हुए उनकी नई व्याख्या के साथ साहित्य-रचना करने लगे हैं। इन पर तमिलनाडु के आर्यधर्म, ब्राह्मणत्व और ब्राह्मण के विरोधी जस्टिस पार्टी और द्रविड़ कज़गं के चिन्तन का भी कुछ प्रभाव लक्षित होता है। पाश्चात्यों के एक वर्ग ने और उनसे प्रभावित कुछ भारतीय शिक्षितों ने भारतीय सभ्यता और संस्कृति को हास्यास्पद स्थिति में चित्रित करते थे या उसकी उपेक्षा करते थे। यह भी आधुनिकता के नाम पर चिन्तन और साहित्य-रचना की स्थिति। भारतीयता और मानवीय संवेदना के साहित्यकार कम थे। रोमांटिक लेखक, ऐतिहासिक रचनाकार और आदर्शवादी आत्मविस्मृत थे। ऐसी परिस्थिति में सच्चे नवजागरण की आवाज़ ऊँचा करने के बदले विश्वनाथ जी ने प्राचीन परम्पराओं में नई समस्याओं का समाधान ढूँढ़ने का प्रयास किया है। उनमें साहित्य के लिए आवश्यक विधायक गुण-धर्मों का अभाव नहीं था। वे भारतीय धर्म और संस्कृति के नेतृत्व के निष्णात व्यक्ति थे। भारतीयता पर उनके मन में अपार श्रद्धा-भक्ति और प्रेम था। अपने आन्ध्रत्व पर गर्व था जो संकीर्ण प्रादेशिक भावना नहीं थी। गुरु-परम्परा में शिक्षा के अतिरिक्त एम.ए. तक अध्ययन के द्वारा वे पाश्चात्य चिन्तन और साहित्य अभिव्यक्ति से परिचित भी थे। उन्होंने गाँधीजी के असहयोग-आन्दोलन में भाग लिया था और ग्रामीण व्यवस्था और आर्थिक विधान में उनके विचारों से प्रभावित भी थे। लेकिन प्रतिकूल नई परिस्थितियों की प्रतिक्रिया और उनकी मानसिकता ने उन्हें तीक्ष्ण परम्परावादी तथा सारे सामाजिक एवं साहित्यिक नवीन विकास के विरोध का दृढ़तापूर्वक अकेला समर्थक बनाया है। नई शिक्षा के प्रभाव में उन्हें कुछ नये काव्य रूपों और विधाओं के ग्रहण तक सीमित रखा है।

विश्वनाथ जी के व्यक्तित्व को और विलक्षण कह सकते हैं। एक सनातती ब्राह्मण परिवार में जन्म ने परम्परा के प्रति श्रद्धा का भाव उत्पन्न किया है। परिस्थितियों में परम्परा और आधुनिकता का मंथन होने लगा है। जीवन में दरिद्रता के साथ तथा साहित्य के क्षेत्र में आधुनिकता के समर्थक विरोधियों के साथ संघर्ष करना पड़ा है। इनसे उनके व्यक्तित्व ने विकसित और प्रौढ़ रूप दिया है। अन्तर्मुखी और बहिर्मुखी संघर्ष में वैचारिक दृढ़ता और आत्मविश्वास के भाव विकसित होते हैं। आत्मविश्वास में अहं का बीज अंकुरित होता है। दार्शनिक अर्थ में वह आत्मबोध है, साहित्यिक अर्थ में अपनी प्रतिभा की अभिज्ञा है और मनोवैज्ञानिक अर्थ में अपनी महानता का प्रकटीकरण है। अहंवादी सारे संसार से संघर्ष करता है और अपनी बात या विचार पर दृढ़ खड़ा होता है। तर्क-वितर्क में दूसरों के अभिमत के उचित होने पर भी खण्डन का प्रयत्न, हार में भी जीत की भावना और गतिशीलता के सामने चट्टान की तरह स्थिरतापूर्वक स्थिर खड़ा होना आत्मविश्वास एवं अहं के लक्षण हैं। विश्वनाथ जी की रचनाधर्मिता में व्यक्तित्व की ये सब विशेषताएँ अन्तर्लीन होकर अप्रत्यक्ष लक्षित होती हैं और कभी-कभी रचना में प्रत्यक्ष प्रकट करती है। व्यक्तित्व में परस्पर विरोधी तत्त्वों के संघर्ष से वह और से भिन्न विलक्षण लगता है। विश्वनाथ जी के व्यक्तित्व की प्रौढ़ता और विलक्षणता ने भी रचना को चरम उत्कर्ष पर पहुँचा दिया है तो तार्किक वाग्जाल में फँसाकर उनकी कलात्मक चेतना कुंठित भी हो गयी है।

विश्वनाथ जी के व्यक्तित्व का एक पहलू अन्तर्मुखी भावनाशील है तो दूसरा बहिर्मुखी कर्मठ क्रियाशीलता का है। वे अपनी रचना में दोनों का समन्वय और सामंजस्य स्थापित करना चाहते हैं जिसका प्रत्यक्ष प्रमाण 'सहस्रफण' उपन्यास है। इस कार्य में वे कितना सफल हुए हैं–इसके सम्बन्ध में मतभेद हो सकता है। व्यक्तित्व के दोनों पहलुओं में अस्मिता है जो अहं के विस्फोट के रूप में जीवन और साहित्य दोनों में व्यक्त हुई हैं। एक छन्द में वे कहते हैं कि "अस्मादृश-नद्युस्वादु-रसावतार-धिषणाहंकार-संभारदोतुल-ब्राह्मीमयमूर्ति शिष्य" होने का गौरव तब नन्नया और निक्कना को नहीं मिला था जो मेरे गुरु चेकूकपिकूक स्वामी को मिला है। प्रश्न है कि यह कितनी गुरु-प्रशंसा है और कितनी अहन्ता है। कठोर दरिद्रता में भी कवि ने आत्मसम्मान के विरुद्ध किसी के सामने हाथ पसारा नहीं है। राजा विक्रमदेव सिंह से सम्मान और पुरस्कार पाने के लिए गुरु के बहुत अनुरोध करने पर उन्होंने आशुरूप में एक पद्य कहा कि एक तारा (धूमकेतु) आसमान की ओर चढ़ जाता है। जबकि दूसरा आसमान से जमीन की ओर गिरता जाता है अपने और राजा की स्थिति में अन्तर की कितनी व्यंजनागर्भित सूचना है। विश्वानाथ जी का व्यक्तित्व ऐसा है कि वह टूटता है, झुकता नहीं है। उनकी सभी रचनाओं में यह अस्मिता और अहन्ता किसी न किसी रूप में व्यक्त होती है।

विश्वानाथ जी के स्वभाव में दृढ़ता और कोमलता के विरोधी स्वरों का ऐसा संगम

मिलता है कि उन पर 'वज्रादपि कठोराणि मृदूनि कुसुमादपि' की उक्ति चरितार्थ होती है। उनके जीवन और साहित्य दोनों पर यह बात लागू हो जाती है। कविता और अन्य विधाओं के काव्यात्मक प्रसगों में भावनाशील कोमलता का दर्शन होता है। कवि में जो चारित्रिक दृढ़ता है वही अपने आदर्श पात्रों और नायकों में देखना-दिखाना चाहते हैं। जहाँ, कहीं कोई चारित्रिक दुर्बलता है लेखक सुधारवादी हो जाता है या उस दुर्बलता का परिणाम जीवन का विषादांत है। लेखक की पात्र-सृष्टि में मानवीय संवेदना का अभाव हो या दुर्बल मानव-मन और जीवन के प्रति सहानुभूति न हो—ऐसी बात नहीं है। लेकिन वे मानव स्वभाव और चरित्र पर धार्मिक एवं नैतिक अनुशासन का आग्रह करते हैं। ऐसी आदर्शवादी दृष्टि को लेकर जीवन की यथार्थता की गहराई में पहुँचने और मानव-मन के अन्तस्थल में पहुँचने की गुंजाइश कम रहती है। इसके अपवाद एक-दो रचनाएँ और कुछ रचनागत प्रसंग मात्र है। चारित्रिक दृढ़ता से अधिक कठोरता तथा विकल्प की सम्भावना को स्वीकार न करने का तर्क वैचारिकता में है जिसके कारण उनकी रचनाएँ विवादास्पद हुई हैं।

विश्वनाथ जी की रचनाओं पर—विशेषतः आधुनिक जीवन की सामाजिक गद्य-रचना पर सबसे बड़ा आक्षेप यह है कि उनकी धार्मिक विचारधारा सामाजिक व्यवस्था और जीवन में परिवर्तनशीलता को स्वीकार नहीं करती जो प्रगतिशीलता में अवरोधक है। आर्य हिन्दू धर्म के विरुद्ध न होने वाले परिवर्तन ही उनके लिए मान्य है। इन पर सामाजिक नाटकों और उपन्यासों के विवेचन में विस्तार से चर्चा होगी। काव्य और काव्यात्मक अन्य रचनाओं में सामाजिक गतिविधि की अभिव्यक्ति की सम्भावनाएँ बहुत कम हैं तथा काव्य के भावात्मक धरातल पर धार्मिक चेतना से रचना की उदात्तता की पुष्टि ही होती है। बीसवीं शताब्दी के अन्त तक आर्थिक और सामाजिक व्यवस्था में ऐसे आमूल परिवर्तन हो गये हैं और आज भी होते जा रहे हैं कि धर्म केवल वैयक्तिक साधना का विषय ही माना जा सकता है। आज भी अन्धविश्वासों और सभी धर्मों में रूढ़िवादिता के प्रचार की बात अलग है।

अपने साहित्य के सम्बन्ध में लेखक के ये विचार ध्यान देने योग्य हैं। "अनादि से इस देश में एक ज्ञान कहलाने वाला चला आ रहा है। मेरा विचार है कि मैं पाठकों में उस ज्ञान का विकास कर मैं कृतकृत्य (सफल जन्म) हुआ हूँ और उन्हें विज्ञानी बना रहा हूँ।" "वास्तव में शिल्प हो या साहित्य हो 'जातीयता' से भरा होना चाहिए। वह विजातीय नहीं होना चाहिए। लिखने वाले को मुक्ति मिलती है और पढ़ने वाले को शक्ति और मुक्ति।" लेखक चाहते हैं कि भारतीय अपनी परम्परा में ही उसके ज्ञानवर्धक रूप में काव्य-साहित्य का रचनात्मक शिल्प होना चाहिए। इस दृष्टि से विश्वनाथ जी की साहित्यिक प्रवृत्ति मूलतः क्लासिकल है। लेकिन उन्होंने पाश्चात्य साहित्य का अध्ययन कर उसकी रोमांटिक प्रवृत्ति को भारतीय रसवादी परम्परा में और यथार्थवादी प्रवृत्ति को

भारतीय धार्मिक आदर्शवादी परिधि में अपनाकर आत्मसात करने का प्रयत्न किया है। खेद की बात है कि पहले में वे सफल हुए हैं, पर दूसरे की अभिव्यक्ति हल्की और सतही ही रह गयी है। विश्वनाथ जी तेलुगु साहित्य के इतिहास में अपनी क्लासिकल और रोमांटिक प्रवृत्तियों के लिए ही स्मरणीय रहेंगे। आधुनिक काल में क्लासिकल रचना करते हुए उसे उत्कर्ष की सीमा पर पहुँचाना वास्तव में एक साहस का कार्य है। उसके लिए शास्त्रों और काव्य-पुराणों का अपार एवं गहरा ज्ञान चाहिए। वह व्युत्पत्ति लेखक में है।

कविता या साहित्य का रसानन्द पाने के लिए सहृदय का साहित्यकार के विचारों से सहमत होना आवश्यक नहीं है। नास्तिक भी आस्तिक भक्त कवियों की भावनाओं में रस-तन्मय हो सकता है। विश्वनाथ जी की धार्मिक दृष्टि और सामाजिक विचारधारा का विरोध करने वाले भी उनकी प्रतिभा, कल्पना, भाव-रस-स्फूर्ति तथा शिल्प-चातुरी के चरम उत्कर्ष को स्वीकार करते हैं। मार्क्सवादी श्री.श्री. ने जो काव्यात्मक श्रद्धांजलि समर्पित की है, उसमें उनकी महानता का सही उद्घाटन है। वे "बोलने वाली रीढ़ की हड्डी हैं।" उनकी रचना में वह दृढ़ता और शक्तिमत्ता है। वे "गीत गाने वाली सुषुम्ना है।" उनकी कविता में अन्तर्लीन रसात्मकता मधुर स्वर-लहरी बाहर गूँज उठती है। योग-साधना में सुषुम्ना ब्रह्मानन्द का मूलन्न-स्थान है। कल के नय भट्ट आज के विश्वनाथ हैं अर्थात् वारानुशासक हैं। आन्ध्र के प्रकृति-सौन्दर्य में तेलुगु वालों की सोने की चमक में अ से क्ष तक की अक्षरणीयता में तथा आसेतु मही के अन्त तक व्याप्त वे तेलुगु वालों की सम्पत्ति है। वे अनवरत तेलुगु वाले का प्रकाश हैं।" विश्वनाथ जी में तेलुगुपन मूर्तिमान हैं। उनके मन और रचनाओं में आन्ध्रत्व के प्रति अपार श्रद्धा-भक्ति और प्रेम है। वास्तव में आन्ध्रत्व और भातीयता उनके दो नेत्र हैं। समीक्षकों की दृष्टि में उनकी प्रतिभा देश भर में समाने वाली नहीं है। कविता में उनका वस्तु-संविधान, भाव-व्यंजना, रस-संवेदना और शिल्प-संरचना ऐसी परिपूर्णता (पर्फेक्शन) से युक्त होता है कि उसमें एक अक्षर भी बदला नहीं जा सकता। यह अतिशयोक्ति है यही नहीं है—यह सहृदयों का अनुभव वेद्य कहकर छोड़ देना ही उचित है।

विश्वनाथ जी की श्रेष्ठ रचनाओं में भावनाशीलता और चिन्तनशीलता की व्यापकता और गहराई को देखते हुए निस्संकोच उन्हें आधुनिककाल का महाकवि कह सकते हैं। उन्होंने भारतीय शास्त्रों और सारे संस्कृत एवं तेलुगु काव्य-साहित्य का मंथन कर उसे आत्मसात कर लिया है। शिवलीलार्णवं-भारतीनिरुक्ति का यह श्लोक विश्वनाथ-साहित्य पर पूर्ण रूप से लागू होता है—

वश्येयमेकस्य कवेः कृतिं चेत् । सारस्वतं कोशमवैमि रिक्तम्।
अन्तः प्रविश्याय मचेक्षितश्चेत्। कोणे प्रतिष्ठा कविकोटिरेषा।।

समीक्षक चाहे जितना विश्लेषण करें और उनकी रचनाधर्मिता के मूल तत्त्वों के स्पष्टीकरण का प्रयत्न करें, विश्वनाथ जी की रचनात्मकता की विशिष्टता पकड़ में नहीं

आती। उनके गुरु चक्कपिक्क ने ठीक ही कहा है—"मेरा मार्ग नहीं है। उस वय मार्ग परखने पर वह मेरे दादा-परदादाओं में किसी का मार्ग नहीं है। मार्ग वह और कोई कहना चाहिए। सामान्य नहीं कहना चाहिए इसे। कविता-सम्राटत्व अहेतुक इस मेरे शिष्य को प्राप्त हुआ है। मैं कितना आमोदित हूँ।"

2. काव्य की भूमिका : श्रेष्ठ काव्य की सृष्टि के लिए भावनाशक्ति, चिन्तनशीलता और यथार्थता का सामंजस्य आवश्यक है। विश्वनाथ जी के काव्यों में तीसरा पहलू अपेक्षाकृत दुर्बल है तो वह उनके जीवन-दर्शन, दृष्टिकोण और साहित्यिक अभिरुचि के कारण है। उनका दृष्टिकोण धार्मिक एवं आध्यात्मिक है जो भारतीय दृष्टि की उपलब्धि और आधुनिक दृष्टि से सीमित है। विश्वनाथ जी की चिन्तनशीलता भारतीय जीवन-दर्शन की गहराई में पहुँचकर तात्त्कि अन्तर्दर्शन की ओर उन्मुख है। उनकी रचनाधर्मिता में पाठक को प्रभावित करने वाली भावनाशक्ति तथा उसे मूर्त रूप देने वाली कल्पना की सूक्ष्म अन्तर्मुखता, गहराई और व्यापकता की कोई सीमा नहीं है। रोमांटिक ही नहीं, उनकी क्लासिकल प्रवृत्ति की रचनाओं में भी ये धर्म दिखाई देते हैं।

विश्वनाथ जी मूलतः कवि हैं और बाद में नाटककार, उपन्यासकार और कहानीकार हैं। गद्य की इन रचनाओं में श्रेष्ठ ऐतिहासिक नाटकों और गरिमामय कथा साहित्य की कुछ कृतियों पर कविता की भावनाशीलता, व्यंजनागर्भिता और काव्यकलात्मक अभिव्यंजना का प्रभाव स्पष्ट लक्षित होता है। काव्यात्मक रचनाधर्मिता में भी उनका विलक्षण अपनापन है। यह तेलुगु के प्राचीन एवं आधुनिक कवियों में ही नहीं, अन्य भारतीय भाषाओं के कवियों में भी कम मिलता है; एक कबीर को छोड़कर। इसे आप अहं, अक्खड़पन, सच्चे अर्थ में आत्माभिव्यक्ति और आत्मविश्वास जो भी कहिए, उनके काव्यत्व का आन्तरिक धर्म है। इस व्यक्तिवादी अहंता को अस्मिता कहकर मण्डन हुआ है तो अहंकार कहकर खण्डन भी। रामायण कल्पवृक्ष श्रीराम के सम्बन्ध में कवि कहते हैं—"सब की तरह नहीं कहता। सब की तरह करता नहीं कुछ भी। अपनी आत्मा ले आकर उँड़ेलने की तरह। बोल उठता सर्वस्व आप ही होकर।" यह रामचन्द्र जी की ही वाणी नहीं है; कवि की अपनी आत्मा की विशिष्ट वाणी भी है।

विश्वनाथ जी की दृष्टि में रस ही काव्य की आत्मा है। वह जीव की आध्यात्मिक चेतना से प्राप्त अद्वैत स्थिति में प्राप्त आनन्द से भिन्न नहीं है। इस भावयोग में 'रसो वै सः' की उक्ति चरितार्थ हो जाती है। अद्वैत दर्शन के अनुयायी विश्वानाथ जी 'काव्यशास्त्रीय रस-सिद्धान्त' के सैद्धान्तिक अर्थ से और आधुनिक समीक्षा के 'रस-संवेदना' की सीमित अर्थ से भिन्न रस को अद्वैतानन्द की पराकाष्ठा मानते हैं। आधुनिककाल के कथात्मक खण्डकाव्यों तथा कविता के नाम पर संवेगात्मक, कल्पनाशील और वैचारिक छोटी-बड़ी खण्डिकाओं में उसे पूर्णरस की अनुभूति की सम्भावना कम है। इसीलिए वे आधुनिक कविता और गद्य की विधाओं में भारतीय आत्मा की प्रतिष्ठा चाहते हैं जिससे

पाठक 'रस' की ओर अग्रसर हो सके। उन्हीं के शब्दों में "कवि प्रतिभा में रहता है काव्यगत शतांशों में नब्बे भाग। प्राक्-पण्डितों के अभिमत से दस हजार गुना महान है नवकथा-सम्मान से बढ़कर।" यह दृष्टि प्रतिक्रियावादी है, पुनरुत्थानवादी है या नवीन क्लासिकल काव्य-चेतना है—यह निर्णय पाठकों के सामाजिक संस्कारों और साहित्यिक अभिरुचि के आधार पर ही निर्भर करता है।

सर्वतोमुखी प्रतिभाशाली महाकवि विश्वनाथ जी ने प्रधानतः रोमांटिक और क्लासिकल प्रवृत्तियों में रचनाएँ करने के अतिरिक्त यथार्थवादी प्रवृत्ति का भी अनेक स्थानों पर आभास दिया है। 'तेलुगु ऋतुएँ' काव्य में जीवन के यथार्थ दृश्यों का सजीव चित्रांकन हुआ है। रोमांटिक काव्यों में भारतीय आध्यात्मिक चेतना के योग ने उन्हें गरिमा प्रदान की है तो क्लासिकल कृतियों में रोमांटिक भावनाशीलता ने उन्हें रमणीय रूप में ढाला है। तीनों प्रवृत्तियों का एक साथ सामंजस्य नहीं मिलता जो रचनाधर्मिता का उत्कृष्टतम रूप है। काव्य-रचना की दृष्टि से वस्तुनिष्ठता और यथार्थवादिता आधारभूमि मात्र है तथा भावनाशीलता और आदर्शवादिता लक्ष्य या ध्येय है।

समष्टि रूप में विश्वनाथ जी के काव्यों पर विचार करते हैं तो हमारा ध्यान तीन बातों की ओर विशेष रूप से आकृष्ट होता है। (अ) सनातन भारतीय धर्म की ओर उन्मुखता है जिसके तीन पहलू हैं—अन्तर्मुखी आध्यात्मिक साधना; विश्व कल्याणकारी प्रेम, करुणा, शान्ति आदि सार्वजनीन मानवीय भावनाओं की व्यंजना तथा परम्परागत धार्मिक, सामाजिक और पारिवारिक संस्कारों का आग्रह। प्रथम दोनों सार्वकालीन सत्य हैं जिन्हें काव्य के लक्ष्यों में स्वीकार कर सकते हैं। तीसरा परिवर्तनशील हैं और आधुनिक सन्दर्भ में उसकी पुनः प्रतिष्ठा सम्भव नहीं है। आधुनिक जीवन में धार्मिक, सामाजिक और पारिवारिक पतनोन्मुखता और मूल्यहीनता से कवि के मन में अपार वेदना की अनुभूति हुई है। नये जीवन की समस्याओं का समाधान, प्राचीन व्यवस्था के पुनरुत्थान से नहीं हो सकता। कविता के ऊँचे मानसिक धरातल पर गद्य की विधाओं की तरह प्राचीन परम्परागत संस्कारों का आग्रह उतना नहीं मिलता। कविता की प्रकृति और परिधि में यह सम्भव भी नहीं है। (आ) कवि के मन में आन्ध्रत्व के प्रति प्रेम भक्ति-भावना की चरमसीमा पर पहुँची हुई है। आन्ध्र के उज्जवल इतिहास, सभ्यता, संस्कृति और प्राचीन साहित्य को स्वतन्त्र काव्य रूप देने के अतिरिक्त रोमांटिक और क्लासिकल सभी प्रकार की रचनाओं में 'तेलुगुपन' और उसके संस्कार झलकते रहते हैं। तेलुगु लोक-साहित्य से अनेक कथात्मक अंशों और प्रेरणाओं (मोटिव) का ग्रहण, लोक जीवन एवं संस्कृति की अभिव्यक्ति, विशिष्ट पर्व-उत्सव, ग्रामीण एवं कर्षक जीवन-विधान आदि का प्रभाव अन्य काव्यों के साथ 'रामायण कल्पवृक्ष' पर भी पड़ा है। ऋतु वर्णन शुद्ध आन्ध्र का है। संस्कृत-परम्परा में यह "तेलुगु जातीयता" कवि की काव्य-रचना में प्रसंग, पात्र एवं सन्दर्भ के अनुसार व्यावहारिक भाषा-शैली, मुहावरे, लोकोक्तियाँ और विशिष्ट भाषिक प्रयोग

दिखाई देते हैं। आन्ध्र भाषा-साहित्य की संस्कृत-परम्परा में यह 'तेलुगु जातीयता' का पुट है। 'आन्ध्रत्व' का यह यशोगान 'भारतीयता' का विरोधी न होकर उसकी परम्परा का यशस्वी अंग है। कवि की दृष्टि में मध्ययुग में भारतीय धर्म, संस्कृति और साहित्य को अक्षुण रखते हुए उसे अग्रसर करने वाला आन्ध्र प्रदेश तथा उसकी सांस्कृतिक भूमिका ही है। (इ) विश्वनाथ जी ने अंग्रेजी काव्य-साहित्य और उसमें अनूदित पाश्चात्य साहित्य का अध्ययन कर उसकी अनेक विशेषताओं को इस तरह आत्मसात कर लिया है कि रचना में उनकी गन्ध तक नहीं मिलती। वे भारतीयता और तेलुगु भाषिक संरचना के अंग लगते हैं। पाश्चात्य रोमांटिक प्रवृत्ति, एपिक उदात्तता एवं शैली तथा ट्रैजेडी भारतीय सांस्कृतिक परिवेश में अन्तर्मुक्त हो गये हैं। यहाँ तक कि पाश्चात्य उपन्यास-कहानी की नवीन यथार्थवादी विधाओं में भी भारतीय कथा-कथन-पद्धति का रंग-ढंग भी अनेक स्थानों पर लक्षित होता है। भाषिक संरचना में शब्द-लोप, वाक्य-रचना में अन्विति का अभाव, अधूरे वाक्य, व्यंजक गर्भवाक्य, रचनात्मक प्रवाह के बीच आत्मकथन या अन्य पात्रों का उसे रोककर टिप्पणी आदि पाश्चात्य रचनात्मक विधान के द्योतक हैं जो कविता और गद्य विधाओं– दोनों में देखे जा सकते हैं। लेकिन कवि ने इन्हें तेलुगु के व्यावहारिक बोलचाल की भाषा-शैली के रूप में प्रयुक्त किया है। इन सबसे अधिक उल्लेखनीय बात कविता में पाश्चात्य शिल्प-चातुरी की परिपूर्णता (परफेक्शन) को तेलुगु काव्य में ले आने की है। प्राचीन तेलुगु प्रबन्ध काव्य शिल्प-संविधान और उसके वैविध्य में अद्वितीय माने जाते हैं। फिर भी उनमें समास-संरचना और शब्द-मोह के उदाहरण मिल जाते हैं। तेलुगु प्रबन्धों की लम्बी परम्परा में शिल्प को पूर्णत्व प्रदान करने के लिए विश्वनाथ जी ने अंग्रेजी कविता की भाषिक संरचना के गठन औचित्य और चुस्ती (प्रेसिशन) को अपनाया है। आश्चर्य की बात है कि पाश्चात्य सभ्यता और संस्कृति के तीव्र विरोधी साहित्यकार ने गुणग्राही होकर पाश्चात्य सौन्दर्य-भावन की कुछ विशेषताओं, शिल्प-निर्माण की पूर्णता और प्रभावशाली भाषिक अभिव्यंजना के कुछ धर्मों को निस्संकोच स्वीकार किया है। उनका पाश्चात्य विरोध व्यवस्था और संस्कारों की अभारतीयता से है।

वेद-वेदान्त, शास्त्र, संस्कृत काव्य-साहित्य, तेलुगु काव्य-परम्परा, लोक-साहित्य, अंग्रेजी रचनात्मक प्रवृत्ति एवं शिल्प-संरचना—चाहे जिस स्रोत से विश्वनाथ जी ने सामग्री ग्रहण की हो, उसे आत्मसात कर अपनी विशिष्ट पद्धति में काव्य-रचना की है। साहित्यकार जलसूत्रं रुक्मिणीनाथ शास्त्री के शब्दों में–"जितने ही प्रवाहों को उन्होंने अपने में जीर्ण कर लिया हो, अन्त में उनकी रचनाओं द्वारा हमें प्राप्त होने वाला विश्वनाथ का तीर्थ ही है। सुनाई पड़ने वाला उनका स्वीय कण्ठ ही है। दिखाई पड़ने वाला वह विद्युत की रेखा ही है। उसका कारण है—उनकी प्रतिभा आकाश के समान ऊँचा है। उनके शिल्प की गम्भीरता जलनिधि के समान गहरी है। उनक रचना-वैविध्य पृथ्वी के समान विशाल है। उनका पांडित्य बहुमुखी है और प्रज्ञा-पटुताएँ सर्वतोमुखी हैं। मैं अपने

इस प्रतिपादन को सिद्धान्त नहीं कहता। कोई पूर्वपक्ष करना चाहें तो कर सकते हैं। यह एक दृष्टिकोण मात्र है, लेकिन मैं कह सकता हूँ कि यह सही दृष्टिकोण अवश्य है।"

3. आन्ध्र की गौरव गाथा : आन्ध्र का स्तवन करने वाले दो कविता-संकलन हैं आन्ध्र प्रशस्ति और आन्ध्र पौरुषं। प्रादेशिक भावना से सम्बन्धित होने पर भी इन्हें राष्ट्रीय-भावना के अन्तर्गत रखना ही उचित है। राष्ट्रीय आन्दोलन के उद्भव एवं प्रसार में, उससे सम्बद्ध रूप में ही आन्ध्रत्व का भाव विकसित हुआ है। अंग्रेजी शासन के विरोध में कवि कहते हैं–"आन्ध्र की नदियाँ सब उमड़कर प्रलय-जल। टूट पड़कर आन्ध्र की धरती डूब जाने दो। आज से अस्वतन्त्रता नियन्त्रित। यह जीवन आन्ध्र के लोग सह नहीं सकते।" (आन्ध्र प्रशस्ति)

रोमांटिक भाव कविता के युग में लिखे जाने पर भी आन्ध्रत्व पर इन ओजस्वी और वेदनामय रचनाओं की प्रकृति उससे भिन्न है। दोनों प्रवृत्तियों में संवेगात्मक तीव्रता है। लेकिन भावकविता की आधारभूमि कल्पना है। जबकि आन्ध्रत्व की भावना ठोस यथार्थवादी भूमि पर खड़ी है। प्रकृति में अन्तर के कारण अभिव्यंजना-पद्धति में भी भिन्नता है–एक सौन्दर्यमय, आलंकारिक और मधुर है तो दूसरा सीधा हृदय में चुभने वाला, तीखा और ऋजु है।

'आन्ध्र प्रशस्ति' में आन्ध्र के ऐतिहासिक राजवंशों और उनके महापुरूषों के सर्वतोमुखी वैभव और जीवन का बारह खण्डिकाओं में सजीव वर्णन है जो इतिहास पर अमिट छाप छोड़ चुके हैं। कुछ उल्लेखनीय रचनाएँ हैं–आन्ध्रविष्णु, शातवाहन, माधववर्मा, वेंगीक्षेत्र, नन्नय भट्ट, प्रोलराजू, कोंडवीडु के धुएँ के मेघ आदि। 'आन्ध्र पौरुषं' में आन्ध्र की संस्कृति (के साथ आन्ध्र के वीर पुरुषों के पराक्रम और साहस की व्यंजना) है। इन संग्रहों की लम्बी कविताओं में भावानुभूति के साथ 'इतिहास का रस' भी मिलता है।

आन्ध्र प्रशस्ति में भाव-निरूपण की दृष्टि से अतीत के जीवन और घटनाओं का प्रत्यक्षीकरण, उसकी स्मृति से उत्पन्न विभिन्न भावनाएँ तथा उस प्राचीन वैभव के समाप्त हो जाने की वेदना, मुख्य बिन्दु हैं। इनको केन्द्र में रखकर कवि ने तत्कालीन जीवन की झाँकियाँ ही प्रस्तुत नहीं की है, उनकी प्रेरक भावनाओं का भी उद्घाटन किया है। भाव-व्यंजना में संवेगात्मक तीव्रता हृदय को झकझोर देती है और पता नहीं अतीत की कितनी स्मृतियाँ जाग उठती हैं। कवि अनुभव करता है– "रमणीय रूप में श्रीकाकुल से आरम्भ हो अब तक के आन्ध्र के पहले के राज्यों का नाम कहने से, हृदयान्तर पता नहीं क्यों काँप उठता। आर्द्र चित्तवृत्तियों में, यह पुराभव निर्णय है तो कितने ही। जन्म हो, प्रवाहित होता आया हो आन्ध्र का रक्त।।" प्राचीन वैभव की स्मृति एक ओर आनन्द-पुलकित और गर्व का अनुभव कराता है तो दूसरी ओर आज उसका अभाव अपार वेदना को भी जन्म देता है। इन कविताओं में कथ्य के साथ दोनों भावनाओं की अनुभूति की ओर संकेत हैं। जब कवि भावावेग में कथ्य के साथ तन्मयता का अनुभव करता है, अद्वैत-भावना

की स्थिति पर पहुँच जाता है, भावाभिव्यक्ति और काव्य-रचना चरम उत्कर्ष पर पाठकों को भी विभोर एवं आत्मविस्मृत कर देती है। इस अद्वैत स्थिति में रचना-शिल्प भावाभिव्यक्ति के पीछे-पीछे चलती है या भावना और शिल्प का अन्तर समाप्त हो जाता है। (कोलरिज ने कविता में 'सार्थक रूप' में सौंदर्य की चर्चा की है। विश्वानाथ जी ने भाव को ही अपने आप रूप-धारण करने वाला बना दिया है।) भावयोग में यह रचना की स्वान्तः चालित (स्पांटेनियस) रूप-सृष्टि है। विश्वनाथ जी की कथ्य के साथ अद्वैत-भावना का यह रूप है– "मेरे प्राणों के साथ तुम्हारे धुएँ के मेघों के साथ पता नहीं क्या सम्बन्ध है! मैं भी धुएँ का मेह होकर पहाड़ के वनों के कोपलों पर, बुर्जों पर-की शाखाओं के ऊपर झुक जाता, तितर-बितर हो जाता, धरती पर गिर जाता या हवा में उड़ जाता..." (कोंडवीडु के धुएँ के मेघ—आन्ध्र प्रशस्ति)

जब कवि वस्तु-जगत का संस्कृत-समास-बहुल ओजस्वी शैली में वर्णन करता है, पाठकों की आँखों के सामने उसका चित्र खिंच जाता है। माधवर्मा का पुत्र रथ पर चढ़कर निकलते समय–

ग्रीष्मवेक-निराकृति-मेघगर्भ–घूर्णित वैश्वरी–नेमिनिस्वनमुलु
चलित-शैलाग्र-निर्झरणी विधा-भद्रजातत्व-दिव्यहेषास्वनमुलु
कुद्दाल-शातोग्र-खुरनिघट्टित-धरा-चटुलोद्दत-परागस्वंचयमुलु...

(लु प्रथमा विभक्ति बहुवचन) ध्वनिचित्र के साथ सार्थक वर्णन हुआ है।

(आन्ध्र प्रशस्ति) आन्ध्र के सांस्कृतिक वैभव का स्मरण कराते हुए कवि कहते हैं–

गोदावरी-पावनोदा-वाःपूर, अखिल भारत हमारा कहते दिन
तुंगभद्रा-समुत्तुंगराव के साथ कवियों का गान श्रुति मिलाते दिन
पेन्नानदी-समुत्पन्न-कैरवदलश्रेणी में तेलुगु सुगन्धित होते दिन
कृष्णातरंग-निर्णिद्रगान के साथ शिल्प आरम्भिक पूजा करते दिन...

क्या आन्ध्रजति कृष्णानदी के सैकतों में कलात्मक क्रीड़ाएँ करती हुई ज्ञान-विज्ञान की जानकारी नहीं रखती। आत्म गौरव और आत्मसम्मान का यह बोध 'आन्ध्र-पौरुषं' में सर्वत्र व्याप्त है। इन काव्य-संकलनों में भावानुगामी कलात्मक चेतना और शिल्प-विधान की तेजस्विता, चित्रात्मकता, भाषिक प्रवाहशीलता, सौन्दर्यबोध आदि का विस्तृत विश्लेषण अनावश्यक है।

4. रोमांटिक काव्य (भाव कविता) : विश्वनाथ जी के प्रसिद्ध भावात्मक काव्य हैं– भ्रष्टयोगी, शृंगारवीथी, शशिदूतं, वरलक्ष्मीत्रिशति, कोकिलम्म पेक्लि (कोकिला की शादी), गिरिकुमार के प्रेमगीत, किन्नरसानिपाटलु (किन्नेर सानी के गीत) आदि हैं। रोमांटिक प्रवृत्ति की भावनाशीलता, कल्पना की सक्रियता, सौन्दर्यात्मकता आदि लक्षणों के अतिरिक्त विश्वनाथ जी की भावप्रधान रचनाओं में उनके व्यक्तित्व एवं अभिरुचि के अनुरूप तीन विशिष्ट धर्म लक्षित होते हैं। (क) मौलिकता और नवीनता की रक्षा करते हुए प्राचीन

भारतीय काव्य-परम्परा के अनुरूप भावोन्मेष है। (ख) भारतीय धार्मिक, आध्यात्मिक और दाम्पत्य-जीवन के आदर्शों की ओर संकेतों के द्वारा भाव-व्यंजना को गरिमामय बनाना है। (ग) रोमांटिक व्यक्तिनिष्ठ 'मैं' की भावना को केवल भावात्मक एवं कल्पनाशील धरातलों तक सीमित न रखकर भौतिक और आध्यात्मिक धरातलों पर भी अस्मिता 'मैं' की अभिव्यंजना है। उदाहरण के लिए (क) शृंगारवीथी में कवि कहते हैं कि "पहले अनुभूत मधुर भाव स्मरण में ले आने पर प्रेम-भावना में व्यथित होता हूँ।" ये भाव मन के किसी अज्ञात रहस्यमय लोक से हैं। अभिज्ञान शाकुन्तलं में कालिदास का कथन है—"अबोधपूर्वं भावस्थिराणि जननान्तर सौहृदानि।" दूतकाव्य परम्परा में रचित 'शशिदूतं' रोमांटिक भावना और सौन्दर्य का अभिव्यंजक होने पर भी रचना-विधान गीतात्मक न होकर पद्य काव्य के रूप में है जिसमें पद्य-संरचना के शिल्प पर भाव-तुल्य ध्यान रखा गया है। (ख) वरलक्ष्मी त्रिशति पत्नी की मृत्यु पर लिखा गया लम्बा शोकगीत है जिसके तीन भाग हैं—कर्मशतक, स्मृतिशतक और नित्यशतक। पाश्चात्य एलजी को भारतीय रूप देते हुए कवि ने दाम्पत्य जीवन, स्मृति जन्य वेदना और अपनी भावना की उदान्त आध्यात्मिक परिणति को व्यंजित किया है। गिरिकुमार के प्रेमगीतों में भी पत्नी की ओर संकेतों के अतिरिक्त प्रेम के आध्यात्मिक स्वरूप की भी अभिव्यक्ति हुई है—"तुम्हारे निज स्वरूप का ध्यान करने के विचार से। विश्व-वस्तु-अन्तर में ढूँढ़-ढूँढ़कर। अन्त में मेरे हृदय के अन्तर के परकोटे में स्थित। सूक्ष्माकृति तुम्हें मैं पहचान पाया।" (ग) आत्मपरक 'मैं' की अभिव्यक्ति में व्यंजना की भिन्नरूपता के कुछ उदाहरण प्रस्तुत हैं। "यह मनोहर वीणा न बजा सकने से चेतना में समझता हूँ कि अशिक्षित हूँ मैं। मेरी लतरंगी के विलोल नेत्रांचल में संचलित हो रही उसके रागों की चमक।" (भौतिकता से भावात्मकता की पहचान की ओर प्रस्थान) कुछ दिखाई न देने वाले वन में फूल बनूँगा मैं। ज़ोरदार हवा से तोड़ फेंके बाँसों की घाटी में नया आकर्षक छाया बनूँगा। (भौतिक अवरोधों को पारकर भावात्मक स्थिति प्राप्त करना) प्रकृति रूपी नदी के संगम का स्मरण रखने वाला 'मैं' कवि साधना में अधिक प्रवाहशील होकर बह जाता है और कहता है कि नहीं जानता उसका क्या हो गया है। (उदाहरण : गिरिकुमार के प्रेमगीत) 'मैं' की साधना की अन्तिम स्थिति अद्वैत भावना है। "दिखाई देने वाले वस्तु-समुदाय में एक सुन्दर आकृति मन में प्रविष्ट होकर। एक-एक बात अन्दर कहीं सुनाई पड़कर एक अर्थ अनन्त ध्वनित होता है।" "मैं ही शब्द ब्रह्म होकर मुझमें मेरा ही वन्दना-भाव अधिक हुआ है।" (भ्रष्टयोगी) सौन्दर्य, प्रेम और वेदना की रमणीय भावनाओं के बीच भौतिकता के बीच अन्तर्मुखी साधना, भावोन्मुखता, रहस्यात्मक अनुभूति और अद्वैत भावना को ध्वनित करना विश्वनाथ जी की रोमांटिक कविता की विशेषता है जो उस प्रवृत्ति के अन्य कवियों से उन्हें अलग कर देती है।

'गिरिकुमार के प्रेमगीत' विश्वनाथ जी का उल्लेखनीयं भावप्रधान कृति है। लेखक

ने स्वयं कहा है कि तेलुगु में सच्चा 'भावकवि' केवल कृष्णशास्त्री हैं। यह सच है कि उनकी अन्तर्मुखी भावानुभूति, वेदना की तीव्रता, कल्पना की व्यापकता और अनन्त सौन्दर्य की रमणीयता और किसी कवि की रचना में नहीं है। लेकिन किसी भी प्रवृत्ति की प्रत्येक प्रतिभाशाली की रचनाधर्मिता अपने ढंग की विशिष्ट होती है। विश्वनाथ जी जैसे कवि अपनेपन को छोड़कर प्रवृत्ति के सामान्य धर्मों का अनुसरण करने वाले नहीं हैं। उनका प्रेम-दर्शन क्रमशः लौकिक, भावात्मक और आध्यात्मिक रूप में परिणत होने वाला है। गिरिकुमार 'शेषगिरि' का पुत्र एक छोटे से पहाड़ के समान है तो उसकी प्रेयसी उस पहाड़ से प्रवाहित होने वाली झरी की तरह है। उसके मन में आशंका है कि कहीं वह झरना पत्थरों में अन्तर्धान होकर संयोग की स्थिति ही दूर न हो जावें, यदि वह भी हो नदी हो जाएगा तो (दोनों मिलकर समुद्र में अपने अस्तित्व को खो जाएँगे। वह आकाश के) मेघों के बीच नक्षत्रों को देखकर सोचता है कि उनके पार क्या रहस्य है। मेघों के साथ मन में उमड़ते उत्साह के साथ प्रकृति में प्रेयसी का अन्वेषण करने लगता है। यदि वह प्रकृति का फूल है तो उसे मुरझाते देख मन में वेदना भर जाती है। प्रेयसी समीप होने पर भी संशयात्म उसका मन राहुग्रस्त चाँद की तरह चाँदनी का आधा आलोक ही देख पाता। आषाढ़ में मेघों से आवृत्त आकाश का अन्धकार उसके मन में छा जाता है। प्रेम के उत्साह और निराशा के बीच गिरिकुमार का प्रेम शंका, व्याकुलता तथा वेदना में डोलता रहता है। लेकिन उसके प्रेम में पहाड़ की-सी स्थिरता है। उसके अन्तरंग में प्रेयसी आधे भाग में सूक्ष्म रूप में समायी हुई है। उसके कटाक्ष और मन्दहास से प्रेयसी से भरा मन तीव्र रूप में स्पंदित होकर मुँह से प्रेम के गीत निकल पड़ते हैं। यह प्रेम ज्योतिमयी है जिसे कवि अपने हृदय में गलाकर आलोक को आकार देने का प्रयत्न करता है। यह प्रेम "अकृत्रिम-भावना-निश्चितात्मा" है। कवि कहता है– "मैं सांसारिक अनेक कार्यलग्न-हृदय की तरह सबको दिखाई पड़ता, लेकिन देवी! मेरा भाव सदा नित्य लग्न तुम्हारे पाद-नीरजों में।।" "तुम अनन्त भावालय हो, विशाल भाव-साम्राज्य पर शासन कर रही हो। तुम्हारी कृपा से वह जितना ही महान भाव हो सुपरिचित सा लगता मेरी चिन्तवीथी में।" "तुम्हारा वियोग है यह, सचमुच जानता नहीं; मेरी हृदयसीमा में। तुम अकृतिम-भावना-निश्चितात्मा हो सदा, मूर्तिमान रूपायित हो यहाँ सचमुच।" अंततः यह प्रेम आध्यात्मिक रूप लेकर बीच-बीच में अद्वैत-भावना पर पहुँच जाता है– "अस्मदीय प्रदीपिकाभ्यतर में प्रज्वलित हुई परब्रह्मदीप्ति। देवी! तावक करुणाप्रदीप्ति से..." इस प्रेम-दर्शन को क्लासिकल शैली के कवि कहलाने वाले ने सरल, सीधी, भावतरल, सम्प्रेष्य भाषा-शैली में सम्मूर्त किया है।

किन्नेरसानी के गीत : 'किन्नेरसानी के गीत' 'शिवताण्डवम्' की तरह आधुनिककाल में तेलुगु कविता को ही नहीं, भारतीय कविता को अपूर्व भेंट है। पहला कथ्य, रूप और भाषा-शैली में तेलुगुपन की प्रतिनिधि रचना है तो दूसरी संस्कृतमार्गी आध्यात्मिक कृति है। (तेलुगु शब्द 'सानी' का अर्थ वेश्या, श्रेष्ठा और समास के उत्तर पद में होने पर पत्नी

है। प्रस्तुत रचना के सन्दर्भ में परवर्ती दोनों अर्थ सार्थक हैं।) नायक राजाओं के युग में कवियों के पदों का राजसभाओं में गायन और नृत्य होकर तीनों कलाओं का अपूर्व संगम होता था। उपर्युक्त दोनों रचनाएँ इस कला-संगम से इस अर्थ में भिन्न हैं कि कवियों की रचनाधर्मिता और सर्जना में भी तीनों कलाओं का समन्वय एवं सामंजस्य होकर अद्भुत कलाकृतियों की सृष्टि हुई है। खेद की बात है कि कलाकारों ने इनके मंचन का प्रयत्न ही नहीं किया है।

'किन्नेरसानी के गीत' की भूमिका सास-बहू के कलह में व्यथित होकर घर से निकलकर अश्रुओं के रूप में गलकर प्रवाहशील नदी बनी हुई गृहिणी की है। कथ्य के प्रत्येक भाग में नदी की गतिशीलता के वैविध्य के साथ पत्नी के मनोभावों की व्यंजना है। नदी के मानवीकरण में गतिशीलता और भावानुभूति में सामंजस्य हो गया है। काव्य का आरम्भिक प्रथम भाग किन्नेरसानी का जन्म है। पति की वेदना है—"अहे किन्नरसानी, ऊहा मात्र में पृथ्वी पर स्थिर नहीं रहे हे तरुणी! गल गया है समग्र रूप।" "तुम रसाकृति होने से इस तरह प्रवाहित हुई हो। मैं शिला हृदय हूँ, बनूँगा जल का रूप।" द्वितीय भाग किन्नेरसानी की चलन-रीतियाँ या गतिशीलता पर है। वह चलती, दौड़ती, उमड़ती, चक्कर काटती, उफनती अनेक प्रकार की गतियों में "डोलती सफेद फूलों की नदी की तरह प्रवाहित होने लगी है।" तीसरा भाग किन्नेरसानी का नृत्य है। गति का वेग बढ़ जाने पर किन्नेरा विविध भंगिमाओं में नाच उठती है— उधर उमड़कर, इधर उमड़कर, रंगीन लहरों के साथ, उमड़ती लहरों के साथ, छलाँग, छलाँग मारी रे—नये-नये हाव-भावों का शृंगार छिलकी रे!" चौथा भाग किन्नेरसानी का संगीत है। नृत्य और संगीत संलग्न कलाएँ हैं। संगीत के बिना नृत्य पूर्ण नहीं है। "संगीत कोकिला के कण्ठ में कंपित हो उठा है।" "मानो मन्द हवा ने उस गीत को प्रसारित की हो। झूले के साथ उसे झुलाया हो।।" "लज्जा में वन सारा एक गीत हो गया हो। आप अपने को समझ ही न सका हो।।" "पाँचवाँ भाग समुद्र का उमड़ना है। समुद्र किन्नेरसानी के सौन्दर्य की बात मन्द हवा या मेघों से सुनकर "अपने में तीव्र अभिलाषा के साथ सिंगार-किन्नेर सानी का देखने तीव्र डोल उठा रे, आँखों फाड़ देखा रे।" "लहरें उमड़ी समुद्र ने तरंगे डोलती। समुद्र ने, सिंगारी किन्नेरसानी से आँख मिलाने के लिए आकाश के छोर तक लहरें उमड़ाकर दूरों तक देखा रे, बाँहें फैलायी रे।" छठा भाग किन्नेरसानी के दुख का है। पराये पुरुष समुद्र की तीव्र कामना को देखकर मुग्धा किन्नेरसानी का हृदय काँप उठा है। पति को छोड़ आने के पश्चात्ताप और दुख में रो उठी है। अपनी मन्दमति और पति के त्याग को मन में सोच-सोचकर कुढ़ने लगी है। वह इस संकट से बचती यदि वह नदी के बदले आसमान का तारा या ज़मीन का पेड़ होती। तक कितना अच्छा होता! ज़ोर-ज़ोर से उसका रुदन सुनकर सारी प्रकृति समवेदना में व्यथित हो गयी है। सारी प्रकृति (सान्त्वना न दे सकने से रो उठी है) सातवाँ भाग गोदावरी संगम है। किन्नेरसानी गोदावरी से मिलने वाली उपनदी

है। अपनी पुत्री किन्नेरसानी के दुख को देखकर उसे अपनी गोद में लेकर माता उपशमन का प्रयत्न करती है– गोदावरी के साधु हृदय की नसें झकझोरकर, साधु किन्नेरा की ओर आगे बढ़कर, उसके अन्तर की वेदना कम होने हाथों से वारणकर, आदर के साथ उसे समेट आलिंगन में लेकर, "कहाँ तुम्हारा मुख, दिखाओ मेरी बच्ची, तुम्हारा दुख अब शान्त कर लो छोटी बहन कहा है।" गोदावरी ने गार्हस्थ्य-मर्यादा का स्मरण दिलाते हुए समुद्र से कहा है कि वेला का अतिक्रमण करने से संसार में कल्लोल हो जाएगा। आठवाँ अन्तिम भाग का किन्नेरा का वैभव है जो काव्य का आनन्दात्मक समापन है। गोदावरी से सान्त्वना से प्रफुल्ल "सिरों पर रत्न उज्ज्वल चमकते काले नाग-कूदकर नाचने की तरह कौंध उठी रे, किनारों से टकरायी रे किन्नेरा।"

"ऋतु-ऋतु में बदलती शोभाओं में किन्नेरा, काल-काल में (ग्रीष्म, वर्षा, शीत) बदलती कान्ति में किन्नेरा, ज्ञानी सत्कवि। राजा की वाणी जिसे पकड़ नहीं पाती, वैसी रुचियाँ उत्पन्न कर, जलों की राशियों के ढेर बनाकर, चलती रे किन्नरा, आगे बढ़ती रे किन्नरा।" फलश्रुति : किन्नेरा सब की प्यास बुझाती भद्राचलं के पास बहती है। भद्राद्रि राम के दर्शन के लिए जाने वाले "तेलुगु यात्रियों को देती शीतल छाया पुण्यात्मा किन्नेरा, तेलुगु यात्रियों को देती शीतल जल पूतात्मा किन्नेरा।।"

काव्यदृष्टि से रचना के प्रत्येक छन्द में रूप-सौन्दर्य के चित्रांकन, भाव-भंगिमा की गतिशीलता का लयात्मक स्वर-माधुरी की कोई न कोई विशेषता अवश्य मिल जाती है। नर्तनशीलता और संगीतात्मकता की अनुभूति मूल रचना के सस्वर पढ़ने में ही सम्भव है। (रूप-सौन्दर्य के बहिर्मुखी चित्रों के अतिरिक्त सूक्ष्म बिम्ब-योजना के भी अनेक उदाहरण प्राप्त होते हैं। किन्नेरसानी श्वेत तारिकाओं के साथ आलोक-सी लगी है। कोपल फूलों के साथ गन्ध-सी लगी है। तेलुगु के गीतों के साथ माधुर्य-सी लगी है।' भाव-व्यंजना में वैविध्य के साथ नवीनता और भाव-योग की अनेक सम्भावनाएँ हैं। (किन्नेरसानी की वेदना की अभिव्यंजना के दो रूप देखिए–"मेरी तरह तुम भी नदी की तरह प्रवाहित हो रे! जल के रूप में दोनों मिल-जुल जाएँगे रे! लहरों और लहरों में आलिंगन कर लेंगे रे!") "अपना जल का गुण कहाँ गया रे! अपनी शीतलता कहाँ छिप गयी रे! अपने में बाड़वाग्नि की ज्वाला उमड़ पड़ी। अपना शरीर सारा, जलाने के तरह। छटपटा गया रे, तप्त हो गया रे।।" कवि साधारण बातों में भी विलक्षण, पर स्वाभाविक सौन्दर्य भर देते हैं। नायक गिरिकुमार गलने वाली अपनी पत्नी का अंचल पकड़कर रोकना चाहता है–बायें हाथ तुम्हारे अंचल को सिकोड़कर पकड़ा सखी! गीले हाथ में अंचल न होने से हड़बड़ाया हे प्रियतमा।" (नदी का कालक्रम में परिवर्तित रूप और मानवीकरण में मनोभावों का उत्थान) पतन एवं प्रसार तथा उनका सौन्दर्य "क्षणे क्षणे यन्नवतां उपैति तदेव रच्छं रमणीयतायाः" का स्मरण दिलाता है।

किन्नेरसानी के गीतों में कवि की सहृदयता, भावात्मकता तथा कल्पनाशीलता के

साथ कलात्मक चेतना एवं अभिव्यंजना भी पराकाष्ठा पर पहुँच गयी है। प्रकृति और तेलुगु जीवन से अप्रस्तुतों को लेकर नवीन गतिशील बिम्बों की सृष्टि की गयी है। परम्परागत अप्रस्तुतों के आलंकारिक प्रयोग में नया सौन्दर्य भर दिया गया है। संक्षेप में कथानक की ओर संकेत और मूर्त वर्णनात्मकता के साथ सम्बोधनपरक शैली में नाटकीयता भी समाविष्ट हुई है। सम्बोधनों और क्रियाओं की द्विरुक्ति भावानुभूति की तीव्रता को द्योतित करती है। क्लासिकल प्रवृत्ति और भाषा-शैली की ओर पूर्ण रूप से उन्मुख होने के पहले यह भावात्मक रचना हुई है। उस मानसिकता में कवि इस रोमांटिक भावना को शायद स्वप्निल, मोह और माया मानते हों! भारतीय पवित्र नदियों को लेकर पुराणों में धार्मिक और सांस्कृतिक मिथकीय कथाओं की सृष्टि हुई थी। कवि में किन्नेरसानी को एक मानवीय मिथक का आभास देने का प्रयत्न किया है। उन्होंने प्राकृतिक एवं मानवीय रूप-सौन्दर्य तथा दोनों के भावयोग में एक अद्भुत मानवीय संवेदना और सांस्कृतिक चेतना का समन्वित रूप प्रस्तुत किया है। "किन्नेरा का रोदन देखकर पक्षी उसके दुख को देखकर मृग, किन्नेरा की वेदना देखकर हवाएँ तथा सान्त्वना न दे सकने से वे भी रो उठे 'हा हा' कहकर।"

6. कृष्ण काव्य : श्रीकृष्ण भगवान सोलह कलाओं के अवतार माने जाते हैं। उनकी विभूतियों में कवियों की दृष्टि प्रधानतः अनन्त सौन्दर्य, अपार लीला-माधुर्य, तन्मयकारी मधुर भक्ति तथा मर्यादा-मुक्त सूक्ष्म आध्यात्मिक भावना की ओर विशेष आकृष्ट रही है। विश्वनाथ जी ने भी अपने कृष्ण, काव्यों में मन को द्रवीभूत कर भाव-तन्मय करने वाली इन विशेषताओं की सफल अभिव्यंजना की है। मानव-जीवन पर कठोर धार्मिक अनुशासन के समर्थक कवि के व्यक्तित्व की दृढ़ता के विरोध में मन की यह कोमलता कवि के अन्तरंग को दूसरे ही रूप में प्रस्तुत करती है। रोमांटिक काव्यों के समान भावनाओं की कोमलता कृष्ण काव्यों का भी धर्म है, लेकिन दूसरे में भाव-प्रसार की उन्मुक्तता लौकिक बद्धता को तोड़कर कवि की सहृदयता और कल्पनाशीलता को प्रकट करने वाली है। कृष्ण काव्य की स्वच्छन्दता आध्यात्मिकता की ओर उन्मुख है।

विश्वनाथ जी के कृष्ण काव्यों को दो वर्गों में विभाजित कर सकते हैं—(अ) पद्य परम्परा में श्रृंगार वीथी, प्रद्युम्नोदयं, मध्यक्करा के शतक-समुच्चय में नन्दमूरिशतकं और मुन्नंगि शतकं हैं। श्रृंगार वीथी काव्य के तीन भागों में तीन तत्त्वों का दर्शन होता है। पहले में श्रीकृष्ण के श्रृंगार का माधुर्य है। दूसरे 'श्रीकृष्ण के निर्वेद' में अन्तःसंघर्ष और वेदना का भावात्मक निरूपण है। तीसरे भाग में माता यशोदा की वात्सल्यमय-भावना की व्यंजना है। रचना में यशोदा ही एकमात्र पात्र है जिसके मनोभावों को वैविध्य रूप में अभिव्यक्ति है। प्रभात के समय श्रीकृष्ण को जगाने के समय का कथन है—"वैसा ही होना है, नींद से जगाते नहीं तू, भाई आप आकर। वह सब मलाई-दूध-मक्खन खाकर बस वैसे ही बिना कहे चला गया। प्रसन्नता में आँखें ठण्डी हो गयीं न भाई! स्वामी कह मैं। कितनी ही

मिन्नत करती रही, तू जरा भी बात न सुनी रे!" प्रद्युम्नोदयं काव्य में भगवान के अवतार की, व्यूह-पद्धति की भूमिका पर तात्त्विक प्रस्तुति हुई है जैसा कि (भारतीय काव्य-रचना में प्रायः नहीं मिलती। मुन्नंगि गाँव के वेणुगोपाल स्वामी और नन्दमूरि गाँव के सन्तान वेणुगोपाल स्वामी पर रचित शतकों में लीला-स्तवन के साथ आत्म-वेदना एवं निवेदन तथा सायुज्य की आर्ति की भावनाएँ प्रधान हैं।

(आ) गीतिकाव्य-परम्परा में विश्वनाथ जी की रचनाएँ भ्रमरगीत, गोपिका गीत और श्रीकृष्ण संगीत हैं। भक्तिपरक कथ्य होने के कारण इन्हें रोमांटिक प्रवृत्ति की कृतियाँ नहीं कह सकते। भ्रमरगीत और गोपिका गीत प्रेम प्रधान मधुर भक्ति में पराकाष्ठा पर पहुँच गयी हैं। भाव-तन्मयता और आत्मनिवेदन में वे ऐसा लगती हैं कि गोपिकाओं के माध्यम से कवि आंडाल और मीरा की तरह अपनी ही प्रेममूलक भक्ति को प्रकट कर रहे हैं। वे स्वयं आत्माभिव्यंजक गोपिका हैं। श्रीकृष्ण संगीत में वेणु-वादन के व्यापक प्रभाव का वर्णन है जो दाम्पत्य भाव और पारिवारिक मर्यादा का उल्लंघन करता है। कवि ने मधुर भक्ति भावना में अपने आदर्शवादी (सामाजिक) नियमों और कर्त्तव्यबोध के विरुद्ध रचना करने में संकोच नहीं किया है। अन्यथा मधुर भक्ति में आध्यात्मिक पूर्णता नहीं होती। श्रीकृष्ण के वेणु वादन का विरोध करने वाली गृहिणियाँ भी अन्ततः घर छोड़कर मुरली-स्वर की ओर दौड़ पड़ती हैं। इस आचरण को लौकिक दृष्टि से अनैतिक शृंगारी कहने वाले आधुनिक हेतु वादियों और नैतिकतावादियों के विरोध में कवि ने इस रतिभाव की सांकेतिकता की ओर संकेत किया है। श्रीकृष्ण-संगीत छोटे नाग के बच्चे कूदने की तरह; झड़ी होने पर भारी पत्थरों पर चाँदी की पानी गल-गल प्रवाहित होने की तरह; नील मधुमूर्ति हृदय में भर जाने पर योगी की गालों से आँसू गिरने की तरह; हँसता शिशु स्तन्य पीते माँ का मुँह देखते हुए स्तन छोड़ देते समय दूध छिटकने की तरह; उपनिषद्-देवी एक पार्श्व में झुककर हँसने की तरह; वेद कल-कल नाचने की तरह है। शृंगार रस भरा वेणुनाद के प्रसंग की कवि की दृष्टि में यह रमणीय एवं आध्यात्मिक व्याख्या और भावार्थ है।

अद्वैत-दर्शन के अनुयायी विश्वनाथ जी कृष्णकाव्यों में श्री वैष्णव धर्म के सायुज्य-भाव का प्रतिपादन किया है। ज्ञानमार्ग, योगमार्ग और कर्ममार्ग की तरह सात्त्विक भक्तिमार्ग भी अद्वैत स्थिति पर पहुँचा सकता है। लेकिन प्रथम तीन मार्गों में कठिन साधना की आवश्यकता है जबकि चतुर्थ-मार्ग सर्वजन सुलभ है। विश्वनाथ जी ने अपने कृष्णकाव्यों में तन्मय करने वाली की भाव-व्यंजना तथा उसकी सरल एवं सम्प्रेष्य अभिव्यक्ति के द्वारा काव्योत्कर्ष के साथ भक्तियोग का मार्ग प्रशस्त किया है।

7. यथार्थवादी काव्य-रचना : काव्यों में और स्वतन्त्र काव्य के रूप में षट्-ऋतु वर्णन परम्परा में इतना रूढ़ हो गया है कि उसमें नवीन उद्भावना बहुत कम देखने को मिलता है। आरम्भ में कवि अपनी अनुभूति, भावना और कल्पना के योग में ऋतु-परिवर्तन के साथ प्रत्येक के स्वरूप और सौन्दर्य को मूर्त करते थे। परवर्ती कवियों ने कथ्य का नये

आलंकारिक अप्रस्तुतों में वर्णन करने लगे हैं। सफल ऋतुवर्णन में प्रकृति के प्रादेशिक रंग-ढंग की सच्चाई और यथार्थता, कवि की भावात्मक अनुभूति तथा प्रकृति-सौन्दर्य को पहचानने की सूक्ष्म कल्पनाशक्ति चाहिए। विश्वनाथ जी की 'तेलुगु ऋतुएँ' यथार्थवादी भूमि पर उपर्युक्त धर्मों से सम्पन्न रचना है। कवि ने विभिन्न ऋतुओं में आन्ध्र प्रदेश की प्रकृति, उससे प्रभावित जीवन-विधान और आचार-व्यवहार का सजीव चित्रांकन किया है। कवि के अनुसार अपने बचपन में ग्रामीण प्रकृति एवं जीवन के अनुभवों के आधार पर इस काव्य की रचना हुई है। शस्यश्यामला कृष्णा-गोदावरी मण्डल में प्राकृतिक शोभा और सौन्दर्य है तो उसके बीच विभिन्न वर्गों के जीवन पर ताप-वर्षा-शीतलता का गहरा प्रभाव भी लक्षित होता है। सूक्ष्म दृष्टि से देखने पर ही आन्ध्र के भूभाग में तीन कालों के अन्तर्गत षट्-ऋतु-दर्शन होता है। कवि ने प्रकृतिगत नैसर्गिक सौन्दर्य का उद्घाटन ही नहीं किया है, बल्कि ग्रीष्म, वर्षा आदि में जीवन एवं वस्तु-जगत का चित्र खींचने में प्रतिभाजन्य कलात्मक सौन्दर्य भी प्रदर्शित किया है। यथार्थवादी ग्रीष्म के तीव्र आलाप का वर्णन- "टँगनी पर वस्त्र का आँचल नीचे की ओर लटककर जलने लगा है। चूल्हे की गरमी से। आँगन की अँगीठी बुझाकर हटाने पर कहीं चिनगारी बचकर जोरदार हवा में उड़कर ऊपर बाँस से लगकर सब कुछ जल-भुन गया है। यथार्थ में कल्पना के योग के साथ हेमन्त में सौन्दर्य-सृष्टि—"टोकरी में बिठायी गयी वधू की तरह (आन्ध्र के ब्राह्मण-विवाह में कन्यादान के समय टोकरी में कुछ चावल भरकर उसमें वधू को बिठाकर दान होता है।) सीताफल (शरीफा) के फूलों में एक हेला के साथ क्रीडायुक्त है।" आने वाले शरीर में पत्तों के झरने को दृष्टि में रखकर हेमन्त के ओस में भीगी प्रकृति का वर्णन करते हैं—"स्नान किया हिम में तरुश्रेणी ने पत्ते झरने के लिए पुरानी साड़ी छोड़ने के पहले।"

8. क्लासिकल प्रवृत्ति : रोमांटिक युग में उससे प्रभावित होकर काव्य-रचना आरम्भ करने वाले विश्वनाथ जी की कविता में आरम्भ से ही भारतीय धार्मिक, आध्यात्मिक और सांस्कृतिक परम्परा के प्रति अपार श्रद्धा एवं आकर्षण न्यूनाधिक मात्रा में झलकता आया है। कालक्रम में उनकी ओर उन्मुखता अधिक होने में रचनात्मक प्रवृत्ति क्लासिकल हो गयी है। जैसा पहले कहा जा चुका है, यह प्राचीन क्लासिकल प्रवृत्ति का अनुकरणात्मक नियोक्लासिकल रचना-विधान न होकर क्लासिकल गरिमा एवं शालीनता से युक्त नई सर्जना है। आधुनिकताबोध के पाठकों की अभिरुचि इस प्रकार की रचना में न हो, यह दूसरी बात है। विश्वनाथ जी के प्रसिद्ध क्लासिकल काव्य हैं—'मध्याक्करा' और 'रामायण-कल्पवृक्ष' हैं। आधुनिककाल के होने के कारण उन पर नवीन भावबोध और विचारों का प्रभाव अवश्य पड़ा है। लेकिन तत्त्वतः के क्लासिक प्रवृत्ति के हैं—कथ्य में, रूप में और भाषिक संरचना में।

'मध्याक्करा' गणबद्ध देशी छन्द है जिसका प्रयोग पहले कन्नड़-तेलुगु शिलालेखों में हुआ था और उसके बाद कवि तन्नय भट्ट के महाभारत में। क्लिष्ट छन्द होने के कारण

परवर्ती प्राचीन कवियों ने उस छन्द में पद्य-रचना के प्रयत्न बहुत कमल किये थे। विश्वनाथ जी ने तन्नय भट्ट के द्वारा साहित्य में प्रयुक्त उस देशी छन्द में नवीन प्राण-प्रतिष्ठा कर प्रत्येक पंक्ति के बीच में विराम के साथ गाने योग्य बनाकर चरम उत्कर्ष पर पहुँचा दिया है। इसी कारण काव्य का शीर्षक भी वस्तु के बदले छन्द के नाम पर रखा गया है। मध्याक्करा में पूरा काव्य लिखने का श्रेय शायद विश्वनाथ जी को ही है।

छन्द की दृष्टि से ही नहीं, काव्यदृष्टि से भी इस रचना की अपनी विशेषता है। कुछ नवीनतम कवियों और समीक्षकों के अनुसार जब साहित्यकार अपने व्यक्तित्व से निरपेक्ष-निर्वैयक्तिक काव्य-रचना करता है, न भी भावों का साधारणीकरण होकर पाठकों के साथ भावयोग सम्भव है। विश्वनाथ जी का विचार है कि वाल्मीकि, कालिदास, तन्नय भट्ट आदि इने-गिने कवियों की रचना ही निर्वैयक्तिक है। तेलुगु की प्राचीन काव्य-परम्परा के अधिकांश श्रेष्ठ कवियों के रचना-विधान पर उनके व्यक्तित्व की छाप है तथा रचना-विधान की इस विशिष्टता के कारण ही वे कवि और काव्य अविस्मरणीय हैं। इसी परम्परा में विश्वनाथ जी के सभी काव्यों पर उनके विशिष्ट व्यक्तित्व की छाप है ही, प्रस्तुत (रचना में उनकी निजता खुलकर स्पष्ट सामने आती है। आधुनिक) कवियों में उनकी भावनाशीलता और चिन्तनशीलता औरों से बिल्कुल भिन्न है। प्राचीन क्लासिकल रचना-पद्धति में भी उनका अपना मार्ग है।

इस काव्य की दूसरी विशेषता उसका लक्ष्य है। भारतीय काव्यशास्त्र के अनुसार इस काव्य की आत्मा है। विश्वनाथ जी इसे मानते हुए इससे ऊँचा काव्य का एक प्रयोजन मानते हैं। वह जीव की साधना और उसके द्वारा संस्कारिता का विकास है। इस साधना में भगवान के प्रति विविध कोणों और रूपों में आत्म-निवेदन करने वाले इस काव्य को तात्त्विक चिन्तन प्रधान रचना कह सकते हैं। आधुनिक काल में कविता और गद्य की अन्य विधाएँ क्रमशः भावनाशीलता से मनोवैज्ञानिक तथा सामाजिक दिशाओं तात्त्विक एवं वैचारिक चिन्तन की ओर अग्रसर होती जा रही हैं। इसके विपरीत सनातन परम्परा के अनुयायी विश्वनाथ जी ने अपने तात्त्विक चिन्तन को आध्यात्मिक और भक्तिपरक क्षेत्रों में प्रसरित किया है जो एक वर्ग विशेष को ही अपील करता है तथा भिन्न वर्गों को आधुनिकता के विरुद्ध लगता है। लेकिन इसमें कोई सन्देह नहीं है कि कवि का भक्तिमूलक आध्यात्मिक चिन्तन में तात्त्विक गहराई है। गीताकार ने भक्तों को चार वर्गों में बाँटा है—आर्त, जिज्ञासु, अर्थार्थी और ज्ञानी। विश्वनाथ जी की भक्ति में आर्त की करुण पुकार है, सृष्टि के रहस्य को जानने की जिज्ञासा है, अपने मन की कामना की पूर्ति की अभ्यर्थना है तथा ईश्वरीय ज्ञान बोध का प्रयत्न है।

'मध्याकरा' दस भक्ति-प्रधान शतकों का संकलन है। आन्ध्र के दस प्रसिद्ध तिरुपति, श्रीशैलं आदि के मन्दिरों के देवताओं को सम्बोधित करते हुए उन देवताओं को शतक का 'मुकुट' बनाकर रची गयी इन कृतियों में हरि-हर का भेद नहीं किया गया है।

काव्य का उत्कर्ष तात्विक चिन्तन की गहराई और भक्ति की गम्भीरता में है। वेणुगोपाल सम्बन्धी शतकों में ही मधुर भक्ति की झलक मिलती है। अन्य शतकों में दास्य, वैराग्य, वेदना, कर्मफल, ज्ञान आदि भावों की प्रधानता है। इन शतकों पर आधुनिक जीवन की गतिविधि का प्रभाव भी लक्षित होता है, विशेषतः अप्रस्तुतों के द्वारा भाव-व्यंजना में। हास्य, व्यंग्य, ताना देना, निर्वेद में आधुनिकता-बोध के साथ नवीन एवं मौलिक उद्भावनाएँ दिखायी देती हैं। कुछ उदाहरण प्रस्तुत हैं। बल्कि अवतार के सम्बन्ध में "तब कभी ब्राह्मण से जन्म लेने की बात कही थी। तब तक भी ब्राह्मण नाम से अवनी पर कोई रहेगा क्या?" अपने पुत्र की मृत्यु पर—"पुत्र अरण्य में जाने पर प्राणों को छोड़ा तुम्हारे पिता ने। पुत्र के प्राणों को छोड़ने पर मैं कितना व्यथित हूँ, तुम्हारा नाम रखा पुत्र को उसे जीवित रखने के लिए, तुम्हें, नकारने की तीव्र भावना नहीं है, भद्रगिरि पुण्यनिलय! श्रीराम!" मृत्यु की दिशा में प्रस्थान करते हुए भी मनुष्य के मन में भोग-लालसा समाप्त नहीं होती—"जान-बूझकर कसाईखाने को भीड़ के रूप में हाँकते ले जाते समय। रास्ते के बगल में हरे घास खाने में मँडराते जानवरों की तरह है लोगों की भोग-लालसा! उनकी बुद्धिमत्ता सारी देखते रहते हो श्रीशैल मल्लिकार्जुन! महालिंग!"

क्लासिकल रचना-विधान में पुराने रंग-ढंग की भाव-व्यंजना ही की जाती तो मध्याक्करा के इस शतक-समुदाय का कोई महत्त्व नहीं होता। भक्ति-भावना में कवि का अतर्मंथन पाठकों को भी अन्तर्मुखी बनाकर चेतन एवं चिन्तनशील बनाता है। इसी में क्लासिकल रचना की महानता और काव्य-रचना की सार्थकता है।

'रामायण कल्पवृक्ष' क्लासिकल शैली में कवि की श्रेष्ठ कृति है जो साहित्य जगत में काफी विवादास्पद भी है। क्लासिकल प्रवृत्ति के समर्थक उसे उत्कृष्ट रामायण मानते हैं तो आधुनिकता-बोध तथा मार्क्सवादी उसे प्राचीनता की ओर उन्मुख प्रतिक्रियावादी कहते हैं। अतिवादी दृष्टियों से बचकर उसकी उपलब्धियों और सीमाओं का आकलन आवश्यक है। व्यक्तिवादी चेतना तथा सामाजिक दृष्टि के मूल्यों में किसी एक को वरीयता देने के कोणों पर रामायण कल्पवृक्ष का महत्त्व निर्भर होता है। फिर इन कोणों के साथ भारतीय आध्यात्मिक साधना और भौतिक सुख-समृद्धि के प्रश्न भी संलग्न हैं।

प्राचीन तेलुगु साहित्य में कविमय के द्वारा महाभारत और पोतना के द्वारा भागवत की रचना को उत्कृष्टतम रूप देने के बाद साहित्य-जगत सन्तुष्ट हो गया है तथा किसी प्रतिभाशाली कवि ने फिर उन महाकाव्यों को लिखकर यशस्वी होने का साहस नहीं किया है। रंगनाथ, भास्कर और मोल्ला की श्रेष्ठ रामायण-रचना के बावजूद उसे वह आदर्श परिपूर्ण रूप नहीं मिला है। प्राचीन और आधुनिक कवि काव्य के विविध रूपों में रामायण के मूलतत्त्व को पकड़ने तथा उसकी सफल अभिव्यंजना के प्रयत्न करते आये हैं। मध्यकालीन धार्मिक मानसिकता में रामकथा के प्रति आकर्षण स्वाभाविक है। आधुनिक-काल में नये सन्दर्भों को छोड़कर रामायण की रचना के अनेक कारण हैं। (अ) अनेक आक्रमणों

और युद्धों के प्रभाव से उत्तर भारत में प्राचीन भारतीय परम्परा को बड़ा आघात मिला है। जबकि दक्षिण में, विशेषतः आन्ध्र में परम्परा का आकर्षण बद्धमूल रहा है। (आ) आधुनिक काल के आरम्भ में अनेक साधकों ने नये जागरण को पुष्ट करने के लिए भारतीय आध्यात्मिकता पर विशेष बल दिया है। (इ) राजनीतिक क्षेत्र में भी आदर्शवादिता का आग्रह करते हुए गाँधीजी ने रामराज्य का आदर्श सामने रखा है। (ई) वैयक्तिक अभिरुचि और भावना ने प्रतिभाशाली कवियों को भक्तों की कथाओं के साथ रामकथा की ओर भी ध्यान आकृष्ट किया है।

रामायण की रचना करने वाले सभी आस्तिक कवियों के मन में आध्यात्मिक दृष्टि, अवतारवाद, भक्ति-भावना और आदर्शवादिता न्यूनाधिक मात्रा में अवश्य रहती हैं। लेकिन कवियों के मूल प्रेरणासूत भिन्न प्रकार के हैं। इन्हें चार वर्गों में विभाजित कर सकते हैं—मानवीय संवेदना एवं मानवतावाद, (वाल्मीकि रामायण), आध्यात्मिक दृष्टि (अध्यात्म रामायण), अवतारवादी दृष्टि से आदर्श मानव-जीवन का व्यवस्थापन (तुलसी का मानस) तथा काव्य-कला का उत्कर्ष (अन्य रामायण)। रामकथा इतनी व्यापक है कि मूल प्रेरणा से सम्बद्ध अनेक लौकिक और अलौकिक सूत्र जुड़कर प्रेरक तत्त्वों की एक ग्रन्थि बन जाती है। विश्वनाथ जी ने रामायण कल्पवृक्ष में उपर्युक्त प्रेरणासूत्रों के संग्रथन के साथ अपना एक वैयक्तिक आयाम—इस संसार में जीव की वेदना को भी जोड़ा है जो अद्वैत-दर्शन पर आधारित है।

विश्वनाथ जी ने रामायण कल्पवृक्ष में रामकथा के सम्बन्ध में अपना दृष्टिकोण स्वयं स्पष्ट किया है। 'मौनि-वाल्मीकि-भाषासंक्रान्त-ऋण' चुकाने के लिए "कितना महान होना चाहिए सदा उस प्रतिभा-विशिष्ट होकर।" "इस कथान्तालुत विज्ञान ही विश्वों को आलोकित करता है।" इसीलिए "आँखों के लिए शिशु-राम भी मन में आकाश के समान महान लगते हैं।" सुन्दरकाण्ड में हनुमान कहता है कि सीता "कवि-महर्षि की तप रूपी अग्नि में तप्त हो-होकर अन्त में सर्व-तेजोमय फल का रस" प्रतीत हुई है। इन उद्धरणों से स्पष्ट होता है कि रामकथा के द्वारा विज्ञानमय कोष में पहुँचने के लिए कैसी व्यापक दृष्टि, तपस्या तथा साधना के द्वारा रस-सिद्धि चाहिए। वाल्मीकि पर चरितार्थ 'तान् ऋषिः करुते काव्यं उक्ति को ध्यान में रखकर कवि ने रामायण कल्पवृक्ष मानव जीवन के चरम लक्ष्य की प्राप्ति के लिए साधन बनाने का प्रयत्न किया है। कवि काव्य की अवतारिका में कहते हैं कि रोज वही अन्न खाकर रस ले रहे हैं। रामकथा मानसिक और आध्यात्मिक रस पाने का अनन्त स्रोत है। तो फिर वही रामायण लिख रहा हूँ तो आपत्ति क्यों है? फिर प्रत्येक की अनुभूति अपनी निजी होती है। कोई भौतिकता में आनन्द पाता है तो कोई आध्यात्मिकता में। कवि निवेदन करता है कि "सद्योनिर्गत सर्वकविता संभार तुम्हें नैवेद्य के रूप में समर्पित किया, हे रामचन्द्र! हे प्रभु! विश्वास करो न! आदिम जीवलक्षण का संहार करो न! हृद्गत तुम्हारे तेज का प्रसार करो मेरे हृदय में।" कवि का यह आर्त

आत्मनिवेदन काव्य में आद्यंत अन्तर्निहित है। उन्होंने इसे 'जीव की वेदना' संज्ञा दी है जो तेलुगु में नया शब्द-प्रयोग है। यह भक्ति नहीं है, मन की आन्तरिक पुकार है। इसे व्यक्त एवं सचेत मानसिक धरातल पर नहीं, अचेतन मनोवैज्ञानिक धरातल पर या आध्यात्मिक आत्मा की पुकार के रूप में समझना चाहिए। कवि अपनी साधना में सिद्ध हुए हों या न हुए हों, उनकी वेदना वैचारिक या बुद्धि के चिन्तन का विषय नहीं, अज्ञात भावना या अनुभूति की बात है। कवि अपने अनुभवों के सम्बन्ध में कहते हैं कि "कुछ समयों पर है एक, भवत्-पदचिन्तना-अनलोज्वित-शिखा-युक्त" अनुभूति कवि-जीव की वेदना में नया आलोक प्राप्त करती हैं। उसे "नेत्रों के मध्य दीपशिखा के रूप में समझ पाता हूँ।" लौकिक, मानसिक और आध्यात्मिक स्तरों पर भावयोग और तादात्म्य की साधना में जीव की यह वेदना प्रकट होती है, तथा एक क्षण के लिए अद्वैत की अनुभूति होती है। जीव की यह वेदना व्यापक अर्थ में करुण रस का रूप प्राप्त करता है। आदिकवि वाल्मीकि की वाणी से क्रौंच-मिथुन में एक के वध को देखकर अयत्नज यह वेदना, करुणा के प्रवाह के रूप में निकल पड़ी थी। इसीलिए विश्वनाथ जी कहते हैं कि "एक वाल्मीकि को ही छोड़कर कौन सुकवि शब्द का वाक्य" हो सकता है।

वर्ग-विशेष को अपील करने वाली आध्यात्मिक जीव की वेदना की बात को छोड़कर काव्य दृष्टि (से रामायण कल्पवृक्ष का मूल्यांकन भी आवश्यक गहराई है। विश्वनाथ रामायण सच्चे अर्थ) में महाकाव्य है जिसमें व्यापकता, और उदात्तता का उचित निर्वाह हुआ है। कवि ने उसमें कथानक, भाव-रस तथा शिल्प का सन्तुलन बनाए रखा है। कवि ने कहा है कि नन्नया और तिक्कना के रचना-विधान ने उन्हें अभिभूत किया है। पहले से कथा-संविधान की सार्थकता तथा दूसरे की नाटकीयता, शिल्प-चातुरी एवं रस-व्यंजना से उनकी रचना प्रभावित है। इस तरह श्रेष्ठ काव्य-रचना के सभी तत्त्वों की (विश्वनाथ-रामायण में समुचित योजना हो गयी है। रामचन्द्र जी के सम्बन्ध में) विश्वनाथ जी का कहना है कि "सब की तरह नहीं बोलते। सबकी तरह नहीं करते कोई भी करम। अपनी आत्मा को बहिर्गत कर उँडेलने की तरह ध्वनित करते सब कुछ आप होकर।" इसीलिए सभी परिस्थितियों में तेलुगुभाषी आत्मीयता के साथ स्मरण करते रहते हैं 'हे पिता रामचन्द्र!' (जो मुहावरा हो गया है।) ये दोनों बातें स्पष्ट करते हैं कि कथानक में कवि और पात्र की आत्मा गूँज उठने से काव्य-कथा का संविधान अत्यन्त प्रभावशाली होता है। कथा-संविधान का लक्ष्य जीवन के सत्य का प्रतिपादन है। कवि कहते हैं कि हमारे ऋषि जो कथाएँ सुनते हैं उनमें वे अपनी सूक्ष्म दृष्टि से उसके सत्य का उद्घाटन करते हैं। कथा-कथन का लक्ष्य तथ्य-निरूपण नहीं, तात्त्विक अन्तर्दर्शन है। कथानक में कविता की रमणीयता विभावपक्ष के सौन्दर्य और भावपक्ष के चित्रांकन के द्वारा तीव्र भावात्मक स्पंदन उत्पन्न करने में है। सीता का रूप-वर्णन : "ये भूमिसम्भवा है। महीगत सब परिमल इस तोयजलोचना के कोमल-तेज चरण-वितान से घिरकर बह रहा है। उनकी आँखों में

पार्थिव-वृत्ति नहीं है। उनमें अंभोयुतवृत्ति से खिले फूलों से लदी मोतियों के समान गन्ध की शोभा है।" सीताराम का मिलन लौकिक दृष्टि से शृंगार-भाव का उत्कृष्ण उदाहरण है ही, आध्यात्मिक दृष्टि से भी वह चरम आनन्ददायी संयोग है। राम आकाश स्वरूप है और सीता पृथ्वी स्वरूपिणी है। दोनों के 'समाहरण भाव' में 'आत्मरोदसी' पूर्ण चन्द्रमा की चाँदनी से आलोकित हो उठता है। कवि के अनुसार 'रस की सृष्टि के लिए लोक के व्यवहार की जानकारी आवश्यक है। लोक-जीवन को छोड़कर रस का अस्तित्व ही नहीं है। भाव की इस परिणति का आदर्श रूप आध्यात्मिक अनुभूति में रस के समान उदात्त धरातल पर पहुँचा देता है।

रामायण कल्पवृक्ष में केन्द्रीय भावना जीव की वेदना होने के कारण पारिवारिक और सामाजिक परिधि में पात्रों को स्वाभाविक रूप में चित्रित करते हुए भी कवि ने उन्हें आदर्शवादी भावोन्मुख बनाया है। राम परम पुरुष है तो सीता उनकी अनुगामिनी मात्र न होकर उनकी शक्ति है। नाग-सम्प्रदाय के सूक्ष्म अध्ययन के बाद कवि ने सीता को कुण्डलिनी शक्ति का प्रतीक माना है। सभी पात्र अन्ततः उस परम पुरुष और उसकी क्रियाशील शक्ति की ओर उन्मुख होकर भावयोग के लिए व्याकुल हैं। कवि की आध्यात्मिक दृष्टि के कारण रामकथा में कैकेयी न खलपात्र है और न उसमें कोई मनोवैज्ञानिक परिवर्तन हुआ है, बल्कि लोक कल्याण के लिए कलंक अपने सर पर लेने वाली त्यागशीला है। काव्य में पात्र आध्यात्मिक पात्र नहीं है। वे पारिवारिक एवं सामाजिक जीवन बिताने वाले सजीव प्राणी हैं, लेकिन उनके मन में आध्यात्मिक दृष्टि अन्तर्निहित रहती है।

लौकिकता और आध्यात्मिकता के सामंजस्य में काव्य में विविध सन्निवेश अपूर्व रस और शिल्प-सौन्दर्य से उज्ज्वल हो उठे हैं। कुछ उदाहरण प्रस्तुत हैं। (अ) 'सहस्रफण' में गिरिका सीताराम के प्रेम की जो आध्यात्मिक व्याख्या करती है, वही रामायण कल्पवृक्ष का प्रतिपाद्य है। "वह अनुभाव, विभाव आदि से उत्पन्न नहीं है। उन दोनों के प्रेम में रस का स्वरूप नित्य, अविकार और कूटस्थ है। बाद को सम्पन्न वियोग से उनका प्रेमभाव कुछ भी बदला नहीं है।...नित्य और विनिर्मल सीताराम का प्रेमतत्त्व है यह।" (आ) पत्थर से अहल्या-शाप-विमोचन के प्रसंग से प्राण-प्रतिष्ठा का उदाहरण—"प्रभु के शरीर पर से हवा के प्रसार से पाषाण को स्पर्शगुण मिला है। प्रभु के पादों की ध्वनि समीप होने से एकशिला को श्रवण बोध प्राप्त हुआ है। प्रभु के शरीर की सुगन्ध प्रसरित होने से अश्म को घ्राणेन्द्रिय मिला है। प्रभु के नील-रत्नतोरण के समान मंजुल अंग दिखाई पड़ने पर पत्थर को नेत्र प्राप्त हुए।" पत्थर के इस मानव-आकृति की प्राप्ति में अहल्या के मन में उपनिषदों के वितान की तरह निष्पन्न श्रीराम-भद्राभिराम-मूर्ति गोचर हुए हैं। (इ) शबरी की भक्ति-भावना में कवि ने उसके रूप साधना और आत्मनिवेदन का अपूर्व चित्रांकन किया है। वह पके अनाज के डंठल की तरह है। उसका सिर सफेद रंगोली के चूर की

टोकरी की तरह है। उसका शुष्क शरीर प्रभु के सामने दिव्य दीपिका की तरह है। वह फूल-फल क्या ले आयी है, अपनी मनौती पूरा करने आत्मसमर्पण करने आयी है।" उसके आत्मसमर्पण में "शबरी के नत नेत्रों में राम इस तरह प्रतिफलित हुए हैं मानो विधाता हैं।" यह आनन्दमय भावतन्मयता की पराकाष्ठा है। विश्वनाथ जी ने रामायण के हर प्रसंग में लौकिक इतिवृत्त में बीच अलौकिक आत्मज्योति को प्रोज्ज्वल किया है। लेकिन इससे इस और सौन्दर्य की अनुभूति में बाधा नहीं पड़ती बल्कि वह उदात्त रूप लेती है।

कलात्मक चेतना और शिल्प-सौन्दर्य में विश्वनाथ जी की प्रतिभा से तुलनीय और कोई आधुनिक तेलुगु कवि नहीं है। कथानक के उन्मेष, नाटकीय रचना-विधान, अन्तर्मुखी सूक्ष्म भावोन्मेष, पात्रोचित संवाद-योजना, चित्रात्मक अभिव्यंजना, बालकों की तुतली बोली से लेकर गम्भीर आध्यात्मिक वैचारिक प्रतिपादन तक समर्थ भाषा-शैली तथा छन्दों की उपयुक्त गतिशीलता में कवि की सर्जनात्मक कल्पना की अपूर्वता का परिचय मिलता है। कथ्य में उनकी आध्यात्मिक चेतना और सामाजिक दृष्टि आधुनिकता-बोध के अनुरूप न हो, सहृदय पाठक लौकिक संस्कारों को भूलकर प्रसंग के कलात्मक पल्लवन में उनकी कला पर मुग्ध हुए बिना नहीं रह सकता। बाल्मीकि से आज तक अनेक महाकवियों के द्वारा रचित रामायणों से तुलना के लिए दो उदाहरण प्रस्तुत हैं। शिव-धनुष को तोड़ने पर आनन्द की अभिव्यक्ति में सीताराम एवं सभासदों के साथ कवि की हृद्गत भावना की अभिव्यंजना है—"प्राण बाहर निकलकर (साकार) दर्शन देने की तरह है। (ब्रह्म स्वरूप राम की) अपनी सृष्टि में उत्तम भाव आनन्द के रूप (में उमड़कर बिम्बात्मक रूप लेने की तरह है।" रामायणों में मारीच के सोने के हिरण के रूप में) रमणीय वर्णनों का अभाव नहीं है। विश्वनाथ जी द्वारा तद्गत भाव का मनोवैज्ञानिक चित्र इस तरह है— "आप ही देखने पर जो उत्पन्न होता है हृदय के अन्तरंग में जो प्रीति, वह प्रीति उसी तरह तुम्हें भी सम्पन्न करने के लिए प्रयत्न करती है वाणी, उस कथित वाणी के आधार पर तुम चित्र में देखा हुआ माया-मृग का उचित सौन्दर्य व्यक्त होता है।" विश्वनाथ जी हर एक वस्तु, भाव या विचार का वस्तुनिष्ठ, भावात्मक या मनोवैज्ञानिक चित्र खींचे बिना सन्तुष्ट नहीं होते। यही कलात्मक चेतना की अभिव्यंजना है।

रामायण कल्पवृक्ष की अपनी सीमाएँ हैं जिन पर ध्यान देना भी आवश्यक है। उसका आध्यात्मिक दृष्टिकोण वर्ग-विशेष की अभिरुचि का ही विषय है। सार्वजनीय मानवीय संवेदना के एपिक को कवि ने अपनी दृष्टि के अनुरूप 'जीव की वेदना' का पारलौकिक रूप दिया है। कुछ अंशों में आधुनिक भावबोध से प्रभावित होने पर भी, आध्यात्मिकता के बीच मानवीय संवेदना की अभिव्यंजना के बावजूद कवि ने आधुनिक मानव की व्यापक चेतना और आशा-आकांक्षाओं को रूप देने का प्रयत्न नहीं किया है। तुलसी ने मध्ययुगीन धार्मिक, राजनीतिक, पारिवारिक और सामाजिक परिस्थितियों तथा जीवन की गतिविधि को ध्यान में रखकर आदर्श रामराज्य की कल्पना की है। विश्वनाथजी की दृष्टि

समसामयिक लौकिक जीवन की ओर नहीं है। काव्य-कला की दृष्टि से कवि ने अनेक संस्कृत-तेलुगु के अप्रचलित शब्दों का प्रयोग किया है जिसके कारण कुछ समीक्षकों ने भाषा-शैली को 'पावाध पाक' कहा है जो पूर्ण सत्य न होकर एकपक्षीय निर्णय है। प्राचीन तेलुगु काव्य-परम्परा में इस दुर्बोधता का अभाव नहीं है, जब कवियों ने प्रतिभा के साथ-साथ उभय भाषाओं पर अपना अधिकार जताने का प्रयत्न किया है। व्यावहारिक भाषा में आधुनिक कविता लिखने के प्रयत्न के विरोध में विश्वनाथ जी की भाषा-शैली और अधिक क्लिष्ट एवं प्राचीन (ARCHAIC) लगती है। परम्परावादियों ने ग्रान्थिक भाषा के रामायण कल्पवृक्ष काव्य में बोलचाल के व्यावहारिक प्रयोगों में ग्राम्यत्व दोष माना है जो पात्रोचित भाषा और सजीव भाव-व्यंजना की दृष्टि से प्रयुक्त हुए हैं। आधुनिकों ने कथा के प्रसंगों, चरित्र-चित्रण तथा भाव-व्यंजना पर अनौचित्य का आक्षेप भी लगाया है। इन बातों को मूलकथा के आधार पर नहीं, कवि के आध्यात्मिक रचनात्मक दृष्टिकोण को ध्यान में रखकर सहृदयता के साथ देखना चाहिए। विरोध-समर्थन के वाद-विवाद को भूलकर शुद्ध कलात्मक चेतना का परीक्षण करते हैं तो रामायण कल्पवृक्ष में कथानक संविधान, रस-संवेदना और शिल्प-सौन्दर्य का अपूर्व सामंजस्य आधुनिक कविता में दुर्लभ वस्तु है।

9. उपसंहार : विश्वनाथ जी ने अपने समय की राष्ट्रीय, रोमांटिक और क्लासिकल काव्य-प्रवृत्तियों तथा रचनात्मक रीतियों में मौलिक उद्‌भावनाओं के साथ अपूर्व रचनाएँ की हैं। उनमें उनकी अपनी निजता और विशिष्टता है। धार्मिक और परम्परावादी दृष्टि के कारण वे प्रगतिवाद की ओर उन्मुख नहीं हुए हैं। उनके आधुनिकता-बोध और यथार्थवादी चेतना की अपनी सीमाएँ हैं। लेकिन काव्य के क्षेत्र में वे रूढ़िवादी नहीं हैं। परम्परा की परिधि में उन्होंने नये प्रयोग किये हैं तथा नवीन भावोन्मेष एवं कलात्मक अभिव्यंजना की अभिज्ञता दिखाई है। उनकी रचनाओं में जीवन की यथार्थता का निरूपण मानव-मन को और ऊँचाइयों पर ले जाने की भूमिका मात्र है। उनकी वृत्तियों में भावात्मक और भाषिक-संरचना की क्लिष्टता के कुछ प्रसंग अवश्य मिल जाते हैं। कवि का विचार है कि कविता को पूर्ण रूप से समझने के लिए प्राचीन तेलुगु काव्य-परम्परा की जानकारी आवश्यक है। कुछ सीमाओं के बावजूद आधुनिक तेलुगु काव्य-जगत में सौन्दर्य, भाव और रस के सम्मूर्तन में विश्वनाथ जी के साथ तुलनीय और कोई कवि नहीं है।

नाटककार

1. प्रस्तावना : विश्वनाथ जी ने कुल 18 नाटक-नाटिकाओं की रचना की है। जिनमें तीन संस्कृत में हैं—अशनिनिरासम् (नाटिका-1954), अमृत शर्मिष्ठम् और गुप्तपाशुपतम् (नाटक-1970-71) भारतीय जन-जीवन पर बढ़ती पाश्चात्य सभ्यता, संस्कृति और विचारधारा को देखकर करने के लिए भारतीय धर्म, संस्कृति और पारिवारिक जीवन के

आदर्श रूप को सामने रखना इन नाटकों का लक्ष्य है। भारतीय संस्कृत की रसवादी परम्परा को साहित्यकार ने एक नया मोड़ देकर धार्मिक परिवेश में प्रस्तुत किया है। इन रचनाओं में वीर, रौद्र और शृंगार रसों की भारतीय नाटकीय रचना-विधान में अभिव्यंजना अवश्य हुई है, लेकिन अन्तर्भूत लक्ष्य धार्मिक चेतना को उजागर करना है।

सत्यनारायण जी के पन्द्रह तेलुगु नाटक पौराणिक, ऐतिहासिक और सामाजिक तीनों प्रकार के हैं। उनमें साहित्यिक दृष्टि से मूल्यवान पौराणिक नाटक नर्तनशाला और वेनराजू; ऐतिहासिक अनारकली एवं त्रिशूलम तथा पौराणिक वैदिक नाटिकाएँ काव्य हरिश्चन्द्र और वेद हरिचन्द्र हैं। शेष में पौराणिक नाटक सौप्तिक प्रलय को छोड़कर बाकी सामाजिक नाटक-नाटिकाएँ हैं जो साधारण कोटि के हैं। इन सामाजिक नाटाकों में दो शुद्ध राजनीतिक हैं-अवतार परिवर्तन और भस्मासुर चयन। सामाजिक और राजनीतिक रचनाओं हास्य, व्यंग्य, क्रोध और जुगुप्सा की व्यंजना में ही नाटकीय आकर्षण है। अन्यथा ये रचनाएँ नाटकीय कला की अपेक्षा लेखक की अपनी अभीष्ट धार्मिक, सांस्कृतिक और सामाजिक लक्ष्यों की पूर्ति से परिचालित है। जब लक्ष्य रचनाधर्मिता पर हावी हो जाता है तो उसकी कलात्मक चेतना कुण्ठित हो जाती है। इसीलिए विश्वनाथ जी की गिनती श्रेष्ठ सामाजिक नाटककारों में नहीं की जाती। रूप की दृष्टि से नर्तनशाला, वेनराजू, अनारकली, त्रिशूलं, काव्य हरिश्चन्द्र और वेद हरिश्चन्द्र विषादान्त या ट्राजडी हैं तथा अन्य नाटक-नाटिकाएँ सुखान्त हैं। यह ध्यान देने की बात है कि नाटककार ट्राजडी की गम्भीरता एवं उदात्तता की अभिव्यक्ति के लिए पौराणिक-ऐतिहासिक वस्तु को चुना है जबकि सामाजिक-राजनीतिक नाटकों के लिए आधुनिक जीवन की समस्याओं को ग्रहण किया है। यह लेखक के द्वारा भारतीय जीवन-दर्शन एवं धर्म के प्रतिपादन की साहित्यिक योजना के अनुरूप है।

तेलुगु के कुछ समीक्षकों ने विश्वनाथ जी के विषादान्त नाटकों में भारतीय एवं पाश्चात्य नाटक कलाओं का समन्वय दिखाने का प्रयत्न किया है। आधुनिक जीवन के सामाजिक नाटकों पर भारतीय नाटक कला के लक्षणों को लागू करने में कठिनाई को देखते हुए उस दृष्टि से उन पर विचार नहीं किया गया है। विषादान्त नाटकों को भी भारतीय लक्षणों के साथ संगति बिठाने में भी कुछ मौलिक प्रश्न उठते हैं। भारत की आदर्शवादी रस-व्यवस्था की परिणति आनन्दात्मक है, उसके चारों प्रकार की नायक-परिकल्पना उदात्त है, तथा रस और नायक की मूलभूत चेतना विषादान्त नहीं हो सकती जो भारतीय जीवन-दर्शन के विरुद्ध है। भारतीय दृष्टि में अच्छे-बुरे के द्वन्द्व का स्पष्ट विभाजन है। इनसे बचने के लिए विश्वनाथ जी ने अपने विषादान्त नाटकों को एक धार्मिक चेतना या आदर्श प्रेम-भावना के वातावरण से परिवेष्टित किया है। फिर भी विषादान्त नाटकों की रस-व्यंजना रसाभास और नायक के चरित्र को अनुदात्त नहीं तो, दोष या दुर्बलता से युक्त मानना ही पड़ता है। पाश्चात्य नाटक कला की दृष्टि से देखने पर ही नाटक-कला

को इन दोषों से मुक्त माना जा सकता है। भारतीय वस्तु-संविधान में सन्धियों की योजना कथानक के उतार-चढ़ाव और न्यूनाधिक संघर्ष के द्वारा रस के शान्त आस्वादन या आनन्द पाने में योग देने वाला होता है। इसके विपरीत पाश्चात्य नाटकीय कथानक में कार्य की गतिशीलता, बाह्य संघर्ष, पात्रों का अन्तर्द्वन्द्व तथा कथानक की द्रुतगति के साथ चरमसीमा की ओर विकास प्रेक्षकों के मन में उत्कण्ठा और व्यग्रता भरने वाले होते हैं। विश्वनाथ जी के विषादान्त नाटकों का कथानक-संविधान पाश्चात्य नाटक-कला की ओर अधिक उन्मुख लगता है। समष्टि-रूप में भारतीय संस्कृत नाटक आदर्शवादी और काव्यात्मक है जबकि पाश्चात्य नाटक यथार्थवादी और संघर्षमय जीवन का समीपवर्ती है। लेखक के विषादान्त नाटकों में आदर्शवादिता और काव्यात्मकता पर पर्याप्त बल दिया गया है, पर वे जीवन की यथार्थवादी भित्ति पर खड़े हैं। उनके आकर्षण, सफलता और मूल्यवत्ता का कारण आदर्श एवं यथार्थ का समन्वय, रचना की सच्ची संवेदनशीलता और अभिव्यंजना-शिल्प है।

भारतीय धार्मिक, सांस्कृतिक और सामाजिक चेतना के समर्थक होने पर भी विश्वनाथ जी रूढ़ परम्परावादी हों, ऐसी बात नहीं है। वे पाश्चात्य सभ्यता और संस्कृति के अतिवादी प्रभाव का विरोध करते हुए आधुनिकता को भारतीयता की परिधि में ग्रहण करने के पक्ष में है जैसा कि उनके सामाजिक नाटकों में देखते हैं। उन्होंने आधुनिक पाश्चात्य विधाओं को अपनाकर उनमें रचना ही नहीं की है, परम्परागत नाटक विधा को आधुनिक यथार्थवादी ढाँचें में ढाला भी है।

2. विश्वनाथ जी के विषादान्त नाटकों की विशिष्टता : पाश्चात्य ट्राजडी को स्थूल रूप में तीन चरणों में विभिक्त कर सकते हैं। एक, प्राचीन ग्रीक ट्राजडी में दैवी शक्तियों के विधि-विधान से मनुष्य का जीवन विषादान्त हो जाता है। दो, मध्ययुगीन शेक्सपियर के नाटकों में किसी मानसिक दुर्बलता के कारण व्यक्ति का जीवन ट्राजडी हो जाता है। तीन, आधुनिक काल में प्रतिकूल परिस्थितियों में उनके साथ संघर्ष में विवश मानव का जीवन दुखान्त बन जाता है। प्रधानतः शेक्सपियर की रचनाधर्मिता को अपनाकर भी लेखक ने मानसिक दुर्बलता के साथ पात्रों के जीवन में विधि-विधान और परिस्थितियों के प्रभाव से भी परिवर्तन और विषादमय पर्यवसान को दिखाया है। यहाँ इस बात को भी स्मरण रखना है कि भारतीय दर्शन विषादान्त को स्वीकार नहीं करता और मृत्यु को जीवन की चरमस्थिति नहीं मानता। विषादान्त नाटक लिखने में लेखक ने इस बात का निराकरण किया है। दूसरी ओर मृत्यु ने नाटकीय कथ्य को एक गरिमा जोड़कर भारतीय आदर्शवादिता की रक्षा की है। पश्चात्ताप और धर्म की विजय दिखाकर प्रतिनायक या खल पात्रों को नायक बनाना तथा रूढ़ परम्पराओं या परिस्थितियों के कारण जीवन को विषादमय दिखाना और कोमल स्वभाव के पात्रों के अन्त को (अनारकली) दोष रहित रूप देना भारतीय नाटकीय दृष्टि के अनुरूप ही है।

संस्कृत महाभारत में कीचक दूसरों की पत्नी सैरन्ध्री के प्रति कामदृष्टि रखने वाला अहंवादी खल पात्र है। तिक्कना ने उसे सौन्दर्य से आकर्षित शृंगार-पुरुष और वीर-पराक्रमी का रूप अवश्य दिया है, लेकिन उसके विषादान्त जीवन में ट्राजिक हीरो के लक्षण नहीं मिलते। उसकी स्थिति के प्रति केवल सहानुभूति होती है। विश्वनाथ जी ने उसके मन में सैरन्ध्री के प्रति मोह को दिखाते हुए उसे विषादान्त नाटक के नायक के रूप में सँवारा है। वह वीर पुरुष है, पर अपनी मोहान्धता की मानसिक दुर्बलता को जानते हुए उसके परिणाम पर विचार करते हुए सोचता है कि यह प्रणय है या प्रलय है। उसके मन के कोने में अन्तर्निहित आशंका है कि सैरन्ध्री कहीं द्रौपदी तो नहीं है। लेकिन मोह की मानसिक दुर्बलता मनुष्य को अनिवार्य रूप में पतन और अन्त की ओर ही खींच ले जाती है। सुदेष्णा का कहना कि सैरन्ध्री पतिव्रता पतन और अन्त की ओर ही खींच ले जाती है। सुदेष्णा का कहना कि सैरन्ध्री पतिव्रता तेजस्वी उत्तरा का अपने को राजकुमारी कहकर उसकी भावना का विरोध या मित्र शारदूबुत का कीचक की मानसिक दुर्बलता की ओर संकेत—उसके मन में कोई परिवर्तन नहीं ले आता, बल्कि उसके मोह की दुर्बलता बढ़ती ही जाती है।

अनारकली नाटक में दास की पुत्री अनारकली के सौन्दर्य की आराधना और उसके प्रति प्रेम को सलीम की मानसिक दुर्बलता नहीं कह सकते। उसके चरित्र में कोई कमज़ोरी है तो वह प्रेम की तल्लीनता में अपनी उच्चवर्गीय स्थिति और राजकीय शासन की कठोरता को भूल जाना है जो मध्ययुगीन सामाजिक जीवन में प्रबल शक्तियाँ हैं। सलीम के विषादान्त जीवन में उसकी मानसिक दुर्बलता से अधिक प्रबल भूमिका सामाजिक परिस्थितियों की है। दास-प्रथा और राजकीय अहंवादिता सलीम के प्रेम की असफलता के विरोधी तत्त्व हैं। सलीम का मित्र वर्गीय विषमता की ओर संकेत करता है। दास अज़ीज अनारकली और प्रेयसी रुनी से स्पष्ट करता है कि असम वर्गों में प्रेम और विवाह कभी सफल नहीं हो सकते।

वेनराजू नाटक में नायक, कलाकार, स्नेहशील और सूक्ष्म गुणग्राही है। लेकिन 'ना विष्णु पृथ्वीपतिः' मानन वाले वेनराजू अपने को सर्वोपरि अहंवादी होकर जो आचरण करता है उसका अन्तिम परिणाम मृत्यु है। इस अहं की दुर्बलता के कारण वह नास्तिक बनता है, प्रत्यक्ष को ही प्रगाण मानता है, धर्म का विरोध करता है तथा लोकरीति एवं सामाजिक परम्पराओं को स्वीकार नहीं करता। ये बहिर्मुखी व्यवहार और आचरण की दुर्बलताएँ हैं। उसका मित्र गौतम धर्म, दर्शन और सामाजिक व्यवस्था की अर्थनीति को समझाने का असफल प्रयत्न करता है। वेनराजू अपने सिद्धान्तों और विश्वासों के विरोधियों को निस्संकोच एवं निर्मम वध करता है। उसके द्वारा श्रीधर भट्ट और उसका स्तोत्रपाठ करने वाले भाट मारे जाते हैं। जब वे पिशाचों के रूप में उसके सामने आकर नाचने लगते हैं तो उसके मन में प्रत्यक्ष-सत्य और भ्रान्ति की दुविधा पैदा होती है। शेक्सपियर की तरह

भूतों की कथा से लेखक ने नाटक के विषादान्त वातावरण को पुष्ट किया है। नाटक का भयानक वातावरण, मित्र गौतम के द्वारा खड्ग-युद्ध में वेनराजू के दक्षिण बाहु के खण्डन और मृत्यु के पहले उसके पश्चात्ताप में समाप्त होता है। अहं और अधार्मिकता को वेनराजू नाटक में पात्र एवं परिस्थितिजन्य ट्राजिक दुर्बलताएँ कह सकते हैं।

त्रिशूलं नाटक में नायक बिज्जल धार्मिक वातावरण से लाभ उठाकर अपने राज्य-विस्तार के लोभ में मारा जाता है। यह लोभ और आत्मविश्वास का अभाव बिज्जल की चारित्रिक दुर्बलताएँ हैं जिनके कारण उसकी मृत्यु होकर नाटक विषादान्त हो जाता है। धार्मिक विषमताओं का प्रभाव भी नाटकीय विषमता का एक प्रधान कारण है। बिज्जल यह भूल जाता है कि धर्म का स्थान राजनीति से बहुत ऊपर है और पहला दूसरे का साधन नहीं हो सकता। वीर शैव धर्म के संस्थापक, अपने मन्त्री बसवेश्वर की महिमाओं और लोकप्रियता के आधार पर अपने राज्य-विस्ता के प्रयत्न सफल नहीं होते। ब्राह्मणों और वीरशैवों की योजन-व्यवस्था में अन्तर से क्रुद्ध बसवेश्वर जगदेव से मिलकर बिज्जल के पतन का कारण बन जाते हैं। आत्मविश्वासहीन भयभीत बिज्जल धर्म कक प्रतीक त्रिशूल का आकाश में तीन बार दर्शन करता है। उसका विश्वास है कि त्रिशूल-दर्शन से अहित ही होता है। पहली बार राजा तैलपदेव को मारकर बिज्जल राजा हुआ है। दूसरी बार हनुमकोंडा के शुद्ध में सेना नष्ट हुई और वह हार गया है। तीसरी बार त्रिशूल-दर्शन के बाद जगदेव से हारकर उसके हाथों में मर गया है। इस विषादान्त नाटक में व्यक्ति की मानसिक दुर्बलता के साथ त्रिशूल-दर्शन के माध्यम से जीवन के विषादान्त होने में धर्म की भूमिका की भी प्रतीकात्मक व्यंजना है।

लेखक ने पाश्चात्य ट्राजडी को भारतीय धार्मिक चेतना और दृष्टिकोण के अनुरूप प्रस्तुत किया है, यह जानना आवश्यक है। अनारकली के प्रति सलीम का प्रेम मानवीय संवेदनशीलता से भरी है। इस स्वाभाविक प्रेम को नाटककार ने वासना से ऊपर उदात्त प्रेम का रूप दिया है। कीचक को प्रतिनायक से नायक बनाते हुए उसकी धार्मिक एवं नैतिक चेतना से उत्पन्न मानवीय चेतना को रेखांकित किया है। उत्तरा के विरोध पर वह सोचता है—"काम कितना गर्ह्य है! छोटी-सी लड़की, उसका बचपन अभी गया भी नहीं है। मैं कितना हीन हो गया हूँ उसके सामने। कहा है, मैं राजा की लड़की हूँ। राजा शब्द ने मुझे कितना भयभीत किया है। उस छोटी-सी बच्ची में क्या उतना न्याय भरा है? मैं कितना नीच हो गया हूँ! मुझ-जैसा व्यक्ति एक कामिनी का पीछा करता गया है तो उसमें क्या प्रतिष्ठा है?" बिज्जल राज्य-विस्तार की आकांक्षा में अपने कार्यों के औचित्य-अनौचित्य पर विचार नहीं करता, लेकिन उसमें धर्म-भीरुता है जो त्रिशूल-दर्शन से उत्पन्न आतंक और उधेड़बुन में व्यक्त होता है। एक वेनराजू में क्रूरता की भावना चरमसीमा पर है। वहाँ भी लेखक ने उसके कुछ मानवीय गुण-धर्मों और गौतम की धार्मिक चर्चाओं के द्वारा उस क्रूरता के आतंक के प्रभाव को कम करने का प्रयत्न किया है। लेखक ने धार्मिकता,

उदात्तता और मानवीय संवेदना और पाप के पश्चात्ताप के द्वारा पाश्चात्य मानवीय जीवन के ट्राजडी को संयमित रूप देने का प्रयत्न किया है।

विश्वनाथ जी के विषादान्त नाटकों में विधि-विधान की प्रबलता, व्यक्ति की मानसिक दुर्बलता और परिस्थितियों का प्रभाव–तीनों तत्त्वों की क्रियाशीलता का योग मिलता है। उनमें आधिभौतिक शक्तियों का योग न होने पर भी चारों नायकों के जीवन की परिणति में विधि की न्यूनाधिक भूमिका है। वेनराजू के जीवन में पिशाचों के दृश्य, भ्रान्ति होने पर भी उनका नृत्य नायक के मन को भयभीत करने वाला इन्द्रियातीत भावना है। सलीम का मन प्रेम की कोमलता में दुर्बल या दृढ़तारहित कह सकते हैं। लेकिन वास्तविक मानसिक दुर्बलता कीचक के मोह, वेनराजू की अहन्ता और बिज्जल के मोह में ही पाते हैं। परिस्थितियों से संघर्ष करते हुए विवश सभी नायक हैं। लेकिन वास्तविक संघर्ष अनारकली में नायक का उच्चवर्गीय दृष्टि एवं दासप्रथा के साथ है तथा वेनराजू में अधार्मिक-धार्मिक विचारधाराओं के साथ है। त्रिशूल नाटक में राज्य-विस्तार के प्रयत्नों में बिज्जल का परिस्थितियों के साथ संघर्ष स्थूल बहिर्मुखी है। यहाँ धार्मिक और राजनीतिक परिस्थितियाँ राज्य-विस्तार के साधन मात्र हैं। कीचक परिस्थितियों में बह जाने वाला प्रवाहजीवी है। लेखक ने नाटकीय वस्तु और सन्दर्भ के अनुसार ट्राजडी के हेतुभूत सभी तत्त्वों का सम्मिलित उपयोग कर लिया है।

पाश्चात्य ट्राजडी का आधारभूत विचार रेचन (केथार्सिस) का सिद्धान्त है जिसके अनुसार ट्राजडी के द्वारा मानव-मन के दुखातिरेक का रेचन होकर वह सन्तुलित और शान्त हो जाता है। भारतीय वैदिक विचारधाराओं में दो प्रधान हैं– जीवन को दुखमय मानने वाला विवेकवादी चिन्तन तथा उसे आनन्दमय मानने वाला आत्मवादी आध्यात्मिक चिन्तन। दूसरा ही भारतीय जीवन में दार्शनिक, आध्यात्मिक और धार्मिक चेतना का केन्द्र है। विषादान्त नाटकों की रचना करते हुए भी लेखक ने आनन्द और शान्ति के तत्त्वों के योग से उन्हें आस्वाद्य रूप प्रदान किया है। दुखमय विषादान्त रूप में विरोधात्मक आनन्ददायी और शान्तिप्रदायिनी विशेषताओं को जोड़ा है। (अ) नर्तनशाला और अनारकली में प्रकृति-सौन्दर्य का प्रभाव है। (आ) उन दोनों में मोह और प्रेम का कोमल स्पंदन है। (इ) सभी नाटकों में धर्माधर्म का विवेक है। (ई) सभी नाटकों को आदर्शवादी रूप देने का प्रयत्न है। (उ) संस्कृत के नाटकों की तरह तीव्र संवेगात्मक अनुभूति की व्यंजना में पंद्य-प्रयोग के द्वारा रमणीय अनुभूति देने का प्रयत्न देने है। (ऊ) गद्य-रचना होने पर भी पूरे नाटक में प्रगीतात्मक (लिरिक) विशेषताओं का योग है। (ऋ) सबसे महत्त्वपूर्ण नाटक के अन्त में पश्चात्ताप के वातावरण की सृष्टि है। यह नाटकान्त अनारकली में उन्माद या प्रेम की पराकाष्ठा की स्थिति पर पहुँच गया है। सलीम के शब्द हैं– "यह देखो मुझे भगवान का साक्षात्कार हो रहा है। भगव्रती! नमस्कार है। प्रिया! मनोहारिणी! भारत साम्राज्य की भावी चक्रवर्तिनी! हे प्राण! देवी! अनारकली! आओ, मेरे आलिंगन में समा

जाओ। वह देखो, मेरी प्रियतमा है! मेरे पास आकर, मुझे देख हँसकर, मेरा आलिंगन कर रही है। अहो! अहो! कितना सुख, आनन्द और माधुर्य है।" सलीम की अन्तिम मानसिक दशा है— स्वरूप हूँ। मैं महान आनन्द का अनुभव कर रहा हूँ।" ट्राजडी की महानता जीवन के विषाद कील व्यंजना में नहीं, उसके माध्यम से मानव-मन को उदात्त भावभूमि पर ले जाने में है। विश्वनाथ जी को इस कार्य में पर्याप्त सफलता मिली है।

3. नाटकीय तत्त्व : नाटक कला की दृष्टि से लेखक ने विषादान्त नाटकों के विभिन्न तत्त्वों के आयोजन में अपूर्व प्रतिभा का परिचय दिया है। नर्तनशाला और अनारकली की कथावस्तु प्रसिद्ध है, पर उनमें नाटकों के लक्ष्य की पूर्ति की दृष्टि से दृश्यों में परिवर्तन और नये की योजना की गयी है। उदाहरण के लिए अनारकली में समानान्तर अजीज एवं रुनी के प्रेम-प्रसंग और कवि के वेदना-भरे गीतों को ले सकते जिन्हें सुनकर अन्त में सलीम कहता है कि "मेरे विषादान्त नाटक का भरत वाक्य गाने आये हो क्या?" अंगराज का पुत्र अपने पिता को सिंहासन से हटाकर स्वयं राजा होने की नाममात्र की भागवत की पौराणिक कथा को लेकर वेनराजू विषादान्त नाटक रचा गया है। बसवेश्वर के जीवन-चरित एवं इतिहास तथा सोमनाथ के बसवपुराणं काव्य से भिन्न रूप में त्रिशूलं की कथावस्तु और उसकी संरचना है। किसी नाटककार की प्रतिभा वस्तु के स्रोतों से भिन्न नवीन उद्‌भावना और रचना-विधान पर निर्भर करता है। कथानक को प्रभावशाली बनाने वाले मुख्य बिन्दु हैं...कार्य की अन्विति, उसका तीव्र गतिशील चरमसीमा की ओर प्रस्थान, संघर्ष और अन्तर्द्वन्द्व है। किसी भी नाटक में उपकथा नहीं है जो कार्य की अन्विति को शिथिल और उसकी गति को कुण्ठित कर दे। भारतीय रस दृष्टि से दृश्यों में भाव-व्यंजना के लिए अवकाश देते हुए भी लेखक ने प्रत्येक दृश्य को कथानक से सम्बन्द्ध और कार्य को आगे ले जाने वाले रूप में चित्रित किया है। कार्य की गतिशीलता किसी भी दृश्य में मन्द नहीं पड़ती है। नर्तनशाला और अनारकली में प्रकृति-सौन्दर्य, मानवीय रूप-सौन्दर्य तथा मोह एवं प्रेम के प्रसंगों का कुछ विस्तार भी कार्य की गति के प्रेरक तत्त्व हैं। त्रिशूल में वेनराजू और गौतम के दार्शनिक वाद-विवाद नाटकीय क्रियाशीलता की पोषक भूमिकाएँ हैं। नाटकों में संघर्ष दो प्रकार का है—वैचारिक और प्रत्यक्ष। चारों नाटकों में दोनों की व्यंजना है। लेकिन नर्तनशाला और वेनराजू में वैचारिक संघर्ष कुछ अधिक प्रमुख रूप में सामने आता है। पहले में धर्म-अधर्म का टक्कर है—कीचक की मोहान्धता की सुदेष्णा और उत्तरा खुलकर विरोध करती हैं। दूसरे में नास्तिकता और आस्तिकता का जो वैचारिक दार्शनिक संघर्ष वेनराजू एवं गौतम के विवाद में है। वह जीवन की यथार्थता के स्तर पर अहन्ता एवं समाज-कल्याण का द्वन्द्व बन जाता है। अनारकली में संघर्ष प्रेम की स्वच्छन्दता और सामाजिक व्यवस्था का है जिसके मूल में रगमंच पर कभी प्रत्यक्ष न होने वाले अकबर के क्रियाकलापों का हाथ है। प्रत्यक्ष संघर्ष त्रिशूलं में है जो धर्म के प्रतीक त्रिशूल एवं बसवेश्वर तथा राज्य-विस्तार में संलग्न बिज्जल के कार्यों के बीच में है। इस

प्रत्यक्ष संघर्ष में बिज्जल और जगदेव की क्रियाशीलता और युद्ध, साधक भूमिका है। विषादान्त नाटक के नायक के कार्याचारण और उसके परिणामों को लेकर मन में अन्तर्द्वन्द्व अनिवार्य और स्वाभाविक है जिसका नाटककार ने विस्तार के साथ निरूपण किया है। प्रत्येक घटना, सन्निवेश और दृश्य उसमें शंका और दुविधा उत्पन्न करती हैं। अन्य पात्रों का विरोध उस अन्तर्द्वन्द्व के पैदा होने के कारण बनते हैं या उसे बढ़ा देते हैं। नर्तनशाला में सुदेष्णा एवं उत्तरा के, वेनराजू में गौतम के और त्रिशूलं में बसवेश्वर के विचार, व्यवहार और वार्तालाप को उदाहरण के रूप में ले सकते हैं। अनारकली में सलीम के प्रेम में अन्तर्द्वन्द्व व्यक्ति विशेष के कारण नहीं, सामाजिक व्यवस्था एवं दास प्रथा के प्रेम के मार्ग में अवरोध उत्पन्न करने की जानकारी के कारण है। इसीलिए वह अपने प्रेम को गुप्त रखना चाहता है।

नाटक को मूर्त्त और सजीव बनाने में पात्रों के व्यक्तित्व तथा चरित्र का योगदान कथानक से कम महत्त्वपूर्ण नहीं है। नाटक में पात्रों का चरित्र प्रायः निश्चित और परिस्थितियों के अनुसार कम विकासशील होता है। उसकी तुलना में क्वक्तित्व गतिशील और पात्र के पूरे जीवन को उजागर करने वाला है। वह दुर्बल न होकर तेजस्वी एवं प्रौढ़ होने पर नाटक का आकर्षण बहुत बढ़ जाता है। विश्वनाथ जी के विषादान्त नाटकों में नायक के पात्र की कोई एक मानसिक दुर्बलता के बावजूद उनका व्यक्तित्व विकसित और प्रौढ़ है। चरित्र में मानवीय स्पंदनशीलता और संवेदना का आकर्षण है। कीचक और सलीम का व्यक्तित्व प्रधानतः अन्तर्मुखी भावनाशील है। वेनराजू का व्यक्तित्व अन्तर्मुखी चिन्तनशील है। बिज्जल का व्यक्तित्व बहिर्मुखी क्रियाशील है। प्रधान पात्रों के अतिरिक्त सहायक पात्रों के व्यक्तितत्त और चरित्र में कम ओजस्विता नहीं है। वे भावनाशील, चिन्तनशील और क्रियाशील तीनों प्रकार के हैं और उनमें एक से अधिक प्रवृत्तियों का समन्वय है। सुदेष्णा, उत्त्रा, (नर्तनशाला) अजीज, रुनी, (अनारकली) गौतम, पृथु, (वेनराजू) बसवेश्वर, नीला, (त्रिशूलं) आदि भिन्न प्रकृति, स्वभाव और व्यक्तित्व के ऐसे पात्र हैं जो अपनी तेजस्विता, चिन्तनशीलता या कोमल भावनाशीलता से नाटक में विशेष भूमिका निभाते हैं। उदाहरण के लिए कीचक से सुदेष्णा के ये वचन देखिए—"यह सच है कि तुम मत्स्य के आधार हो। तुम्हारा सहारा किसके लिए है हमें? धर्म के चलाने के लिए है। न्याय करने के लिए है। (देश में) राजा हैं, राजा के अन्तःपुर हैं। इस तरह के भ्रष्ट काम नहीं होते। मेरे कष्ठ प्राण में रहते समय तक तुम्हें वह स्त्री प्राप्त नहीं होती। तुम्हारे समान बाहु-बलशाली न हों, लेकिन मेरे पति और पुत्र उतने तेजोहीन नहीं हैं। तुम्हें सचमुच उस लतांगी को पाने की ही इच्छा है तो पहले मत्स्यदेश को छिन्न-भिन्न कर हम सबका गला घोंटकर उसके बाद उसका अपहरण कर लो। पौराणिक पात्र सुदेष्णा से तुलना करने पर विश्वनाथ जी की पात्र-कल्पना के व्यक्तित्व की तेजस्विता और चारित्रिक दृढ़ता का पता चलेगा।

संवाद नाटक का बहिर्मुखी रूप है जिसके द्वारा कथानक की गतिशीलता तथा पात्रों के व्यक्तित्व एवं चरित्र का उन्मीलन होता है। उनमें वाक्य छोटे और चुस्त होकर जीवन की यथार्थता का आभास देने वाले होने चाहिए। नाटक की नाटकीयता जीवन की यथार्थता का विभ्रम उत्पन्न करने में है। विश्वनाथ जी के विषादान्त नाटक इन विशेषताओं के द्वारा सफल नाटकीयता के उदाहरण हैं। नाटक का प्रभावशाली होने के लिए नाटकीयता के साथ कला का योग आवश्यक हो जाता है। उसके लिए नाटक में नाटकीय व्यंग्य (आइरनी), व्यंजकता और भावी सूचना आदि प्रयुक्त होती हैं। कुछ उदाहरण प्रस्तुत हैं। नर्तनशाला में वातावरण की सूचना है कि "बादल बहुत छा गये हैं।" तो सुदेष्णा कीचक के मोह की आरम्भिक सूचना के साथ उत्तर देती है कि "कुछ हल्की झड़ी हो रही है।" सैरन्ध्री के गीले कपड़ों को देखकर वलल (भीम) जब कहता है कि वर्षा से अंचल भींग गया है तो भावी की सूचना देती हुई सैरन्ध्री कहती है कि वह कीचक के खून से भींग गया है। सलीम के इन वाक्यों में व्यंजना द्रष्टव्य है—"ये विषाद के मेघ मुझे क्यों घेरते हैं?" "शायद इस विष में भी अमृत है।" ये केवल काव्यात्मक आलंकारिक शैली के कथन नहीं हैं; उनमें वेदना और प्रेम के साथ विधि और समझौते की भावनाएँ भी हैं। वेनराजू और त्रिशूल में संवाद वस्तु के अनुरूप वैचारिक और तार्किक भी हैं। इन गम्भीर नाटकों के सफल मंचन में संवादों की इन विशेषताओं का ध्यान रखना है। तेलुगु में साहित्यिक नाटकों का मंचन अभी अविकसित स्थिति में है।

लेखक के इन साहित्यिक नाटकों के शिल्प या रचना-विधान की कुछ ऐसी विशेषताएँ हैं जो उनके मूल्य को बढ़ा देते हैं। (क) नामकरण की सार्थकता है। वेनराजू और अनारकली प्रधान नायक-नायिका की भूमिका के आधार पर है। नर्तनशाला का नाम चरमसीमा के रंगस्थल के महत्त्व को सूचित करता है। त्रिशूल शीर्षक में नाटक की मूलभूत धार्मिक चेतना की प्रतीकात्मक व्यंजना है। (ख) वातावरण-सृष्टि कथ्य के अनुरूप प्राकृतिक, ऐतिहासिक या सामाजिक है। उसमें भी सन्दर्भ के अनुसार कलात्मक संकेत, सौन्दर्य-चेतना, दार्शनिक चिन्तन, धार्मिक-दृष्टि, सामाजिक भावना आदि की अप्रत्यक्ष अभिव्यंजना मिलती है। (ग) भावात्मक अनुभूति की तीव्रता के अवसर पर भाषा-शैली आलंकारिक और काव्यात्मक हो जाती है। (घ) भावात्मक प्रसंगों में संस्कृत-नाटकों की तरह पद्यों का प्रयोग है, पर सरल भाषा में (ङ) नाटकों में लिरिकल तत्त्व पर्याप्त मात्रा में है। इस तरह के नाटकीय उत्कर्ष के बावजूद विश्वनाथ जी के विषादान्त नाटकों में लक्ष्य पर लेखक के परम्परा-प्रेम और रूढ़ धार्मिक दृष्टि की छाया भी लक्षित होती है।

4. सामाजिक नाटक : संख्या में अधिक होने पर भी विश्वनाथ जी के सामाजिक नाटक और नाटिकाएँ नाटक कला के उत्कर्ष की दृष्टि से विषादान्त नाटकों से तुलनीय नहीं हैं। उनमें कथानक का कार्य विविध दृश्यों में गुंफित-सा लगता है। कार्य का तीव्र गति के साथ चरमसीमा की ओर अग्रसर होने पर और कथानक में पात्रों के संघर्ष और

अन्तर्द्वन्द्व पर आवश्यक बल नहीं पड़ा है। दृश्यों के गुंफन के बाद अन्त में जाकर संवादात्मक रूप में रचना के लक्ष्य या उद्देश्य का प्रतिपादन हो जाता है। कुछ पात्र दुर्बल चरित्र के हैं तो कई पात्रों में चारित्रिक दृढ़ता है। लेकिन यह दृढ़ता परम्परा-पालन, धार्मिक चेतना और सामाजिक नैतिक भावना के प्रभाव से उत्पन्न है। उसके मूल में व्यक्तित्व की तेजस्विता नहीं है। इसलिए पात्रों की चेतना गतिशील न होकर स्थितिशील है। वे मर्यादा से आबद्ध ही रहते है, रूढ़ परम्परा के बन्धनों को तोड़कर अपने अभीष्ट की पूर्ति के लिए जीवन में प्रगतिशील होने का प्रयत्न नहीं करते। यह लेखक के दृष्टिकोण की सीमा है। जो नाटक और उसके पात्रों पर लादा गया है। नाटकों के संवाद सामाजिक नाटक-नाटिका के अनुरूप यथार्थोन्मुख और सटीक होकर जीवन के यथार्थ दृश्यों को सामने प्रस्तुत करने में सफल हैं। लेकिन उद्देश्य प्रतिबन्ध नाटकों की सजीवता में बाधक है। लेखक बीसवीं शताब्दी के अर्द्धभाग तक के परम्परागत संस्कारों को ही जीवन का शाश्वत सत्य मानते हैं और उनमें कोई परिवर्तन नहीं चाहता। इस सीमा के बावजूद सामाजिक नाटक-रचना इस बात का प्रमाण है कि लेखक आधुनिकता बोध से परिचित है। आधुनिक जीवन की समस्याओं से अनिभज्ञ नहीं है। उनका समस्या-समाधान नवीन बौद्धिक चेतना को स्वीकार नहीं करता। लेखक पाश्चात्य सभ्यता और संस्कृति के प्रति मोह और उसके अन्धे अनुकरण का विरोध करता है तो वह उतना आपत्तिजनक नहीं है, पर उसके स्थान पर स्थितिशीलता का समर्थन जीवन की गति को कुण्ठित करता है। इन सामाजिक नाटक-नाटिकाओं में आधुनिककाल की राष्ट्रीय-भावना और कुछ समाज-सुधार की विचारधारा की अभिव्यक्ति भी मिलती है।

'तल्लिलेनि पिल्ल' (मातृहीन लड़की) में वसुन्धरा बी.ए. पढने वाले लड़के की माँ है जो आर्थिक कठिनाइयों में कल्याण नायुडू की सहायता से अपने लड़के को पढ़ाती रहती है। मातृहीना ब्राह्मण-विधवा लाड़-प्यार से पाली गयी है और अपने पुत्र को मातृप्रेम से वंचित देखना नहीं चाहती। इस ग्रन्थि और घर के ब्राह्मण वातावरण के कारण वह मर्यादा का उल्लंघन कर नायुडू के प्रेम को स्वीकार नहीं कर पाती। दोनों में केवल स्नेह का सम्बन्ध ही उसे मान्य है। नायुडू सहायता के बदले प्रेम की भीख माँगता है तो वह उत्तर देती है—क्षमा कीजिए। अन्न के बिना शरीर नहीं रह सकता। वह शरीर का धर्म है। और किसी के बिना शरीर जीवित नहीं रह पाता तो वह शरीर का धर्म नहीं है।" लेखक शारीरिक सहज वृत्तियों के उदात्तीकरण की ओर संकेत करते हैं। सम्प्रदाय और नवीन जीवन-विधान के बीच संघर्ष में पिसकर असहाय होकर आत्महत्या कर लेने वाली पात्र है वसुन्धरा। **'लोयल-बयट'** (अन्दर-बाहर) स्वतन्त्रता के बाद दस-बारह वर्षों में स्त्री-शिक्षा, दहेज समस्या, भिन्न वर्णों में विवाह आदि मध्यवर्गीय समस्याओं पर लिखा गया नाटक है जो मनुष्य के अन्दर और बाहर के विचारों एवं व्यवहार के विरोधी स्वरों को स्पष्ट करता है। विश्वनाथ जी के प्रथम नाटक 'धन्य कैलासं' का कथ्य वेश्या जीवन के शृंगार से

दाम्पत्य जीवन की महानता का प्रतिपादक है जो बिल्कुल साधारण रचना है। 'प्रवाहं' नाटिका में पाश्चात्य शिक्षा के प्रभाव में बह जाने के कारण पीढ़ियों के अन्तर की कथा है तो 'अन्ता नटकमे' (सब नाटक ही है) नाटिका में प्रेम को ही जीवन का सर्वस्व मानने वाली आधुनिक दृष्टि के विरोध में भारतीय धर्म का प्रतिपादन है। केशवदास के मुँहे से लेखक के विचारों की ही अभिव्यक्ति है– "प्रेम ईश्वर नहीं है। वह मनुष्य के काम का ही एक भाग है। हमारे जीवन-विधान में समाज का लक्ष्य धर्म है। धर्म ही ईश्वर का स्वरूप है, न कि प्रेम है।" इस तरह या पाश्चात्य और भारतीय संस्कृति को भिन्न मानते हुए स्त्री-स्वेच्छा, भिन्न वर्णों में विवाह और तलाक की आलोचना की गयी है। 'सत्याग्रह' नाटिका में राजनीतिक भ्रष्टाचारिता की ओर संकेत है।

इन सामाजिक नाटक-नाटिकाओं से स्पष्ट प्रतीत होता है कि लेखक आधुनिक जीवन के परिवर्तनों से समझौता नहीं कर सकें हैं। पुराने और नये के संघर्ष में परम्परागत सामाजिक धर्म को ही सनातन सत्य माना है। आध्यात्मिक सत्य शाश्वत हो सकता है लेकिन सामाजिक जीवन का स्वरूप और नैतिकता के प्रतिमान काल के अनुसार बदलते रहते हैं। नाटक कला की दृष्टि से इन सामाजिक नाटकों में जीवन की यथार्थता का सतही निरूपण हुआ है। नाटकों का वातावरण मात्र यथार्थोन्मुख है। प्रथम एक-दो नाटकों को छोड़कर संवाद तार्किक और बोलचाल की व्यावहारिक भाषा में है।

5. रेडियो नाटिकाएँ : काव्य हरिश्चन्द्र और वेद हरिश्चन्द्र रेडियो रूपक हैं। प्राचीन तेलुगु काव्यों और आधुनिक काल के आरम्भिक रंगमंचीय नाटकों में पौराणिक हरिश्चन्द्र की गाथा को सत्यात्मक् नायक के रूपमें चित्रित किय गया है। विश्वनाथ जी ने उसे मोक्षकामी जीव के रूप में परिवर्तन कर नया रूप दिया है। मालां कन्याओं के प्रेम को ठुकराने से लेकर शिव की आज्ञा मानकर पुत्र के विक्रय तक हरिश्चन्द्र के जीवन की घटनाओं में वह सभी इन्द्रियों के प्रलोभनों से मुक्त हो जाता है। अन्त में विश्वमित्र घोषणा करता है--तुम अरिष्ट्वर्ण पर विजयी हो गये हो। ईषण-त्रय जीत चुके हो। तुम जीवन्मुक्त हो। तुम शिवैकदेश हो।" यह लेखक की नवीन कल्पना है। वेद हरिश्चन्द्र की कहानी पौराणिक सत्य हरिश्चन्द्र की कथा से बिल्कुल भिन्न है। उसमें भी लेखक ने हरिश्चन्द्र के चरित्र को उदात्त बनाने की दृष्टि से कुछ परिवर्तन किया है। वैदिक कहानी में हरिश्चन्द्र वरुण को दिये गये वचन का पालन न करने से उसे असत्य भाषी होने के दोष का आरोप किया गया है। विश्वनाथ जी का हरिश्चन्द्र जलोदर-व्याधि से पीड़ित होकर जलदेवता वरुण को प्रसन्न करने के लिए यज्ञ करना चाहता है। इन्द्र रोहित को पूर्वजों का वृत्तान्त बताकर भाग जाने की सलाह देता है। जंगल में घूमते हुए वह शुनश्शेप से मिलता है तथा दोनों बालक कथाएँ सुनने-सुनाने तथा नाचने-कूदने में आनन्द के साथ समय बिताते रहते हैं। विश्वमित्र की आज्ञा के अनुसार शुनश्शेप हरिश्चन्द्र के वरूण-यज्ञ का बलिदान का पशु बनता है। यज्ञ पशु होने के पहले ही उसने वरुण का स्तवन कि

है। वरुण उससे कहता है कि वेदों में वरुण-स्तवन के ऋक् कम हैं। इसलिए उसने शुनश्शेप को यज्ञपशु बनाने की योजना बनायी है। इससे शुनश्शेप का यश सब वेदों के मार्गों में उज्ज्वल प्रकाशित होगा। वरुण अन्त में हरिश्चन्द्र से कहता है कि "तुम्हारे असत्य होने का दोष ही नहीं है तो उसके परिमार्जन का प्रश्न ही कैसे सम्भव है।" लेखक ने एक ओर आरण्यक वातावरण, बाल-स्वभाव और आनन्दमय जीवन का चित्र खींचा है तो दूसरी ओर अनेक वेदान्त के रहस्यों का सूक्ष्म उद्घाटन करते हुए एक आध्यात्मिक वातावरण की सृष्टि की है। दोनों नाटिकाएँ नाटककार की अभिरुचि के अनुरूप होने से रचना में अपूर्व सफलता मिली है। उन्होंने जीवन के स्थूल सत्य को सूक्ष्म आध्यात्मिक रूप में परिवर्तित कर दिया है। ये आध्यात्मिक साधना की नाटिकाएँ साधारण नाटकों से भिन्न प्रकार की हैं। इसलिए प्रचलित सामान्य नाटकीय तत्त्वों के आधार पर इनका मूल्यांकन करने से उनके साथ न्याय नहीं हो सकेगा।

6. निष्कर्ष : साहित्य की अन्य विधाओं से नाटक की विशेषता रचना में लेखक के तटस्थ होने में है। नाटककार पत्र की कल्पना व सृष्टि कर अपनी प्रकृति के अनुसार कार्य एवं आचरण करने के लिए जीवन के रंगमंच पर छोड़ देता है। कथानक और पात्रों को लेखक की धार्मिक, मार्क्सवादी या व्यक्तिवादी विचारधारा के अनुरूप ढालने में नाटक विशिष्ट न रहकर वर्ग या प्रकार (टाइप) का उदाहरण हो जाता है। विश्वनाथ जी के केवल विषादान्त नाटकों एवं रेडियो नाटिकाओं यह नाटकीय तटस्थता यथासम्भव बरती गई है। नाटककार द्रष्टा मात्र है, व्याख्याता नहीं है। यदि उसे मानव जीवन के सम्बन्ध में कुछ कहना है तो वह नाटक के समष्टि-रूप से केवल ध्वनित या सूच्य हो सकता है। उपर्युक्त श्रेष्ठ नाटकों में विश्वनाथ जी ने इसी पद्धति को अपनाया है। इन पौराणिक एवं ऐतिहासिक साहित्यिक नाटकों की दो और विशेषताएँ—(क) मानव की मूल वृत्तियों से सम्बद्ध भावों की सार्वजनीन प्रवृत्ति है और (ख) नाटकीयता और काव्यात्मकता का सामंजस्य है। भारतीय संस्कृत नाटकों में यथार्थता कविता की उदात्त भावभूमि पर पहुँचती है। विश्वनाथ जी के विषादान्त नाटकों में नाटकीय यथार्थता साहित्यिक एवं कलात्मक व्यंजकता से भरी हुई है। धार्मिकता लेखक की दृष्टि की सीमा है तो उनके श्रेष्ठ पौराणिक एवं ऐतिहासिक नाटक-नाटिकाओं में वह बहिर्मुखी धार्मिक संस्कारों की संकीर्णता से ऊपर उठकर गरिमामय आन्तरिक चेतना के धरातल पर पहुँच गयी है।

उपन्यासकार

1. प्रस्तावना : उपन्यास साहित्य की एक ऐसी विधा है जिसमें लेखक अप्रत्यक्ष कथानक और पात्रों के माध्यम से तथा प्रत्यक्ष आख्यान के द्वारा अपने जीवन-दर्शन एवं विचारधारा का प्रतिपादन करने की सर्वाधिक गुंजाइश रहती है। यह दूसरी बात है कि इससे उपन्यास की कलात्मक चेतना अंशतः कुण्ठित हो जाती है और उसमें मानव जीवन की नाटकीय प्रस्तुति की सम्भावना नहीं रह जाती। विश्वनाथ जी ने मिशनरी उत्साह के साथ उपन्यास

को अपनी विचार-वाहिका बनायी है। उनकी अन्य साहित्यिक विधाओं के साथ तुलना में उनका धार्मिक चिन्तन और वैचारिक चेतना उपन्यासों में अधिक प्रतिफलित हुई है। उनमें प्रतिभाशाली कलाकार और जीवन के सचेत आख्याता का विलक्षण सम्मेलन है। उनके धार्मिक विचारों और आधुनिक जीवन की गतिविधि की आलोचना से सहमत होना या न होना प्रबुद्ध एवं जागरूक पाठक के व्यक्तित्व, संस्कारों और दृष्टिकोण पर निर्भर करता है। केवल विश्वनाथ जी ने ही उपन्यास को एक वैचारिक परिधि में बाँधा हो, ऐसी बात नहीं है। चलं के सेक्स सम्बन्धी विद्रोहात्मक विचारों ने मार्क्सवादी साहित्यकारों का चिन्तन ने भी साहित्य-रचना को, विशेषतः कथा-साहित्य को प्रत्यक्ष या अप्रत्यक्ष प्रभावित किया है। परम्परा की ओर उन्मुख होने के कारण विश्वनाथ जी की रचनाधर्मिता का विरोध किया जाता है जबकि अन्य अपने को आधुनिकता-बोध का मानकर आत्मसमर्थन करते हैं। वादीय चेतना की बात को भूलकर प्रतिभा एवं उपन्यास कला की दृष्टि से बहुत कम उपन्यासकार विश्वनाथ जी से अधिक श्रेष्ठ रचना का दावा कर सकते हैं तथा न उन्होंने अपने उपन्यासों में जीवन-मूल्यों की अधिक गहरी चेतना एवं सन्तुलित दृष्टि दिखाई है।

विश्वनाथ जी ने उपन्यास कला और अपनी धार्मिक दृष्टि में ऐसी संगति बिठायी है कि दोनों को अलग कर विश्लेषण एवं मूल्यांकन आसान काम नहीं है। वे पाश्चात्य सभ्यता के मोह में बह जाने वाली सामाजिक व्यवस्था को प्राचीन परम्परा और जीवन-मूल्यों की ओर मोड़कर आधुनिक व्यवस्था को नये रूप में ढालना चाहते हैं। इस दृष्टि में उन्होंने ऐसी तीव्रतावादी तर्क-वितर्क और खण्डन-मण्डन का प्रयोग किया है कि उसने साहित्य-जगत में रोमांचकारी संचलन (सेन्सेशन) उत्पन्न किया है। इस दृष्टि के कारण विश्वनाथ जी को पुनरुत्थानवादी (रिवैवलिस्ट) कह सकते हैं। लेकिन उन्होंने आधुनिक वैज्ञानिक दृष्टि और जीवन-विधान का पूरा विरोध किया हो, ऐसी बात नहीं है। वे भारत की प्राचीन गौरव-गाथा से सम्मोहित हैं और आधुनिक काल में भी उसकी प्रतिष्ठा चाहते हैं। यह प्राचीन परम्परा से मात्र प्रेरणा लेने तक सीमित न होकर उसमें नये प्राण फूँकने का प्रयत्न है। उदारतावादी दृष्टि अपनाकर इतना कह सकते हैं कि वे आधुनिकता को भारतीयता की परिधि में ही ग्रहण करने के आग्रही हैं। आज आर्थिक व्यवस्था तथा वैज्ञानिक-तकनीकी उन्नति राष्ट्रीय परिधियों को तोड़कर गतिशील होती जा रही है। उस स्थिति में 'भारतीयता' किन पहलुओं में, किसी सीमा तक 'अपनेपन' को सुरक्षित रख सकता है और रखना चाहिए—यह गम्भीर चिन्तन एवं मनन का विषय है। जो हो, वस्तुस्थिति यह है कि उपन्यासकार ने अपने उद्देश्य या लक्ष्य के साथ उपन्यास कला का सघन ताना-बाना बुन दिया है।

2. औपन्यासिक तत्त्व और विशेषताएँ : विश्वनाथ जी ने साठ के आस-पास उपन्यासों की रचनाएँ की हैं। इनमें बहुत-सी रचनाओं को आधुनिक अर्थ में उपन्यास नहीं कह सकने जैसे "पुराण-वैर ग्रन्थमाला, कश्मीर राजवंश और नेपाल राजवंश" की कथाएँ

हैं। ये ऐतिहासिक भी न होकर पुराने टाइप की परम्परागत लोक गाथाएँ लगती हैं। कुछ कृतियाँ ऊहा जन्य काल्पनिक लम्बी कथाएँ हैं जैसे 'हाहाहूहू' आदि। इन सब में किसी लक्ष्य या उद्देश्य के प्रतिपादन के लिए उपन्यास के स्थूल रूप को अपनाया गया है। शेष उपन्यास के रूप में अवश्य है, लेकिन समष्टि रूप में उपन्यास के तत्त्वों के आधार पर उनका विश्लेषण एवं मूल्यांकन कठिन है। प्रत्येक का प्रेरणा-सूत्र, रचना-विधान और लक्ष्य एक दूसरे से भिन्न है कि हर एक अपने ढंग का विशिष्ट-सा लगता है। इसलिए कुछ सामान्य विशेषताओं की ओर ही संकेत दिया जा रहा है। औपन्यासिक वस्तु ऐतिहासिक, धार्मिक, सामाजिक या राजनीतिक है। वस्तु को कथानक का रूप देने में आदर्शवादी पद्धति अपनायी गयी है जो लक्ष्य के प्रतिपादन के अनुकूल है। कथानक का वातावरण और उसकी आधारभूमि यथार्थवादी अवश्य है। लेकिन उपन्यास के कथानक में यथार्थता परिस्थिति और व्यक्ति का एक-दूसरे को प्रभावित करते हुए जीवन की गतिशीलता की अभिव्यक्ति में है। माँ बाबू (हमारे स्वामी) बद्दन्न सेनानी आदि कुछ उपन्यासों यह स्थिति दर्शनीय तो आदर्शवादी अनेक उपन्यासों में पात्र परिस्थिति का नियन्त्रक चित्रित किया गया। यथार्थवादी चेतना की आधारभूमि संघर्ष है—व्यक्ति का समाज के साथ, समाज में वर्गों और वर्णों के बीच अथवा राज्यों के परस्पर विरोध के कारण। प्रथम दोनों का सामाजिक उपन्यासों में और अन्तिम का ऐतिहासिक उपन्यासों में एक झलक अवश्य मिल जाता है। उपन्यासकार सामाजिक जीवन की या मानव जीवन के प्रेरक एवं गतिशील बनाने वाले तत्त्वों की जितनी गहराई में जाकर रूपायन करता है। वह उपन्यास उतना ही श्रेष्ठ होता है। विश्वनाथ जी सामाजिक एवं मानवीय संघर्षों के चित्रण से अधिक उनके परिणाम स्वरूप उत्पन्न होने वाली समस्याओं पर सैद्धान्तिक एवं वैचारिक प्रश्न उठाते हैं। राजनीतिक उपन्यास में नायक सत्याग्रह कर जेल गया है तो उसके परिवार की क्या आर्थिक स्थिति होगी? विवाह में वर्णों या धर्मों की भिन्नता होने पर समाज में सन्तान की क्या होगी। पुरानी पीढ़ी की कठोर सामाजिक व्यवस्था को भूल जावें, आज के संक्षेपात्मक राज्य में इस समस्याओं और प्रश्नों का समाधान हो जाता है। कलात्मक दृष्टि से आक्षेपणीय यह है कि उपन्यासकार सामाजिक स्थिति के चित्रांकन की अपेक्षा धार्मिक, सामाजिक और राजनीतिक चर्चा में अधिक लग जाता है। आज की विषम सामाजिक स्थिति को दूर करने प्राचीन धार्मिक समरसता का आदर्श सामने रखता है तो वह समय के प्रवाह के विपरीत जाने का असफल प्रयास है। स्वीकृत कथानक के शिल्पविधान में विश्वनाथ जी की प्रतिभा का लोहा मानना पड़ता है। यह संघर्ष और तनाव से पाठक के मन को झकझोरने वाला आधुनिक शिल्प नहीं है। घटनाओं एवं सन्निवेशों को कारण-कार्य शृंखला में बाँधकर, कार्य के परिणामों के विविध दृश्यों को अंकित करते हुए अन्तिम परिणति दिखाने वाली शिल्प-संरचना है जो मन को स्थिर एवं शान्त स्थिति पर पहुँचा देती है। यह भारतीय रस-संवेदना से मिलती-जुलती अनुभूति है।

चरित्र-चित्रण आदर्शवादी ढाँचे में है। जहाँ पात्रों का जीवन किसी उदात्त राजनीतिक, धार्मिक या सामाजिक लक्ष्यों से परिचालित है, चरित्र-चित्रण में पर्याप्त सजीवता है। कुछ ऐतिहासिक, धार्मिक और सामाजिक उपन्यासों की नायक-नायिका की कल्पना में यह विशेषता द्रष्टव्य है। जहाँ पात्र-सृष्टि उपन्यासकार की अभीष्ट विचारधारा के प्रतीक के रूप में है या भारतीय जीवन-विधान के संस्कारों के समर्थन के लिए की गयी है, पात्रों का व्यक्तित्व और चरित्र प्रभावशाली नहीं है। आदर्शवादी दृष्टि से पात्र तीन वर्गों के हैं—आदर्शवादी पात्र जिनका व्यक्तित्व एवं चरित्र परिस्थितियों से प्रभावित होकर परिवर्तित नहीं होते तथा जो स्थिर-स्थितिशील होते हैं। इनमें संकल्प-शक्ति की दृढ़ता है। परिस्थितियों और सन्दर्भ के अनुसार संवेगात्मक स्पंदनशीलता और अन्तर्द्वन्द्व में ये ये पात्र सजीव लगते हैं। अन्तर्द्वन्द्व सीमित नायक-नायिका पात्रों में जो जीवन की यथार्थवादी भूमि पर खड़े हैं जैसे ऐतिहासिक नायक हैं। दूसरे वर्ग के पात्र खलनायक हैं जो आदर्शवादी नायक-नायिका की विचारधारा के विरोधात्मक प्रतियोगी हैं। दोनों में संघर्ष भौतिक न होकर वैचारिक मात्र है। ये पूँजीवादी, जमींदारी, भागवादी या अधार्मिक दृष्टि के प्रतिनिधि हैं जिनका अन्ततः पतन हो जाता है। सामाजिक दृष्टि से ये सम्पन्न वर्ग के या उच्च वर्णों के पात्र हैं। इस वर्ग के कुछ पात्र वैचारिक संघर्ष के शिकार भी हो जाते हैं। तीसरे वर्ग के पात्र आर्थिक, पारिवारिक या सामाजिक विषमताओं पतनोन्मुख होकर आदर्श पात्रों के सहारे अपने जीवन को सुधार लेते हैं। ये प्रायः मध्यवर्गीय उच्च वर्णों के हैं। अन्य पात्र इन वर्गों के पात्रों के जीवन में सहयोगी और उनके चरित्र का आंशिक प्रतिनिधित्व करने वाले हैं। कुछ विशिष्ट नायकों को छोड़कर चरित्र-चित्रण टाइप या प्रकार के ढाँचे में ढले हुए हैं। चरित्र-चित्रण की सफलता जीवन की यथार्थता के समीपवर्ती होने में है तथा उसकी गहराई पात्रों की मानसिकता में गहरी पैठ पर आधारित है। विश्वनाथ जी जैसे प्रतिभाशाली साहित्यकार ने कुछ ऐसे सजीव पात्रों की सृष्टि अवश्य की है जब वे आदर्शवादिता में बह नहीं गये हैं। आदर्शवादी कलाकार को स्मरण रखना चाहिए कि जीवन की यथार्थता में चारित्रिक दृढ़ता के साथ कुछ मानसिक दुर्बलताएँ भी जुड़ी रहती हैं। पात्रों को सजीव रूप में प्रस्तुत करने के लिए उसके व्यक्तित्व और चरित्र को दोनों से युक्त अपनी समग्रता में अंकित करना चाहिए।

कथा-कथन में पाठकों के मन को रचना की ओर आकृष्ट कर उसमें ध्यान-केन्द्रित करने वाले विश्वनाथ जी के शिल्प-कौशल को उनके वर्ग के समीक्षक भी स्वीकार करते हैं। उपन्यासों के संवाद प्रायः लक्ष्य की पूर्ति के अनुरूप तार्किक और ओजस्वी हैं। प्रेम और करुणा के प्रसंगों में वे भावनाशील और आर्द्र हो जाते हैं। सन्दर्भ के अनुसार वे आधुनिक सभ्यता पर व्यंग्यात्मक और हास्यास्पद रूप ग्रहण करते हैं। जहाँ हास्य नवीन विचारधाराओं के विरोध में मज़ाक का विषय हो जाता है तो दाम्पत्य जीवन में कोमल-मधुर हास-परिहास के वाणी-विलास के रूप में। संवाद योजना में कथानक और चारित्रिक

व्यंजना के द्वारा रचना को गतिशील बनाने की नाटकीयता श्रेष्ठ उपन्यासों के कुछ प्रसंगों की ही विशेषता है। पात्र और प्रसंग को ध्यान में रखकर बोलचाल की, शिष्ट-व्यवहार की और सरल ग्रन्थिक भाषा-शैली प्रयुक्त हुई है। ऐतिहासिक और उदात्त धार्मिक उपन्यासों में तीसरे प्रकार की शैली का प्रयोग समीचीन लगती है। कथा-कथन में विश्वसनीयता उत्पन्न करने के लिए अनेक उपन्यासों में पूर्ण रूप से या आंशिक रूप में उत्तम पुरुष में रचना हुई है। 'मा बाबू' (मेरे स्वामी) और 'वेथिजडगलु' (सहस्त्रफण) नायक के आत्मकथन के रूप में है। 'बाणावती' उपन्यास में कथा-कथन करने वाले प्रधान पात्र 'मैं' के अतिरिक्त शर्मा और राव भी कथा सुनाने वाले पात्र हैं। 'तेरचिराजु' में नाटकीय और व्याख्यात्मक शैलियों को मिलाया गया है। सारथि और वासन्ती के श्रृंगारी सन्निवेश की नाटकीय प्रस्तुति के बाद उपन्यासकार सन्निवेश और पात्रों का आख्यान करता है। विश्वनाथ जी शुद्ध प्रकथनात्मक और वर्णनात्मक पद्धतियों की अपेक्षा आख्यात्मक शैली को ज्यादा अपनाया है। इसकी अपेक्षा पुरुष में कथन के द्वारा पाठकों को कथा की सत्यता पर विश्वास दिलाने के अतिरिक्त अलौकिक और आध्यात्मिक प्रसंगों में सत्यता या यथार्थता का अधिक आभास दिया जा सकता है जो प्रसंग लेखक के उपन्यासों में भरे पड़े हैं। मनोवैज्ञानिक रचना-विधान है और मनोविश्लेषण में लेखक की कोई विशेष अभिरुचि नहीं है। 'तेरिचराजु' दो प्रेमियों के बीच स्पर्श की अनुभूति की लौकिकता-अलौकिकता, उससे उत्पन्न सन्निकता तथा जीवन में उसके परिणामों का निरूपण व्यापक अर्थ में स्पर्श-ज्ञान का मनोवैज्ञानिक विश्लेषण कह सकते हैं। लेकिन उस स्पर्श की अनुभूति के परिणाम सामाजिक है।

विश्वनाथ जी के सामाजिक नाटकों और उपन्यासों में रचना का लक्ष्य साहित्य-सर्जना का माध्यम हो गया है। दोनों में सन्तुलन और सामंजस्य के बिना कलाकृति श्रेष्ठ नहीं हो सकती। विश्वनाथ जी के कुछ ही उपन्यास इस कोटि में आते हैं।

3. वर्गीकरण : विश्वनाथ जी के सभी उपन्यासों भारतीयता की महानता का प्रतिपादन और समर्थन सामान्य धर्म है। उसके लिए वस्तु-चयन में भिन्नता है। जिसके आधार पर उपन्यासों का वर्गीकरण किया जा रहा है। कुछ उपन्यासों में ऐतिहासिक, धार्मिक, सामाजिक, रोमांटिक, मनोवैज्ञानिक और काव्यात्मक तत्त्वों में एकाधिक के योग से कुछ श्रेष्ठ उपन्यासों की रचना हुई है तो बहुत केवल लक्ष्य के परिचायक है। कुछ उपन्यास भारतीय धर्म और इतिहास के सम्बन्ध में पाश्चात्य दृष्टिकोण के विरोध और खण्डन के लिए लिखे गये हैं।

(अ) ऐतिहासिक उपन्यास हैं—एकवीरा, बद्दन्न सेनानी, कडिमि चेट्टु और धर्म चक्रं जिनमें सर्वश्रेष्ठ एकवीरा है। आगे उसका विस्तृत विवेचन है। ऐतिहासिक उपन्यासों वावरण और एक-दो राजकीय पात्र ही इतिहास-सम्मत है; शेष सब कवि-कल्पना-जन्य है। तमिलनाडु के वेंगी चालुक्य कुलोलुंगचोक के अधीन आन्ध्र के भूभाग पर पश्चिम

चालुक्य राजा की चढ़ाई में खड्ग विद्या में पारंगत दलित 'बद्दन्न सेनानी' केवल दस हजार सेना के साथ पश्चिम चालुक्यों की अपार सेना को पराजित करता है। राजा उसे सेनापति बनाना चाहता है तो दलित को सेनापति बनाने के विरुद्ध उसका ही मित्र दलपति संबय्या षड्यन्त्र करता है जिससे अपनी प्रेयसी बाचम्मा की प्रेरणा से दोनों आत्महत्या कर लेते हैं। संघर्ष और अन्तर्द्वन्द्व की इस कथा से जुड़ी है बाचम्मा की उपकथा है जो अपने वृद्ध पति को छोड़कर बद्दन्न सेनानी की प्रेयसी ही नहीं रणरंग में साथिन भी बनाती है। उपन्यास में साहस, पराक्रम, प्रेम और सामाजिक संघर्ष के साथ पृष्ठभूमि में दक्षिण के शैव सम्प्रदाय एवं कर्नाटक के वीरशैव सम्प्रदाय के बीच संघर्ष भी अन्तर्निहित है। कथ्य उपन्यासकार के प्रिय आन्ध्रपौरुष की कहानी है। 'कडिमि चेट्टु' कदंब राजाओं से सम्बन्धित ऐतिहासिक उपन्यास है। जिसमें मयूर का चरित्र चित्रण लेखक की अपूर्व प्रतिभा को प्रकट करता है। 'धर्मचक्र' विजयपुरी के बौद्ध इक्ष्वाकु वंश का ऐतिहासिक उपन्यास है। इस बौद्ध धर्म के कथानक में हिन्दू धर्म की सभ्यता और संस्कृति के वैभव को भी सम्बम्द्ध रूप में अभिव्यक्त किया गया है। इन ऐतिहासिक उपन्यासों विश्वनाथी की परम्परावादी दृष्टि रचना-धर्मिता और कलात्मक चेतना पर हावी नहीं हो गयी है। ऐतिहासिक परिप्रेक्ष्य में लेखक ने भारतीय धर्म, संस्कृति, शौर्य और प्रेम का सजीव चित्रण किया है। सच्चे अर्थ में ऐतिहासिक उपन्यास न होने पर भी कलात्मक दृष्टि से श्रेष्ठ उपन्यासों में इनकी गिनती की जा सकती है।

(आ) धार्मिक उपन्यास हैं—वेयि पडगलु (सहस्रफन), स्वर्गानिकि निच्चेनलु (स्वर्ग की सीढ़ियाँ), चलियलु कट्ट (समुद्र की वेला), तेरचि राजू ( ), वीरबल्लाडु (वीरबल्ल) आदि हैं। धार्मिक उपन्यासों में भारतीय धर्म और सामाजिक व्यवस्था के विधायक और निषेधात्मक दोनों पहलुओं का कथात्मक निरूपण मिलता है। ये परम्परावादी सनातन धर्म के उपन्यास हैं। सहस्रफण में दोनों पहुलओं को परस्पर विरोधी रूप में सामने रखकर सनातन धर्म की विजय दिखाई गयी है। यह इस वर्ग का सर्वश्रेष्ठ उपन्यास है जिसकी आगे विस्तृत चर्चा की गयी है। अन्य उपन्यासों में व्यवस्था विच्छिन्न और पतनोन्नमुख प्रतीत होती है। ऐसा लगता है कि प्रचीन और नवीन परम्परागत धर्म और आधुनिक सन्दर्भ में व्यवस्थाओं के संघर्ष तथा दूसरे की प्रसारगामिता ने लेखक के अन्तर्मन को झकझोर दिया है। प्राचीन धार्मिक एवं सांस्कृतिक उदान्तता को कलात्मक रूप देकर विश्वनाथ जी सन्तुष्ट नहीं है। उसे आधुनिक जीवन में खींच लाना चाहते हैं जो सम्भव नहीं है। इतिहास गतिशील है, आवृत्तिमूलक नहीं है। 'समुद्र वेल' का उल्लंघन नहीं करता, पर सामाजिक धर्म को इस तरह बाँधा नहीं जा सकता। 'स्वर्ग की सीढ़ियाँ' उपन्यास में आस्तिकता-नास्तिकता के संघर्ष की अभिव्यक्ति हास्यास्पद स्थिति पर पहुँच गयी। वसुन्धरा के दूसरे विवाह के बाद भूत के रूप में पहले पति का प्रवेश दिखाकर नास्तिकता से आस्तिकता को मानसिक शक्ति में जमींदारी देने वाले सिद्ध करने का प्रयत्न अपहास्य

लगता है। व्यवस्था का अधार्मिक व्यवहार अपने नग्न रूप में प्रस्तुत है। 'वीरबल्ल' में धर्म की व्यवस्था में सामाजिक स्थिति के आदर्शीकरण का असफल प्रयत्न है। ये सब उपन्यास लक्ष्य की पूर्ति और कलात्मक अभिव्यंजना—दोनों दृष्टियों से प्रभावशाली नहीं हैं।

(इ) सामाजिक उपन्यास हैं— मा बाबू (मेरे स्वामी) परीक्षा, जेबु दोंगल (पार्कहमार) नील पेंडिल (नीला का विवाह) आदि। लेखक ने सामाजिक यथार्थता को यथा-तथ्य प्रस्तुत करने के बहाने अपनी अभीष्ट विचारधारा के अनुरूप ढाला है। 'मेरे स्वामी' आदर्शोन्मुख अच्छा उपन्यास है। जिसमें एक अनाथ बाह्मण बालक प्रतिकूल परिस्थितियों में पति उस कापु जाति के स्वामी की सन्तान के उद्धार का प्रयत्न करता है। पात्रों के नाम रहित यह उपन्यास आत्मकथात्मक प्रभावशाली रूप में चित्रित हुआ है। यह जाति विरोधी लक्ष्य की रचना नहीं, कृतज्ञता की महानता का व्यंजक है। परीक्षा में पाश्चात्य शिक्षा पद्धति की आलोचना, पाकेटमार आधुनिक जीवन में भ्रष्टाचार का प्रतिपादन और नीला के विवाह में भाइयों के वर्ण एवं धर्म का अतिक्रमण कर विवाह करने के परिणामों का निरूपण है। नीला का विवाह न होने और उसके आजीवन कन्या रह जाने का कारण पारिवारिक नियमों का उल्लंघन है। अप्रत्यक्ष निषेधात्मक रूप में ये सामाजिक उपन्यास परम्परा-पालन के समर्थक हैं तथा उपन्यास कला की दृष्टि से साधारण कोटि के हैं। (ई) कुछ समीक्षकों ने 'मेरे स्वामी', 'समुद्र की बेला', 'पाकेटमार' और 'शंतरं जी शाहमात" उपन्यासों को परिस्थितियों और सन्निवेशों में पात्रों की मानसिकता के विश्लेषण के कारण मनोवैज्ञानिक वर्ग में रखने का प्रयास किया है। मनोवैज्ञानिक उपन्यास में एक विशेष प्रकार की रचना-पद्धति का अनुसरण किया जाता है जिसके साथ उपर्युक्त उपन्यासों का कोई सम्बन्ध नहीं है। वैसे प्रत्येक उपन्यास के पात्रों के चरित्र-चित्रण में सामान्य मनोविज्ञान की आधारभूमि अवश्य रहती है।

(उ) शुद्ध काल्पनिक उपन्यास हैं—हाहाहूहू और पुलुल सत्याग्रहमु (बाघों का सत्याग्रह)। इन उपन्यासों में जीवन की यथार्थता से दूर काल्पनिक कथानक एक अश्वमुखी गन्धर्व है जो आसमान से लन्दन में उतरने पर लोगों की प्रतिक्रिया की विलक्षण स्थितियों का सामना करता है। उस पर व्यंग्यात्मक आक्षेपों के साथ उपन्यासकार आर्षविज्ञान और दृष्टिकोण का प्रतिपादन करता है।

(ऊ) पुराणों के पाँच अगों में एक इतिहास है। पाश्चात्य इतिहासकारों और उनके अनुयायी भारतीयों ने पुराणों के इतिहास-भाग को तथ्यों से दूर असत्य घोषित किया है। विश्वनाथ जी ने पुराणों के इतिहास के समर्थन में लम्बी भूमिकाओं के साथ बारह उपन्यासों को 'पुराण-वैर-ग्रन्थमाला' शीर्षक देकर लिखा है। एक उदाहरण लें तो लेखक पुराणों और कुछ पाश्चात्य इतिहासकारों के आधार पर मौर्य चन्द्रगुप्त और गुप्त चन्द्रगुप्त का उल्लेख करते हैं जिनके बीच 1300 वर्षों का अन्तर है तथा अलज्जां का समय गुप्त

चन्द्रगुप्त है। उपन्यास का इतिवृत्त इतना ही है कि मौर्य चन्द्रगुप्त अपने समय के 300 वर्ष बाद अलेक्जेंडर की चढ़ाई का स्वप्न देखता है। इन बारह रचनाओं को ऐतिहासिक उपन्यास ही नहीं, उपन्यास कहने में भी संकोच होता है। इनका लक्ष्य पुराणों के विरोधियों का खण्डन और भारतीय धर्म की महानता का प्रतिपादन करना है। भारतीय पुराण भले ही ईसा के बाद, 500-1000 के बीच लिखे गये हों, उनकी मूल कथाएँ अत्यन्त प्राचीन हैं तथा प्रागैतिहासिक भारतीय मानसिक चेतना को धार्मिक एवं मनोवैज्ञानिक प्रतीकों के माध्यम से व्यक्त करती हैं। ये भारत के मिथक हैं जिनमें भारतीय संस्कृति के अतिरिक्त मानवीय संवेदना के आदिम रूप की भी अभिव्यंजना है।

(ए) कश्मीर राजवंश के इतिहास पर छह उपन्यास हैं जो ऐतिहासिक न होकर कल्पित हैं। कल्हड़ की संस्कृत राजतरंगिणी की कथाओं के आधार पर ये उपन्यास लिखे गये हैं। आधुनिक यथार्थवादी उपन्यासों के रचना-विधान के अनुरूप रचे न जाने पर भी पौराणिक गाथाओं के औपन्यासिक रूप की तुलना में ये कथानक, चरित्र-चित्रण, नाटकीय अद्‌भुत संरचना और शिल्पदृष्टि को अपेक्षाकृत अधिक महत्त्व देने वाले रंजक उपन्यास हैं। लेखक की भूमिका के अनुसार बहुत-से लोगों में अपने प्राचीन इतिहास की जानकारी की जिज्ञासा नहीं होती और उस समय के बहुत-से विषयों का ज्ञान कराना इन उपन्यासों की रचना का लक्ष्य है। इस दृष्टि से इन रचनाओं में कथानक के अतिरिक्त भारतीय धर्म तथा ज्ञान-विज्ञान की चर्चाएँ भी जोड़ी गयी हैं। यहाँ तक कि आधुनिक वैद्य की शस्त्र चिकित्सा से बढ़कर भी आयुर्वेद में नये प्रयोग किये गये हैं—मनुष्य के दुर्बल हृदय के स्थान पर ऑपरेशन के द्वारा नये स्वस्थ हृदय को जोड़ना, मानव-मस्तिष्कों को एक से दूसरे में परिवर्तन आदि! ये सब 'संजीवरणी' (उपन्यास) शस्त्र-विद्या की करामतें हैं। लेखक की गणना के अनुसार कश्मीर राजवंश उपन्यास के कश्मीरा शब्द 3364 से 3414 तक के हैं। आधुनिक ऐतिहासिक दृष्टि से ये राजवंश महाभारत युद्ध से ईसा के बाद 1148 तक के हैं। 'मिहिरकुल' उपन्यास में नायक अपने को उत्तर दिशा का शासक यम धर्मराज मानने वाला; क्रूरता, हिंसा, असहनशीलता, परपीडन-परायणता, स्वार्थ आदि गुणों से भरे चरित्र का व्यक्ति है। उसके मन में अन्तर्निहित कोमलता को बहिर्गत करने वाली अपूर्व प्रतिभाशालिनी व्यक्ति उसकी पत्नी कल्याणवती है। 'जुडुव' उपन्यास में राजा प्रतापादित्य अपने मित्र वैश्य की पत्नी के सौन्दर्य पर मुग्ध होकर उसे अपनी प्रेयसी बना लेना चाहता है। वैश्य पति-पत्नी की स्वीकृति के बावजूद वह धर्म के विरुद्ध है। इसलिए पहले पत्नी को मन्दिर का देवदासी बनाकर फिर राजा की भोगिनी होने का निर्णय होता है। अन्त में कथानक के नये अद्‌भुत मोड़ के साथ पता चलता है कि राजा जिस देवदासी को अपनी प्रेयसी बना लेता है वह वैश्य मित्र की पत्नी न होकर उसी रूप-रंग की जुड़वी बहन है। राजतरंगिणी की कथा को उपन्यासकार ने अपनी धार्मिक दृष्टि के अनुरूप बदल लिया है। कश्मीर राजवंश के उपन्यास कहलाने वाली कथाओं में कथानक और चरित्र-चित्रण

जनरंजनकारी अद्भुतपन से भरे हैं। भारत में दार्शनिक, धार्मिक और सांस्कृतिक इतिहास में कश्मीर का महत्त्वपूर्ण योगदान है। पता नहीं है कि लेखक ने उनका आख्यान करने वाले तात्त्विक उपन्यासों की रचना छोड़कर अद्भुतपन की कथाएँ क्यों लिखी हैं।

(ऐ) 'नेपाल राजवंश के उपन्यास' छह हैं। इनमें कश्मीर की राजवंशावलियों और महाराजाओं की गाथाएँ ईसापूर्व करीब दो हजार वर्ष प्राचीन मानी गयी हैं। कुछ राजवंशों और महाराजाओं का उल्लेख इतिहास में अवश्य मिलता है, पर काल-निर्णय के सम्बन्ध में ऐतिहासिक प्रमाण नहीं मिलते। इन उपन्यासों को ऐतिहासिक मानना भी उचित नहीं लगता। ऐतिहासिक वातावरण और अन्य तत्त्वों की अपेक्षा कल्पनाशील प्रवृत्ति ही अधिक है। इन उपन्यासों का लक्ष्य भी वैदिक धर्म की महानता का प्रतिपादन है। कलात्मक दृष्टि से प्राचीन कथाकथन और आधुनिक उपन्यास कला के योग से एक नवीन रचनात्मक रूप की सृष्टि, लेखक की मौलिक प्रतिभा का प्रमाण है। उदाहरण के लिए 'सौदामिनी' उपन्यास में बौद्ध धर्म का खण्डन और आदि शंकराचार्य के द्वारा वैदिक धर्म की प्रतिष्ठा रचना का प्रतिपाद्य है जो ऐतिहासिक तथा सांस्कृतिक है, भले ही उसका काल-निर्णय इतिहास सम्मत न हो। भारतीय धर्म-साधना, शास्त्र-चर्चा और साहित्य-सर्जना में कश्मीर का अपूर्व योगदान रहा है। मूलकथा वेश्या जाति की सौदामिनी और नारमुडि के विवाह में उत्पन्न अनेक बाधाएँ हैं। कथानक के विकास में न्याय संरक्षक सोमवंश के महाराजा वृषदेव वर्मा, सौदामिनी पर मोहित उसके भाई बालार्चन एवं महाराजा के रिश्तेदार नंदिवर्मा, सौदामिनी के सहायक पात्र अपनी-अपनी भूमिका निभाते हैं। महाराजा की बहन को बौद्ध आचार्य बृहद्बुद्ध से विषादान्त प्रेम उपकथा है। धार्मिक प्रसंगों और प्रेम के सन्निवेशों की चिकनी बुनावट उत्कष्ठापूर्ण तथा शिल्प-निर्माण-कौशल को प्रकट करता है। लेकिन श्रेष्ठ उपन्यास-रचना के लिए आवश्यक तलस्पर्शी जीवन-चित्रण और पात्र-परिकल्पना में मनोवैज्ञानिक गहराई इस तरह के उपन्यासों में कम दिखाई देता है।

4. सहस्रफण : विश्वनाथ जी का सहस्रफण एक बृहत् धार्मिक उपन्यास है। धर्म के दो पहलू हैं—परंपरागत बहिर्मुखी आचरण का और अन्तर्मुखी साधना का। पहला धर्म का व्यक्त रूप है जो मनुष्य को अन्तर्मुखी साधना का आधार बनकर उसे अन्तर्मुखी साधना की ओर अग्रसर होने की प्रेरणा देता है। सभी धर्मों में आजकल उनके व्यक्त रूप को ही धर्म माना जा रहा है जिसके कारण धार्मिक संघर्ष हो रहे हैं। इस व्यक्त रूप में समय के अनुसार न्यूनाधिक परिवर्तन हो जाते हैं। संस्थागत और सुगठित सेमांटिक मज़हबों में परम्परागत धार्मिक रस्म-रिवाजों पर अधिक बल दिये जाने के कारण उनमें परिवर्तन कम और धीरे-धीरे होते हैं। भारतीय हिन्दू धर्म में बहिर्मुखी धर्म के रूप में संस्थागत न होने के कारण अनेक प्रकार की भिन्नताएँ हैं, बाह्यरूप और उसके आचरण पर उतना बल दिया नहीं गया है तथा कालक्रम में उसके रूप में अनेक परिवर्तन हुए हैं एवं होते जा रहे हैं। सेमांटिक मज़हबों में धार्मिक आचरण के अतिरिक्त अन्तर्मुखी

पहलू देवदूत के द्वारा प्रार्थना के माध्यम से ईश्वर का अनुग्रह पाने की साधना है। बाद को उनमें रहस्यवादी साधना-पद्धति तथा सन्त की अवधारणाओं का भी विकास हुआ है। भारतीय हिन्दू धर्म में आरम्भ से ही धर्म की आन्तरिक अनेक साधना पद्धतियों तथा लक्ष्य ब्रह्मन् के स्वरूप के स्वरूप और उसकी प्राप्ति का अन्वेषण चलता रहा है। मध्ययुग में अनेक कारणों से धर्मरूढ़ परम्परावादी और आचरणवादी हो गया है तो आधुनिक काल के पुनर्जागरण में अन्तर्मुखी साधना एवं लक्ष्य का नये आख्यान हो रहे हैं। प्राचीन भारतीय धर्म वैदिक कर्म काण्ड को ही साधन मानता था। बाद को पतंजलि ने योगमार्ग को, गीता ने कर्म मार्ग को, शंकर ने ज्ञानमार्ग को तथा रामानुज ने भक्तिमार्ग को लक्ष्य प्राप्ति का साधन माना है। उनके बाद इन साधनों और लक्ष्य की अनेक रूपों में व्याख्याएँ हुई हैं और आधुनिक काल में हो रही हैं। जहाँ तक बहिर्मुखी धार्मिक एवं नैतिक आचरण का सम्बन्ध है, वह हिन्दू धर्म में ही नहीं उससे सम्बद्ध जैन, बौद्ध आदि धर्मों में अपने-अपने ढंग से व्याख्या हुई है तथा उस आचरण में परिवर्तन लक्षित हो रहे हैं। 'सहस्रफण' में प्रतिपाद्य धार्मिक आख्यान को सही परिप्रेक्ष्य समझने की दृष्टि से भारतीय धर्म की यह लम्बी भूमिका प्रस्तुत की गयी है।

सहस्रफण को समीक्षकों ने भारतीय धर्म का विज्ञान-सर्वस्व कहा है। इस अर्थ में कि वह भारत की धार्मिक मूलभूत चेतना की योगपरक व्याख्या करता है तथा उसकी परम्पराओं, रस्म-रिवाजों, आचरण-व्यवहार, मर्यादा, नैतिकता आदि का विस्तृत विवरण प्रस्तुत करता है; विशेषतः आन्ध्र प्रदेश के सन्दर्भ में। यह विवरण उपन्यास के कथानक से भी अधिक पृष्ठों में है। उदाहरण के लिए गिरि का मन्दिर में देवता के सामने नाचती है तो इस प्रथा के इतिहास के साथ नृत्य की विशेषताओं और उसके लक्ष्य का उद्घाटन किया गया है।

सहस्रफण को एपिक उपन्यास कह सकते हैं। उसमें एपिक उपन्यास का बहुमुखी व्यापक जीवन-चित्रण नहीं है। लेकिन उपन्यास की गहराई और गरिमा अवश्य हैं। बीसवीं शताब्दी के पूर्वार्द्ध में भारतीय धार्मिक परम्परा और पाश्चात्य सभ्यता के संघर्ष और उसके परिणामों को दिखना उपन्यास का लक्ष्य है। यह उस अर्द्धशताब्दी की मूल-चेतना का प्रतिपादक मौलिक उपन्यास है। लेखक ने भारतीय धार्मिक चेतना के समर्थन में उसके गरिमामय स्वरूप को प्रस्तुत करने का प्रयत्न किया है। भारतीय एवं पाश्चात्य जीवन-विधान में संघर्ष और लेखक की प्रतिपादित धार्मिक दृष्टि के सम्बन्ध में मतभेद हो सकता है। लेकिन अपने अभीष्ट कार्य के विविध पहलुओं के चित्रांकन में उपन्यासकार की अपूर्व प्रतिभा को अस्वीकार नहीं किया जा सकता।

सुब्रह्मण्येश्वर परब्रह्म हैं। वे ही सहस्रमुखी आदिशेष हैं। ये सहस्रफन धर्म के सहस्ररूप हैं। अव्यक्त का व्यक्त जगत में धर्म के सहस्रफणों या भावों को परम्परा से विच्छिन्न होकर आज हम समझ भी नहीं पाते। उनके ज्ञान के लिए भारतीयों को फिर

अन्वेषण करना पड़ेगा। उपन्यास का शीर्षक सहस्रफल भारतीय धर्म की बहुमुखता का सूचक है। अनन्त आदिशेष के सहस्रफणों का शीर्षक रखने में योगमार्ग में कुण्डलिनी स्थान की व्यंजना भी अन्तर्गर्भित है। कुण्डलिनी का अर्थ सर्प है। लेखक के अनुसार धर्म के सहस्रफणों में आज केवल दो फण ही जीवित रह गये हैं—एक दाम्पत्य भाव और दूसरी धर्म की जीवट शक्ति। उपन्यास का कथानक इन दोनों पर आधारित है। आधुनिक काल में भारतीय धर्म जितना ही नष्ट-भ्रष्ट हो गयी हो उसकी जिजीविषा शक्ति समाप्त नहीं हो गयी है। वह भारतीय दाम्पत्य भाव में जीवित है। उपन्यास के अन्त में नायक धर्माराव अपने से प्रश्न कर लेता है कि "अब क्या रह गया है?" पत्नी उत्तर देती है कि "मैं बची हूँ।" पति धर्माराव स्वीकार करता है कि तुम बची हो। यह मेरी जाति की शक्ति है। यह मेरा सौभाग्य है।" लेखक और पत्नी अरुन्धती की दृष्टि में दाम्पत्य और पतिव्रता का भाव कुछ समय के लिए अदृश्य हो सकता है। लेकिन वह नष्ट नहीं होता, वह सनातनी भावना है।

कथानक में नायक धर्माराव के पिता रामेश्वर शास्त्री पुरानी पीढ़ी के सनातन धर्म के प्रतिनिधि हैं। धर्माराव पाश्चात्य के प्रभाव से आधुनिक काल में पतनोन्मुख भारतीय धर्म की पुनः प्रतिष्ठा में यत्नशील है। उसका प्रतियोगी पाश्चात्य सभ्यता एवं जीवन-पद्धति में विश्वास रखने वाला जमींदार रंगाराव है। भारतीय संस्कृति इन्द्रिय संयम एवं निग्रह के द्वारा ऊर्ध्वमुखी होकर धर्म के धरातल पर पहुँचती है। इसके विपरीत पाश्चात्य सभ्यता भौतिक समृद्धि में ऐन्द्रिय भोग और सुख-सुविधा की प्राप्ति को ही जीवन का लक्ष्य मानती है। इन विचारधाराओं के संघर्ष में धर्माराव और रंगाराव के जीवन की मुख्य कथाएँ चलती हैं। इनसे सम्बद्ध उपकथाएँ और अन्य पात्रों का जीवन है। धर्माराव और अरुन्धती का दाम्पत्य भाव धार्मिक है तो किरीटि एवं शशिरेखा का दाम्पत्य प्रेम सौन्दर्य और आकर्षण पर आधारित लौकिक भावना है। मंगम्मा के जीवन की कहानी इन्द्रिय-सुख के लिए पति को छोड़कर पश्चात्ताप दग्ध धर्म की ओर लौट आने वाली है। रंगाराव नित्य नवीन भोग-विलास में डूबा रहता है तो उसका पुत्र धर्म के सहस्रफणों को डोलाने के प्रयत्न में मर जाता है। और भी अनेक पात्रों के क्रियाकलापों को लेकर कथानक का संगठन उपन्यास कला की दृष्टि शिथिल है। कथ्य को लेकर यह प्रश्न किया जा सकता है कि भारतीय एवं पाश्चात्य दृष्टियों की लेखक की व्याख्या कहाँ तक सत्य है? फिर सनातन माने जाने वाले भारतीय धर्म में कम से कम उसके बाह्य विधि-विधान में-काल की गतिशीलता में अनेक परिवर्तन नहीं हुए हैं? सहस्रफण की रचना की अर्द्ध शताब्दी के बाद रचना में प्रतिपादित संस्कृति और धर्म के कितने अंश किस रूप में जीवित है? लेखक को अपनी दृष्टि के अनुसार रचना करने की पूरी स्वतन्त्रता है, लेकिन पाठक के लिए उसे स्वीकार करना अनिवार्य नहीं है।

धार्मिक उपन्यास होने के कारण सहज ही पात्रों का चरित्र-चित्रण आदर्शवाद से प्रभावित है। इस आधार पर पात्रों को तीन वर्गों में विभाजित कर सकते हैं—आदर्शवादी

(धर्माराव और अरुन्धती), सुधारवादी (मंगम्मा) और यथार्थवादी (रंगाराव)! अन्य सभी पात्रों में कथानक की आवश्यकता के अनुसार– न्यूनाधिक आदर्शोन्मुखता दिखाई देती है। लेकिन लेखक ने जीवन की यथार्थता में पात्रों को परिस्थितियों से प्रभावित स्पंदनशील रूप में ढालते हुए पात्र-परिकल्पना को कोरी काल्पनिकता की दुर्बलता से बचा लिया है। उदात्त पात्र सहित तीनों वर्गों के पात्रों में भावात्मक प्रतिक्रिया, अन्तर्द्वन्द्व, आन्तरिक वेदना और मानवीय संवेदनशीलता पात्रों को यथार्थवादी भूमि पर खड़ा करती। विकसित व्यक्तित्व की प्रौढ़ता नायक-नायिका में ही लक्षित होती है। आदर्शवादी चरित्र-चित्रण में यथार्थ जीवन की सूक्ष्म पकड़ की आशा करना उचित नहीं है। उसकी भावभूमि का धरातल दूसरे प्रकार का होता है।

सामाजिक दृष्टि से आदर्शवादी पात्रों को उपन्यासकार ने धार्मिक योग-साधना ने प्रतीकात्मक रूप भी दिया है। वंश के आदि पुरुष रामेश्वर शास्त्री ने चारों वर्णों की स्त्रियों से विवाह कर लिया है जो स्मृति-सम्मत है। लेकिन वे मूलाधार चक्र के प्रतीक हैं तथा यहाँ वर्ण का अर्थ जाति न होकर उस चक्र के आधारभूत 'व श ष स' बीजाक्षरों से है। सहस्रफण सर्प पूर्ण धर्म का प्रतीक है। उसके प्रतिनिधि धर्माराव कुण्डलिनी चक्र और उसकी पत्नी उस चक्र की शक्ति के प्रतिनिधि हैं। मन्दिर में नृत्य करने वाली बालिका गिरिजा भक्तिमार्ग में आराध्य के सौन्दर्य का साक्षात्कार करने वाली सामाजिक प्रतीक मात्र नहीं है। वह योग-साधना में द्वादश अनाहत चक्र में लास्य के माध्यम से स्पंदित होने वाली शब्द ब्रह्म की प्रतीक भी है। लौकिक जीवन में ग्राम देवता की प्रतिनिधि गणाचारी लौकिक और अलौकिक जीवन में सम्बन्ध स्थापित करने वाली प्रतीक है। गणाचारी का अर्थ गणों में संचार करने वाली है। योगमार्ग में वह षट् चक्रों से सम्बद्ध होकर संचरण करने वाली सहायिका का है। पेड़-पौधों को खाकर जीने वाला 'पसरिका' (घास का हरा साँप) धर्म-साधना में सात्त्विक भोजन की भूमिका की ओर संकेत करता है। उसे अन्नमय कोष का प्रतीक कह सकते हैं। 'पसरिका' को हरेपन का प्रतीक मानते हैं तो प्रकृति के हरे सौन्दर्य के साथ मानव के सम्बन्ध का द्योतन जो उपन्यास में धर्माराव और पसरिका के स्नेह-सम्बन्ध से व्यक्त होता है। किरीटि और शशिरेखा के प्रेम में सौन्दर्य की आराधना से बालत्रिपुर सुन्दरी का सौदर्यात्मक रस-साधना की व्यंजना है। विश्वनाथ जी के बाह्य सामाजिक जीवन में धर्म के आचरण की साधना और कर्मयोग को प्रतीकात्मक और व्यंजना-गर्भित रूप में अन्तर्मुखी योगपरक एवं रहस्यात्मक बना दिया है।

उपन्यास में लेखक और धर्माराव की धार्मिक दृष्टि से भारतीय सामाजिक विचारों को स्पष्ट करने वाला प्रतिनिधि कुमारस्वामी है। अंग्रेजी शासन में भारतीय ग्रामीण व्यवस्था, आर्थिक स्थिति, कारीगरों के पेशे, कुटीर उद्योग, शिक्षा-दीक्षा, धार्मिक आचरण आदि सब समाप्त हो गये हैं। धार्मिक ह्रासोन्मुखता का दोष व्यक्ति की अपेक्षा व्यवस्था की दुर्बलता और उसके छिन्न-भिन्न होने पर है। व्यक्ति को सच्ची धार्मिक साधना के द्वारा ऊपर उठने

पर ही समाज की स्थिति सुधर सकती है। इन विचारों की अभिव्यक्ति में लेखक का चिन्तन गाँधीवाद से मिलता-जुलता है। वर्तमान स्थिति पर विश्वनाथ जी आन्तरिक वेदना प्रकट करते हैं– "ओह! कैसा समय है। कितना परिवर्तन है! पुराने कितने ही नष्ट हो गये हैं! कितने ही नयों का प्रादुर्भाव हुआ है! सारा लोक नूतनता को ही शक्तिमत्ता समझ रहा है! नूतनता ही है, लेकिन वह शक्तिमत्ता कैसे हो सकती है?...मेरी जाति इतनी दैवोपत हुई है क्यों? शायद इस जाति के किये पापों का अन्त नहीं है!" इधर बीस-तीस वर्षों के पूर्व से भारतीय पारिवारिक एवं समाजिक जीवन में अनके विचारधाराओं वैज्ञानिक उन्नति, औद्योगीकरण, प्राइवेट और सार्वभौमिक वाणिज्य-व्यापार तथा इन सबसे उत्पन्न परिवर्तनों को देखते हुए प्राचीन या पहले के जीवन-विधान की ओर लौटना असम्भव लगता है! भारतीय आध्यात्मिक एवं मानवीय साधना को नये परिप्रेक्ष्य के अनुरूप विकासशील होना अनिवार्य है।

यथार्थवादी उपन्यास-कला की दृष्टि से सहस्रफण का मूल्यांकन करने से रचना के साथ न्याय नहीं हो सकता। उसकी परिधि आधुनिक उपन्यास की संरचना से व्यापक और विधा एवं रूप की दृष्टि से भिन्न है। वह तेलुगु साहित्य में अपने ढंग की अकेली कृति है। उसमें अभिव्यक्त लेखक के विचारों से पाठक सहमत हो यह अनिवार्य नहीं है। लेकिन विश्वनाथ जी ने अनेक प्राचीन परम्पराओं, रस्म-रिवाजों की जो व्याख्या की है, वह ऐतिहासिक दृष्टि से महत्त्वपूर्ण है। उस अभाव में वे सब अन्य भारतीय संस्कारों की तरह भावी पीढ़ियों से अर्थहीन रूढ़ संस्कार-पालन रह जाएँगे या आधुनिक परिवर्तनों में समाप्त हो जाएँगे। सहस्रफण को एपिक उपन्यास कहने में मेरा अर्थ यही है कि उसने समाप्तप्राय एक प्राचीन पीढ़ी को सजीव साहित्यिक रूप देकर भविष्य के लिए सुरक्षित रखा है। हमारे वेद-उपनिषद् शताब्दियों तक बोधगम्य नहीं रहे थे। मध्यकाल में शंकर-रामानुज-माधव ने तथा आधुनिक काल के मनीषियों ने नवीन सन्दर्भों में उनका भाष्य कर अर्थबोध को सुगम कर दिया था। हम विश्वनाथ जी के भी ऋणी होंगे कि उन्होंने पुरानी पीढ़ी के कुछ धार्मिक, पारिवारिक तथा सामाजिक परम्पराओं को सार्थक कलात्मक रूप दिया है।

5. एकवीरा : विश्वनाथ जी की रचनाओं में उपन्यास कला की दृष्टि से सर्वश्रेष्ठ कृति एकवीरा है। रोमांटिक युग में लिखे जाने के कारण उसकी मुख्य विशेषताओं का—सौन्दर्य, प्रेम और काव्यात्मकता का—उस पर गहरा प्रभाव है। औपन्यासिक वर्ग की दृष्टि से यह ऐतिहासिक है। लेकिन वातावरण को छोड़कर कथानक और पात्र कल्पित है। लेकिन लेखक ने नायक राजाओं के युग के वैभव, शौर्य और जीवन की ऐसी सजीव वातावरण-सृष्टि की है कि वह पाठकों को उसे अतीत में ले जाकर 'ऐतिहासिक रस' की अनुभूति देने में सफल हुई है। आरम्भकालीन रचना होने के कारण लेखक के प्रिय, धार्मिकता के आग्रह की छाया उस पर नहीं पड़ी है।

उपन्यास की नायिका एकवीरा है जिसे केन्द्र में रखकर कथानक की संरचना हुई है।

उसके सौन्दर्य से आकर्षित वीरभूपति उससे प्रेम करता है और एकवीरा के मन में भी उस अज्ञात वीर के प्रति अनुराग उत्पन्न हो जाता है। दूसरी ओर वीर कुट्टान मीनाक्षी से प्रेम करता है। लेकिन परिस्थितियों के कारण एकवीरा का विवाह कुट्टान से और भूपति का दिवाह मीनाक्षी से हो जाता है। कुट्टन और भूपति मित्र हैं, पर एक दूसरे की प्रेयसी से विवाह करने की बात को नहीं जानते। यह विलक्षण विधि-विधान जो पात्रों के मन में वेदना तथा जीवन में प्रेम एवं दाम्पत्य-जीवन में संघर्ष को जन्म देता है। विधि-विधान और कर्त्तव्य-भावना को लेकर संघर्ष कथानक को सजीव बनानेवाले दो प्रधान बिन्दु हैं। संयोगवश अचानक कुट्टान को पता चलता है कि मीनाक्षी अपने मित्र भूपति की प्रेयसी है और भूपति अपनी पहले की प्रेयसी मीनाक्षी के प्रति सहोदरी के स्नेह-भाव को विकसित कर लेने का प्रयत्न करता है। वीर कुट्टान अपनी माता की सलाह तथा एक दिन प्रसिद्ध तमिल शैव-कवयित्री की कविता की पंक्ति "तुम्हारे धर्म के निर्वाह की इच्छा करो" को एक बालिका को गाते सुनकर अपने दाम्पत्य-जीवन के कर्त्तव्य का पालन करते हुए एकवीरा से प्रेम करने का प्रयत्न करता है! पति प्रेम से वंचिता एकवीरा दीवार पर प्रतिदिन अपने व्यर्थ जीवन की सूचना में एक रेखा खींचती रहती है।

इस विलक्षण प्रेमकथा में चारों पात्र मानसिक अन्तर्द्वन्द्व और क्षोभ के शिकार हो जाते हैं। कुट्टान के शब्दों में—मैंने जिस स्त्री से प्रेम किया है, उसे छोड़कर क्या बलात् मेरे गले से बाँधी गयी स्त्री से प्रेम करना है? मेरी समझ में नहीं आता कि प्रेम करना या न करना मेरे अपने वश में है क्या? किसके वश में है? ईश्वर के वश में है। जिस ईश्वर के वश में यह है, उसी ने इस स्त्री के साथ मेरा विवाह किया है, न। ईश्वर नहीं, मेरे पिता ने किया है। ईश्वर की इच्छा नहीं है तो मेरे पिता कौन हैं यह करने को? इस स्त्री के साथ मेरा क्या सम्बन्ध है? यदि कुछ नहीं है तो हम दोनों को पति-पत्नी बनाना कैसे हुआ है?" ऐसे प्रश्नों का अन्त नहीं है और न उपन्यासकार उनका उत्तर दे पाता है। चारों पात्रों का परिस्थितिजन्य मानसिक क्षोभ ही उदान्त चरित्र-चित्रण को यथार्थवादी भावभूमि प्रदान करती है। पात्र-परिकल्पना में सामाजिक मर्यादावादी आदर्श के साथ जीवन की यर्थाथता का पूर्व सामंजस्य है।

कथ्य के अनुरूप शिल्प का चिकना ताना-बाना है। उपन्यास का आरम्भ परम्परागत पृष्ठभूमि की प्रस्तुति से है—"वह ग्रीष्मऋतु है। वैगे नदी दुबली होकर प्रोषित पतिका की तरह कृशांगी हो गयी है।" फिर उसके किनारे मधुरा नगर के स्थल पुरण और गंडोदर की कथा है। फिर लेखक लोगों का विचार प्रकट करता है कि परमेश्वर के जटाविवराग्र से निःसृत गंगा नदी मधुरा के समीप वैगै नदी होकर प्रवाहित हुई है।... यह परम्परागत वर्णनात्मक पृष्ठभूमि कथानक के गम्भीर एवं उदात्त होने का व्यंजक और समीचीन भी है। फिर कथानक का विधि-विधान चार स्तम्भों के बीच पात्रों के प्रेम की आँखमिचौनी की क्रीडा है। ऐसी क्रीडा का विषादान्त होना अनिवार्य है। चार स्तम्भों का वह मण्डप

कलात्मक है। काव्यात्मकता शिल्प की दूसरी विशेषता है जो कथानक की प्रेम-भावना में रंग भरने वाला है। नारी-सौन्दर्य में प्रकृति सौन्दर्य अन्तर्लीन है तो कभी प्रकृति की स्वतन्त्र की व्यंजना है। वैगै के रेत की वेदिकाएँ केतकी का पुष्परज बिखराकर तैयार किये गये विश्राम-स्थलों की तरह हैं। पात्रों की मानसिकता की अभिव्यंजना में भावनाओं एवं संवेगों के सामान्य (जनरल) मनोविज्ञान की भी झलक मिल जाती है। संवाद और भाषा-शैली सरल ग्रन्थिक रूप में ऐतिहासिक वातावरण और पात्रों के स्वभाव के अनुरूप है।

एकवीरा प्रेम-प्रधान रोमांटिक उपन्यास हैं। उसकी विशिष्टता के सम्बन्ध में समीक्षक सुदर्शन का यह अभिमत है—"लेखक ने प्रेमियों की मानसिकता में प्रेम और धैर्य के संघर्ष को समाविष्ट किया है। मन में अव्यक्त चेतना एक होती है, उसके साथ व्यक्त चेतना के संघर्ष को पहचानकर पात्र का चरित्र-चित्रण करने वाला प्रथम तेलुगु उपन्यासकार विश्वनाथ जी हैं। एकवीरा के अन्तिम तीन अध्याओं में उत्तम कविता, औचित्य, मनस्तत्त्व के चित्रण, शास्त्र के परिज्ञान, तात्त्विक दृष्टि से परिपुष्ट रचना है। एकवीरा उपन्यास में विश्वनाथ ने न विवाह-व्यवस्था का समर्थन किया है और न वैयक्तिक धर्म प्रेम का, उन्होंने दोनों से अतीत समन्वय का ही प्रतिपादन किया है। उसी को हिन्दू सम्प्रदाय के मूल सूत्र के रूप में सूचित किया है।"

निष्कर्षतः समष्टि रूप में विश्वनाथ जी की उपन्यास कला पर विचार करते हैं तो उनकी दृष्टि धार्मिक लगता है। कुछ अवसरों पर वे अन्तर्मुखी होकर धर्म की ऊँचाइयों पर पहुँचते हैं तो अनेक स्थानों पर प्राचीन परम्परावादी लगते हैं। वे अपने को आधुनिकता का विरोधी नहीं मानते, लेकिन उन्होंने सामाजिक व्यवस्था का जो आदर्श रूप सामने रखा है उसमें नवीन चिन्तनशीलता और द्रुतगति से विकासशील नई मानव-चेतना समा नहीं सकती। पाँच-छह ऐतिहासिक और सामाजिक उपन्यासों में उन्होंने मानव-स्वभाव की सूक्ष्म पकड़ के साथ पात्रों की सजीव परिकल्पना की है। भारतीय परम्पराओं के समर्थन और पाश्चात्य सभ्यता एवं विचारों के विरोध में 'ग्रन्थमालाओं' के रूप में जो रचनाएँ हुई हैं, उनमें उपन्यास-कला के प्राथमिक सूत्रों का पालन भी नहीं हुआ है। उनके कुछ श्रेष्ठ उपन्यास काव्यात्मक हैं। उनमें शीर्षकों की प्रतीकात्मकता और लक्ष्य की व्यंजनागर्भिता भी लक्षित होती है। गुण-दोषों को कुछ देर तक भूल जावें तो विश्वनाथ जी की औपन्यासिक रचनाधर्मिता में कुछ ऐसी विशिष्टता और निरालापन है जिसका अनुकरण नहीं किया जा सकता। तेलुगु में इस प्रकार का उपन्यास लिखने वाला और कोई नहीं। अच्छे और बुरे दोनों को ट्विस्ट करने की उनमें अद्‌भुत क्षमता है!

कहानीकार

1. प्रस्तावना : कवि, उपन्यासकार और नाटककार के रूप में विश्वनाथ जी को जितना यश प्राप्त हुआ है, उतना कहानीकार के रूप में नहीं मिला है, जो मिलना चाहिए था। कलात्मक दृष्टि से उनका महत्त्व दूसरों से कम नहीं है, बल्कि उन्होंने कहानी को अपने

ढंग से ऐसे विशिष्ट रूप में ढाला है जो अन्यत्र शायद ही देखने को मिलता है। आधुनिक कहानी के यथार्थवादी ढाँचे को लेकर लेखक ने उसे भावनाशील, विचारोत्तेजक या तात्त्विक बना दिया है। कविता की तरह कहानी से जीवन के किसी न किसी व्यापक सत्य की ध्वनियाँ उसकी ओर संकेत मिलता है। एक कहानी को छोड़कर शेष में वर्तमान सामाजिक वर्ण-व्यवस्था की स्वीकृति नहीं मिलती। अन्य कहानियों में लेखक का दृष्टिकोण आधुनिक, विकासशील और क्रान्तदर्शी लगता है। विश्वनाथ जी की रचनाओं के खण्डन-मण्डन के कोलाहल में न समीक्षकों ने और न सहृदयों ने उनकी कहानियों के महत्त्व पर विशेष ध्यान दिया है।

लेखक ने अपने व्यक्तित्व और दृष्टि के अनुसार कहानी सहित सभी विधाओं में रचना की है। इसलिए उनकी कहानियाँ अन्य कहानीकारों की रचनाओं से भिन्न और विलक्षण लगती हैं। कविता के सम्बन्ध में उन्होंने कहा है कि "अपनी अनुभूति अपनी ही" होती है, इस कारण उनकी रचना औरों की रचना से भिन्न, मौलिक लगती है। आधुनिक कहानी के रचना-विधान और उसमें अभिव्यक्त बहिर्मुखी यथार्थता की दृष्टि से विश्वनाथ की कहानियों का मूल्यांकन उचित नहीं है। उनमें जीवनका एक तात्त्विक सत्य अन्तर्निहित रहता है या जीवन के सम्बन्ध में एक नया प्रश्न उठाया जाता है। यह तथ्य से सत्य को अधिक महत्व देना भारतीय दृष्टि की विशेषता है और इसी को लेखक ने अपनाया है। आधुनिक जीवन में स्वार्थ, अहंकार, आत्मवंचना, अन्धविश्वास और दूसरों को धोखा देने की भ्रष्टाचारिता का खण्डन करते हुए लेखक अपने विचारों का प्रतिपादन करते हैं—"सभी भूतों पर समता का भाव होना चाहिए। ऐसा व्यवहार करना चाहिए कि ऊपर व्यक्त होने वाले भेदभाव मन में न हो। मेरा उद्देश्य है कि हमारे पूर्वजों ने भी यही कहा है। (माक्ली दूर्ग में कुत्ता)।

विश्वनाथ जी की रचनाओं को लेकर आधुनिकता एवं प्राचीन परम्परावादिता तथा विकासशीलता एवं प्रतिक्रियावादिता का जो तीव्र विवाद हुआ है और आज भी होता है, उसे सही परिप्रेक्ष्य में देखना चाहिए। उनके व्यक्तित्व और रचनाधर्मिता में परस्पर विरोधी स्वर अवश्य सुनाई पड़ते हैं। यह भारतीय सनातन धर्म और आधुनिक युगधर्म का संघर्ष है। आधुनिक अतिवादिता से खीझकर लेखक जब परम्परा का समर्थन करने लगते हैं तो ऐसा प्रतीत होता है कि आधुनिक विकासशील सिद्धान्त के विरोधी हैं। लेकिन वे भारतीय धर्म की गतिशील प्रवृत्तियों से अनभिज्ञ नहीं हैं। वे चाहते हैं कि यह गतिशीलता का परिणामशीलता भातीय मूलभूत चेतना के विरुद्ध या उसकी जड़ें काटने वाली न हो। लेखक के उपन्यासों से उनकी कहानियों की तुलना करते हैं तो यह बात स्पष्ट हो जाती है कि पहले में वे प्राचीन परम्परा के समर्थन और उसके विरोधी आधुनिक विचारों के खण्डन की ओर अधिक झुके हुए हैं जबकि कहानियों में जीवन के तात्त्विक चिन्तन के द्वारा जीवन के सच्चे विकास की ओर संकेत कर रहे हैं। उनकी दृष्टि में यह चिन्तन और

विकास की, भारतीय परम्परा के साथ सच्ची संगति बैठती है। विश्वनाथ जी की आधुनिक चेतना को समझने में उनकी कहानियों की महत्त्वपर्ण भूमिका है।

2. कहानियों का वर्गीकरण तथा कहानी-कला की सामान्य विशेषताएँ : विश्वनाथ जी की कुल तेईस कहानियाँ हैं। कहानियों का जैसा प्रायः वर्गीकरण किया जाता है, उन्हें वस्तु और कथ्य के आधार पर बाँट सकते हैं। लेकिन एक कहानी की वस्तु में अनेक कोणों के मिल जाने से किसी कहानी को एक वर्ग के अन्तर्गत मानना उचित नहीं लगता। कभी सुधारवादी और मानवतावादी दृष्टियाँ मिल जाती हैं, कभी पारिवारिक और मानवतावादी तो कभी सामाजिक और राजनीतिक दृष्टियों का योग हो जाता है। एक ही कोटि में जैसे सुधारवादी कहानियों में लक्ष्य भिन्न-भिन्न होने के कारण वे अलग-अलग प्रकार की लगती हैं। इन कहानियों को कुछ समीक्षकों ने कथ्य के आधार पर दो वर्गों में बाँटने का प्रयत्न किया है—जहाँ अनुभूति की आर्द्रता प्रधान है तथा जिनमें चिन्तन एवं तात्त्विक सत्य का उद्घाटन प्रमुख है। लेकिन अन्ततोगत्वा अनुभूति और वैचारिकता के माध्यम से जीवन के किसी न किसी मार्मिक सत्य ध्वनित होता है या उसका स्पष्ट प्रतिपादन होता। इसलिए हर एक कहानी को लक्ष्य और रूप अलग होता है। 'कालिदास का अपयश', 'आदि और अन्त' आदि कुछ कहानियों में लक्ष्य का यह सीधा कथन और अधिक प्रमुख रूप में लक्षित होता है।

विश्वनाथ जी की कहानियों में वस्तु का वैविध्य है। प्रत्येक कहानी का रचना-विधान अपनी विशिष्ट शैली में है। कहानी के प्रभाव-वर्धन की दृष्टि से संक्षेप में पृष्ठभूमि और वातावरण की उपयुक्त प्रस्तुति है। कहानी के लक्ष्य की पूर्ति पात्रों के चरित्र से अधिक पृष्ठभूमि और वातावरण पर अधिक निर्भर है, उनका विस्तृत एवं सूक्ष्म प्रतिपादन किया गया है जैसे 'य्यो-र्हिर्षिकेय' (कांगो स्वतन्त्रता संग्राम की कथा) 'चामरग्राहिणी' आदि में। कथानक में घटनाएँ या सन्निवेश सामान्य और यथार्थोन्मुख हैं। उनके योजनाबद्ध रूप के द्वारा कथानक में नया अर्थ और भाव को भरते हुए लक्ष्य के ध्वनन में कहानीकार कवि हो जाता है। तात्त्विक चिन्तन एवं लक्ष्य के समतुल्य कथानक का महत्व हो जाने पर ही पात्रों के व्यक्तित्व और चरित्र का उन्मीलन हुआ है जैसे 'कपर्दि' कहानी में। अन्य कहानियों में पात्र निमित्त मात्र होकर कथानक के माध्यम से ही मानव स्वभाव और मानसिकता का मनोवैज्ञानिक विश्लेषण हो गया है। कुछ कहानिगाँ संवादात्मक रूप में है और अनेक ऐतिहासिक क्रम में। दूसरे प्रकार की कहानियों में लेखक कभी-कभी पात्र या लक्ष्य का आख्यान करते हुए उसके महत्त्व या सार्थकता को स्पष्ट करते हैं। भाषा-शैली अन्य गद्य की विधाओं की तरह सरल 'ग्रान्थिक' और व्यावहारिक भाषा का मिश्रण है। व्यावहारिक भाषा के पूरे प्रचलन के बाद भी इस तरह की मिश्रित भाषा का प्रयोग, परम्परागत प्राचीन भाषा-शैली के प्रति लेखक की श्रद्धा या आकर्षण को व्यक्त करता है। विश्वनाथ जी की कहानियों की विशिष्टता और महत्ता, उनकी तात्त्विक दृष्टि है। इसी

दृष्टि के आधार पर ही उनकी कहानियों में सार्वजनीन मानवीय सत्यों का उद्घाटन हो सका है। उनकी कहानियों में कुतूहल-व्यग्रता, चमत्कार-आकर्षण, सौन्दर्य-प्रेम, संघर्ष-द्वन्द्व की अपेक्षा वैचारिक चेतना प्रधान है।

(3) कुछ विशिष्ट कहानियों का विश्लेषण : (क) 'निरोधान', 'कपर्दि' और 'परिपूर्ति' सुधारवादी कहानियाँ हैं। आधुनिक युग के आरम्भ में सुधारवादी रचनाओं में समाज-सुधार के द्वारा बहिर्मुखी जीवन में परिवर्तन और सुख-समृद्धि की अभिव्यक्ति होती थी। विश्वनाथ जी ने इन कहानियों में क्रमशः अन्तर्मुखी मानसिक परिवर्तन, मानवीय संवेदना और मानव-मन की महानता की व्यंजना की है। 'तिरोधान' में महाश्वेता विवाह के दो वर्ष वाद पति के मर जाने के बाद उसी के ध्यान में डूबी रहती थी और उसकी आँखों के सामने उसी का चित्र प्रत्यक्ष होता था। भाई के अनुरोध से उसके मित्र मधुकान्त से विवाह कर लेती है। मिलन की पहली रात में पति के चुम्बन से आनन्द की परवशता में महाश्वेता कुछ क्षण आँखें बन्द कर खोल देती है तो उसके सामने प्रथम पति नीललोचन दिखाई नहीं पड़ा है।" उसे आश्चर्य हुआ है कि यह सच है या झूठ। उसके बाद दस क्षणों में उसने सौ बार आँखें बन्द कर ली हैं। नीललोचन का निशान तक नहीं है। उससे आरम्भ होकर जीवन के अन्त तक फिर उसे नीललोचन का रूप नहीं दिखाई पड़ा है।" इस मनोवैज्ञानिक मानसिक परिवर्तन में कहानी का शीर्षक और पात्रों का नामकरण भी औचित्यपूर्ण है। 'कपर्दि' कलाकार है और एक वेश्या मृणालिनी से प्रेम करता है। जब वह उच्चशिक्षा के लिए मद्रास जाता है, मृणालिनी स्वतंत्रता-संग्राम में सत्याग्रह कर एक अंग्रेज की रखैली होकर, सत्याग्रह में ही गोली खाकर मर जाती है। कपर्दि उसके पुत्र को ले आकर रोनाल्ड नाम देकर उसे संगीत और नृत्य में प्रवीण बनाता है। यह सुधारवादी कहानी मन में अन्तर्लीन प्रेम, मानवीय संवेदना और उदात्तता का उदाहरण है। लेखक के शब्दों में कपर्दि को सांत्वना देनी चाहिए, सहानुभूति प्रकट करती है, महापुरुष कहकर प्रशंसा करनी चाहिए या वर्णभ्रष्ट कहकर निन्दा करती है—मुझे कुछ मालूम नहीं हुआ है। उसके बारे में मन में महान गौरव का भाव पैदा हुआ है।" 'परिपूर्ति' और मानवता की कहानी है। सुधारवादी संकेत, मनोवैज्ञानिक चेतना और मानवीय संवेदना उसकी आधारभूमि है। चन्द्रशेखरराव घरवालों और समाज के विरोध के बावजूद काली और अन्धी राधा से विवाह करता है। राधा मन ही मन जानती है कि उसका पति सुन्दर है और वह कुरूप। लेकिन उसका पति वाचा, मनसा और कर्मणा पत्नी को आश्वासन देता है कि वह अधिक सुन्दर है। लड़का पैदा होने पर पत्नी से कहता है कि वह 'नील मेघ गया' है तथा ऐसा लगता है कि मानो "वह पत्नी की दृष्टि हुई तो तुम्हारा प्रतिरूप है।" मानव की संस्कारिता और उदात्तता की यह सुधारवादी चरमसीमा है। पत्नी में आत्मविश्वास पैदा करने में मनोवैज्ञानिक प्रविधि अपनायी गई है। दाम्पत्य-जीवन का सच्चा आनन्द सौन्दर्याश्रित न होकर प्रेम पर आधारित है। आजकल विवाह में बाह्य सौन्दर्य के आकर्षण को ही जो

वरीयता दी जा रही है, उसे ध्यान में रखकर शायद लेखक ने मानवीय दृष्टिकोण में परिवर्तन की आवश्यकता की ओर संकेत किया है। 'परिपूर्ति' सच्चे अर्थ में जीवन में 'पूर्णता' की कहानी है।

(ख) सच्ची आधुनिक कहानी यथार्थवादी होती है। ऐसी कहानी 'फाँसी' है जो भूख की कथा है। चावल के राशन के लिए क्यू में खड़े जन-समूह में से किसी के पत्थर फेंकने से एक मर गया है। उसके लिए पकड़े गये निरपराध व्यक्ति की आत्मकथा 'फाँसी' है। वह कहानी के आरम्भ में जज से कहता है—आप ने मुझे फाँसी का दण्ड दिया है और कहते हैं कि मुझे जो कुछ कहना है कहूँ। दण्ड देने के पहले यह कहते तो उसका कुछ मतलब होता।" उसका कहना है कि जेल में उसे दो महीने अन्न मिला है, लेकिन मेरी पत्नी और बच्चे भूख से अब तक मर गये होंगे। "अन्धे ईश्वर ने कहा कि वह पत्थर मैंने ही फेंका है।" फाँसी के पहले उसके अन्तिम शब्द हैं—"आपके पेट भरे, शान्त हों। लेकिन पता लगा लें कि मेरी पत्नी और बच्चों की क्या हालत है। मेरा विचार है कि मेरे बच्चों के बड़े होने पर मेरी जैसी स्थिति न हो। उन्हें ढूँढ़कर इतना उपकार करेंगे तो मेरे मरने के बाद 'आपके पेट से पैदा हूँगा'।" (तेलुगु मुहावरा) कथ्य के अनुरूप प्रभावशाली रचना-विधान है। यथार्थवादी परिस्थिति में मानवीय करुणार्द्र भावना का अपूर्व योग है। (ग) जीवन की यथार्थता के दो प्रधान कोण मानवीय संवेदना और सामाजिक चेतना है। मानवतावादी श्रेष्ठ कहानी 'माक्ली दुर्ग में कुत्ता' है। विदेश से उत्तम जाति का कुत्ता ले आने वाला सम्पन्न गाँव के कुत्ते से घृणा करता है। भूतदया की महानता आने वाला विद्यार्थी, उसके हाथ मे मिठाई की ओर आशा के साथ देखने वाले गाँव के कुत्ते को लात मारता है। दानी बनकर बासी मिठाई को खिलाने वाले दुकानदार के धोखे को समझकर कुत्ते ने उसके पैर को काट लिया है। लेखक के अनुसार समाज के बड़े लोगों से पीड़ित आम जनता के तीन प्रकार हैं—गरीबों के लिए नारे लगाते हुए आचरण में निर्दय, समता की भावना से दूर रहने वाला एक वर्ग है। वर्णभेद का विरोध करते हुए मन में वर्ण भेद भरा हुआ दूसरा वर्ण है यश कमाने की भूख से अनावश्यक दान करने वाले तीसरा वर्ग है। इस सामाजिक विषमता में मानवता के लिए कोई स्थान नहीं है। इन अमानवीय परिस्थितियों को देखकर गाँव में कुत्ते का बच्चा गाँव छोड़कर जंगल में भाग गया है। लेखक कहता है कि "उसे मनुष्यों को देखकर शायद कड़ुआ लगा होगा कुछ दिनों के बाद जनसंकीर्ण स्थल को छोड़कर जंगलों में रहना ही आरम्भ किया है।" मानव का विश्वास-पात्र कुत्ता उसी से घृणा करने लगा है! आप की अमानवता पर कितना तीखा व्यंग्य है। लेखक एक प्रतीकात्मक कहानी के द्वारा जीवन में मानवता के विकास की आवश्यकता की ओर संकेत करते हैं। (घ) लेखक की एक और प्रसिद्ध कहानी 'तीन भिखमगें' है जो सामाजिक व्यवस्था के साथ राजनीतिक प्रशासन पर भी तीखा व्यंग्य करता है। एक लेखक भिखमंगों पर पत्रिकाओं में लेख लिखकर कुछ कमाने के लिए उनसे

मिलता है। बातचीत में उनके अपार और गहरा लोकज्ञान को देखकर चकित रह जाता है। वे कहते हैं कि मतों के लिए घूमने वाले आपके नायक क्या कर रहे हैं? सोचिए, उसमें और इसमें क्या अन्तर है? एक मत की भीख माँग रहे हैं और दूसरे दान की भीख। भीख माँगना एक प्रकार से सामाजिक सम्पत्ति की चोरी है। एक तरह के भिखारी अधिकारी, संन्यासी, धर्म गुरु, राजनीतिज्ञ, कवि और गायक हैं—लूट लेना ही इनका प्रधान लक्ष्य है। यदि इनमें पत्नी और बच्चे के परिवार वाले हैं तो वे पशुधर्म का भी पालन करते हैं। दूसरे भिखमंगे हैं जो आत्मधर्म का पालन करते हैं। मत माँगने वाले और, समाज को लूटने वाले से बड़े भिखमंगे और चोर मन्त्री हैं जिनमें ऐसा कोई नहीं है जो सुखी और सम्पन्न न हुआ हो। एक भिखमंगा कहता है—उन दिनों में मुझे सन्देह होता था कि (देश में) इतने पुलिस हैं तो कितने चोर होंगे। बड़ा होने पर मालूम हुआ है कि सारे संसार में चोरी ही है...शासन करने वाला पहले भिखमंगा है और उसके बाद चोर है। इन तीन भिखमंगों ने सामाजिक एवं राजनीतिक विषयों पर, पुलिस के क्रियाकलाओं पर और आर्थिक व्यवस्था पर टीका-टिप्पणी करते हैं तो आधुनिक जीवन का दर्पण लगता है। इस कहानी में कथ्य और लक्ष्य प्रत्यक्ष प्रहार के रूप में न होकर ध्वन्यात्मक है जो विषय को सरस और संवेद्य बनाता है। कहानी का आरम्भ भिखमंगों के सम्बन्ध में कुतूहलजनक है तो विस्तार और अन्त गम्भीर चिन्तनशील रूप में परिणत हो जाते हैं।

(च) शुद्ध राजनीतिक कहानी 'सप्ताश्वं' है। यह कहानी आधुनिक मार्क्सवादी राजनीति और क्रान्तिकारी दृष्टिकोण से प्रेरित प्रतिक्रिया हो सकती है। कथानक डामट की सात लोगों से हत्या की जाती है और सभी को एक-एक कर फाँसी का दण्ड दिया जाता है। सभी हत्या के सम्बन्ध में अपना समर्थन करते हैं। इस तरह देश का राजनीतिक प्रशासन का रूप क्रान्ति के द्वारा बदल जाता है। मार्क्सवाद के अनुसार क्रान्ति निरन्तर चालू प्रक्रिया है जो क्रिया-प्रतिक्रिया के रूप में चलती रहती है। लेखक के अनुसार "वास्तव में मानव का इतिहास ही वैसा ही है। वह क्रान्तियों का समाहार ही है।...क्रान्ति सदा तरंग के बाद तरंग के रूप में आती रहती है। तीन-चार तरंगों के योग से एक क्रान्ति होती है।...एक तरंग उठती है और अधिकारियों का नाश करती है। क्रान्ति की तरंग का मतलब है, वे भी कुछ मनुष्य ही हैं। तुरन्त और एक क्रान्ति की तरंग उठकर पहले की तरंग को समाप्त कर देती है। कहानी के शीर्षक 'सप्तापूर्व' का अर्थ कुछ निगूढ़ रह जाता है। सात लोगों के द्वारा डामट की हत्या के साथ उसका सम्बन्ध-स्थापन अत्यन्त स्थूल है। कह सकते हैं कि सात अश्वों के रथ पर आरूढ़ सूर्य के चक्र भ्रमण में काल की गति के अनुसार मानव-जीवन में या किसी देश के इतिहास में क्रान्तिकारी परिवर्तन होते रहते हैं। (छ) राजनीति और राष्ट्रीय-भावना में आन्तरिक घनिष्ठ सम्बन्ध है। किसी देश और जाति का अस्तित्व उसकी राष्ट्रीय-भावना से अनुप्राणित राजनीति पर निर्भर करता है। ऐसी राष्ट्रीय कहानी 'य्योर्हिषीखेय' है जो कांगो के लोगों के स्वतन्त्रता-संघर्ष और उत्पीड़न

की अभिव्यक्ति है। लेखक ने कहानी का प्रतीकात्मक अन्त किया है कि सौ नीग्रो लोगों ने पानी का घोड़ा 'हिप्पोपोटमस' को पानी से बाहर खींचकर उसके पैरों को बाँधकर बन्दी बनाया है। इस कहानी की रचना के मूल में भारतीय स्वतन्त्रता-संग्राम की प्रेरणा हो सकती है।

(ज) ऊपर विश्वनाथ जी की कहानियों में आधुनिक चेतना का विश्लेषण किया गया है। लेखक मूलतः भारतीय परम्परा, धर्म और संस्कृति के प्रति श्रद्धालु हैं तथा उनकी परिधि में ही आधुनिकता के विकास के आग्रही हैं। अब इस तरह की कहानियों पर विचार करेंगे भारतीय धर्म की एक प्रधान विशेषता कर्म-सिद्धान्त और पुनर्जन्म है। इसका रूढ़ रूप वर्ण-व्यवस्था है। ईसा के पूर्व वर्ण-व्यवस्था और साधना पर आधारित था जो मनुस्मृति के बाद जन्मजात माना गया है। लेखक की कहानी 'सजा' में जन्मजात वर्ण-व्यवस्था की ओर संकेत मिलता है, यद्यपि लेखक ने सामाजिक परिणाम एवं विकास का कहीं विरोध किया है। इस सिद्धान्त का समर्थन तो नहीं किया जा सकता, पर लेखक की आधुनिक चेतना के साथ उसकी प्रत्यक्ष असंगति भी नहीं है। उसकी सुधारवादी और मानवतावादी कहानियों से यह निरूपित होता है। 'क्या सम्बन्ध है' कहानी में मानव-सम्बन्धों को कर्म के अनुबन्धों के रूप में अभिव्यक्ति भी परम्परावादी है जो पुरुषार्थ या उद्योग के महत्त्व को घटा देता है। (झ) भारतीय संस्कृति व्यक्तिवादी न होकर दाम्पत्य-जीवन और पारिवारिक सम्बन्धों पर आधारित है। जीवन में अर्थ और काम धर्म से अनुशासित हैं। स्त्री-पुरुष सम्बन्ध केवल सौन्दर्य और यौन-आकर्षण से निर्धारित नहीं माना गया है। विवाह भौतिक आकर्षण से मानसिक अनुराग की ओर, और उससे सम्बन्ध की ओर ले जाने वाला है। तब 'विवाह' 'उद्वह' (आध्यात्मिक विवाह) हो जाता है। पाश्चात्य व्यक्तिवादी प्रभाव से आधुनिक काल में भारतीय दाम्पत्य-जीवन में अनेक परिवर्तन होते जा रहे हैं जिनकी ओर लेखक ने कई कहानियों में संकेत किया है। प्रतिकूल परिस्थितियों के कारण दाम्पत्य-जीवन में विरोध और संघर्ष स्वाभाविक है। विश्वनाथ जी की वैवाहिक और दाम्पत्य जीवन की कहानियों में 'प्रभु और दीवान जी', 'तिरोधान' 'क्या सम्बन्ध है' आदि भाव-विचारों में विरोधात्मक तथा 'तुम्हारा ऋण चुका दिया है', 'परिपूर्ति', 'पुण्य प्रेम', 'कपर्दि' आदि समन्वयशील है। पाश्चात्य कहानी कला से प्रभावित आधुनिक कहानी में विरोध और संघर्ष प्रधान माने जाते हैं जबकि भारतीय जीवन-दर्शन समन्वयशील और धार्मिक है। इस सन्दर्भ में विश्वनाथ जी प्राचीन और आधुनिक वैवाहिक दृष्टियों का समन्वय करते हुए कहते हैं कि "विवाह की संस्था स्त्री-पुरुषों के व्यवहार में राजकीय विषयों में प्रजातन्त्रात्मकता के समान है।" (ट) मनुष्यों के बीच अनुरागात्मक सम्बन्ध को व्यक्त करने वाली एक छोटी-सी विलक्षण कहानी 'और एक विधान' है। जो सतही दृष्टि से देखने पर समलैंगिक-सम्बन्ध (होमो सेक्सुअल) की-सी लग सकती है। लेकिन विश्वनाथ जी की लेखनी से ऐसा सम्भव नहीं है और इस सम्बन्ध को अनुराग की

पराकाष्ठा ही समझना चाहिए। तीस वर्ष के गोपीनाथ और पन्द्रह वर्ष के मलयगिरि में साहचर्य और आत्मीय सम्बन्ध स्त्री-पुरुषों के सम्बन्ध से अधिक गहरा और सघन लगता है। दोनों नट 'पारिजातापहरणं' नाटक में श्रीकृष्ण और सत्यभामा का अभिनय करते देखकर प्रेक्षक चकित होते हैं कि मलयगिरि "इतनी छोटी उम्र में इतना महान अभिनेता कैसे जान गया है? पत्नी और पति के अनुराग की तरह है उनका नाटक!" यह कला का अनुराग है या मानवीय राग है या आध्यात्मिक प्रेम का सम्बन्ध है—इसका निर्णय लेखक ने पाठकों पर छोड़ दिया है। (ठ) भारतीय आध्यात्मिक साधना, धर्म, नैतिक मूल्यवादिता और सांस्कृतिक चेतना की एक झलक मिलती है 'जीव की इच्छा' (तेलुगु में इष्टं) और 'अल्लाह के फ़कीर' कहानियों में। लेखक की दृष्टि में भारतीय धर्म सार्वभौमिक या सार्वजनीन है। मुस्लिम और ईसाई मज़हबों और संस्कृतियों के प्रभाव से भारतीयता में जो परिवर्तन हुए हैं, उनको लेकर आजकल बहुत राजनीतिक मतभेद हो गया है। इन मतभेदों से अलग होकर बाह्य परिवेश और संस्कारों के अन्दर भारतीय जीवात्मा की साधना और उसकी अभिज्ञा विश्वनाथ जी का अभीष्ट लक्ष्य है।

विश्वनाथ जी के व्यक्तित्व में प्राचीन धर्म साधना और आधुनिक चेतना का जो अन्तर्विराध एवं संघर्ष है, उसका प्रतिफलन उनकी कहानियों में भी है। लेकिन उनकी धार्मिक दृष्टि, जीवात्मा की वेदना और साधना तथा विकासवादी दृष्टि में सदा अवरोधक नहीं है। उनके द्वारा परम्परा का समर्थन अतिनवीन फैशनों पर ब्रेक लगाने वाला है। कहानी कला की दृष्टि से लेखक का वस्तु-चयन, उसका संविधान, मानस-विश्लेषण, कथ्य का तात्त्विक चिन्तन तथा कविता के समान कथ्यार्थ की निगूढ़ व्यंजना, उनकी कहानियों को विलक्षण रूप प्रदान करते हैं। भाव-विचारों की तरह कलात्मक, अभिव्यंजना भी विश्वनाथ जी के निराले व्यक्तित्व के अनुरूप ही है।

6. समीक्षक : आधुनिक काल के साहित्यकारों में समीक्षक के रूप में भी विशेष यशस्वी और आलोचना के विकास में योगदान देने वाले इने-गिने लोगों में विश्वनाथ जी का प्रमुख स्थान है। "असफल कवि समीक्षक होता है" इस अंग्रेजी कथन को उन्होंने गलत सिद्ध किया है। जब महान कवि समीक्षक होता है तो वह अपनी प्रतिभा और सहृदय भावनाशीलता के द्वारा आलोच्य विषय का नया आख्यान कर सकता है, तो उसकी समीक्षा अपनी दृष्टि, साहित्यिक अभिरुचि और संस्कारिता से प्रभावित होने की सम्भावना है। विश्वनाथ जी ने रचनागत चेतना एवं भावना की नई मौलिक व्याख्या की है तो अपनी साहित्यिक अभिरुचि के अनुसार आलोच्च कवियों का चयन किया है। आलोचना-ग्रन्थों के लिए नन्नय भट्टट, नाचन सोमनाथ और अलसालि पेद्दना को घुलकर निक्कना, श्रीनाथ और पोतना जैसे महाकवियों में से किसी को न लेना इस बात का प्रमाण है। इन चुने हुए कवियों में समान धर्म है, कथा-संविधान में विशिष्ट एवं अद्भुत क्षमता है तथा उसके माध्यम से काव्योत्कर्षक के साधक तत्त्वों की

अभिव्यंजना के अतिरिक्त भारतीय साधना की ओर ध्वनिपूर्ण संकेत है।

विश्वनाथ जी ने साहित्यकार के रूप में कुछ कविता की प्रवृत्तियों और गद्य की विधाओं को अपनाकर उनमें भारतीयता को अन्तर्लीन करने का प्रयत्न किया है। वही दृष्टिकोण आलोचना में अपनाया है। जब अन्य समीक्षक पाश्चात्य आलोचना पद्धति और उसमें एक प्रकार का चिन्तन को लेकर साहित्य पर विचार करने लगे हैं। तेलुगु की प्राचीन काव्यधारा भारतीय परम्परा में पल्लवित और विकसित है। समीक्षक विश्वनाथ जी की दृष्टि में भारतीय धार्मिक चेतना और उससे प्रभावित साहित्यिक रचनाधर्मिता को छोड़कर तेलुगु के प्राचीन साहित्य की समीक्षा में न्याय नहीं हो सकता।

विश्वनाथ जी भारतीय काव्य शास्त्र के प्रतिमानों से अपरिचित नहीं हैं। "महाकवि होने के लिए रस और भावों का संविधान, कथा-निर्माण-शक्ति तथा कथा की रचनात्मक सामर्थ्य लोकोत्तर धरातल पर होना चाहिए।" "काव्य का अनुसन्धान करने पर प्रत्येक अक्षर, शब्द, वाक्य और अलंकार, काव्य-रस की ओर उन्मुख होकर दौड़ पड़ने से बढ़कर महान शिल्प नहीं है।" भारतीय काव्यशास्त्र के आधार पर श्रेष्ठ काव्यत्व की उनकी यह लौकिक व्याख्या है। विश्वनाथ जी का काव्यादर्श इससे बढ़कर अलौकिक भारतीय चेतना की ओर संकेत करने में है। उनकी दृष्टि में काव्य शिल्प की लोकोत्तरता भारतीय आत्मा को ध्वनित करने में है। तेलुगु की आलोचना में रस से अधिक 'काव्य-शिल्प' शब्द का प्रयोग होता है। इस शिल्प के सम्बन्ध में विश्वनाथ जी की अपनी दृष्टि है। सामान्यतः कविता की चर्चा में काव्य-शिल्प व्यापक अर्थ में सौन्दर्य का पर्यायवाची हो जो रचना की समष्टि में व्याप्त है। गद्य-विधाओं में शिल्प का अर्थ-रचना-विधान से है। जिसे पाश्चात्य समीक्षक टेकनिक कहते हैं। शायद संस्कृत के पुराणों, महाकाव्यों नाटकों, कथा-साहित्य आदि से वस्तु और भावों को ग्रहण कर उसे नवीन सौन्दर्यात्मक रूप देने के कारण तेलुगु की प्राचीन कविता की समीक्षा में शिल्प शब्द का अधिक प्रयोग होता आया है। तेलुगु के प्राचीन कवियों ने अपनी रचना में शिल्पकला की चातुरी दिखाई है। विश्वनाथ जी शिल्प-प्रतिमा में सजीवता से सन्तुष्ट नहीं है, वे उसमें आत्मा की प्रतिष्ठा चाहते हैं। नन्नय भट्ट ने उनके अपने कथन के अनुसार 'अधिक-धीयुक्ति' के साथ "महाभारत-बद्ध-निरूपितार्थ स्पष्ट करने तेलुगु में महाभारत की रचना की है। उसमें उनके काव्यादर्श हैं—'प्रसन्नकथा कलितार्थयुक्ति', 'अक्षररम्यता' और 'नानारुचि-तर्यन्सूक्तिनिधित्व' हैं। विश्वनाथ जी ने अपने समीक्षा-ग्रन्थ 'प्रसन्न कथा कलितार्थयुक्ति' में नन्नया के कथाकथन में प्रसन्नता और महाभारत की कथाओं की प्रणवत्ता को कवि ने किस तरह प्रसन्न रूप में बोधगम्य किया है—इसकी व्याख्या की है। व्याख्या में उस तरह कथा घटित होने के हेतु और उसके औचित्य पर विचार किया गया है। प्रसन्नता का रचना का प्रसाद गुण न होकर कथात्मक निगूढ़ अर्थ को प्रसन्न या आनन्ददायी रूप में स्पष्ट करना है। उदाहरणार्थ गांधारी के विवाह के रहस्य के, ऋष्यशृंग की कथा में यौवन-विकार के स्वरूप के निर्णय के नल चरित्र

में शिव-स्वरूप हंस की प्रधानता के निरूपण में नन्नया के कथा-कथन की प्रसन्नता है। इस प्रसन्न कथा-कथन में रसध्वनि और शिल्प अन्तर्निहित है। समीक्षक का कथन है कि नन्नया ने वेदान्त से काव्य-रचना पर अधिक ध्यान दिया है। अक्षर रम्यता का अर्थ शब्द-रचना में अन्तर्निगूढ़ महान गुणधर्मिता का सन्धान करना है। विश्वनाथ जी ने इस तरह नन्नय भट्ट को महाकवि सिद्ध करने के प्रयत्न में महाभारत की कथाओं में प्राकृत अर्थ से परे परमार्थ या धर्मार्थ का निरूपण किया है। नन्नया के कथा-कथन की प्रसन्नता केवल आनन्द देने में न होकर धर्म के अनुसन्धान के कारण है।

तेलुगु साहित्य-जगत में "अलसानि बानि अल्लिक जिगि बिगि" अर्थात् "अलसलि पेद्दना की रचना में ताने-बाने की चिकनाहट और दृढ़ता" प्रसिद्ध लोकोक्ति है। 'मनु चरित्रं' के पूर्वाधे में धार्मिक गृहस्थ प्रवराख्य का भारतीय धर्म का प्रतीक हिमालय के दर्शन की अभिलाषा, एक सिद्ध के पाद-लेपन से वहाँ पहुँच जाना, प्राकृतिक रमणीयता के दर्शन में गन्धर्व वरूधिनी से भेंट एवं उसका प्रेम, प्रवराख्य का तिरस्कार, धर्म और सौन्दर्य-प्रेम के बीच संघर्ष तथा हिम में पादलेप के गल जाने पर किसी तरह कठिनाई से प्रवराख्य के घर लौट आने का स्वाभाविक इतिवृत्त है। इसी में पेद्दना की प्रतिभा का कथानक-संविधान चरित्र-चित्रण और रसाभास में अपूर्व उन्मेष हुआ है। उत्तरार्ध में वरूधिनी का प्रेमी गन्धर्व का प्रवराख्य के मायारूप में उससे संयोग और स्वारोचिष मनु के जन्म की साधारण कथा है। समीक्षक विश्वनाथ जी प्रबन्ध की कथा को समष्टि रूप में लेकर स्वारोचिष मनु के द्वारा मानव-धर्म-संस्थापन प्रबन्ध का लक्ष्य मानते हैं तथा उसी में काव्य की जीवशक्ति देखते हैं। कथानक का ताना-बाना उसी जीवन्त लक्ष्य का प्रतिपादक है। इस तरह काव्य में श्रृंगार का रसाभास के स्थान पर उसके उदात्त आदर्श स्वरूप का प्रतिपादन हो जाता है। समीक्षक कथा के आरम्भ में भावी सूचना की ओर ध्यान आकृष्ट करते हैं, उनके अनुसार कथानक का विकास और चरित्र-चित्रण उसी के अनुरूप है तथा कथा का परिसमापन आनन्द में है। काव्य में भाव-रस-युक्त प्रबन्ध के सभी लक्षणों का निर्वाह किया गया है। स्पष्ट ही यह समीक्षात्मक व्याख्या भारतीय धार्मिक चेतना और उसमें स्मृतिकार मनुओं की भूमिका को ध्यान में रखकर हुआ है। लेकिन आलोचना में पग-पग पर समीक्षक की गहरी पैनी दृष्टि का परिचय मिलता है। लेकिन आधुनिक दृष्टि के अनेक समीक्षक विश्वनाथ जी के आख्यान से सहमत नहीं है। उनका विचार है कि मनु चरित्र के पूर्वार्द्ध में प्रवराख्य एवं वरूधिनी के प्रेम-प्रसंग के रसाभास में ही काव्य का स्वाभाविक उत्कर्ष है। उत्तरार्द्ध में श्रृंगार कामक्रीड़ापरक है तथा कथा-संविधान और भाव-निरूपण पूर्वार्द्ध के समान प्रौढ़ नहीं है।

'उत्तरहरिवंशं' पुराण के कवि नाचन सोमनाथ को तेलुगु साहित्य के इतिहास में जितना प्रमुख स्थान मिलना चाहिए या उतना नहीं मिला है। उन्होंने अपने सम्बन्ध में कहा कि "श्रीमन्तकल भाषाभूषण, साहित्यरस-पोषण, संविधान चक्रवर्ती, सम्पूर्णकीर्ति,

नवीनगुणसनाथ, नाचन सोमनाथ हैं जो विशेषण और उपाधियाँ उनकी रचना को देखते हुए सार्थक लगते हैं।" विश्वनाथ जी ने अपने रामायण कल्पवृक्ष की पूर्व-सुकवि-स्तुति में 'ओकडु नाचन सोमन्न' (एक है नाचन सोमन्ना) कहकर उनकी उपेक्षा पर आक्षेप ही नहीं किया है, 'एक है' प्रयोग से अकेले उनकी विशिष्टता की ध्वनिपूर्ण व्यंजना भी की है। उसी शीर्षक से उन्होंने समीक्षाग्रन्थ भी लिखा है। उनके काव्य की विशेषताएँ हैं—हरिकथा में हरि हर की अद्वैत भावना का प्रतिपादन, रस-व्यंजना में अर्थ-चमत्कार एवं भावना की रमणीयता का योग, वर्णनों में औचित्य का निर्वाह, नवीन कल्पनाशीलता और लोकज्ञता है। प्रबन्ध ध्वनि और रस-ध्वनि उनकी रचना के विशिष्ट धर्म हैं तो उनके साथ रचना की क्लिष्टता पर भी समीक्षक ने विचार किया है। नरकासुर वध में वीररस और श्रृंगाररस का सामंजस्य एक चमत्कार है तो बलात्कार के प्रसंगों में रसाभास भी रस के स्तर पर पहुँच गया है। उर्वशी-नरकासुर संवाद में तथा मुनियों के प्रति नरकासुर के व्यवहार और उसके चरित्र के उन्मीलन में सोमनाथ की संविधानात्मक प्रतिभा, उसके संविधान चक्रवर्ती होने का प्रमाण है। काव्य में विश्वनाथ जी की धार्मिक दृष्टि के अनुरूप तात्त्विक चिन्तन की ध्वनिपूर्ण व्यंजना है। हरि-हर की अद्वैत भावना के अतिरिक्त उनके परमार्थ का भी संकेत है। पूरा प्रबन्ध ही धार्मिक चेतना का आख्यान है। पहली कथा में नरकासुर वध में पृथ्वी के पुत्र को मारना है। दूसरी कथा में मृत भूसुर के पुत्रों को जीवन-दान देना है। तीसरी कथा में हरि का स्वयं सन्तान पाने के लिए तपस्या के बहाने शिव-केशव की भेंट है। चौथी कथा में दुष्ट शिक्षण है। पाँचवीं कथा में शिवतत्त्व से विष्णुतत्त्व की श्रेष्ठता का निरूपण है। इन पाँच कथाओं के योग में प्रबन्ध-संविधान की निपुणता के साथ भारतीय धार्मिक चेतना का योजनाबद्ध निरूपण भी है।

चौथा ग्रन्थ संस्कृत नाटक अभिज्ञान शाकुन्तलं की तात्त्विक समीक्षा है जिसका शीर्षक 'शाकुन्तलं की अभिज्ञता' है। इसमें में भी समीक्षा भारतीय धार्मिक दृष्टि से प्रभावित है। नाटक के स्वरूप पर विचार में श्रृंगार रस की मर्यादा, अन्तःकरण का विश्लेषण, सत्यपुरुष के निर्णय और उसके स्वरूप का निरूपण-नाटक कला का लक्ष्य है तथा नाटक के माध्यम से उनका बोध ही शाकुन्तलं का सच्चा अभिज्ञान है। उदाहरण के लिए नाटक में सर्वत्र शकुन्तला का पुष्प के रूप में वर्णन फलवत् चक्रवर्ती भरत के जन्म की सूचना के लिए है। मदमस्त गज का वृत्तान्त दुष्यंत की विस्मृति का सूचक है। दुर्वासा का शाप दुष्यंत के चरित्र को प्रभावित करने वाला नहीं, कथानक में परिवर्तन ले आने वाला है। पंचमांक में शाप से विस्मृत मन और जागरूक अन्तःकरण दो धाराओं में प्रवाहित होकर दुष्यंत की मानसिक प्रकृति और उसके स्वरूप में परिणति ले आता है। विदूषक के पात्र की भूमिका दुष्यंत की मानसिकता के व्यंजक रूप में है। समीक्षक ने दुष्यंत के चरित्र और नाटकीय शिल्प का अभिन्न आन्तरिक सम्बन्ध स्थापित किया है। नाटक को मर्त्य जगत से स्वर्ग का सम्बन्ध स्थापित किया है। नाटक की फलप्राप्ति आनन्दमय शिवस्वरूप की व्यंजना में है। जर्मन गधे ने नाटक को मर्त्य जगत से स्वर्ग

का सम्बन्ध स्थापित करने वाला कहा है तो समीक्षक विश्वनाथ जी की दृष्टि में मनुष्य के आनन्दमय शिव रूप होने की साधना की परिणति है।

विश्वनाथ जी के 'सारस्वतोपन्यासमुलु' (साहित्यिक भाषण) के लेख-संकलन में संस्कृत काव्यशास्त्र और साहित्य पर समीक्षक के विचार प्रकट किये गये हैं जो उनकी साहित्यिक दृष्टि और अभिरुचि के अनुरूप है। उनके कुछ मुद्दे इस प्रकार हैं। करुण रस में रसानन्द की प्राप्ति सुगम है जबकि शान्तरस में क्लिष्ट। रसों में एकमात्र रस की चर्चा में शृंगार से करुणा और शान्त रसों को श्रेष्ठ माना गया है। रामायण में करुण और महाभारत में शान्तरसों की प्रधानता है। कालिदास की शृंगार-प्रधान रचनाधर्मिता भी अन्ततः शान्तरस में परिणत हो जाती है। भवभूति के उत्तररामचरित में भी विप्रलंभ या करुण रस की अन्तिम परिणति शान्त रस में ही है। यह आख्यान लेखक की धार्मिक दृष्टिकोण और साहित्यिक अभिरुचि को प्रतिबिम्बित करता है। इतना ही नहीं समीक्षक ने रामायण-महाभारत में निरूपित मानव-जीवन के तात्त्विक इतिहास को ज्योतिष और खगोल शास्त्रों के साथ सम्बन्ध-स्थापन भी किया है। परम्परावादी धार्मिक दृष्टि से साहित्य की आलोचना का यह परिणाम है।

'काव्यानन्द' के लेखों में कथातत्त्व, भावनाशीलता, रसानन्द, भारतीय एवं पाश्चात्य दृष्टिकोण आदि सैद्धान्तिक विषयों पर विचार-विमर्श हुआ है। 'काव्य परिमल' में तेलुगु के प्रसिद्ध प्राचीन कवियों के वैशिष्ट्य का विश्लेषण और मूल्यांकन किया गया है। 'काव्य सुरभि' में आन्ध्र महाभारत, भागवत और प्रबन्धों के श्रेष्ठ पद्यों के सौन्दर्य एवं विशेषताओं की व्याख्या है।

कवि और काव्य की आलोचना और मूल्यांकन में विश्वनाथ जी धर्म और काव्यत्व को किस तरह मिलाते हैं, उसका एक उदाहरण प्रस्तुत है। आन्ध्र-महाभारत के शेष भाग को पूरा करने वाले तिक्कना पर समीक्षक ने 'तिक्कना जी का शेषत्व' शीर्षक लेख में कहते हैं कि प्रौढ़ प्रबन्धकार रामराजभूषण ने सोमयाजी तिक्कना को 'कुडलीन्द्र' कहा है। इसके दो अर्थ हैं—सोमयाजी और शेषनाग। नन्नया की काव्य सृष्टि की महानता के मूलभूत आधार की प्राणशक्ति सोमयाजी तिक्कना हैं। आदिशेष का धरामण्डल को अपने सहस्रफण पर धारण करना प्रणशक्ति और योग का लक्षण है। वह श्रीविद्या का रहस्य है। प्राण उच्छ्वास-निःश्वास पर आधारित है। कवि का पद्य भी उसके शब्दविन्यास के द्वारा उच्छ्वास-निःश्वासों को नियमित करता है। इस तरह प्राण-नियमित करने वाले छन्दोमय काव्य के कर्ता कविब्रह्म (उपाधि) तिक्कना में यह लक्षण पराकाष्ठा पर पहुँचने से वे कण्डलीक हुए हैं। समीक्षक ने अद्‌भुत क्षमता के साथ धार्मिक प्रतीकत्व के साथ काव्य-प्रतिभा का सम्बन्ध स्थापित किया है।

काव्य की व्याख्या और उसके मूल्यांकन में विश्वनाथ जी की वैयक्तिक अभिरुचि और वरीयता किस तरह प्रतिफलित होती है, उसका एक उदाहरण देख लें। इसमें दो

अभिमत नहीं है कि कविमय के द्वारा आन्ध्रमहाभारत की रचना वैदिक धर्म की पुनः प्रतिष्ठा के लिए हुई है। लेकिन अधिकांश समीक्षकों का विचार है कि आदि कवि नन्नय भट्ट की रचना में धार्मिक चेतना प्रबलतर है जिसके कारण उन्होंने धर्मार्थ-प्रतिपादक रूप में उन्होंने महाभारत की प्रधान कथा और उपकथाओं का संविधान किया है। इसके विपरीत शब्दब्रह्म निक्कना ने काव्य-शिल्प पर भी विशेष ध्यान दिया है। इन विचारों का, अकाट्य तर्क के साथ विरोध करते हुए विश्वनाथ जी ने दोनों महाकवियों के काव्य-शिल्प की इस तरह तुलनात्मक व्याख्या की है। "तिक्कना की रचना में माधुर्य कम है। भाव ही पाठक को पकड़कर आगे बढ़ा देता है। नन्नया की रचना में माधुर्य का प्रवाह ही पाठक को आगे बहा ले जाता है। शिल्प के सम्बन्ध में यह मधुर-रचना ही पाठक के मन का प्रसार करती है। तिक्कना का शिल्प पाठक के मन को शिल्प की ओर मोड़ देता है। इसलिए स्थूल रूप से देखने वालों को तिक्कना शिल्पी लगते हैं, नन्नया नहीं।"

समीक्षक के रूप में विश्वनाथ जी का मूल्यांकन चार वाक्यांशों में कर सकते हैं—काव्य और कविता की तलस्पर्शी व्याख्या, साहित्य के मूल में भारतीय चेतना में गहरी पैठ, धार्मिक और काव्यात्मक विशेषताओं में संगति बिठाना तथा व्यक्तिगत साहित्यिक अभिरुचि। समीक्षक की उपलब्धियाँ और सीमाएँ इन्हीं मुद्दों पर आधारित हैं।

साहित्यकार के रूप में विश्वनाथ जी की प्रतिभा की कोई सीमा नहीं है। लेकिन उनकी गतिशीलता की अवरोधक विचारधारा की हठवादिता के कारण हैं उनके वैयक्तिक संस्कार तथा सामयिक अतिवादी परिस्थितियों की प्रतिक्रिया। उनके मन में भारतीय उदात्तता की पतनोन्मुखता और सामाजिक जीवन की ह्रासोन्मुखता के प्रति अनन्त वेदना है। उसे मानवीय सार्वजनीन संवेदना की ओर उन्मुख करते तो शायद वे संसार के इने-गिने साहित्यकारों में एक हो जाते। दुर्भाग्य से वे आन्ध्र की जातीयता तथा भारतीय प्राचीन महानता के गायक ही रह गये हैं।

❖ ❖ ❖